中国旅游路书 45

北京周边自驾游路书

四五 著　www.chinaautoway.com

广东旅游出版社

图书在版编目（CIP）数据

北京周边自驾游路书 / 四五著. --2版. --广州：广东旅游出版社，2009.7（2012.2重印）
（中国旅游路书）
ISBN978-7-80653-872-2

Ⅰ. 北… Ⅱ. 四… Ⅲ. 旅游指南－北京市 Ⅳ. K928.91

中国版本图书馆CIP数据核字(2009)第083989号

出版发行：广东旅游出版社
（广州市中山一路30号之一 邮编：510600）

广东旅游出版社图书网
www.tourpress.cn
邮购地址：广州市中山一路30号之一
联系电话：020-87347994 邮编：510600

印刷：深圳市皇泰印刷有限公司
（深圳市龙岗区平湖街道平湖大街159-8号1栋）
开本：787毫米×1092毫米 16开
印张：19
字数：360千字
版次：2012年2月第2版第2次印刷
印数：1001-2000册
定价：55.00元

前 言

《中国旅游路书》项目组于2004年发起，面向全国征集大量爱好者和自愿者共同参与采编，其间，就《中国旅游路书》资料的采集重点及介绍方式进行了长期的比较论证，辅以各种新技术记录测量手段，实现精确、客观、详实的勘测目标，并在网络上进行了公开征集评比线路介绍最佳方案，生成了简单直观的各类图表，最后形成了一套适合不同阅读习惯及深度要求的读者要求的图文工具书。

《中国旅游路书》本着客观负责的精神，所有资料均由训练有素的采编队伍对每一段道路进行实地拍摄和记录，并且不接受任何被介绍或评测的景区、餐厅、旅馆及汽车修理厂等旅游服务单位的商业赞助。

传统标准的旅游交通图，虽然能为旅游者提供详细准确的旅游交通线路，但却无法提供给旅游者更多的旅游资讯；而常规的旅游指南类图书，虽为旅游者提供比较详细实用的旅游资讯，并且多是图文并茂，景观展示也非常美妙，但却未能提供更详细到位的旅游线路交通图。《中国旅游路书》突破了两者的局限，实现了旅游交通图和相关实用旅游资讯的最佳结合。

《中国旅游路书》的出版，是广东旅游出版社奉献给广大旅游爱好者的丰厚礼物。

内容提要

《中国旅游路书·北京周边自驾游》主要介绍以下内容：

●详细提供沿途加油站、收费站、修理厂、餐馆、村镇、路口、派出所、医院等资料的准确位置。根据路书上标注的数据(精确到100米)，在驾车旅行时你只需要看自己汽车里程表的读数就可以在路上找到相应的加油站、修理厂、餐馆、村镇、路口、派出所、医院等具体位置。

●提供北京周边城市及重要乡镇的城区地图，重点介绍修理厂、酒店、饭店、干洗店、网吧、银行、邮电等驾车旅游最需要关心的资料。

●详细提供每一条线路的具体路况，有大量道路及周边环境的现场照片，对每个路况变化的地方，路书内都进行详尽描述。同时还提供每个路段实测行驶的最高速度、平均速度及所需时间。

●述说途中的危险路段：行人牲畜密集区、拖拉机和超限货车密集区；急弯、陡坡、滑坡、塌方、暗冰、水毁等安全隐患；盗、抢、骗等治安案件高发区。

●救助信息：提供交警、治安、医疗急救、车辆远程施救等电话号码。

●所有线路均采用卫星测距设备及汽车进行实地测量，重要地点都在路书中标注有GPS卫星定位数据。

●到一个地方有时可能不止一条路，路书内提供同一个方向几条道路的对比和选择建议。

●根据交通部门提供的道路建设规划，结合道路施工现场实地采访得到的第一手资料，在路书中提供2007~2008年之间道路变更情况。

●在每个片区的概况部分都组建了数套行程参考方案，供读者选用。

图　　例

- 十字路口
- 交叉路口
- 三岔路口
- 左侧路口
- 右侧路口
- Z形弯道
- 连续弯道
- 右急弯
- 左急弯
- 上坡
- 下坡
- 涉水
- 打滑
- 变窄
- 右路变窄
- 左路变窄
- 警告
- 学校
- 行人穿越
- 悬崖
- 落石
- 隧道
- 村庄

- 修理
- 餐饮
- 停车场
- 厕所
- 咖啡厅
- 机场
- 网吧
- 售票处
- 商店
- 出入口
- 问讯处
- 收费站
- 服务区
- 酒店
- 转盘
- 景区
- 沿途风光
- 路段终点标志
- 路段起点标志
- 中国石化加油站
- 民营加油站
- 中国石油加油站
- 高速公路
- 一级公路
- 二级公路
- 三级公路
- 四级公路
- 土路
- 乡村柏油与乡村土路

- 省会城市
- 地级市
- 县、县级市
- 乡镇
- 政府
- 农行
- 工行
- 建行
- 中行
- 中国移动
- 中国电信
- 中国邮政
- 人民医院
- 客运站

《北京周边自驾游》使用说明

一、北京周边景点分片说明

北京周边大小景点众多，从自然风光、民俗风情和历史遗迹三个方面进行比较，结合北京周边现有的公路网分布特点，《北京周边自驾游》将北京周边景点分为四个片区进行介绍：

A京北片区：涵盖北京市、承德市、克什克腾旗

B京藏线片区：涵盖北京、河北、内蒙古、宁夏、甘肃、青海、西藏三省三区一市

C京西南片区：涵盖张家口市、大同市、太原市、临汾市、西安市

D京东片区：涵盖承德市、遵化市、秦皇岛市、唐山市、天津市

将北京周边景点分成上述四个片区的优点是：

1. 各片区内的景点特征都有自己的特色，能满足不同爱好的旅游者进行选择，比如有的游客喜欢自然风光，爱好摄影等，可以选择A片区；如果喜欢体验驾驶乐趣，探究藏族风情，挑战高原恶劣的气候环境，欣赏壮美风光，希望行程毕生难忘的，可以选择B片区；如果喜欢欣赏文化历史古迹，体验民风民俗，则选择C片区；如果喜欢海滨度假享受休闲，可以选择D片区。

2. B片区和C片区是一条进出北京的单线，方便从北京出发有较多假期的游客，同时也兼顾从相邻省份如陕西、山西、内蒙古等西北各省区进入北京旅游的游客。特别是B片区，这是一条进藏线路，十分方便，最快三天就可到达圣城拉萨；沿途各省区的游客也可依照此线路进首都北京旅游。

3. A片区和D片区各是一条环线，可以单独走一个片区，也可以两个片区一起走。特别是A片区，有几个大小环线可供游客选择。以环线方式旅游，能避免少走回头路，可以确保在有限的时间内按最短线路游览最多景点，从时间和金钱上来说都是合理的配置。

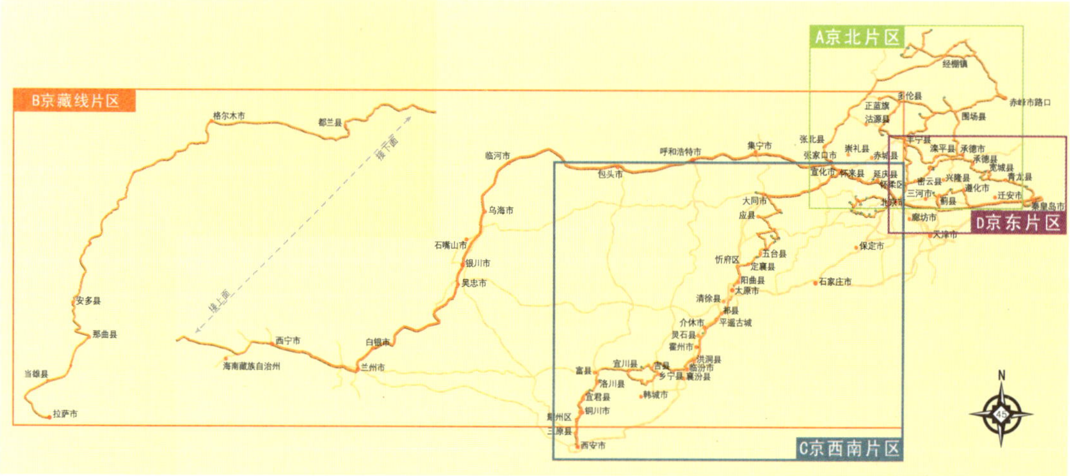

二、北京周边各片区公路分段的说明

北京周边的旅游线路共分为四个片区，分别为A、B、C、D片区，每个片区的开始部分都有整个片区的公路分段示意图，在驾车旅行中您会经常用到分段示意图，既可以查阅当前所在的位置，也可以用于规划自己的行驶路线，以下选用P24的《A京北片区公路分段示意图》来对分段的内容进行说明，地图下方的列表与地图上每个路段完全对应，列表中反映了路段的基本信息，但是如果要查询每个路段最详细的内容，请翻看路段列表的相应页码。

在每个片区的开始部分都有片区概况（例如P25），里面有该片区的详细介绍和数套行程参考方案，您可以选用其中一个方案在该片区内旅游，也可自己组建旅游方案，组建的方法很简单，只要在片区分段示意图中选出要走的每一个路段，按照自己的行走顺序用一支笔在纸上排列一下序号，就可以按照个人的喜好在片区内旅游了。

A京北片区

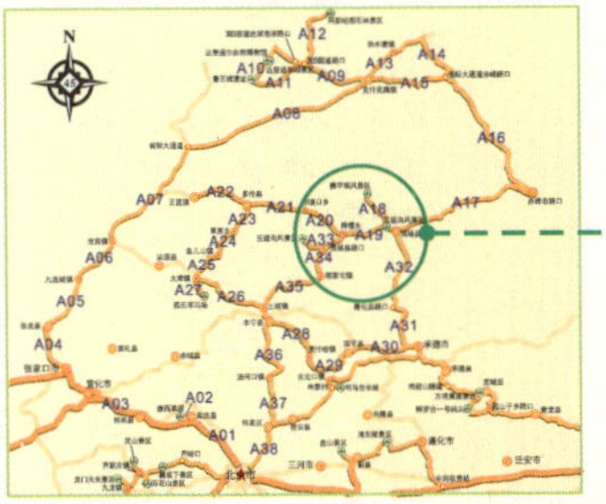

路段号	路段名	总里程(km)	用时	页码
A01	北京市-延庆县	66.7	1小时	30
A02	延庆营城子收费站-康西草原	13.2	15分钟	32
A03	延庆县-张家口市	104.6	1小时15分钟	34
A04	张家口市-张北县	43.1	55分钟	36
A05	张北县-九连城镇	55.1	48分钟	38
A06	九连城镇-宝昌镇	45.5	48分钟	40
A07	宝昌镇-省际大通道	109.6	1小时30分钟	42
A08	省际大通道-克什克腾旗	152.8	1小时40分钟	44
A09	克什克腾旗-达里诺尔湖景区	89.0	1小时	46
A10	达里诺尔自然博物馆-鲁王城遗址	31.1	48分钟	48
A11	鲁王城遗址-303国道达湖南岸路口	47.3	2分钟1分钟	50
A12	303国道达湖南岸路口-阿斯哈图石林景区	103.2	1小时35分钟	52
A13	克什克腾旗-热水塘镇	30.1	35分钟	54
A14	热水塘镇-省际大通道赤峰路口	100.6	1小时15分钟	56
A15	克什克腾旗-省际大通道赤峰路口	42.7	42分钟	58
A16	省际大通道-赤峰市路口	143.8	2小时5分钟	60
A17	赤峰市路口-围场县	121.6	2小时5分钟	62
A18	围场县-赛罕坝风景区	53.5	1小时5分钟	64
A19	围场县-牌楼乡	48.1	48分钟	66
A20	牌楼乡-御道口乡	43.5	45分钟	68
A21	御道口乡-多伦县	42.9	40分钟	70
A22	正蓝旗-多伦县	72.9	1小时钟	72
A23	多伦县-草原乡	30.9	35分钟	74
A24	草原乡-鱼儿山镇	34.2	50分钟	76
A25	鱼儿山镇-大滩镇	31.4	35分	78
A26	大滩镇-土城镇	69.1	1小时20分钟	80
A27	大滩镇-孤石牢马场	20.5	45分钟	82
A28	丰宁县-虎什哈镇	70.7	1小时30分钟	84
A29	虎什哈镇-滦平县	37.0	50分钟	86
A30	滦平县-承德市	63.6	1小时20分钟	88
A31	承德市-隆化县路口	53.5	1小时5分钟	90
A32	隆化县路口-围场县	89.6	1小时30分钟	92
A33	围场县路口-五道沟风景区	30.3	40分钟	94
A34	牌楼乡-郭家屯镇	54.8	55分钟	96
A35	郭家屯镇-丰宁县	82.2	1小时25分钟	98
A36	丰宁县-汤河口镇	76.6	1小时30分钟	100
A37	汤河口镇-怀柔区	56.4	1小时15分钟	102
A38	怀柔区-北京市	47.5	1小时5分钟	104

说明
每个片区都由若干个路段组成，比如A京北片区，共有38个路段，分别从A01到A38，在公路分段示意图上，路段的编号直接标注在线路上，地图上橘红色的线路都是被《北京周边自驾游》规划为旅游线路并且已经收录在书中进行详细介绍的线路，如果您要变更行驶线路，也可以走那些没有介绍的线路。

路段号	路段名	总里程(km)	用时	页码
A01	北京市—延庆县	66.7	1小时	30
A02	延庆营城子收费站—康西草原	13.2	15分钟	32
A03	延庆县—张家口市	104.6	1小时15分钟	34
A04	张家口市—张北县	43.1	55分钟	36
A05	张北县—九连城镇	55.1	48分钟	38
A06	九连城镇—宝昌镇	45.5	48分钟	40

说明
每个片区的片区示意图下方都配有整个片区所有路段的列表，列表中标明有各路段的编号，每个路段编号在全书中是唯一的，例如此表中的“A05张北县一九连城镇”，意思是北京周边A片区的05号路段，简称A05路段。

说明
每个路段的名称都是以起点和终点来命名，例如表中的“A05张北县一九连城镇”，说明该路段的起点就是张北县，终点就是九连城镇。

说明
每个路段的总里程都是经过实地驾车测量出来的，测量手段是采用卫星测距和汽车里程表相修正的方式，数据可能与某些公路上的里程碑或者路牌上写的里程数不一致，但是绝对真实和实用的。

说明
每个路段的用时是根据实地驾驶的数据为主要依据，结合参考该路段上大部分小车行驶的速度而计算出来的时间，由于不同的司机驾驶习惯不一样，可能在您实际驾驶的时候，用时会与本表中所列的用时有出入，因此该数据仅供参考。

说明
该路段在本书的所在页码，翻开相应的位置就可以阅读该路段的所有内容。

三、路书页面各部分功能的介绍

《北京周边自驾游》共包含有116个路段10个城区的介绍，一个路段的内容一般用两个页面进行介绍，即左右对开的两页纸张，个别比较简单或者没有必要详细介绍的路段则只用一个页面进行介绍，以下选取了一个标准的对开页面作为样本，对页面上各个部分的功能进行介绍（单页面路段和城区部分的各项功能与对开页面的基本上相同，在此不一一赘述）：

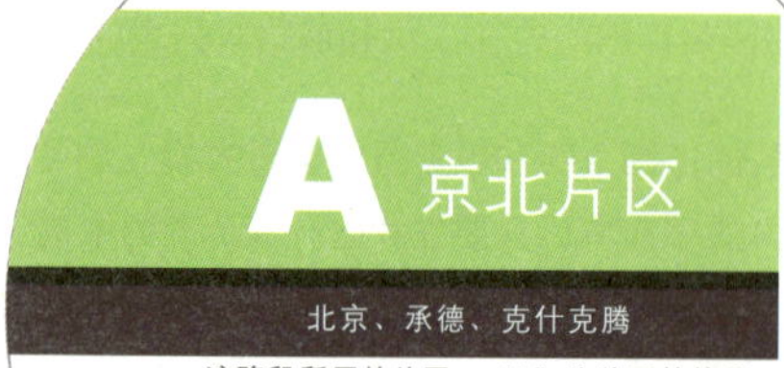

该路段所属的片区，“A”为片区的编号，全书共分为A、B、C、D四个片区，“京北片区”为片区名称，背面绿色的色块是本片区的色码，四个片区有四个颜色，您从书的侧切面就可以根据颜色不同来快速翻阅到不同的片区。

黑底白字的“北京 承德 克什克腾”表明该片区共跨越了北京、承德和克什克腾三地。

该路段的编号、名称和总里程

该路段的总里程、汽车可以行驶的最高时速、平均时速以及行驶所用时间

页码

页码

1 该路段的详细线路，P9有关于线路内容更详细的介绍，请阅读。

2 该路段的位置缩略图，缩略图主要提供当前路段与附近区域的相邻路段的关系，缩略图中颜色最深的橘红色线路就是当前您正在走的线路，橙色的线路就是附近相邻的线路，线路上都标注有各自的编号。

3 线路中有一些比较重要的关键点一般都用文字和图片进行详细说明。

4 该路段的勘察报告和各项资讯，主要是对本路段的综合评述、途中有关就餐、住宿、加油、维修以及交通、治安和医疗急救的信息。

5 该路段的主要景点或者沿途风景比较精彩的地段,会专门进行重点介绍,所介绍的不限于自然风光和历史遗迹,还包括人文、建筑等各种值得欣赏的景观，也可能介绍美食、特产等作为一个游客有可能感兴趣的东西。

6 该路段的里程数据速查表，P10有关于里程数据速查表的具体使用方法，请阅读。

四、线路内容详细说明

终点 这是一个路段终点的标志，标明本路段的各项数据和文字描述都是从“正蓝旗”开始往“多伦县”这一端进行记录和描述的，明白了路段的起点和终点的方向，在各个信息点中涉及到左、右等方向性的文字描述时，才会明白所指的是道路的哪一边。

53.0 19.9 这是每一个信息点的里程数据，红色数字表示从起点出发到这里的距离，绿色数字表示从终点出发到这里的距离，比如 53.0 19.9 表明这里距离正蓝旗53.0公里，距离多伦县19.9公里。

⓫ 这是信息点标志，每个路段中，都会选取镇、景点、加油站、餐馆、维修点、岔道路口等十几种对司机和游客最有用的信息记录在线路中，信息点标志中的数字是记录的序号，线路中的序号与《里程数据速查表》以及景点介绍的图文的序号都是相互对应的。

这是行政标志，表示这是一个乡镇级单位，类似的行政标志还有县市等，在P5的《图例》里都有说明。村级行政标志如果标在道路的中间，就说明公路从村庄中间穿过，如果标在路边，就说明村庄位于公路的边沿，提醒司机注意行人出入的方向。

起点 这是一个路段起点的标志，标明本路段的各项数据和文字描述都是从“正蓝旗”开始到“多伦县”结束，一般从起点出发的时候，在每个路段的起始点❶将您汽车上的里程表复位键按下去清零，这样在行驶过程中您只需要将您的里程表读数与本书线路中或者《里程数据速查表》中的读数对应，就知道道什么时候大概会到什么地方，或者目前身在何地，这样可以随时掌握自己在路上的进程，心中有数，有利于安全、准时地到达目的地。

举例

假设您要去❸工业园区路口：

如果您从正蓝旗出发往多伦县，您在正蓝旗路口将里程表清零，那么当您车上的里程表读数达到12.4公里时，您便到达工业园区路口；相反地，如果您从多伦县出发往正蓝旗，您在多伦县将汽车里程表清零，那么当里程表读数达到60.5公里时，您肯定会到达工业园区路口。在路上时您只需要偶尔关心一下里程表的读数，就不会错过目的地。

五、《里程数据速查表》说明

《里程数据速查表》主要用于在途中随时查询某个点距离起点或者终点的距离，或者两个相邻的点之间的距离，特别是出发的时候在线路中的“起点”位置或者“终点”位置将汽车上的里程表按钮清零，在旅途中就可以随时了解自己所在的位置距离“起点”和“终点”有多远。

《里程数据速查表》的另一个用途是对行车安全有很大帮助：当司机专心驾驶的时候，坐在旁边的人可以承担领航员的作用，对照速查表上的内容结合汽车行驶过的位置，随时告知司机还有多远将到达什么地方，特别是对于村庄或者危险路段，可以提前给予提醒。

里程数据速查表

从张家口市出发，请从上往下阅读

1	0.0	外环收费站	43.1	0.5
2	0.5	右边中石油	42.6	0.1
3	0.6	右边中石化	42.5	0.3
4	0.9	五墩台	42.2	3.5
5	4.4	路况抽样	38.7	2.6
6	7.0	断路	36.1	1.2
7	8.2	乃全路口	34.9	0.8
8	9.0	享兴加油站	34.1	0.3
9	9.3	乃全镇	33.8	0.8
10	10.1	爬坡路段	33.0	1.3
11	11.4	水光村	31.7	2.4
12	13.8	路况抽样	29.3	2.5
13	16.3	餐馆	26.8	1.5
14	17.8	右边中石化	25.3	1.5
15	19.3	右边膳房堡村	23.8	6.4
16	25.7	运送蔬菜的大货车	17.4	1.9
17	27.6	野狐岭水电山庄	15.5	11.4
18	39.0	张北收费站	4.1	0.2
19	39.2	右边加油站	3.9	0.4
20	39.6	右边加油站	3.5	1.5
21	41.1	左边中石油	2.0	2.0
22	43.1	张北汽车客运站	0.0	

从张北县出发，请从下往上阅读

这组数据是从上往下阅读的，如果您从“张家口市”出发往“张北县”，就在行驶中使用这组数据，这组数据与线路中的红色数据是完全对应的。

这一列数据是两个相邻的信息点之间的距离，如图中的数据“0.8”的意思是“乃全路口”与“享兴加油站”之间的距离为0.8公里。只要善于利用这组数据，就能在旅行中随时了解到下一个点还有多远才到达，这样就不会错过重要的路口或者目的地。

这组数据是从下往上阅读的，如果您从“张北县”出发往“张家口市”，就在行驶中使用这组数据，这组数据与线路中的蓝色数据是完全对应的。

目 录

A 京北片区

目 录

B 京藏线片区

目 录

C 京西南片区

目 录

D 京东片区

北京——自驾游

北京，帝王之都，文化之城。

在北京，我们看到的、感受到的不仅是古老帝都的雄伟庄严、厚重沧桑，还有现代大都市的时尚繁华、大气磅礴。伴随着2008年第二十九届奥运会的举行，北京将再一次以迷人的魅力展现在世人面前。

一切都在悄然地变化，旅游成了时尚，家用汽车进入了越来越多的家庭。人们发现路越来越多，车也越来越多，出行也越来越方便，时间和空间的距离在骤然缩短。

从20世纪90年代中期开始，北京人驾着汽车开始了“汽车旅游”的出行活动，成为全国自驾汽车旅游的先驱和代表，随后，以自驾车为主的个性化旅游逐渐成为了全国的新时尚。而今，自驾游已成为中国汽车文化中一个不可或缺的组成部分。

京城之大，令人惊叹。在这座城市里，汽车已经成为京城人最重要的交通工具，目前，北京汽车拥有量及汽车销量均接近全国的10%左右，而且继续呈增长趋势。尽管中高档车在北京的数量堪称巨大，但绝对不是主流。北京的汽车主流如同京城的饮食，处处洋溢着平民的味道。吉利、夏利大行其道，可以说，是为数众多的平民汽车形成了京城汽车文化的主流。

驾着你的汽车出游吧，北京古迹众多、名胜遍地，像天安门、故宫、天坛、颐和园、长城、卢沟桥、恭王府、中南海、十三陵等这些举世闻名的观光胜地都是必游之处。在北京旅行的同时，还可以大饱一番口福，京城荟萃了南北大菜、各地风味，以清代宫廷大菜、满汉全席为主要特色，也有法式、俄式、美式等西餐和民族风味餐，北京烤鸭香酥细嫩，几乎是所有旅游者一尝为快的风味；药膳近年有所发展，有祛病保健功效；北京小吃品种极多，爆肚、灌肠、豆腐脑、豆汁、炒肝、面茶、羊头肉、卤煮火烧、艾窝窝、蜜麻花、炸糕、豌豆黄等应有尽有……

驾着你的汽车出游吧，北京的周边也有绝美的风光等待你去观看和欣赏：有“塞外小桂林”十渡、野山坡，文化古村爨(cuan)底下，“高基因植物库”灵山和白花山；有云冈石窟，晋祠，平遥古城，乔家大院，王家大院，西安黄帝陵，清东陵，司马台长城，山海关，居庸关，避暑山庄和外八庙等历史文化古迹；有恒山，五台山，盘山，壶口瀑布，阿斯哈图石林，达里诺尔湖等自然景光……

驾着你的汽车出游吧，远离城市的喧嚣，到远处去放飞你的心情，到北戴河去度假；在草原上纵情驾驶，感受越野的激情和快感；向体能挑战，向高原挑战，一路飞奔到拉萨……

路就在脚下，路也漫长遥远。有车之士，带上路书，可轻松方便地自驾自游，其他人士也可从路书中找到细致、完整的行走坐标。

北京市的交通网络十分发达，出游非常方便，因此北京市的各景点和旅游线路就不在本书介绍之列，不管是北京当地的居民还是进京的游客，只需买一份北京市的交通旅游地图，便可细致、完整地游玩市内各大名胜景点。本书着重介绍的精彩线路是让游客从北京出发，往各方向自驾旅游；详细的路况介绍也帮助沿线各省区的游客安全愉快地进京游览。

北京周边旅游资源分布特点

北京周边旅游资源十分丰富，以北京为中心向四处辐射，往任何一个方向出行都会有精彩的景色和丰富的民风民俗。

本书以北京为中心，长短线路齐全，分为京东、京西南、京北等片区，为了迎合近年来的进藏旅游热潮，本书特地策划了一条进藏路线，以方便广大想去西藏旅游的朋友。

北京周边旅游资源分布有以下特点：

一、以怀柔区、房山区、密云区等区为主的京郊地区，主要是以自然山水风光、采摘和农家乐为主。京郊地区有很多以种植蔬果为主的村镇，近年来都大力发展观光、采摘等生态旅游，让生活在城市里的人们特别是小孩子能近距离地亲近、接触大自然。

二、以承德市承德避暑山庄及周边寺庙群为主的园林建筑及历史文物景观。

三、围场县赛罕坝景区为代表的山野林区自然风光。

四、以内蒙克什克腾旗世界地质公园为主线的自然风光，该地质公园内集山林、沙地、草原、湖泊、冰臼各种景观于一身，风景十分优美。

五、以秦皇岛市周边的山海关等各景点及北戴河海滨旅游度假区为主的海滨风光。

六、京藏线公路跨越内蒙古自治区、宁夏回族自治区、甘肃省、青海省等五个省区，沿途有草原、沙漠、平原、峡谷、高原等，一路风光优美，民风纯朴，特别是进了青藏高原地带，景物壮美，风情浓郁。

北京周边各片区国家4A级景点及所属路段编号如下：

A 京北片区国家4A级景区（包括北京市、承德市、克什克腾旗）

- 居庸关长城风景区（A01）
- 八达岭长城（A01）
- 雁栖湖旅游区（A37）
- 丰宁京北第一草原（A27）
- 北京慕田峪长城（A38）
- 承德赛罕坝国家森林公园 （A18）
- 承德御道口草原森林风景区（A20）
- 承德磬锤峰国家森林公园（A30）
- 承德避暑山庄与外八庙（A30、A31）
- 赤峰市克什克腾世界地质公园阿斯哈图花岗岩石林园区（A12）
- 怀柔青龙峡景区（A37）

B 京藏线片区国家4A级景区（包括张家口市、呼和浩特市、包头市、临河市、银川市、兰州市、西宁市、格尔木市、拉萨市）

- 包头五当召（B03）
- 沙湖生态旅游区（B04）
- 西藏布达拉宫 （B22）

C 京西南片区国家4A级景区（包括张家口市、大同市、太原市、临汾市、西安市）

北京房山云居寺（C02）
野三坡百里峡景区（C06）
北京人（周口店）遗址博物馆（C01）
房山十渡风景名胜区（C03、C04）
野三坡龙门天关（C04、C05）
白草畔风景旅游区（C07）
五台山旅游区（C29、C32、C33）
云冈石窟旅游区（C37）
晋祠旅游区（C25）
晋中市平遥县衙博物馆（C23）
晋中市平遥日昇昌—中国票号博物馆（C23）
祁县乔家大院旅游区（C24）
灵石王家大院旅游景区（C22）
浑源恒山景区（C36）
吉县黄河壶口瀑布景区（C16、C19）
黄帝陵景区（C13）
秦始皇陵（秦始皇兵马俑）（C13）
西安碑林博物馆（C13）
西安城墙（C13）

D 京东片区国家4A级景区（包括承德市、秦皇岛市、唐山市、天津市）

密云司马台长城景区（D02）
清东陵（D16）
山海关旅游景区（D12）
承德避暑山庄（D03）
承德市普宁寺（D03）
承德金山岭长城旅游区（D03）
秦皇岛野生动物园（D12）
秦皇岛秦皇求仙入海处（D12）

北京周边自驾旅游的交通环境

一、北京周边公路概况

北京是全国的政治文化中心，周边公路网络很发达，全国几乎所有的公路都以北京为中心向东南西北四方辐射。高速公路密集，车流量很大，特别是八达岭高速，常常会堵车，选择此方向出行时要注意避开车流高峰，以免耽误时间。高速内都有服务区，与北京相邻省份的路段内服务区很密集，配套设施齐全，都有加油站、便利店，有些还可提供住宿，有部分有修理点。京藏线片区内蒙古自治区路段的高速公路路面崭新宽阔，车流量很少，沿线多为草原沙漠，城镇与城镇之间相距较远，所以沿线的服务区内均有漂亮整洁的餐厅，提供各样的饭菜，多为快餐形式，还有标间、三人间及多人间等的房间供住宿，且有大型的停车场供过路大货车停放。各服务区内都很安全。

除了高速公路，北京周边的国道、省道线路也四通八达，十分密集。京郊内及河北省内有很多车道与高速公路平行，车流量很大。路面一般为二级到四级的柏油路面，有部分为已经老化的水泥路面，行车颠簸。沿途村镇较多，各种车辆混行，时有行人横穿公路，路况很复杂，建议尽量选择高速公路出行。出了河北省后国道的质量和车流量都大为减少，交通顺畅。

北京周边各片区涵盖面很广，有高原，有沙漠，有山区，有草原，道路也跟随地形变得复杂多样，大部分道路平整宽敞，一些山区、峡谷地带的国道路面较窄，仅能容两个车身或一个半车身通过。路面绝大多数是柏油路或水泥路，适合行走包括底盘很低的小轿车在内的所有类型的车辆。

除了高速公路，一般的普通公路的路牌标志比较齐全，三岔路口也会有较清楚的指向牌，有的还标明里程。一些偏远的山村路牌指示不全时可根据本路书指示的方向前行，也可向当地村民询问。但为求准确性高，最好问些相邻较近的地名，有些村民因为少出远门，对距离较远的地方所掌握的信息往往滞后或不准确。

在本书介绍的所有路段内旅游，对轮胎的选用没有任何特别的要求。绝大部分道路都是柏油路或水泥路，在雨季时容易打滑；另在青藏高原路段，雨季路面低洼处有积水，冬季有暗冰，易打滑，一般情况下放慢车速、把稳方向盘便问题不大，当然如有条件换上排水较好的轮胎会更安全些。

北京周边最适合自驾旅游的路段要数京藏线及京北坝上草原、木兰围场及内蒙古克什克腾旗一带。京藏公路全线都是二级以上的道路，路面质量很好，只是在青藏高原一带由于载重货车较多，路面受到辗压有些小坑洼。一路复杂多变的风景会让人有绝美的驾车享受。从北京到内蒙古一路穿行在草原、沙地和沙漠边沿，景观十分开阔，公路崭新宽敞，路面质量非常好，且车流量稀少，往往前后都见不着几辆车，平均车速在100公里以上，驾车其上，有种驰骋天地间的快感。宁夏境内路段两边是富裕的河套平原，种着水稻、葵花、玉米等农作物，绿野千里。西宁附近的青海湖沿岸更是一年四季都风景迷人，夏天有连绵数十公里的麦田及油菜花，冬天湖面结冰，四处银装素裹，高远宁静。西藏境内青藏高原风光之美和大气更是不能用言语来形容。

从张家口市到内蒙古的克什克腾旗这一段路沿途风光以草原、沙地风光为主，内蒙古境内的省际大通道2005年开通，双向六车道，路面质量非常好，沿途车流量稀少，两边是浑善达克沙地，驾车穿越在沙地中间，顺着地势起伏，开上数百公里都没有丝毫的单调感和疲惫感。克什克腾旗境内的克什克腾世界地质公园有着丰富多样的地质遗迹。通往各景区的道路都是柏油路，路面质量很好，沿途有草原，群山，峰林，溪流，峡谷，温泉，牛羊，蒙古包……景观非常丰富，是一条集驾驶乐趣和景观享受于一身的自驾线路。

二、北京周边各等级公路的介绍

本书的部分示意图并没有按照交通部门定义的公路等级来绘制，因为我们发现，例如有的道路虽然称为二级公路，但实际上其道路质量还比不上普通的三级公路，相反地，有些县、乡自已修建的公路虽然在国家标准地图上没有画出，却可以与高等级公路相媲美，因此本书示意图完全依照实地测量得到的结果进行绘制，线路越宽的，就表示道路质量越好。

高速公路

北京周边的高速公路一般都是每个方向2车道，只有少数是3车道，路边全封闭，公路中央隔离带都种植有绿色植物。

一级公路

每个方向2车道，路边全封闭，路面质量比高速公路略差，公路中央有隔离带，也有的只画有双实黄线。

二级公路

每个方向1车道，半封闭，公路中央画有单实黄线，但在一些较窄的地方也改画虚黄线，也就是说超车一要变线占用对方的车道。

三级公路

整条公路的路面宽度一般能容纳1.5~2个车身，要超车必须变线占用对车方道。

四级公路

路面较窄，一般能容纳1~1.5个车身，会车或者超车时必要等到较宽地段才能进行。一般是柏油路面，也有少量是水泥路面或弹石路面。

土路

路面较窄，一般都是不很平整，路面铺有沙石，也有的只填有泥土，去往未经开发的景点或者较落后偏僻的地区一般是这类土路。

从北京出发驾车旅游的9条线路对比

本书为让从北京出发的自驾旅游人士更合理地安排时间，尽量在有限的时间内欣赏到更多的美景，感受到更丰富的民风民俗，所设计的路线一般以北京为中心向东南西北四个方向辐射，并以环线为主，帮助读者尽可能地避免走回头路。

一、往京东方向的道路主要有2条：

1. 京东方向首选的路线是京沈高速，前往唐山、秦皇岛等地。经过路段：D14、D13、D11、D12。也可在天津的宝坻下高速,前往蓟县的盘山景区、清东陵，然后经遵化从丰润再上京沈高速，走一个小环线后继续东行前往秦皇岛等地。
2. 假如时间充足，走京东方向前往秦皇岛等地旅游也可这样走：北京市—密云县—承德县—宽城县—青龙县—秦皇岛。经过路段：A38、D01~D04、D05（或D06、D07）、D08~D12。这条线路多为山区公路，道路质量很好，沿途村镇较多，植被丰富，景观多样，是条山野悠闲线路。

二、京北方向最受欢迎的旅游景区是围场坝上景区和内蒙古克什克腾世界地质公园等各景区，北京去往围场有3条路线，可以根据出游时间的长短进行自由组合：

1. 北京—密云—承德—围场。经过路段：A38、D01~D03、A31、A32。这是最常走的线路，公路为山区道路，路面较窄，质量很好。
2. 北京—怀柔—丰宁—郭家屯—牌楼—围场。经过路段：A38、A37、A36、A34、A33、A19。公路为山区公路，路面多为标准二级公路，路面质量很好，沿途多田园风光。
3. 北京—怀柔—丰宁—大滩—多伦—牌楼—围场。经过路段：A38、A37、A36、A27~A19。这条线路集山区公路和草原公路于一身，道路宽敞，路面质量很好，沿途风光很好，特别是大滩—多伦—牌楼这一段，道路崭新平整，车流量稀少，两边是连绵的麦田和草地，驾车飞驰，仿佛穿行画中。
4. 北京—宣化—张家口—宝昌—克什克腾旗—赤峰。经过路段：A01~A17。这条线路以克什克腾旗世界地质公园为主题，有草原，沙地，湖水，峡谷，一路风光不绝，精彩纷呈，道路崭新平整，路面质量很好，视野开阔。

总述：第1条和第2条是北京出游坝上最常规的线路，通常两三天就可以来回。可以选择从第1条出发，第2条返回；也可选择从第2条出发，第1条返回。如果时间充足，强烈推荐选择第3条或第4条前往围场，再由承德返回，这样既可饱览草原山林风光，又不会错过承德避暑山庄及外八庙的历史文化古迹。

三、京西南方向可分为长、短2条线路：

1. 短线指北京市房山区和河北涞水县为主的山野自然风光，是一条环线：北京—爨底下—百花山—灵山—野三坡—十渡—云居寺—周口店—北京。经过路段：C01~C12。这条线路主要经过108、109两条国道，多为山区道路，路面为三级以上柏油路，路况很好，车流量较大。

2. 长线路径：北京—大同—五台山—太原—临汾—吉县—宜川—洛川—西安。经过路段：B01、C38~C13。这是一条集历史人文及自然景观于一身的线路。沿途大多为高速公路，部分景区道路是三级柏油路，山西境内临汾至吉县路段是产煤区，空气质量很差，路面老化，运煤的车辆络绎不绝。

总述：野三坡及十渡一带是京郊有名的悠闲旅游景区，一般周末两天时间就可来回。正反方向均可作为北京市区外的出发点。北京经大同、太原到西安则是一条厚重的历史文化路线，沿途文物古迹很多，也有五台山、恒山等风景文化景区，同时这也是一条从外地进入北京的较有代表性的旅游线路。

四、京藏线是一条跨三省三区一市的超长线路，途经北京、河北、内蒙古、宁夏、甘肃、青海、西藏七地，全长约3712.6公里，沿途均为柏油路。经过路段：B01~B22。从北京至西宁均为一级以上的高等级公路。去西藏是很多人的梦想，随着2007年3月6日京藏高速公路内蒙古路段全线通车，自此从北京出发到拉萨则更加快捷方便。

五台山北台主峰顶景观

A

京北片区

A01北京市—延庆县
A02延庆营城子收费站—康西草原
A03延庆县—张家口市
A04张家口市—张北县
A05张北县—九连城镇
A06九连城镇—宝昌镇
A07宝昌镇—省际大通道
A08省际大通道—克什克腾旗
A09克什克腾旗—达里诺尔湖景区
A10达里诺尔自然博物馆—鲁王城遗址
A11鲁王城遗址—303国道达湖南岸路口
A12303国道达湖南岸路口—阿斯哈图石林景区
A13克什克腾旗—热水塘镇
A14热水塘镇—省际大通道
A15克什克腾旗—省际大通道
A16省际大通道—赤峰市路口
A17赤峰市路口—围场县
A18围场县—赛罕坝风景区
A19围场县—牌楼乡
A20牌楼乡—御道口乡
A21御道口乡—多伦县
A22正蓝旗—多伦县
A23多伦县—草原乡
A24草原乡—鱼儿山镇
A25鱼儿山镇—大滩镇
A26大滩镇—孤石军马场
A27大滩镇—土城镇
A28丰宁县—虎什哈镇
A29虎什哈镇—滦平县
A30滦平县—承德市
A31承德市—隆化县路口
A32隆化县路口—围场县
A33围场县路口—五道沟风景区
A34牌楼乡—郭家屯镇
A35郭家屯镇—丰宁县
A36丰宁县—汤河口镇
A37汤河口镇—怀柔区
A38怀柔区—北京市
多伦县城区示意图
热水镇城区示意图
克什克腾旗城区示意图

A 京北片区公路分段示意图

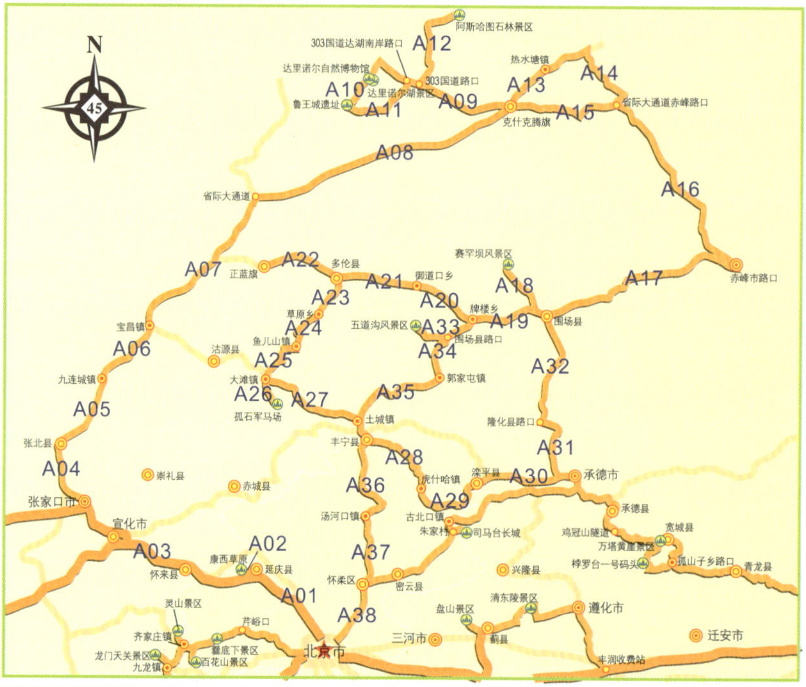

路段号	路段名	总里程(km)	用时	页码
A01	北京市—延庆县	66.7	1小时	30
A02	延庆营城子收费站—康西草原	13.2	15分钟	32
A03	延庆县—张家口市	104.6	1小时15分钟	34
A04	张家口市—张北县	43.1	55分钟	36
A05	张北县—九连城镇	55.1	48分钟	38
A06	九连城镇—宝昌镇	45.5	48分钟	40
A07	宝昌镇—省际大通道	109.6	1小时30分钟	42
A08	省际大通道—克什克腾旗	152.8	1小时40分钟	44
A09	克什克腾旗—达里诺尔湖景区	89.0	1小时	46
A10	达里诺尔自然博物馆—鲁王城遗址	31.1	1小时24分钟	48
A11	鲁王城遗址—303国道达湖南岸路口	47.3	2小时03分钟	50
A12	303国道达湖南岸路口—阿斯哈图石林景区	103.2	1小时35分钟	52
A13	克什克腾旗—热水塘镇	30.1	35分钟	54
A14	热水塘镇—省际大通道赤峰路口	100.6	1小时16分钟	56
A15	克什克腾旗—省际大通道赤峰路口	69.8	50分钟	58
A16	省际大通道—赤峰市路口	143.8	2小时05分钟	60
A17	赤峰市路口—围场县	121.6	2小时05分钟	62
A18	围场县—赛罕坝风景区	53.5	1小时05分钟	64
A19	围场县—牌楼乡	48.1	48分钟	66
A20	牌楼乡—御道口乡	43.5	45分钟	68
A21	御道口乡—多伦县	42.9	40分钟	70
A22	正蓝旗—多伦县	72.9	1小时	72
A23	多伦县—草原乡	30.9	35分钟	74
A24	草原乡—鱼儿山镇	34.2	50分钟	76
A25	鱼儿山镇—大滩镇	31.4	35分	78
A26	大滩镇—孤石军马场	20.5	45分钟	80
A27	大滩镇—土城镇	69.1	1小时20分钟	82
A28	丰宁县—虎什哈镇	70.7	1小时30分钟	84
A29	虎什哈镇—滦平县	37.0	50分钟	86
A30	滦平县—承德市	63.6	1小时20分钟	88
A31	承德市—隆化县路口	53.5	1小时05分钟	90
A32	隆化县路口—围场县	89.6	1小时30分钟	92
A33	围场县路口—五道沟风景区	30.3	40分钟	94
A34	牌楼乡—郭家屯镇	54.8	55分钟	96
A35	郭家屯镇—丰宁县	82.2	1小时25分钟	98
A36	丰宁县—汤河口镇	76.6	1小时30分钟	100
A37	汤河口镇—怀柔区	56.4	1小时15分钟	102
A38	怀柔区—北京市	47.5	1小时05分钟	104

京北片区概况

本片区主要包括北京市怀柔区、张家口市、承德市、内蒙古的克什克腾旗辖区。以草原观光等自然风光为主。

沿途主要景点主要分布在以下几个区域：

1. 张家口市周围的古长城和张北县附近的中都草原。

张家口市周围有大镜门长城等丰富的古长城遗址，同时拥有距离北京市最近、数量最多的滑雪场，隆冬飘雪时分，总能吸引众多的游客。塞外张北县周围的中都草原风光壮美。

2. 承德市的避暑山庄及周围的外八庙寺庙群，避暑山庄是中国古典园林的最高典范。外八庙寺庙群寺庙建筑雄伟，风格各异，是汉、蒙、藏文化交融的典范。

3. 围场县的木兰围场，曾是清代皇帝举行木兰秋猎之所，里分五道沟景区，赛罕坝景区等，有高山湖泊，有草原山地，一直是摄影爱好者的创作之地。

4. 克什克腾世界地质公园

位于内蒙古自治区赤峰市克什克腾旗境内的克什克腾世界地质公园，有着丰富多样的地质遗迹。主要由阿斯哈图花岗岩石林、青山“岩臼”群及花岗岩峰林、黄岗梁第四纪冰川遗迹、平顶山“冰斗”群、达里诺尔（湖）自然保护区及火山群、热水塘温泉、西拉沐伦大峡谷、浑善达克沙地等八种类型的地质地貌景观组成。 景观非常丰富，是一条上佳的自驾线路。

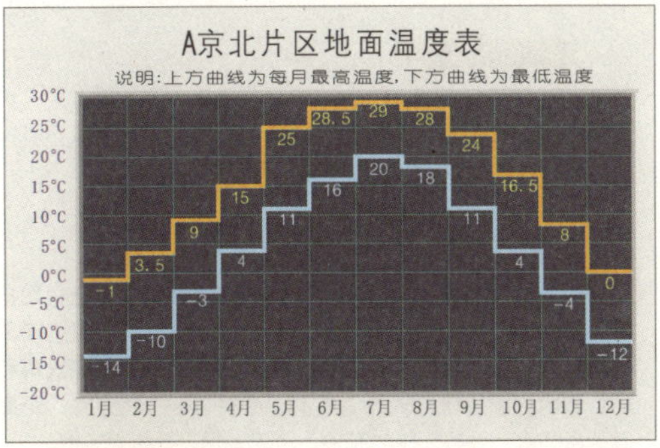

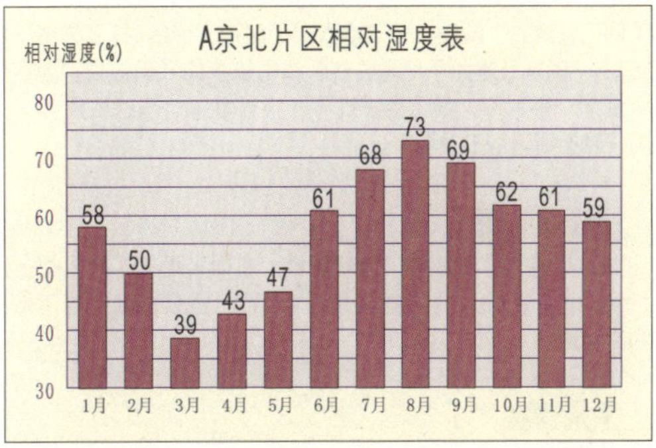

【地理环境】

该片区地理环境复杂多样，整体地貌属山地丘陵区，山地、高原、丘陵、盆地、平原俱全，既有崇山峻岭，又有河谷平川；既有浩瀚的沙地，又有广袤无垠的天然森林、草原和肥沃的良田。

【气候温度】

该片区属中温带、半干旱、大陆性季风气候区，日温差较大。冬季漫长而寒冷，春季干旱多大风，夏季短促炎热、雨水集中，秋季短促、气温下降快、霜冻降临早。降水集中在夏季，多以暴雨形式降落，年平均气温6℃，全年多西北和西南大风，尤以春季为甚。偶尔会有沙尘暴。

【总体路况】

本片区整体路况良好，多为二级以上的公路，内蒙古境内的道路更是宽广平坦，车流量少，两边草原风光无限。车行路上，有极好的驾驶乐趣，一天几百公里下来也不觉得累。从北京市区到康西草原也就是八达岭高速和京张高速那一段的路车流量非常大，虽然是高速路，但也常常堵车。出行要尽量早，最好能在8点前经过八达岭长城路段。在去康西草原的路上不时会有小车紧跟着兜客，要注意小心避让，以免造成不必要的争吵和损伤。从承德市到围场县为山区道路，路面平整但较为狭窄，路况复杂，两边多悬崖峭壁，景色优美。弯道多，村庄多，横穿马路的行人、家畜多，被两边的景色吸引的同时需小心驾驶，安全为上。去坝上草原坡陡弯多，车辆也多。进塞罕坝森林公园为盘山路，多为柏油路面，有一小部分是土路，急弯陡坡的地方多为土石路。在坝上草原开车要避开畜群，不要乱轧草地。一定要留意路边的标识，以免迷路。

【民俗节庆】

那达慕大会

“那达慕”在蒙古语中是娱乐和游戏的意思，是蒙古族传统的群众性集会，也是一年一度的盛大节日。

那达慕具有悠久的历史。1225年，成吉思汗战胜花剌模，为庆祝胜利，曾举行过隆重的那达慕盛会。古时的那达慕主要进行男子三项竞技赛，即赛马、射箭和摔跤。

宁城大明庙会

赤峰市宁城大明庙会，文献记载最早见于辽代。解放后庙宇佛像被毁，庙会逐渐人少物稀，1952年改成为大明物资文化交流会，又曾轰动一时，至1965年被取消，1984年得到恢复，再现繁荣景象。时间为每年的农历四月初一至初八。

承德剪纸

承德民间剪纸历史悠久，风格细腻独特，取材十分广泛，构图多变，想象丰富，巧妙运用寓意、象征、夸张、变形等艺术手法，充满了浓厚的乡土气息。 承德剪纸在内容上除了继承传统的花鸟、花篮花瓶外，又创作了以避暑山庄、外八庙为内容的名胜古迹剪纸，反映承德十大自然景观的风土人情剪纸和以中国著名古典小说如《红楼梦》、《西厢记》等为主题的系列剪纸。

索拨杆子

在河北省的承德市区，居住着30多万满族人。过去，满族人家的院子里都竖立着一根一丈多高的木杆子。满族人叫这杆子为“索查”，也就是“还愿杆子”。祭祀的时候，在杆子顶上放一个像浅碗一样的锡斗，里边放上猪的肚肠，让乌鸦、喜鹊们来啄食，叫“神享”。

为什么要竖这杆子？传说这杆子是清太祖爱新觉罗·努尔哈赤当皇帝前，曾用来挖人参的索拨棍。据说在努尔哈赤还是个小孩子的时候，有一次被明朝将领李成梁追赶。先是李成梁的小夫人救了他，后来又有乌鸦和喜鹊帮忙掩护，他才逃出了虎口。努尔哈赤跑进长白山里，与8名挖参的女真人结拜成兄弟。他们历尽艰险，一共挖出了八八六十四个大山参。他们又用这山参换来马匹、兵器、粮草，人也越聚越多。努尔哈赤和他的8位兄弟东奔西走，南征北战，经过几年的磨炼，他成为一个能骑善射、有勇有谋的将领。

后来，他们统一了东北一带，又从东北入关，攻入北京，推翻了明朝，建立了清朝。努尔哈赤当了皇帝，他的8位兄弟成了八旗首领。 满族百姓为了纪念曾在长白山挖参的开国祖先，就在院子里竖起一根木杆，祭“索拨杆子”报答乌鸦、喜鹊的恩德，并成为一种生活习俗沿袭下来。

【语言沟通】

该片区多为蒙古族和汉族聚居地，在很多地方本地人都是用蒙古语沟通，在较大的城镇会听到普通话，他们大多都能用普通话和你沟通。

【沿途餐饮】

特色传统名菜：烤全羊，手扒肉，涮羊肉，奶皮子，奶茶，炒米，切糕等。奶酒有驱寒、活血、舒筋、补肾、健胃、养脾、强骨等功效。

【特色小吃】

哈达火烧

哈达火烧的形状似上下合在一起的小圆盒子。制作方法比较特别，主要用盐和矾和面，再加黄油和白糖，反复揉搓后，再用杠子去压，直到结结实实，装进模子，放到烤炉中烤熟。特点是不怕挤压，不怕冷冻，不怕日晒，不发霉变质，装在车上，驮在马背上，放在褡裢里都行。所以旧时到过哈达街的人，都要装上一口袋“火烧”，或远途充饥，或赠送亲友，既方便又实惠。

甜沫子粥

远近闻名的甜沫子粥是赤峰乡间的农家饭食，且为其他地方所无。

其制法为：用一碗小米，多半碗干饭(不开花)再加黄豆一把，手工注水磨好，变成沫子，再把水烧开，放入沫子，调得不稀不稠，煮沸即可食用。这种粥不但香甜可口，且营养丰富，因小米和黄豆均富有蛋白，且多糖分，便于消化吸收，故为养生之佳品。

【沿途住宿】

沿途的县市等地方都有各档次的宾馆、旅舍可供选择，一般的乡镇也有旅舍，很方便。在北京郊区一带则多为农家乐，食宿均很方便。建议住农家乐，体验当地的乡野气息。进入内蒙古后，草原上随处可见很有蒙古族特色的度假村、蒙古包，均可提供食宿。

【安全保障】

每个乡镇都设有派出所，交通要道沿线的乡镇都设有交警中队，办公地点都设在乡镇所在地，治安报警电话和交通事故报警电话都是全国统一的110和122，但为了更快地接通，各处派出所和交警中队一般都在村镇路边或公路边等显眼处直接设立路牌，公布各处直拨的报警电话号码。

【通讯条件】

移动和联通的信号覆盖片区内大部分地方，路边村庄处处有公用电话，很方便。但在坝上草原景区内为山区，有些地方没有信号，独自驾车进入景区边远处时要和景区管理处或宾馆打招呼，以备有事发生时可以有人解救。

【油品质量】

沿途都有正规的加油站，品质保证，非常方便。进入内蒙古境内后建议每天出发前加了当天所需的油，以免途中经过草原地带时因地广人稀而加不上油。

【食品饮料】

所行之处多为郊区田园，每当适令季节都有本地村民把自产的水果放到公路边摆卖，有些还做成小卖部，出售些简单的食品饮料。进入内蒙古境内后，要在每次出发前备些饮料和食品，因为内蒙古地广人稀，有时一个村与一个村之间的距离会有上百公里，一望无际的草原上了无人烟，补给不方便。

【公共厕所】

沿途旅游景区或旅游点都有较为完善的公共设施，大部分都是免费厕所，有极少数要收费。路边的加油站一般有厕所。内蒙古地区的一些村庄与村庄之间距离较远，路上只有一望无际的草原，此时要上厕所的话只好野外解决了。

【安全停车点】

沿途都有比较人性化的临时停车点，非常方便。在城区或村镇投宿时最好把车交给收费的保管站或宾馆停车场内，不要在路边或野外停车过夜，以免造成不必要的损失。

【与旅行相关的一些配套设施】

所有乡镇地市都有邮政营业网点，开通普通邮件和包裹邮寄及邮政储蓄业务。

各大乡镇以上都设有中行、建行、工行、农行、邮政储蓄等银行的营业网点及柜员机。

各景点门前都设有小卖部，出售胶卷、电池、饮料及零食。

各县城以上或较大的乡镇都设有网吧，星级宾馆一般都配有宽带网络。

京北片区各县城乡镇间往来的交通工具为火车和汽车，各城镇都有汽车站或火车站，班次很多，出行十分方便。

A京北片区自驾游参考方案

5天方案

1：北京市—承德市—围场赛罕坝景区

经过A38、D01、D03、A31、A32、A18路段，总长405.5公里，用时约7小时10分钟。

路况：北京—承德为高速公路，车流量大，多为货车及旅游车辆。承德—围场景区为山区二级道路，路面质量很好，沿途村庄密集，时有三轮车、行人等穿越马路。本天一路风光优美，有草原成片，山林茂密，村庄掩映在花丛后，有很好的驾驶乐趣。

油修：沿途加油站很多，小的维修补胎点也很多。

食宿：本线路是条旅游热线，特别是过了承德市后，路边很多村庄都经营农家乐，提供食宿。围场景区内有各种档次的宾馆，军马场内招待所50元/人。景区外围的农家乐一般30~50元/人。

门票：赛罕坝森林公园 50元

2：坝上各景区

本天的行程主题是在景区内游玩。晚上宿景区内。建议住景区旁边的农家乐，体会农家生活，品尝农家菜。

3：坝上—御道口乡—正蓝旗—多伦县

经过A18、A19、A20、A21、A22路段，总长260.9公里，用时约4小时20分钟。

路况：本路段是一条风光之路，沿途无论村庄还是郊野，都种满各种花草及农作物，色彩丰富，随着季节的不同变换出不同的色彩。道路为二级柏油路，崭新平整，车流量少，多为小客车及旅游车辆。

行程：早上从围场坝上草原出发，一路欣赏山野田园风光，中午到多伦县用餐后前往正蓝旗参观元上都遗址。黄昏返回多伦住宿。多伦县是一个整洁漂亮的小城，时间充裕的话建议在县城内逛逛，参观汇宗寺、山西会馆、娘娘庙、大佛殿和清真寺等古代建筑，会有不少收获。

油修：沿途加油站很多，小的维修补胎点也很多。

食宿：多伦县城餐馆干净整洁，价格便宜，建议在多伦县用餐。

门票：元上都遗址15元

4：多伦县—大滩镇—孤石军马场

经过A23、A24、A25、A26路段，总长117公里，用时约2小时45分钟。

路况：这一天的路段风景也十分优美，路边景色随便一框，便是一幅田园画。特别是鱼儿山镇—草原乡那一段路，仿佛置身画中。全线道路是崭新二极柏油路，车流量稀少。从大滩镇去往孤石军马场的道路是土路，行车颠簸。

行程：早上从多伦县出发，一路游玩，中午到大滩镇用餐后前往孤石军马场，晚上宿马场内的度假村。

油修：沿途加油站很多，小的维修补胎点也很多。

食宿：沿途有许多小餐馆，军马场内有度假村和帐篷，景区周围有农家乐，一般15~30元/人。

5：孤石军马场—丰宁县—北京

经过A26、A27、A36、A37、A38路段，总长270.1公里，用时约5小时50分钟。

路况：与昨天相同，沿途景观如诗如画。

行程：早上从军马场返回大滩镇，大滩镇周边就是一大片草原，也叫坝上草原，可以骑马或徒步游玩。下午返回北京。

油修：沿途加油站很多，小的维修补胎点也很多。

食宿：沿途城镇密集，各地口味齐全。

门票：大滩坝上草原 10元

7天方案

1：北京市—张家口市—宝昌镇—正蓝旗

经过A01、A03、A04、A05、A06、A07路段，总长400公里，用时约6小时。

路况：八达岭高速车流量很大，容易堵车，要注意选择出行时间。出了张家口市道路变为二级柏油路，路面平直，质量很好，两边种满高大的路道树，远处是草原，村庄散落在各处，景色很美。

行程：早上从北京出发，在张家口附近参观现存的最大古驿站——鸡鸣驿。然后前往张北县的张库古商道。下午飞驰在内蒙古宽阔平直的首际大通道上，晚上宿正蓝旗。

油修：沿途加油站不多，出了河北省修补胎点也只在村镇上有。

食宿：正蓝旗整洁漂亮，食宿均价格便宜。

门票：鸡鸣驿 5元

2：正蓝旗—省际大通道—克什克腾旗

经过A07、A08路段，总长203公里，用时约2小时40分钟。

路况：本路段是内蒙古境内新修好的一条贯穿东西的省际大通道，道路双向六车道，质量非常好，车流量稀少，往往是走半天见不着几辆车。两边是浑善达克沙漠。视野开阔，是一条风光之路。

行程：早上从正蓝旗出发，前往元上都遗址参观。然后就踏上省际大通道，一路欣赏风光，一路游玩。晚上到经棚镇住宿。经棚镇是克什克腾旗的旗府所在，是一个新兴的旅游小城镇，整洁漂亮，热闹繁华。

油修：省际大通道是全封闭的高等级公路，两边每隔几十公里才有一个加油站，不用担心加油问题，但要找维修补胎点倒是有点难。

食宿：经棚镇内餐馆众多，羊肉鲜美，不可不尝，宾馆干净整洁，各种档次均有，一般每人100元左右 。

门票：元上都遗址15元

3：克什克腾旗—达里诺尔湖

经过A09路段，总长89公里，用时约1小时。

路况：本路段为二级柏油路，路面宽阔平直，车流量很少。偶尔见些货车和小客车，两边草原风光不断，在那样的环境下开车让人心情畅快。

行程：早上从经棚镇出发，一路欣赏草原风光，到达里诺尔湖游玩，晚上住达湖景区度假村或农家小旅馆。

油修：沿途有几处加油站，达湖有小的维修补胎点。

食宿：达湖景区有许多餐馆，以经营鱼为主，味道鲜美，但价格不便宜。景区周边有许多度假村或帐篷，也有农家小旅馆。

草原乡

门票：达里诺尔湖10元

4：达里诺尔湖—鲁王城遗址—阿斯哈图石林风景区

经过A10、A11、A12路段，总长181.6公里，用时约3小时。

路况：本路段前半部分是一条环湖线路，湖边村民逐水而居，经常出行往返于湖岸各处，久而就形成一条土路。道路沿着湖岸曲线蜿蜒前行。坑洼很多，有的深达50厘米，雨季会陷车，不适宜底盘低的车辆通过。后半部分是三级柏油路，路况很好，车流量稀少，靠近阿斯哈图石林景区约有几十公里的路面只有3.5米宽，会车需下路基。

行程：早上从达湖出发，南行环湖，沿途行车虽然艰苦，但风景很美，可以看到众多的鸟类。在湖的西南角有鲁王城遗址。在曼坨山乡午餐后前往阿斯哈图石林景区游玩。晚上宿景区。

油修：环湖路段没有加油站，出了湖区返回公路方可加油。维修补胎点也很少。

食宿：鲁王城遗址周围有两个小村庄，路边有小卖部可提供食品饮料。阿斯哈图石林景区附近有许多度假村，很有特色的蒙古包散落在草原上，均可提供食宿。

门票：鲁王城遗址10元，阿斯哈图石林 100元

5：阿斯哈图石林风景区—热水塘镇

经过A12、A09、A13路段，总长178.3公里，用时约2小时30分钟。

路况：内蒙古境内的公路大多是笔直宽敞的，路边风光无限，有极好的驾车乐趣。本路段也不会例外，二级柏油路，路面平直，视野开阔，云淡风清。

行程：阿斯哈图石林景区很大，需要花多点时间游玩，黄昏前往温泉小镇热水塘泡个温泉澡，把一天的劳累都洗清。

油修：沿途加油站方便，维修补胎点少，出发前作好车辆检查。

食宿：热水塘镇是个以经营温泉度假宾馆为主的小镇，主要街道只有一条，两边餐馆宾馆林立，食宿都很方便。

6：热水塘镇—赤峰市路口—围场县—承德市

经过A14、A16、A17、A32、A31路段，总长509.1公里，用时约8小时。

路况：本路段全线都是二级柏油路，路面质量很好，车流量相对前几天稍大，进入河北省后是山区道路，弯道较多，沿途多村庄。

行程：本路段是一条回程之路，沿途没有出名的景点，但路边的景色都很具观赏价值。边走边玩时间也就差不多在傍晚时分到达承德市。

油修：沿途加油站很多，小的维修补胎点也很多。

食宿：后半路段村庄密集，有很多农家乐可提供食宿，但条件一般。承德市是一个旅游城市，宾馆很多，但价格相对较贵，标间淡季150~300元/间。

门票：元上都遗址15元

7：承德市—北京市

经过D02、D01、A38路段，总长208.9公里，用时约3小时50分钟。

路况：本路段为高速公路，车流量大。

行程：早上在承德市游玩避暑山庄及外八庙寺庙群，黄昏返回北京。

油修：沿途高速公路服务区都有加油站。修理最好回北京解决。

门票：承德避暑山庄旺季90元，淡季60元，外八庙寺庙群各个寺庙独立收费，一般在20~40元。

9天方案

本方案特地为有较长假期的游客而设，集合了前面两个方案的精彩之处，因前面的方案都详细介绍行程，所以本方案只列出基本路线，具体的行程参照前两个方案的内容即可。

1：北京市—张家口市—宝昌镇—正蓝旗
2：正蓝旗—省际大通道—克什克腾旗
3：克什克腾旗—达里诺尔湖
4：达里诺尔湖—鲁王城遗址—阿斯哈图石林风景区
5：阿斯哈图石林风景区—热水塘镇
6：热水塘镇—赤峰市路口—围场坝上景区
7：坝上—御道口乡—正蓝旗-多伦县
8：多伦县—大滩镇—孤石军马场
9：孤石军马场—丰宁县—北京

A01 北京市—延庆县（66.7km）

❷❻ 路况抽样：一级柏油公路，全隔离，双向4车道，有非机动车道。

❷❹ 延庆出口

❶❽ 水关长城出口

❶❼ 居庸关

❶❻ 居庸关出口

❶❹ 陆庄南出口

❶❷ 昌平、十三陵出口。

❶❸ 昌平、西关出口。

❶❶ 科技园出口

❻ 北安河北出口

❾ 顺义出口

❺ 回龙观北出口

❽ 小沟山出口

❼ 沙河、阳坊出口。

❹ 回龙观南出口

❷ 西三旗出口

❶ 八达岭高速。N40-01-417E116-20-828/42

勘察报告

从五环路进入八达岭高速公路，进入山地路段，弯道多，车流量很大，很多长途货车都行驶该路段，容易造成堵车。古长城就架设在这崇山峻岭之中，山势险峻，不过已经成为了旅游的好去处。但G110国道堵车现象比较严重，可以绕过县城去往景区。这是著名景点道路，景区内旅游配套设施丰富，沿途绿化很好，山体上都覆盖了植被。

餐饮

沿途各大景区均可用餐

住宿

八达岭长城景区住宿条件最好，不过价格较高。

加油

途中两个加油服务区

17 居庸关

里程数据速查表

从北京市出发，请从上往下阅读

序号	里程	地点	里程	间距
1	0.0	八达岭高速	66.7	2.6
2	2.6	西三旗出口	64.1	0.4
3	3.0	右边中石油	63.7	2.3
4	5.3	回龙观南出口	61.4	0.7
5	6.0	回龙观北出口	60.7	2.5
6	8.5	北安河北出口	58.2	2.8
7	11.3	沙河阳坊出口	55.4	3.5
8	14.8	小沟山出口	51.9	3.8
9	18.6	顺义出口	48.1	1.5
10	20.1	服务区	46.6	1.6
11	21.7	科技园出口	45.0	1.2
12	22.9	十三陵出口	43.8	1.9
13	24.8	昌平出口	41.9	4.9
14	29.7	陆庄南出口	37.0	5.6
15	35.3	岔路口	31.4	5.9
16	41.2	居庸关出口	25.5	1.2
17	42.4	居庸关	24.3	4.9
18	47.3	水关长城出口	19.4	2.3
19	49.6	三岔路口	17.1	2.2
20	51.8	八达岭长城	14.9	0.6
21	52.4	长城风光	14.3	2.4
22	54.8	野生动物园	11.9	2.2
23	57.0	三岔路口	9.7	0.8
24	57.8	延庆出口	8.9	0.9
25	58.7	营城子收费站	8.0	3.0
26	61.7	路况抽样	5.0	5.0
27	66.7	三岔路口	0.0	

从延庆县出发，请从下往上阅读

居庸关

17 居庸关的名字，是取“徙居庸徒”的意思。相传秦始皇修筑长城时，把强征来的民夫士卒徒居此地，遂有居庸之名。

居庸关形势险要，两旁山势雄奇，自古为兵家必争之地，它有南北两个关口，南名“南口”，北称“八达岭”。居庸关不仅地势险要，而且风景宜人，从南口进入关沟以后，两侧山峦重叠，溪水长流，春、夏、秋三季植被繁茂，山花野草郁郁葱葱，登高远眺，好似碧波翠浪，早在金代就被列为燕京八景之一流传至今。清乾隆亲笔题写“居庸叠翠”四字，并建了御笔碑。

17 居庸关

居庸关附近还有仙枕石、五郎庙、六郎寨、弹琴峡、望京石、天险、穆桂英点将台、詹天佑铜像等景点。

野生动物园

22 北京野生动物园是集动物保护、野生动物驯养繁殖及科普教育为一体的大型自然生态公园，汇集了世界各地珍稀野生动物200多种10000余头（只）。

动物园突出了“动物与人、动物与森林”的回归自然主题，着力渲染“人、动物、森林”的氛围，拉近人与动物的距离，增加人与动物的接触，以现代的无屏障全方位立体观赏取代了传统笼舍观赏方式。园区突出一个“野”字，体现一个“爱”字，建筑精美别致，绿树环抱，草木扶疏，景色幽雅另人心旷神怡，达到与自然的最佳融合。园内建设更多体现以人为本的理念，各式餐、饮、旅游购物设施齐备。

八达岭长城

20 八达岭长城史称天下九塞之一，是万里长城的精华和杰出代表。

八达岭地理环境优越，自古以来就是通往山西、内蒙、张家口的交通要道。年平均气温比北京低3 ℃以上，成为“夏都”延庆的旅游龙头。

八达岭长城就像一条巨龙腾越在崇山峻岭、沙漠戈壁之间，由城关、城墙、敌台、烽火台等构成，是我国古代各地和各民族统治集团间的军事防御工程体系，是两三千年来，由各族人民反复多次修筑而成的，体现着中华民族的伟大力量和坚强意志，成为我国古代文明中的一项光辉灿烂的瑰宝。

A02 延庆营城子收费站—康西草原（13.2km）

❼ 康庄镇路口，左转进入城区。

❻ 康庄镇路口，左转3.5公里可进入城区，直行去往康西草原。

❺ 开发区路口，直行进入延庆县城，左转去往康西草原。N40-23-425E115-54-183/500

❸ 康庄收费站。N40-21-592E115-54-136/542

❾ 康西草原景区大门，门票30元。N40-22-698E115-51-185/483

❹ 十字路口

❷ 康庄出口

❶ 营城子收费站。N40-22-298E115-56-774/537

勘察报告

在营城子收费站下京张高速，进入景区道路，车流量较小，路况很好。沿途各个路口处均有指向景区的路牌。从路段起点开始，公路沿线就有较多导游、景点周围村民招揽客人，交通比较混乱。

餐饮

公路沿线有较多餐厅，直至景区大门。

住宿

草原景区周围和景区内部均有较多农家院可住宿。

救助信息

康庄派出所：69131613

提醒

高速公路出口有较多揽客的人。

里程数据速查表

从延庆营城子收费站出发，请从上往下阅读

1	0.0	营城子收费站	13.2	4.4
2	4.4	康庄出口	8.8	0.4
3	4.8	康庄收费站	8.4	0.9
4	5.7	十字路口	7.5	2.5
5	8.2	开发区路口	5.0	1.3
6	9.5	康庄镇路口	3.7	1.3
7	10.8	康庄镇路口	2.4	1.7
8	12.5	村庄	0.7	0.7
9	13.2	景区大门	0.0	

从康西草原出发，请从下往上阅读

8 村庄，有多家农家院可供食宿。

9 康西草原

康西草原

9 康西草原位于北京市延庆县八达岭长城西侧、官厅水库之畔，是北京境内唯一的自然草原景观。草原随湖岸南北狭长，水流蜿蜒，绿草如茵。草原和湖畔上，生长着苜蓿、野菊等野花，还有野兔、狐狸、田鼠，银鸥、野鸭、灰鹤等各种鸟类和动物，如果运气好，在春季还可以看到天鹅。北郊是垂钓区，西北部是篝火区，南行有跑驼场、跑马场，再南为蒙古包区、帐篷区。这里有国内最大的国营骑乘跑马场；有专业性的马术俱乐部，专门进行马术、骑术教练；有国内较大的民族民俗度假村；还有较高档次的国际航空俱乐部，活动项目非常丰富。

9 康西草原

A03 延庆县—张家口市（104.6km）

❶ 京张高速康庄入口

❷ 康庄市界收费站

❸ 东花园出口，可去往官厅湖。

❹ 路况抽样：全封闭、全隔离，双向6车道，有应急停车带。

❻ 赤城、怀柔出口，可去往黄龙山庄。

❼ 新宝安、鸡鸣驿出口。

❽ 下花园出口，路边有大型服务区。

❾ 宣化出口。N40-33-486E115-08-983/614

❿ 宣化出口

⓫ 张家口出口。N40-42-090E114-54-695/672

勘察报告

全路段为京张高速公路，双向6车道，全隔离、全封闭，路况很好。在进入河北界之后，周边地貌由山地变为丘陵，地势趋于平坦，不过周围绿化开始减少，空气质量一般。沿途车流量不大，可以畅通行驶。

餐饮

高速公路服务区两个，均可用餐。

住宿

服务区可以住宿，但是条件不好，建议在张家口市区内住宿。

加油

途中两个加油服务区

救助信息

高速公路报警电话　95185122

95185114

⑪ 张家口市

里程数据速查表

从延庆县出发,请从上往下阅读

❶	0.0	京张高速入口	104.6	1.3
❷	1.3	收费站	103.3	8.4
❸	9.7	东花园出口	94.9	4.2
❹	13.9	路况抽样	90.7	7.2
❺	21.1	官厅服务区	83.5	18.6
❻	39.7	赤城怀柔出口	64.9	14.8
❼	54.5	鸡鸣驿出口	50.1	7.1
❽	61.6	下花园出口	43.0	14.6
❾	76.2	宣化出口	28.4	11.6
❿	87.8	宣化出口	16.8	16.8
⓫	104.6	张家口出口	0.0	

从张家口市出发,请从下往上阅读

⑪ 张家口市

鸡鸣驿

❼ 驿站在中国历史上曾起着重要作用，可以说是一个国家的生命线，古代时传递消息和发放官文都用快马，后因马的体力和奔跑的距离都很有限，要完成数百公里的传递不得不中途换马，所以就在沿途建立许多马站，后来这种马站又演变成接待过往官员、商人的临时驿站，同时完成传递信息和邮件，也起着军事城堡的功能。可以说驿站在古代起着现代邮局和军事基地的作用。

鸡鸣驿始建于明代初期，是从古代保留下来的规模最大的驿站，也是目前保存最完好的一座驿站，是北京通往张家口的交通要道和军事要塞，有500年历史。驿站城墙为正方形，每边约300米长，城墙为青砖砌垒，内夯黄土，墙高达15米，上面垛口，四周城墙基本保持原样，城墙上现保存有东西两座城门，其间通有大道，可供人马车辆出入。

张家口市

⓫ 张家口市地势西北高、东南低，阴山山脉横贯中部，将全市分为坝上与坝下两个地貌浑然不同的自然区域。 坝上为寒温区，平均气温2℃，7月平均报导温18℃。坝下属凉温区，年均气温8℃，7月平均气温23℃。地貌及气候的多样化，为动植物资源的多样化和自然环境的差异创造了条件。

张家口三面环山，北依长城，历史上是兵家必争之地，也是闻名中外的陆路商城和“皮都”。这里环境优美、市容整洁、民风淳朴，夏季气候凉爽，风景宜人。市区内分布有明长城，大境门，云泉寺，水母宫，清远楼，镇朔楼等30多处名胜古迹。由于是革命老区，所以有众多的革命历史遗址可供瞻仰、观光。

古今历史的延续和发展为张家口提供了丰富的人文景观。平原辽阔无垠、河水绿波荡漾、草原野花盛开的坝上风光与湖光山影、水天一色的“塞外江南”坝下地区南北呼应；巍峨峻秀、翠幛密蔽、层林尽染的原始林区与泉水淙淙、风光秀丽的温泉依依相存；既有早更新世古人类遗址，又有华夏人文始祖创业的古战场，风格独特，景观各异，保留着天然质朴的风光景色，是旅游避暑的首选所在。

A04 张家口市—张北县（43.1km）

19 右边加油站

18 张北收费站，小车收费10元。N41-06-816E114-42-447/1412

17 右边野狐岭水电山庄，也可前往张库古商道。N41-00-883E114-44-026/1530

22 张北汽车客运站。N41-08-949E114-42-161/1397

12 路况抽样：二级柏油公路，路宽11米，路面崭新，柳树葱葱。

16 本路段为国道207，绿色通道，有很多运送蔬菜的大货车过往。

9 乃全镇

13 公路两边有很多的餐馆，多为过往货车司机提供服务。

7 乃全路口，左转可前往，在此并入207国道。

6 前方有断路，绕辅道行驶

5 路况抽样：二级柏油公路，路宽12米，路面崭新

4 五墩台

勘察报告

张家口的出城道路为双向4车道的平直柏油公路，之后转入稍窄的柏油公路，不过路况依然良好。路面上会出现长上坡、长下坡，穿越固沙防护林，汽车在一个一个的小山丘上行走，路边的草原、树林覆盖了整个地区。路边有不少小餐馆和收购农作物的门市，为沿途运输菜品的货车司机提供食宿和物流的服务。国道上车流量较大，有不少大车通过，由于山上视线不好，超车比较困难。在进入张北地区时，旁边有大片的菜地，海拔在持续地升高。

餐饮

沿线数十家餐厅，主要为货车司机用餐地点，条件一般，价格便宜。

加油

张北入口处3个加油站，规模较大，油品齐全。

维修

张北入口处有持续1公里的维修带，不过没有小汽车的专业维修点，24小时汽车修理电话：0313－5213510。

救助信息

膳房堡交警巡逻大队	0313－8686514
平川事故报警电话	0313－8686540
张北仁爱医院急救电话	0313－5219999

住宿

有一些小的汽车旅店，如果有住宿需要，建议在张家口市区内住宿。

里程数据速查表

从张家口市出发，请从上往下阅读

1	0.0	外环收费站	43.1	0.5
2	0.5	右边中石油	42.6	0.1
3	0.6	右边中石化	42.5	0.3
4	0.9	五墩台	42.2	3.5
5	4.4	路况抽样	38.7	2.6
6	7.0	断路	36.1	1.2
7	8.2	乃全路口	34.9	0.8
8	9.0	右边享兴加油站	34.1	0.3
9	9.3	乃全镇	33.8	0.8
10	10.1	爬坡路段	33.0	1.3
11	11.4	水光村	31.7	2.4
12	13.8	路况抽样	29.3	2.5
13	16.3	餐馆	26.8	1.5
14	17.8	右边中石化	25.3	1.5
15	19.3	右边膳房堡村	23.8	6.4
16	25.7	运送蔬菜的大货车	17.4	1.9
17	27.6	野狐岭水电山庄	15.5	11.4
18	39.0	张北收费站	4.1	0.2
19	39.2	右边加油站	3.9	0.4
20	39.6	右边加油站	3.5	1.5
21	41.1	左边中石油	2.0	2.0
22	43.1	张北汽车客运站	0.0	

从张北县出发，请从下往上阅读

张库古商道

⑰ 中国历史上有一条著名的古商道——张库商道，被誉为第二条“丝绸之路”和“草原茶叶之路”。起点为张家口，终点是库伦，即今蒙古国的乌兰巴托，全长1400多公里。它东连北京，北接边城恰克图，是内地与边疆、国内与国外重要的商品运输销售要道之一，张家口也因此成为中国北方最大的物资集散地之一，是远近闻名的陆路商埠和“皮都”。

通过张库大道，我国内地的茶叶、丝绸、布匹以及细货等源源不断地运销到蒙古草原甚至俄罗斯，而蒙古草原的马匹、牛羊、皮革也随之进入我国。

张库大道历史悠久。李桂仁著《明清时代我国北方的国际运输线——张库商道》中说：“这条商道作为贸易之途，大约在汉唐时代已经开始。出现茶的贸易，大约不晚于宋元时代。”《河北省公路史志资料》载：“张库大道历史悠久，早在元代，便辟为驿路，明清两代又辟为官马大道。当时运送物资所走路线，多依驿站。这运输物资的驿站，官马大道就是后来的张库大道。张库大道贸易的兴盛，促进了张家口的发展和繁荣，也促进了乌兰巴托这座草原城市的形成。清朝末年，以张家口为物流集散地的张库大道不断发展壮大。1909年，由中国人自己设计和修建的北京至张家口的第一条铁路竣工，加快了张家口与北京的商品流通速度。1918年，我国第一条国有公路——张库公路也建成通车。从此，汽车队取代了骆驼队、老倌车队。然而，风云变幻，岁月沧桑，1924年外蒙古独立。1929年国民政府与苏联断交，蒙古也关闭了中国的所有商号，张库大道被迫中断，繁荣近四个世纪的张库大道开始衰落。”

⑪ 下坡，有村庄，水光村。

A05 张北县—九连城镇（55.1km）

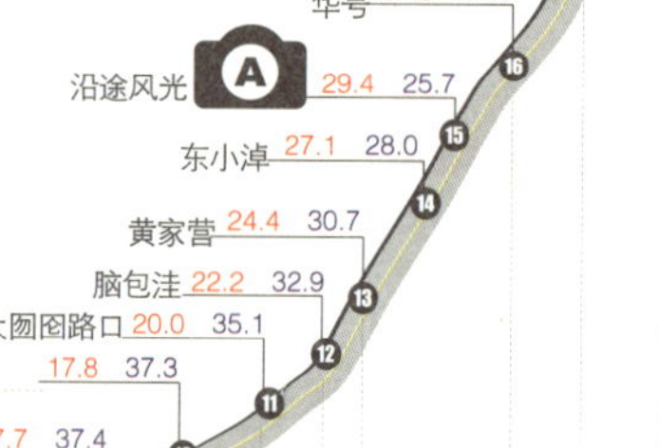
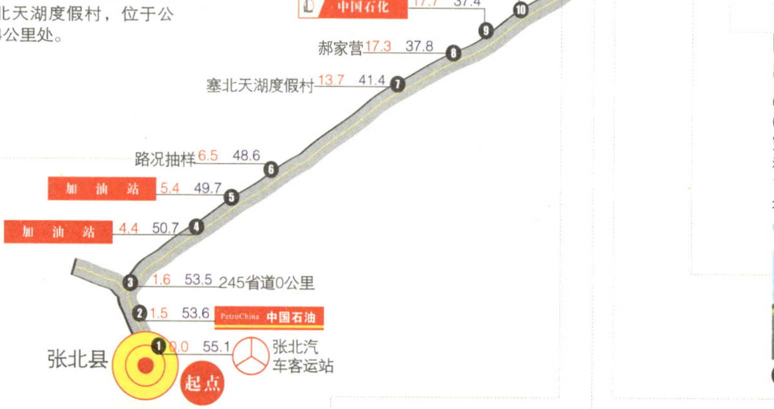

26 九连城乡，沽源路口，右转65公里可到达。N41-33-611E114-59-441/1376

24 新民村

21 沙沟

8 郝家营

7 塞北天湖度假村，位于公路右侧4公里处。

18 宇宙营路口，右转20公里可以到达。

17 二台镇，右边中石化，公路穿越城区2.5公里，规模较大，各种配套设施完善，公路两旁分布了不少餐厅、汽修、小卖部，并有水果、日用品出售。

16 华号

6 路况抽样：二级柏油公路，路宽11米，路面崭新平整，绿化非常好。

11 大囫囵路口，右转37公里可以到达。

12 脑包洼

13 黄家营

餐饮

张北县城内可以吃到便宜的新鲜蔬菜，餐馆很多；二台镇有很多的小餐厅，此外，道路沿线上还有3个饭馆。

住宿

二台镇有小旅舍，此外沿途有3个度假山庄可以提供住宿，而且可以体验一些民族风情。

加油

沿途加油站较多，建议在大型的加油站加油。

维修

二台镇有维修点，可以进行汽车检修。

购物

二台镇路边的水果摊种类丰富，可以买到各种水果，价格便宜。

里程数据速查表

从张北县出发,请从上往下阅读

1	0.0	张北汽车客运站	55.1	1.5
2	1.5	左边中石油	53.6	0.1
3	1.6	245省道0公里	53.5	2.8
4	4.4	两个加油站	50.7	1.0
5	5.4	右边中北石油	49.7	1.1
6	6.5	路况抽样	48.6	7.2
7	13.7	塞北天湖度假村	41.4	3.6
8	17.3	郝家营	37.8	0.4
9	17.7	右边中石化	37.4	0.1
10	17.8	中都草原度假村	37.3	2.2
11	20.0	大囫囵路	35.1	2.2
12	22.2	脑包洼	32.9	2.2
13	24.4	黄家营	30.7	2.7
14	27.1	东小淖	28.0	2.3
15	29.4	沿途风光	25.7	1.9
16	31.3	华号	23.8	2.8
17	34.1	二台镇	21.0	1.9
18	36.0	宇宙营路口	19.1	1.6
19	37.6	左边中石油	17.5	1.2
20	38.8	左边加油站	16.3	1.2
21	40.0	沙沟	15.1	6.7
22	46.7	塞外桃源山庄	8.4	2.3
23	49.0	风光	6.1	1.3
24	50.3	新民村	4.8	4.2
25	54.5	左边中石化	0.6	0.6
26	55.1	九连城镇	0.0	

从九连城镇出发,请从下往上阅读

勘察报告

张北是大型的蔬菜产地，沿途有不少大型的蔬菜交易市场，有不少大车在这里进出运送蔬菜，车头挂上的菜品很有特色，旁边也有大片的菜地、大棚基地等，色彩不一地散布在广阔的平原上。道路平整宽敞，两边用白线隔离了非机动车道，中间有黄线。地势逐渐开始空旷，树林、草地使这里空气清新，蓝天白云。车流量在走出张北之后逐渐变小，时而会出现一些红瓦土墙的村庄，彰显出塞北的风光。

15 沿途风光，村庄掩映在杨树林中，草地，牛羊，蓝天，白云。

23 风光

A06 九连城镇—宝昌镇（45.5km）

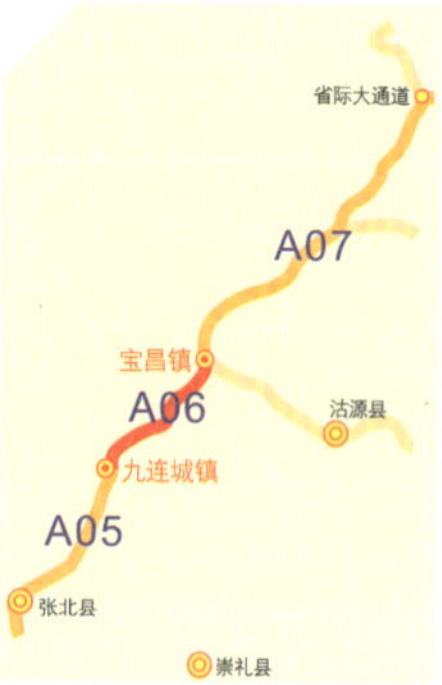

17 宝昌镇政府。N41-52-462E115-16-662

14 兴盛路口，右转12公里，四级柏油公路。

13 草原的牧区

12 生态旅游区，路边有饭庄。

11 注意有牛羊穿越马路

3 乌兰港村，省界，这里进入锡盟。N41-36-695E115-00-270/1368

5 路况抽样：三级柏油公路，路宽8米，有沥青修补的痕迹，在草原中穿行，视野开阔。

9 右边天上人间布格丁生态营

1 十字路口

2 前3号地

4 三号地收费站

8 贡宝拉格，路边有中学，5个餐馆。

勘察报告

河北、内蒙古在乌兰港村交界，道路从河北省进入内蒙古，道路情况良好，开始慢慢地进入张北草原地带。因为开始进入牧区，道路上会有羊群穿越。在路段7.5公里处有一片湖泊，风光优美。从三号地收费站开始，道路由二级柏油公路转入三级柏油公路。草原上由铁丝网围住，在路段的19.1公里处的路口是唯一可以进入草原驰骋的地方，平整的草原是纵情驾驶的好地方，地面较硬，不会出现陷车，而且一些小起伏可感受越野的快感。进入宝昌镇之前草原上房屋增多，同时也有树木在道路两旁。

餐饮

贡宝拉格有5个餐馆，道路42.3公里处的生态旅游区内有3个度假村可以用餐。

住宿

天上人间布格丁生态营位于道路27.5公里处，43.1公里处有一家紫菊山庄，都可以体验民族风情较浓的住宿；宝昌镇内旅游接待条件较好，欣泰宾馆规模较大，凯蒂大酒店位于政府后院，是当地条件最好的旅馆。

维修

宝昌镇有4个维修点，其中一家一汽大众维修站。

里程数据速查表

从九连城镇出发,请从上往下阅读

1	0.0	十字路口	45.5	5.1
2	5.1	前3号地	40.4	1.0
3	6.1	乌兰港	39.4	1.5
4	7.6	三号地收费站	37.9	1.6
5	9.2	路况抽样	36.3	0.5
6	9.7	右边生态景区	35.8	13.1
7	22.8	太朴寺御马苑旅游区	22.7	0.4
8	23.2	贡宝拉格	22.3	4.3
9	27.5	布格丁生态营	18.0	1.6
10	29.1	张北草原风光	16.4	7.0
11	36.1	注意牛羊	9.4	2.1
12	38.2	生态旅游区	7.3	1.5
13	39.7	草原牧区	5.8	2.6
14	42.3	兴盛路口	3.2	1.8
15	44.1	宝昌镇	1.4	1.0
16	45.1	右边中石油	0.4	0.4
17	45.5	宝昌镇政府	0.0	

从宝昌镇出发,请从下往上阅读

九连城古镇

❶ 九连城古镇地势险要，是古代贡道的必由之处，始建于金代，元朝时是婆娑府巡检司治所，明朝始称九联城，后改称九连城，并增建镇江城。明清两代成为中朝两国通商要地，开设了互换市场，并且驻兵戍。今仅保留了望台数处，还有明代镇江城的遗址。

❿ 张北草原风光

张北草原

❿ 张北坝上属于南部内蒙古草原，夏季水草丰美，气候清凉宜人，绿草、蓝天、白云融合成一幅美丽的图画，草原上牛羊成群、驼铃声声、百鸟欢歌，有各种别致的民族风格饮食，如奶茶、手把肉、羊肉蘑菇汤、莜面窝窝香，还有风情别样的蒙古包、二人台、草原调、哈达、篝火、羌姆舞让人心驰神往。历史上从辽、金到元代，张北坝上一直是皇家游猎、避暑胜地。

太朴寺御马苑旅游区

❼ 太朴寺旗历史上曾是清朝的皇家御马场，历时百年，从未作改变，在如今的贡宝拉格草原上曾繁育着7万多匹皇家血统的宝马良驹。时至今日，太朴寺旗的马文化传统依然保留完整，全旗有蒙古马3000余匹。

御马苑的连天碧草会为你洗去暑天的酷热，能为你洗去旅途的疲劳。在这里可以乘骆驼漫游，骑骏马飞奔，开快车驰骋，观草原日出，望落日余晖，塞外风光一览无余。

❼ 太朴寺御马苑旅游区

天上人间布格丁生态营

❾ 天上人间布格丁生态营是一个集生态旅游、民俗开发、吃、住、玩一体的大型度假景区。景区内的娱乐项目分民俗项目、时尚项目；民俗项目有：骑马、射箭、灌黄鼠、套羊、摔跤表演、赛马表演、民俗歌舞等；时尚项目有：场地车、越野车、牵引伞、伯丽球、风筝、台球、气旋球、乒乓球、马拉人、航空模型等；晚间可举行篝火晚会、燃放花炮、舞龙。

A07 宝昌镇—省际大通道（109.6km）

㉓ 锡林浩特路口，左转进入105省际大通道，右转去往桑根达寺。N42-38-391E115-55-899/1313

㉔ 105省际大通道。N42-38-827E115-55-594/1328

㉒ 哈登胡硕

⑲ 葫芦斯台，右转23公里可以去往上都音高勒。

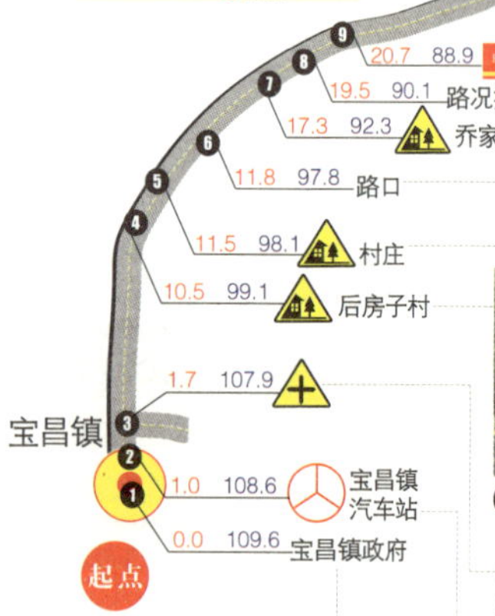

⑯ 上都路口，右转可去往元上都遗址。

⑮ 右边中国石油。N42-16-799E115-41-042/1353

⑭ 十字路口，左边天和加油站，右转去往上都，左转去往明安图，直行为锡林浩特。

⑬ 哈毕日嘎收费站，小车收费10元。

⑫ 卓伦高勒

④ 后房子村

⑥ 路口，左转去往正镶白旗。

⑧ 路况抽样：三级柏油公路，道路宽8米，两边绿化很好，草原公路笔直平整。

③ 十字路口，右转去往沽源，路边有中国邮政。

① 宝昌镇政府

② 宝昌镇汽车站

⑤ 村庄，注意提前减速。

⑦ 乔家营子村

餐饮

哈毕日嘎有7个餐厅，是途中唯一可以用餐的地方。

住宿

沿途没有住宿点，可以住在宝昌县城内或者去往经棚住宿。

加油

哈毕日嘎两个加油站

维修

宝昌镇24小时修理救助电话：5223666；哈毕日嘎有5个修理点，可以作简单的汽车维修。

购物

哈毕日嘎有9个杂货店，可以补充日用品、饮料、食品等。

提醒

内蒙古境内加油站间距离较长，最好保持一定的油料储备。

里程数据速查表

从宝昌镇出发，请从上往下阅读

1	0.0	宝昌镇政府	109.6	1.0
2	1.0	宝昌镇汽车站	108.6	0.7
3	1.7	十字路口	107.9	8.8
4	10.5	后房子村	99.1	1.0
5	11.5	村庄	98.1	0.3
6	11.8	路口	97.8	5.5
7	17.3	乔家营子村	92.3	2.2
8	19.5	路况抽样	90.1	1.2
9	20.7	左边中石油	88.9	16.6
10	37.3	草原风光	72.3	10.7
11	48.0	草原风光	61.6	1.8
12	49.8	卓伦高勒	59.8	9.6
13	59.4	哈毕日嘎收费站	50.2	2.3
14	61.7	十字路口	47.9	0.5
15	62.2	右边中石油	47.4	0.8
16	63.0	上都路口	46.6	0.8
17	63.8	左边中石油	45.8	6.2
18	70.0	风光	39.6	2.8
19	72.8	葫芦斯台	36.8	3.2
20	76.0	风光	33.6	24.2
21	100.2	左急弯	9.4	1.7
22	101.9	哈登胡硕	7.7	6.6
23	108.5	锡林浩特路口	1.1	1.1
24	109.6	105省际大通道	0.0	

从省际大通道出发，请从下往上阅读

勘察报告

公路穿越内蒙古草原，地势开阔，只是偶尔出现一个小坡，小弯道，不影响正常的驾驶视线。路边农作物、草地丰富，其间种植了大量的固沙防沙树林。道路两边有一些花台，里面种植了各色花草。草原周围围上了铁丝网，视野开阔，空气清新，因距离和速度缺乏参照物，所以要注意控制好车速，不要过快。又因道路高出地面1米，若脱离道路会很危险。

10 草原风光

18 风光

11 草原风光

20 风光

A08 省际大通道—克什克腾旗（152.8km）

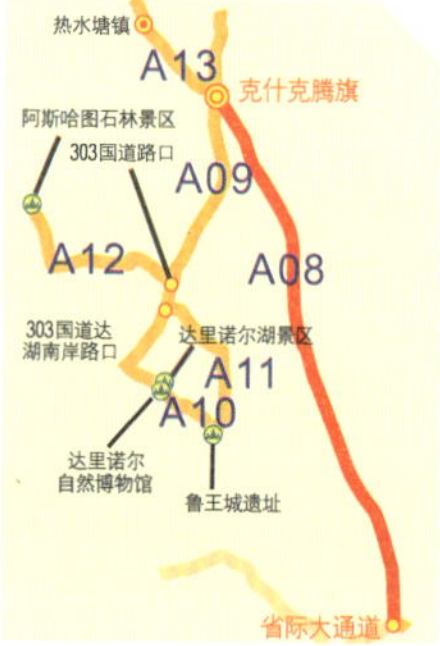

⑰ 十字路口，左转进入经棚城区，右转去往乌兰布克，直行为大顿。

⑮ 经棚收费站，小车收费15元，有崭新漂亮的服务区。N43-14-311E117-28-726/1072

⑫ 响水风景区，位于公路右侧，通往景区的道路为土路。

⑩ 下坡路段

⑨ 赤峰界。N42-54-848E116-39-197/1437

⑦ 赛音胡都嘎路口，左转可前往。

⑧ 村庄，有牛羊穿越，牛羊的颜色与背景颜色相似，难以辨认，注意提前减速。

⑥ 那仁塔谨收费站，小车收费15元。

⑤ 右转可前往

④ 公路沿沙漠地带而行，路边的沙漠绿化已经很好，可以看到治沙工程的艰辛和成效。

③ 路况抽样：105省际大通道，一级柏油公路，双向6车道，中间有绿化隔离带，路面笔直崭新，车流量小，地势开阔。

② 十字路口，右转上G207去往锡盟，左转上都音高勒。

① 锡林格勒路口

勘察报告

105省道是新建不久的一级公路，车流量小，道路崭新笔直宽敞平整，双向6车道，道路中间有绿化隔离带，在穿越沙漠的时候有一些随沙漠地形而形成的微上坡、下坡，几乎没有海拔变化，是一条适合驾驶的路线。道路旁边有一些岔口可以通往各个村庄，注意有行人、 车辆从这些岔口内出入，也可以沿这些岔口进入沙漠腹地，虽然沙漠上都披上了植被，不过依然可以感觉到沙漠行车的不同。山坡上的牛羊和背景颜色相似，不容易分辨。特别是在路段120公里之后，沙漠的沙化严重，常有裸露的沙丘伫立在道路两旁。途经响水风景区，路边岔口有明显的标志。

餐饮

经棚镇内可以用餐，汉化的痕迹很重，几乎没有原味的蒙菜。

住宿

经棚镇内住宿点较多，可参阅经棚城区图。标间价格100元左右。

⑱ 经棚广场 N43-14-271E117-31-533/1012

里程数据速查表

从省际大通道出发，请从上往下阅读

①	0.0	锡林格勒路口	152.8	2.3
②	2.3	十字路口	150.5	4.7
③	7.0	路况抽样	145.8	18.8
④	25.8	沙漠地带	127.0	0.9
⑤	26.7	贺日斯台路口	126.1	12.8
⑥	39.5	那仁塔谨收费站	113.3	3.2
⑦	42.7	赛音胡都嘎路口	110.1	18.8
⑧	61.5	村庄	91.3	5.8
⑨	67.3	赤峰界	85.5	1.9
⑩	69.2	下坡路段	83.6	8.5
⑪	77.7	左边中石油	75.1	21.0
⑫	98.7	响水风景区	54.1	11.3
⑬	110.0	沿途沙漠风光	42.8	4.0
⑭	114.0	连续下坡路段	38.8	33.4
⑮	147.4	经棚收费站	5.4	3.4
⑯	150.8	碧柳河大桥	2.0	0.4
⑰	151.2	十字路口	1.6	1.6
⑱	152.8	经棚广场	0.0	

从经棚镇出发，请从下往上阅读

经棚镇

⑱ 经棚镇原称克什克腾旗，有着悠久的历史和灿烂的文化，夏与前商时期是商族先民的聚居地，先后有东胡、乌桓、鲜卑、契丹、蒙古、汉等民族居住在这块土地上繁衍生息，共同创造了北方发达的古代文明。经棚镇有“内蒙古缩影”之称，旅游资源丰富，淳朴的民族风情及珍贵的名胜古迹构成了独具特色的草原生态、地质旅游景观，吸引了大量的国内外游客。

经棚镇地貌类型复杂多样，地势西高东低，地处浑善达克和科尔沁两大沙地的结合部，融西部草原、南部熔岩台地和北部丘陵山区于一体，独特的地理位置和自然环境造就了经棚镇丰富多样的自然资源，有不少的野生动物，如马鹿、狍子、黄羊、青羊、野猪等；牛羊肉和奶制品有独特风味，从元朝开始克旗牛羊肉和奶制品就是皇宫贡品，享有很高的声誉。

⑬ 沿途沙漠风光

A09 克什克腾旗—达里诺尔湖景区（89.2km）

❶ 经棚广场

❹ 有路牌表明去往各景点的大致距离，让游客心中有数。

❺ 木材检查站，旁边有派出所。

❻ 路况抽样：三级柏油公路，路面宽6米，有轻微的颠簸，两旁风景如画。

❽ 三义乡，路边有三家餐馆、一个药店。

❾ 浩来乎热路口，左转上沙土道路可以到达，距离59公里。

⓬ 右转去往白音敖包自然保护区，距离29公里；左转还去往达日罕乌苏赤木，距离30公里。

⓭ 左边贡格尔河度假村，右边草原之夏度假村。

⓮ 左边中石油，达里诺日镇路口，右转1公里可到达。

⓯ 达里诺尔碧海银滩风景区。N43-22-967E116-53-941/1269

⓰ 达里风电厂路口，右转2公里可到达。

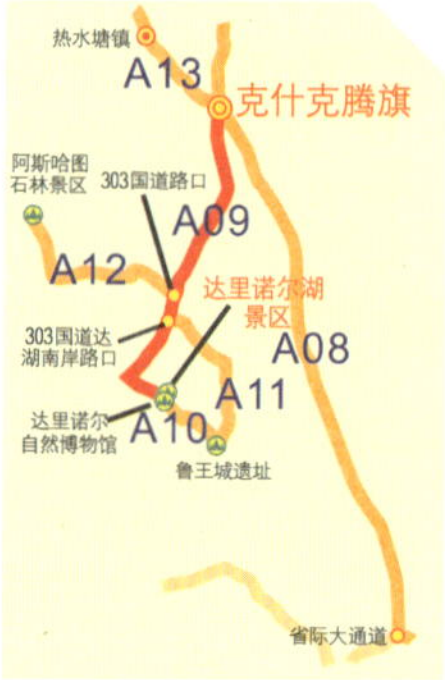

⓲ 左转可进入，路边有风车。N43-29-265E116-42-874/1328

⓳ 路况抽样：四级柏油公路，路面宽3.5米，路面平整，会车时需要下路基让车。

⓴ 路面有蒙古包度假村

㉑ 达湖景区大门，门票20元。N43-24-053E116-40-065/1240 走北岸25公里，可以回到国道，柏油路，但是距离湖面比较远，沿途风光缺乏，可作为返回用，如观光可选择南线。

勘察报告

从经棚镇去往达湖的道路为三级柏油公路，道路宽6米，有轻微的上坡。沿线植被茂密，可以在途中欣赏到大片的向日葵、草原等风光。从27公里之后进入草原路段，道路变得笔直平整，骑着马的牧民、星星点点的牛羊都是草原上特有的风光。在进入达湖前的20公里更是有大片的风车带，还可以在公路旁近距离地欣赏到风车。夏秋季节里适合来这里旅行，色彩、气候、风土人情融合得更加完美。

餐饮

风景区入口处有两家酒店，达湖景区入口有众多达湖鱼庄，可以在这里品尝知名的达湖鱼宴。

住宿

达湖景区入口处达里诺尔宾馆

救助信息

连丰派出所：5609013，位于道路7.2公里处；三义派出所：5140027，位于路段16公里处；阿其乌拉公路巡警中队：0474－5093033；渔场派出所：5090002，位于景区入口。

里程数据速查表

从经棚镇出发，请从上往下阅读

1	0.0	经棚广场	89.2	1.9
2	1.9	左边中石油	87.3	1.3
3	3.2	右边中石化	86.0	0.6
4	3.8	路牌	85.4	3.5
5	7.3	木材检查站	81.9	4.2
6	11.5	路况抽样	77.7	3.4
7	14.9	沿途风光	74.3	1.3
8	16.2	三义乡	73.0	4.3
9	20.5	浩来乎热路口	68.7	0.8
10	21.3	道路扩宽	67.9	17.8
11	39.1	村庄	50.1	5.0
12	44.1	路口	45.1	7.9
13	52.0	度假村	37.2	3.0
14	55.0	左边中石油	34.2	3.2
15	58.2	碧海银滩	31.0	2.4
16	60.6	达里风电厂路口	28.6	9.7
17	70.3		18.9	8.4
18	78.7	达里诺尔湖风景区	10.5	1.2
19	79.9	路况抽样	9.3	5.6
20	85.5	蒙古包度假村	3.7	3.7
21	89.2	达湖景区大门	0.0	

从达里诺尔湖景区出发，请从下往上阅读

⑦ 达里诺尔湖景区

达里诺尔湖景区

⑦“达里诺尔”为蒙古语，意为“像海一样的湖”。它位于克什克腾旗西部的达里诺尔国家级自然保护区内，面积约为248平方公里，一般水深 10米左右，最深处为13米。达里诺尔湖属高原内陆湖，湖水无外泻，靠贡格尔河、亮子河、好来河、沙里河四条河流及涌泉补给。为封闭式半咸水湖。众多的湖泊和河流培育了这里极好的湿地景观，湖边芦苇丛生，各种浮萍成片，颜色丰富，是内蒙古高原干旱区独具特色的湿地。

达里诺尔湖是内蒙古四大内陆湖之一，素有“百鸟乐园”和“草原天鹅湖”的美称。夏季，这里是蓑羽鹤、大天鹅及各种野鸭类、鸥类等鸟的繁殖地；春、秋两季，这里是中国北方候鸟迁徙的重要通道和停歇地。每年5月和10月中旬，有大量的鸟类栖息在湖区，有天鹅、大雁、野鸭等，是观鸟的好时节。如果运气好，可以看到“天鹅犹如雪白的羊群”，“雁鸭黑压压一片”的景象。近年来，每年都有大量的观鸟爱好者、中外鸟类爱好者纷至沓来，流连忘返。

⑰ 路边

A10 达里诺尔自然博物馆—鲁王城遗址（31.1km）

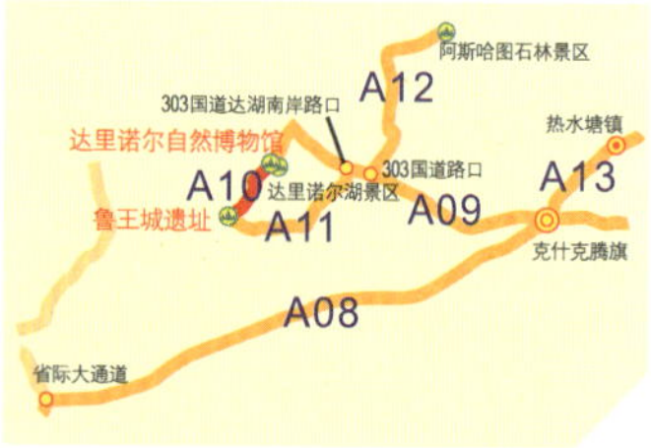

❶ 达里诺尔自然博物馆，门票15元。N43-24-233E116-39-570/1239

❷ 岔路口，右转可上国道。

❸ 路边有两户人家，村民热情，如果没有确认方向可以在这里向村民问路。N43-22-833E116-36-986/1233

❹ 选择最平整的道路行驶。

❻ 岔路口，沿左边行驶。N43-20-028E116-34-019/1243

❾ 村庄。N43-19-965E116-34-192/1243

⓱ 岔路口，沿右边行走，可以看到远处的鲁王村。N43-15-439E116-28-027/1262

⓲ 鲁王城遗址，也叫做应昌路遗址，门票10元。N43-15-163E116-28-022/1258

❼ 水坑，雨季积水深，沿电线杆下方行走。

❽ 积水路面，长达15米，需要调整到4驱行驶。

❿ 一处很大的水洼

⓫ 村庄，位于公路边1公里处，有路口通往。

⓬ 进村的另一个岔口

⓭ 岔路口

⓮ 岔路口，沿左边行驶。

⓰ 驶入湖边的最佳位置

⓯ 岔路口，左边进入一户牧民家庭。

勘察报告

在克什可腾地质公园路口处往西的土路上行驶，开始环湖路段。路面情况很差，适合货车、底盘较高的越野车、拖拉机等通过，是一条刺激的越野路段，小车无法通过。湖边草原上有土路的痕迹格外显眼，上面偶尔会有摩托车、拖拉机行驶着，其他地方被不规则的铁丝网围住，行驶时除了观察路面情况还需要确认方向，进入围栏之后容易迷失方向。道路上经常有涉水路面，而且不容易判断水深和水底的物质，应尽量避开，以免陷车。路中央有一些草质地较硬，可能会对车辆造成伤害，最好不要与之发生擦挂。在线路的17.7公里处有一处规模较大的村庄，可以在这里体验到原生态的牧民生活。鲁王城规模较大，可以远远地看到这里的房屋，本路段的终点鲁王城遗址就在城内，房屋建设整齐，规模较大，摩托车是当地人主要的交通工具，以放牧为生。选择在路面干燥的时候进入，不要在雨天、冬天进入草地，这里缺乏救援条件，后果会比较严重。

餐饮

沿途无饮食点

住宿

鲁王城遗址内提供住宿，可以住在看护人家里或者门口蒙古包内，价格20元/人。

加油

无加油站，准备好充足的油料。

购物

在鲁王城有3个小卖部，可以购买到一些日常用品、食物和饮料。

语言

当地人大部分都会普通话、蒙语。

里程数据速查表

从达里诺尔自然博物馆出发,请从上往下阅读

1	0.0	达里诺尔自然博物馆	31.1	0.5
2	0.5	岔路口	30.6	4.0
3	4.5	两户人家	26.6	0.9
4	5.4	多条道路平行	25.7	8.3
5	13.7	帐篷	17.4	2.2
6	15.9	岔路口	15.2	1.1
7	17.0	水坑	14.1	0.7
8	17.7	积水路面	13.4	0.4
9	18.1	村庄	13.0	0.9
10	19.0	水洼	12.1	0.7
11	19.7	村庄	11.4	0.2
12	19.9	进村岔口	11.2	0.9
13	20.8	岔路口	10.3	0.6
14	21.4	岔路口	9.7	1.3
15	22.7	牧民家庭	8.4	4.6
16	27.3	驶入湖边	3.8	2.4
17	29.7	岔路口	1.4	1.4
18	31.1	鲁王城遗址	0.0	

从鲁王城遗址出发,请从下往上阅读

鲁王城遗址

18 也称“应昌路遗址”，位于达里诺尔自然保护区的西部，西靠苏布尔，南依耗来河，这里已被列入全国重点文物保护单位。该城是元末顺帝妥懽帖睦尔从大都逃出避难的地方，第二年病故于此。宣光帝妥识里达拉在应昌继位，史书称兆元。明初建应昌卫，明成祖北征时，曾四次驻应昌，改名为清平镇，后城毁于火。现在的遗址只有一座残损的白塔和几块石碑。

站在城边远眺，城池内杂草丛生，依稀可见街道宽敞格局方正，均以正方形向四处延伸，城池宽大，可以猜想昔日这里曾经的辉煌。

达里诺尔自然博物馆

1 达里诺尔博物馆是一个综合环境教育与克旗世界地质公园的游客指导中心，内部展示分两个部分：一是达里诺尔自然保护区生态系统的动、植物标本，宣传图片、专题音像片，保护区维管地域沙盘，以几年来取得成效展为主。二是克旗世界地质公园各园区景观展。用高科技的光、电、声把各个景观塑造得惟妙惟肖，展示了八大园区的景观特色、地理位置、交通线路及有型的各种设施。讲解员生动的史迹讲解使游客更进一步了解克旗的人文、历史和自然景观。

A11 鲁王城遗址—303国道达湖南岸路口（47.3km）

❶ 鲁王城遗址，也叫做应昌路遗址，门票10元。N43-15-163E116-28-022/1258

❿ 路况抽样：弹石道路。

⓱ 村庄，位于公路左侧1公里处。

⓳ 303国道达湖南岸路口。N42-22-751E116-54-893/1278

❻ 路况抽样：沙漠道路，风光无限。

⓯ 路面变为三级柏油公路，路面崭新，宽3.5米。

⓮ 三岔路口，左转进入曼陀山庄，路边有较多餐馆。

⓫ 进入柏油公路，宽6米，路面崭新，几乎没有车辆经过。

❹ 涉水路段，水深11厘米，雨季时候水会更深。

❼ 涉水路面，水深30厘米。

❽ 路况：沙地风光。

❾ 达湖南岸售票处。N43-14-126E116-42-426/1242

⓭ 曼陀山乡，规模大，食宿餐饮齐全。

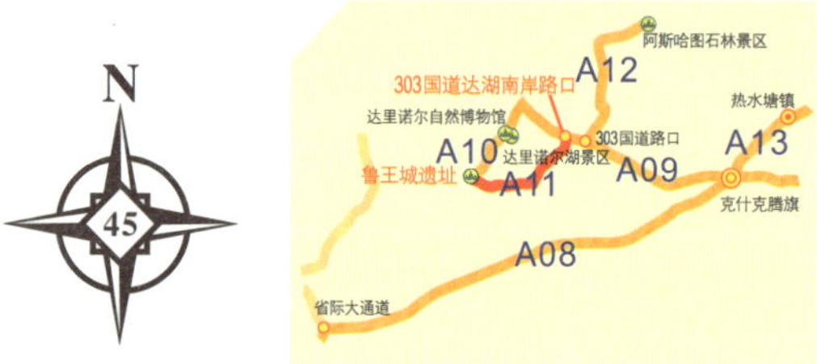

勘察报告

在克什可腾地质公园路口处往西的土路上行驶，开始环湖路段。路面情况很差，适合货车、底盘较高的越野车、拖拉机等通过，是一条刺激的越野路段，小车无法通过。湖边草原上有土路的痕迹格外显眼，上面偶尔会有摩托车、拖拉机行驶着，其他地方被不规则的铁丝网围住，行驶时除了观察路面情况还需要确认方向，进入围栏之后容易迷失方向。道路上经常有涉水路面，而且不容易判断水深和水底的物质，应尽量避开，以免陷车。路中央有一些草质地较硬，可能会对车辆造成伤害，最好不要与之发生擦挂。在线路的17.7公里处有一处规模较大的村庄，可以在这里体验到原生态的牧民生活。鲁王城规模较大，可以远远的看到这里的房屋，本路段的终点文昌路遗址就在城内，房屋建设整齐，规模较大，摩托车是当地人主要的交通工具，以放牧为生。选择在路面干燥的时候进入，不要在雨天、冬天进入草地，这里缺乏救援条件，后果会比较严重。

餐饮

沿途无饮食点

住宿

文昌路遗址内提供住宿，可以住在看护人家里或者门口蒙古包内，价格20元/人。

加油

无加油站，准备好充分的油料。

购物

在鲁王城有3个小卖部，可以购买到一些日常用品、食物和饮料。

语言

当地人大部分都会普通话、蒙语。

里程数据速查表

从鲁王城遗址出发，请从上往下阅读

1	0.0	鲁王城遗址	47.3	0.6
2	0.6	岔道	46.7	1.6
3	2.2	最窄的河	45.1	0.7
4	2.9	涉水路段	44.4	1.5
5	4.4	达湖西南端凸起点	42.9	2.5
6	6.9	路况抽样	40.4	1.0
7	7.9	涉水路面	39.4	2.2
8	10.1	涉水路面	37.2	13.1
9	23.2	达湖南岸售票处	24.1	1.7
10	24.9	路况抽样	22.4	1.0
11	25.9	柏油公路	21.4	0.9
12	26.8	风光	20.5	1.1
13	27.9	曼陀山乡	19.4	1.0
14	28.9	三岔路口	18.4	0.6
15	29.5	三级柏油公路	17.8	6.4
16	35.9	右边中石油	11.4	2.0
17	37.9	村庄	9.4	0.8
18	38.7	草原风光	8.6	8.6
19	47.3	303国道达湖南岸路口	0.0	

从303国道达湖南岸路口出发，请从下往上阅读

18 草原风光

12 风光

3 最窄的河。N43-14-461E116-28-856/1237

5 达湖西南端凸起点。N43-15-973E116-29-344/1234

A12 303国道达湖南岸路口—阿斯哈图石林景区（103.2km）

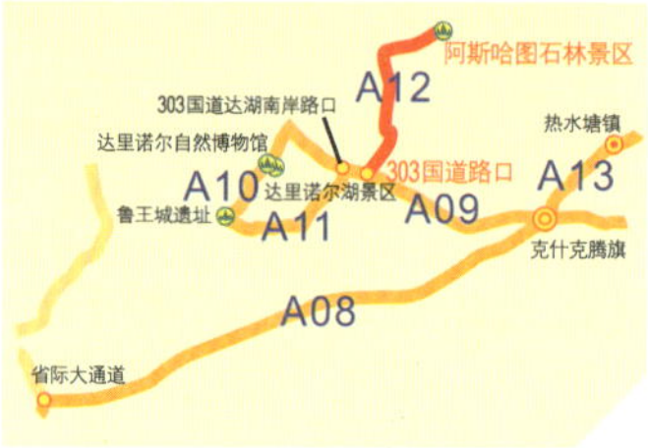

⑱ 白音达坝银矿路口，左转29公里可到达，路面为三级柏油公路。

⑯ 金碗度假村

⑭ 左边度假村

⑬ 路边小房子

⑦ 黄岗梁路口，右转35公里可到达。

⑪ 村庄

⑥ 六杉漂流景区入口，左转可到达。

⑩ 度假村，有蒙古包。

⑤ 白音敖包跑马场

⑧ 右边中石油，道路在这里变窄为3.6米。

① 303国道路口

② 路况抽样：三级柏油公路，道路宽7米，土石路基，穿行草原中，视野开阔。

勘察报告

这是一条草原公路，道路笔直平整，路宽3.5米，会车、超车时要走到路基上，车流量不大，有一些货车和旅游车辆通过，旅游旺季时车流量会增大。沿途广阔的草原，成群的牛羊，数座红房子。沿线居民已经告别了游牧生活，开始建起了房屋定居，并在旁边圈起了草原放牧。草原上的蒙古包都主要为旅游而建，还有一些跑马场。草地山丘上有一些弯道，翻山的感觉是直通天际，不过此时不容易判断对方来车，注意提前减速。沿线上有一些道口可以开进草原，可感受在草原上驰骋的感觉。夏秋季节是这里最佳的旅游季节，草原最丰盛，气候也好。

餐饮

白音敖包有6家饭店，线路76公里处有一个饭店；石林景区入口众多度假村可以就餐。

住宿

石林景区入口处的度假村可以住宿。

加油

途中两个中石油，规模都比较小，没有高标号的汽油提供，只有90#，93#。

救助信息

白音敖包派出所　5145110

19 阿斯哈图石林景区

3 左边度假村

里程数据速查表

从303国道达湖南岸路口出发，请从上往下阅读

1	0.0	303国道路口	103.2	6.7
2	6.7	路况抽样	96.5	17.2
3	23.9	左边度假村	79.3	1.4
4	25.3	六楞度假村	77.9	2.2
5	27.5	白音敖包跑马场	75.7	0.3
6	27.8	六杉漂流景区入口	75.4	1.4
7	29.2	黄岗梁路口	74.0	3.1
8	32.3	右边中石油	70.9	1.6
9	33.9	反向弯道	69.3	9.1
10	43.0	度假村	60.2	5.5
11	48.5	村庄	54.7	4.1
12	52.6	风光	50.6	17.8
13	70.4	路边小房子	32.8	3.2
14	73.6	左边度假村	29.6	1.2
15	74.8	左边中石油	28.4	20.3
16	95.1	金碗度假村	8.1	2.4
17	97.5	左边大片度假村	5.7	0.6
18	98.1	白音达坝银矿路口	5.1	5.1
19	103.2	阿斯哈图石林景区入口	0.0	

从阿斯哈图石林景区出发，请从下往上阅读

阿斯哈图石林景区

19 阿斯哈图是蒙语，汉译为“险峻的岩石”。

阿斯哈图石林，位于内蒙古自治区克什克腾旗东北部，分布在方圆十几公里，海拔1600～1900米的花岗岩丘陵上。这里山连山，峰叠峰，山峰之上裸露着形态各异的石林，是世界上罕见的花岗岩石林。据专家分析，阿斯哈图石林主要是由冰盖冰川的刨蚀、掘蚀和冰川 融化时形成的大量冰川融水的冲蚀作用下形成的，所以叫“冰川石林”，是第四纪冰川以来冰川运动的产物。阿斯哈图石林形态多变，很少有雷同形状，而且浑厚粗犷，在荒野中突兀而立，十分触目，俨然是一组雄伟壮观的天然石雕群像。当地百姓看得久了，看出名堂，于是石林中便有了成吉思汗拴马柱、神剑石、南天门、神女石、姐妹石等名称。一处石景，从不同的方位观赏，会产生不同的视觉效果，也会产生不同的联想和想象，这时，你会为大自然的伟大和神奇感慨万千。石林周围山峰林立，岗岭相连，峰岭间形成许多沟谷，有奔流的小溪，有茂盛的植被，林密花繁，充满了诗情画意。

A13 克什克腾旗—热水塘镇（30.1km）

⑫ 村庄，公路穿越村庄400米，注意行人与牲畜穿越公路。

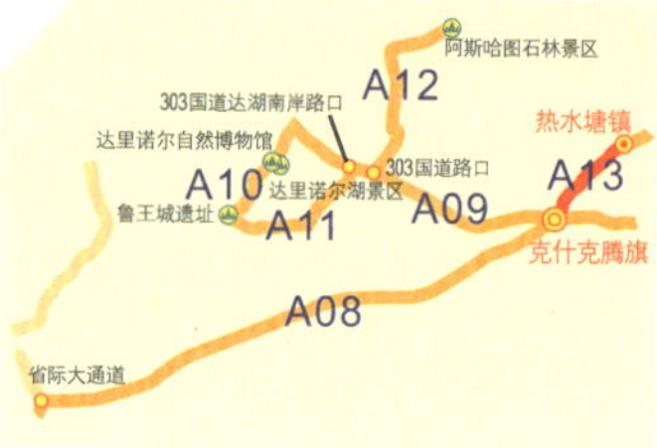

⑧ 村庄

⑦ 村庄，有风景，注意路上的行人。

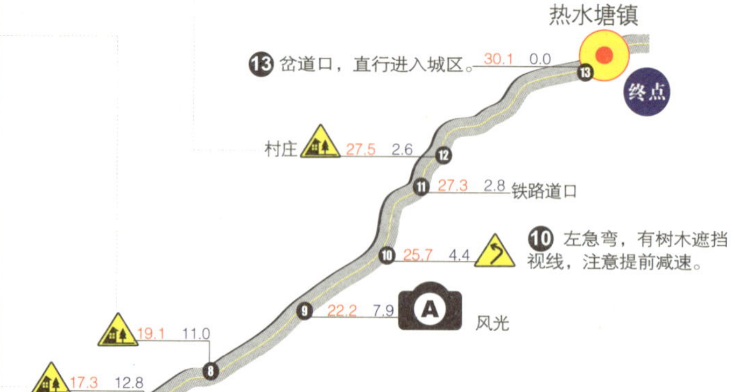

⑤ 路况抽样：二级柏油公路，道路宽8米，沙土路基，路面崭新平整，两边有很好的绿化。

④ 二道营子，右转可前往，距离10公里。

① 经棚广场

勘察报告

从经棚广场出发一路向北，去往热水塘镇的道路平整，道路旁边种满了花草、树木、庄稼，没有了草原。车流量较大，有不少的农用车辆、三轮货车、摩托车等在路上行驶，速度较慢，特别是在路口的时候注意车辆的出入。道路沿山势而建，上、下坡较多，不过坡度不大，有较多的弯道，村庄密集。路边树林茂盛，透过树林还有大片的田地，错落有致地铺满了缓缓的山坡，梯田的色彩会让人们对于内蒙的印象有了新的认识。

餐饮

沿途没有用餐点，可以在经棚镇或者热水塘镇城内就餐。

住宿

建议在热水塘镇内住宿，这里的温泉通往了当地每个住宿点。

加油

途中一个中石油加油站

救助信息

热水镇派出所　5101016

里程数据速查表

从经棚镇出发,请从上往下阅读

1	0.0	经棚广场	30.1	3.7
2	3.7	转盘	26.4	0.5
3	4.2	右边中石油	25.9	2.2
4	6.4	二道营子	23.7	2.3
5	8.7	路况抽样	21.4	5.1
6	13.8	村庄	16.3	3.5
7	17.3	村庄	12.8	1.8
8	19.1	村庄	11.0	3.1
9	22.2	风光	7.9	3.5
10	25.7	左急弯	4.4	1.6
11	27.3	铁路道口	2.8	0.2
12	27.5	村庄	2.6	2.6
13	30.1	岔道口	0.0	

从热水塘镇出发,请从下往上阅读

9 风光

热水塘镇

13 热水塘镇位于内蒙古宁城县克什克腾旗30公里处，距赤峰230公里，集通铁路经过此地并设点。热水塘温泉为地热水温泉，至今开发利用400多年，水中含人体所需或对疾病有疗效的氧、氟、硅、镭等47种化学微量元素，水温在83℃左右，对各种皮肤病、风湿病、高血压和心血管等病症有特殊疗效。清康熙曾驾幸热水温泉沐浴，九世班禅也曾在此沐浴讲经。该泉现已列为全国十一个甲级温泉的第二个疗养温泉。

现在的热水塘镇已经发展成为一个以经营温泉宾馆为主的小镇，是消除旅途疲劳的一个地方。镇上盖满了大小不一、各有特色的宾馆，每个房间内都引入温泉水，足不出户就可以舒舒服服地泡上一个温泉澡。街道两边整洁漂亮，餐厅宾馆林立。冬天去泡温泉感觉是别有一番滋味。

A14 热水塘镇—省际大通道（100.6km）

⑨ 岔路口，左转可去往林西。

⑩ 路况抽样：三级柏油公路，宽7米，路面陈旧，偶有小坑洼，路面颠簸。

⑫ 村庄，路边堆满柴火，村民喜欢站在路边聊天，应减速慢行。

⑬ 路面变窄为6米，路面受损严重，非常颠簸。

⑭ 十二吐路口，右转1公里可到达。

⑯ 岔路口，沿右边行走，与新路会合。N43-27-447E118-04-639/940

⑰ 路面变宽，11米，崭新平整。

⑳ 新城子镇，公路穿越城区1公里，中等规模，有银行、商店、药店，配套设施齐全。

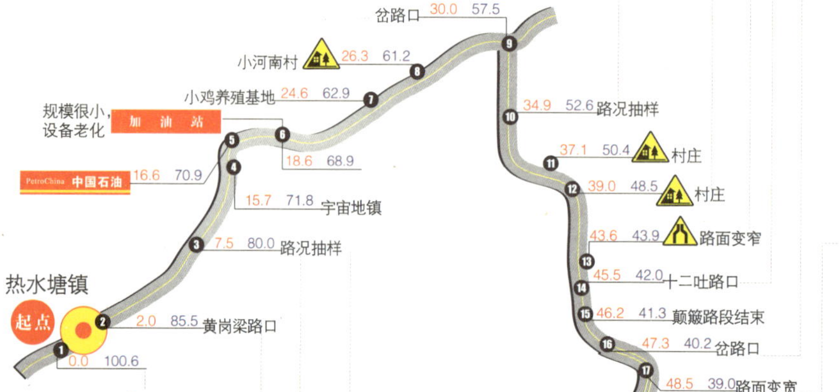

① 路口

② 黄岗梁路口，左转28公里可到达。

③ 路况抽样：二级柏油公路，路宽8米，沙土路基，路面平整。

④ 宇宙地镇，有补胎点、小商店，路上较多行人，应减速慢行。

㉒ 双井镇路口，左转乌丹，距离15公里，路边有中石油。

㉓ 岔路口，沿右边可以进入105省际大通道。N43-17-694E118-14-683/718

㉔ 十字路口，左转平尕，右转双井。

㉕ 路口，左转赤峰，直行经棚。N43-14-278E118-05-006/777

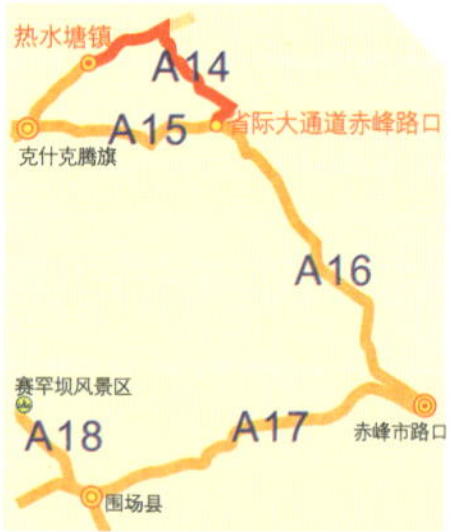

勘察报告

穿过热水塘镇的街道有两条，都可以去往林西方向。路面为三级柏油公路，中间画有黄线隔离，道路两旁是树林和庄稼，为丘陵地带，沿途有一些较小的坡度和弯道。其中在43公里处开始一条长达5公里的土路，是本路段中路况最差的一段。在十二吐乡并入省道204，之后转入省际大通道，进入草原地带，直至经棚镇。

餐饮

双井镇是途中配套设施最齐全的地方，建议在这里用餐。

住宿

建议在热水塘镇内住宿，这里的温泉通往了当地每个住宿点。

加油

沿途一个中石油加油站，两个民营加油站，建议在中石油加油。

救助信息

宇宙地派出所　5114110

里程数据速查表

从热水塘镇出发，请从上往下阅读

1	0.0	路口	100.6	2.0
2	2.0	黄岗梁路口	98.6	5.5
3	7.5	路况抽样	93.1	8.2
4	15.7	宇宙地镇	84.9	0.9
5	16.6	右边中石油	84.0	2.0
6	18.6	宇宙地加油站	82.0	6.0
7	24.6	小鸡养殖基地	76.0	1.7
8	26.3	小河南村	74.3	3.7
9	30.0	岔路口	70.6	4.9
10	34.9	路况抽样	65.7	2.2
11	37.1	村庄	63.5	1.9
12	39.0	村庄	61.6	4.6
13	43.6	路面变窄	57.0	1.9
14	45.5	十二吐路口	55.1	0.7
15	46.2	颠簸路段结束	54.4	1.1
16	47.3	岔路口	53.3	1.2
17	48.5	路面变宽	52.1	4.2
18	52.7	村庄	47.9	1.6
19	54.3	新城子收费站	46.3	3.9
20	58.2	亨通加油站	42.4	1.3
21	59.5	新城子镇	41.1	9.8
22	69.3	双井镇路口	31.3	3.5
23	72.8	岔路口	27.8	5.8
24	78.6	十字路口	22.0	22.0
25	100.6	路口	0.0	

从省际大通道出发，请从下往上阅读

7 马连滩小鸡养殖基地（特产）

18 村庄

A15 克什克腾旗—省际大通道（69.8km）

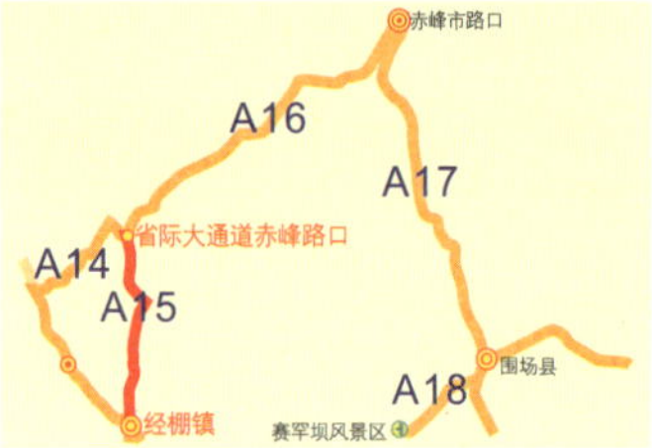

❽ 赤峰省际大通道路口，右转可前往，直行通往大板。

❼ 沿途两边很多牧场，公路边也不时有“注意牲畜出入”的警示牌。

❺ 新井收费站，小车收费15元。

❸ 路况抽样：一级柏油公路，宽12米，双向6车道，中间有绿化带隔离。

❶ 经棚广场

勘察报告

本路段是内蒙古省际大通道的一部分，道路为一级柏油公路，宽12米，双向6车道，中间有绿化带隔离，道路笔直，车流量稀少，有很好的驾车乐趣。公路沿着西拉木伦河岸前行，两边风光优美。沿途两边很多牧场，不时有牲畜横穿公路，注意避让。

餐饮

双井镇是途中配套设施最齐全的地方，建议在这里用餐。

住宿

建议在热水镇内住宿，这里的温泉通往了当地每个住宿点。

加油

沿途一个中石油加油站，两个民营加油站，建议在中石油加油。

救助信息

宇宙地派出所：5114110

❹ 风光

里程数据速查表

从经棚镇出发，请从上往下阅读

❶	0.0	经棚广场	69.8	1.4
❷	1.4	路口	68.4	14.2
❸	15.6	路况抽样	54.2	16.4
❹	32.0	风光	37.8	9.8
❺	41.8	新井收费站	28.0	3.2
❻	45.0	西拉木伦河风光	24.8	11.8
❼	56.8	牧场	13.0	13.0
❽	69.8	赤峰路口	0.0	

从省际大通道出发，请从下往上阅读

风光

西拉木伦河

❻“西拉木伦”系蒙古语“黄色河水”之意，因河水色黄混浊而得名。西拉木伦河发源于大兴安岭山地赤峰市克什克腾旗红山北麓白槽沟。古称潢水、饶乐水、吐护真水等。全长397公里，总流域面积32629平方公里。

西拉木伦河沿岸水草丰美，景观丰富。河流一路穿行在绿色原野和秀美山川中，两岸有绿色的群山、广阔的牧场、阡陌纵横的农田和炊烟袅袅的村庄，景色美不胜收。

西拉木伦河流域是我国史前文化的重要发祥地之一，远古文明的遗迹随处可见。有发源于新石器时期的兴隆洼文化、赵宝沟文化、红山文化、富河文化和小河沿文化等，统称为红山诸文化，以其颇具特色的文化面貌屹立于史前文化之林。我国著名考古学家苏秉琦认为：红山文化是我国“北方原生型”文化，是中华大地上最早发生的文明，即“中华文明的曙光”。

❻ 西拉木伦河风光

A16 省际大通道—赤峰市路口（143.8）

❶ 路口

❷ 路况抽样：一级柏油路，宽9.5米，路面崭新，路况很好。

❹ 林西路口，左转52公里可到达。

❻ 补胎、修理、就餐三合一的餐馆。

❺ 超限车辆检查站

❼ 书声路口，右转42公里。

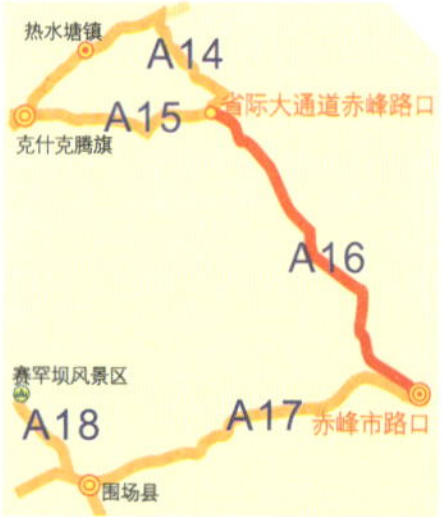

❽ 村庄

⑬ 土城子收费站，小车收费10元。

⑯ 毛山东路口，左转9公里。

㉓ 高家梁乡

❾ 土城子镇，公路穿越城区2公里，规模大，食宿、餐饮、加油等配套设施齐全。

❿ 出城区有一个补胎点

⑫ 三合一餐馆

㉔ 高家梁收费站，小车收费10元。

㉕ 急弯下坡

㉜ T路口，左转赤峰，距离14公里，右转进入经棚，路边有中石油。N42-19-167E118-49-034/637

㉚ 十字路口，左转庄家营子，距离14公里；右转大天份，距离46公里。

勘察报告

线路平直，两边是刚种植上的义务植树林，树木与公路之间还有一些鲜花，沿途水草丰美。秋季时，一片片金黄色的庄稼，加之绿树调色，点缀着红砖红瓦，与弯曲的小河把这段路勾勒成了一幅水彩画。汽车翻越一些小山包，有一定的坡度，不过海拔变化较小。一路上车流量较大，车速都比较快。进入平原后注意控制车速，限速70公里，而且没有明显的限速标志，会有警察在路边测速并就地罚款。该路段适合在夏秋季节里旅行，有不同的壮丽风光。

餐饮

土城子镇，71.3公里处的十字路口均有餐厅。

住宿

建议在赤峰市或者经棚镇内住宿，有较好的住宿条件。

加油

中石油加油站靠近赤峰路口，做好油料的准备。

维修

没有较大的修理厂，只有一些简易的补胎点，可以做简单应急处理。

救助信息

赤峰公路巡警：8540276；高家梁派出所：6605110。

提醒

路上有警察测超速，路上没有明显的限速标志。

❸ 风光

⓫ 山湾子村风光

里程数据速查表

从省际大通道出发，请从上往下阅读

1	0.0	路口	143.8	3.1
2	3.1	路况抽样	140.7	0.4
3	3.5	风光	140.3	5.5
4	9.0	林西路口	134.8	6.0
5	15.0	超限车辆检查站	128.8	4.2
6	19.2	三合一的餐馆	124.6	5.1
7	24.3	书声路口	119.5	6.4
8	30.7	村庄	113.1	1.0
9	31.7	土城子镇	112.1	2.1
10	33.8	补胎点	110.0	2.8
11	36.6	风光	107.2	0.4
12	37.0	三合一餐馆	106.8	0.8
13	37.8	土城子收费站	106.0	2.7
14	40.5	下坡右急弯	103.3	6.2
15	46.7	下坡弯道	97.1	3.2
16	49.9	毛山东路口	93.9	1.0
17	50.9	右边中石油	92.9	5.3
18	56.2	反向弯道过桥	87.6	7.9
19	64.1	新力屯	79.7	7.1
20	71.2	十字路口	72.6	3.8
21	75.0	沿途风光	68.8	8.0
22	83.0	右边加油站	60.8	0.7
23	83.7	高家梁乡	60.1	10.2
24	93.9	高家梁收费站	49.9	1.1
25	95.0	急弯下坡	48.8	8.2
26	103.2	左边中石油	40.6	3.8
27	107.0	桥头路口	36.8	3.3
28	110.3	结束山地路段	33.5	6.9
29	117.2	战城加油站	26.6	3.1
30	120.3	十字路口	23.5	17.7
31	138.0	右边中石油	5.8	5.8
32	143.8	赤峰市路口	0.0	

从赤峰市路口出发，请从下往上阅读

㉑ 沿途风光

A17 赤峰市路口—围场县（121.6km）

❶ 路口，位于G111，491公里处。

❷ 公路上方为铁路道口

❹ 路况抽样：二级柏油公路，宽9米，路面平整，两边花草绿化。

⓭ G111，444公里处。

⓯ 聂家营子，注意摩托车、自行车、行人穿越。

⓳ 进入河北省界。N42-04-922E118-09-280/883

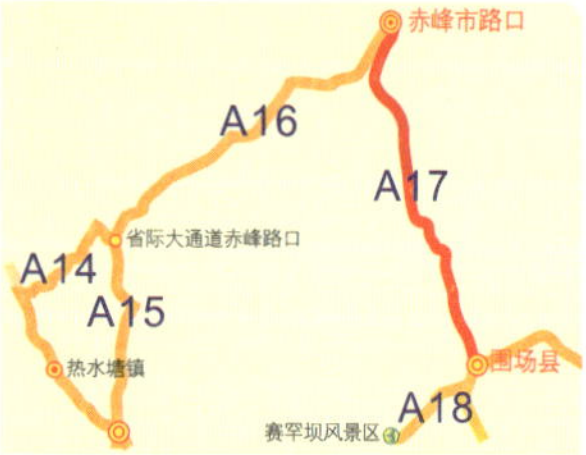

❼ 松山收费站，小车收费10元。

❽ 经棚路口，去往经棚的道路为三级柏油公路，距离193公里。

❿ 红花沟镇

⓫ 王府村

⓬ 王府乡，道路穿越1.3公里。

⓴ 村庄

㉑ 杨家村

㉓ 朝阳乡，道路穿越1.3公里，注意行人。

㉙ 承德路口，直行去往围场县。N41-57-870E117-45-864/895

㉕ 当地特产土豆，村庄的居民在路口显眼位置写下“土豆出售”，并留下电话。

㉗ 长7.5公里的下坡，弯多，危险，限速40公里。

㉚ 伊逊河大桥T字路口，左转承德，右转去往坝上。N41-57-674E117-44-918/861

勘察报告

行驶的道路是国道111，二级柏油公路，路边有花、有树，绿化良好，周围农作物丰富，大片的向日葵十分壮观，跨越内蒙古、河北两省。进入王府乡有一段涉水路面，在66公里处的落石、急弯道路需特别注意；同时沿途村庄较多，注意行人过往；进入河北后，出现较多运送蔬菜的农用车辆，空气质量稍差。整个路段坡度变化不大，不过弯道较多。

餐饮

红花沟和王府乡都有小餐厅，菜品分量很大。

住宿

王府乡有小旅舍，但是条件较差，不建议在该路段住宿。

维修

围场县汽修一条街，急救电话：7651050。

购物

红萝卜，土豆。

救助信息

王府派出所：0476－819015；朝阳湾交警中队：7657322。

围场县汽修一条街

红萝卜，土豆

里程数据速查表

从赤峰市路口出发，请从上往下阅读

1	0.0	路口	121.6	5.2
2	5.2	铁路道口	116.4	0.8
3	6.0	富邦加油站	115.6	1.7
4	7.7	路况抽样	113.9	8.3
5	16.0	向日葵风光	105.6	0.6
6	16.6	右边中石油	105.0	0.4
7	17.0	松山收费站	104.6	0.4
8	17.4	经棚路口	104.2	4.2
9	21.6	村庄	100.0	2.6
10	24.2	红花沟镇	97.4	13.9
11	38.1	王府村	83.5	1.6
12	39.7	王府乡	81.9	7.6
13	47.3	G111，444公里处	74.3	9.0
14	56.3	右边中石油	65.3	3.2
15	59.5	聂家营子	62.1	6.4
16	65.9	二道河	55.7	0.6
17	66.5	峡谷道路	55.1	1.1
18	67.6	风光	54.0	7.8
19	75.4	河北省界	46.2	3.9
20	79.3	村庄	42.3	9.0
21	88.3	杨家村	33.3	3.3
22	91.6	村庄	30.0	4.7
23	96.3	朝阳乡	25.3	6.5
24	102.8	村庄	18.8	1.0
25	103.8	特产土豆	17.8	4.1
26	107.9	沿途蔬菜	13.7	5.9
27	113.8	下坡	7.8	2.8
28	116.6	鸟瞰围场县	5.0	3.6
29	120.2	承德路口	1.4	1.4
30	121.6	T字路口	0.0	

从围场县出发，请从下往上阅读

18 风光

28 鸟瞰围场县

26 沿途盛产蔬菜，运往各地。

17 峡谷道路

5 向日葵风光

A18 围场县—赛罕坝风景区（53.5km）

30 赛罕坝国家森林公园大门。N42-19-053E117-29-276/1470

29 北岔村，有1个农家乐。

28 村庄

27 十里画廊农家乐

19 村庄

15 村庄，有5个农家乐。

14 急弯、落石路段。

13 村庄，内设农家乐。

12 棋盘山镇，公路穿越该镇500米，两边有较多水果、蔬菜店。

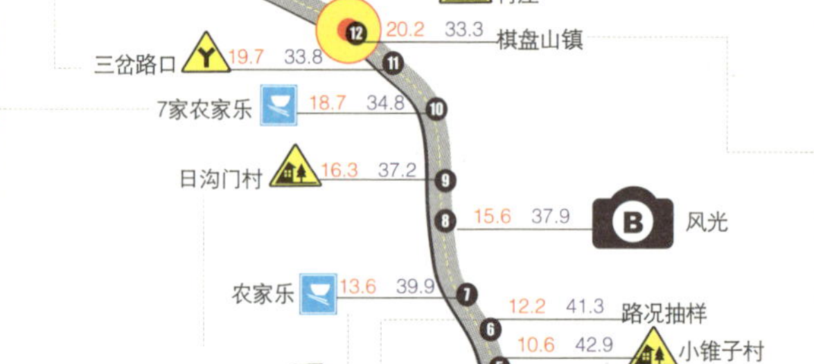
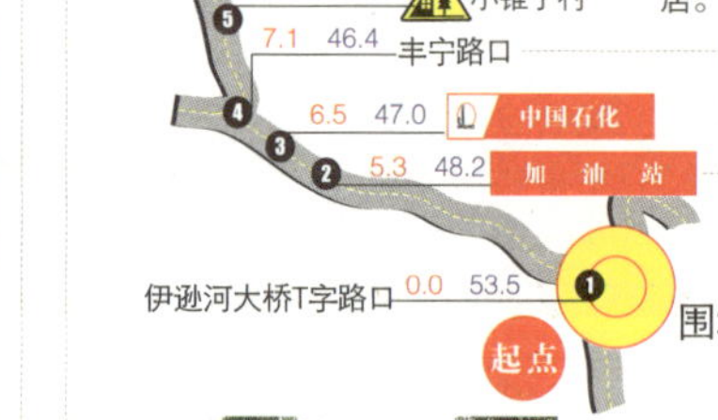

24 反向弯道，之后进入林区，禁止野外用火。

11 三岔路口，沿右边行走，路边有中石化。

10 500米内有7家农家乐在公路两旁。

4 丰宁路口，左转180公里可去往。N41-59-388E117-40-640/905

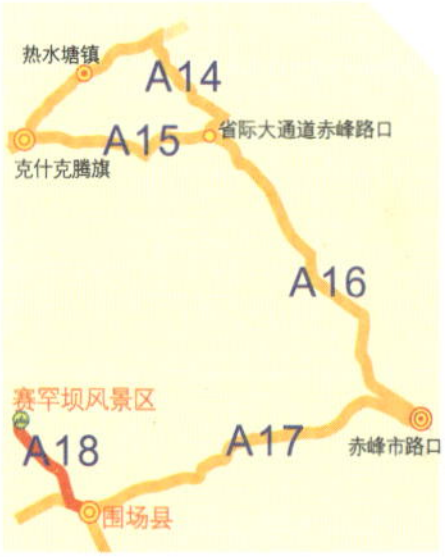

9 日沟门村，公路穿越村庄400米，有3个农家乐，注意行人、自行车通过。

7 路边有数家农家乐

6 路况抽样：三级柏油公路，宽7米，路边有绿化。

2 龙头山乡加油站

餐饮

沿线的农家乐可以提供用餐，有新鲜的蔬菜和鸡鸭。

住宿

农家乐和景区内的宾馆均可住宿，景区内宾馆的住宿条件更好，其中农家乐住宿每间约50元。

维修

途中只有在34公里处有一个简易维修点

救助信息

棋盘山交警中队　7512322

里程数据速查表

从围场县出发，请从上往下阅读

1	0.0	伊逊河大桥	53.5	5.3
2	5.3	龙头山乡加油站	48.2	1.2
3	6.5	右边中石化	47.0	0.6
4	7.1	丰宁路口	46.4	3.5
5	10.6	小锥子村	42.9	1.6
6	12.2	路况抽样	41.3	1.4
7	13.6	农家乐	39.9	2.0
8	15.6	风光	37.9	0.7
9	16.3	日沟门村	37.2	2.4
10	18.7	7家农家乐	34.8	1.0
11	19.7	三岔路口	33.8	0.5
12	20.2	棋盘山镇	33.3	2.3
13	22.5	村庄	31.0	2.3
14	24.8	急弯、落石路段	28.7	0.2
15	25.0	村庄	28.5	4.8
16	29.8	村庄	23.7	3.9
17	33.7	哈里哈村	19.8	0.6
18	34.3	村庄	19.2	1.5
19	35.8	村庄	17.7	1.0
20	36.8	村庄	16.7	1.1
21	37.9	村庄	15.6	0.7
22	38.6	风光	14.9	1.7
23	40.3	村庄	13.2	1.3
24	41.6	反向弯道	11.9	1.0
25	42.6	83号村	10.9	1.9
26	44.5	85号村	9.0	2.0
27	46.5	十里画廊农家乐	7.0	2.0
28	48.5	村庄	5.0	3.1
29	51.6	北岔村	1.9	1.9
30	53.5	赛罕坝国家森林公园	0.0	

从赛罕坝风景区出发，请从下往上阅读

勘察报告

出围场县后沿山脚行驶1公里，一边是山崖，另一边是土地，之后转入平原地段，路面笔直平整，两边有高大的路道树。在转入坝上的路口处有数个路牌标志清晰地指向各条道路通往的目的地，其中去往坝上的道路为三级柏油公路。逐步进入林区，此后庄稼减少，注意在林区内禁止烟火。沿途村庄密集，因为这条路线是旅游热线，有较多的农家乐为旅游者提供农家食宿。

赛罕坝风景区

30 赛罕坝国家森林公园是中国北方最大的森林公园，位于承德坝上地区，是清朝著名的皇家猎苑之一“木兰围场”的一部分。森林公园总面积41万亩，森林覆盖率75.2%。森林茂密，草原丰美，独特的气候和悠久的历史造就了这里特殊的自然景观和人文景观，有浩瀚的林海、广袤的草原、清澈的高原湖泊和清代历史遗迹。赛罕坝动植物种类繁多，有狍子和黑琴鸡等的鸟兽。有康熙点将台、将军泡子、赛罕湖、赛罕塔和十里画廊等著名景点。赛罕坝的寒温带季风气候特点表现特殊，这里夏季气候凉爽，空气清新，最高气温一般不超过25℃；秋季层林尽染，漫山遍野的枫叶，色彩丰富；冬季皑皑白雪，玉树冰花，一派北国风光。同时赛罕坝也是滦河与辽河的发源地之一，因此被誉为“河的源头，云的故乡，花的世界，林的海洋”。加之靠近京、津的地理优势，是夏季避暑观光、秋季观赏红叶、冬季狩猎滑雪的生态旅游胜地。

同时该地区也是满族、蒙古族、汉族的聚居地。三个族的人民在这里长期聚居生活，民族文化相互交融，孕育了浓郁的民俗风情。景区内有很多各种特色农家乐，都很值得一试。

8 风光

22 风光

A19 围场县—牌楼乡（48.1km）

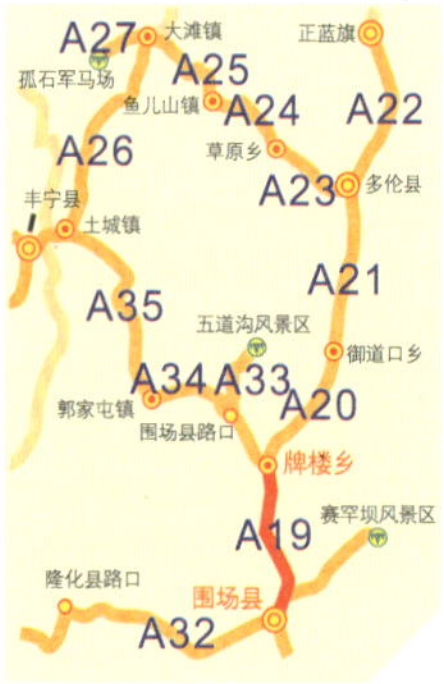

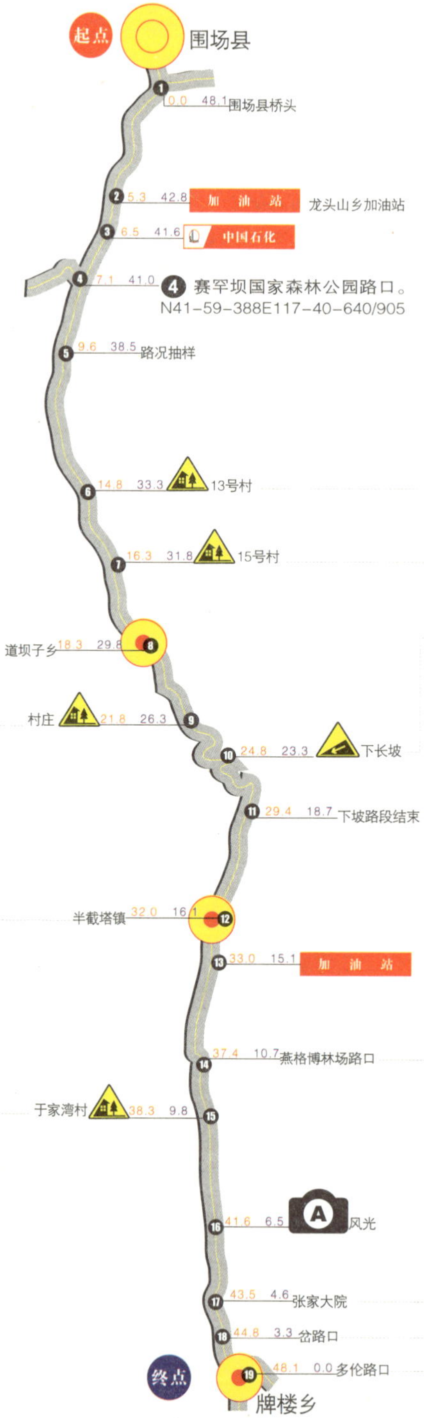

5 路况抽样：二级柏油公路，宽7米，路面平整，路况良好，两旁有高大的白桦树。

6 13号村

7 15号村

8 道坝子乡

9 村庄，墙头门前葵花朵朵。

10 下长坡，连续弯道，限速30公里。

11 下坡路段结束，路边有小村庄。

14 燕格博林场路口，右转可前往，为沙石路。

12 半截塔镇，公路穿越城区1公里，城区内限速30公里，规模较大，有卫生院，食宿、餐饮、汽修齐全，城区内左侧有通往隆化的路口，距离90公里，为三级公路。

17 张家大院

15 于家湾村

18 岔路口，左转进入牌楼村。

19 多伦路口，右转82公里可以到达，左边有加油站，有一个商店、一个补胎点，右转可去往御道口景区。N41-55-847E117-16-936/1004

勘察报告

111沿国道前进，道路宽7米，路面平整，路边种满了高大的路道树。沿途村庄密集，周围农作物丰富，当地居民以务农为主。整条公路都是沿山势而建，弯道较多，而且在17公里处有一段盘山公路，上坡下坡道路，弯多而急，限速30公里，持续4公里。国道上车流量较大，以小车、客车居多。沿线均有手机信号。

餐饮

道路沿线无用餐地点，建议在围场县内用餐后前往。

住宿

无住宿点，可以选择在附近围场县城、坝上景区、多伦县城住宿。

加油

有3个加油站，其中一个中石油。

维修

围场有较多修理厂，可以提供远程施救。

救助信息

半截塔交警中队:7512322;半截塔卫生院：7936520。

里程数据速查表

从围场县出发，请从上往下阅读

1	0.0	围场县桥头	48.1	5.3
2	5.3	龙头山乡加油站	42.8	1.2
3	6.5	右边中石化	41.6	0.6
4	7.1	赛罕坝路口	41.0	2.5
5	9.6	路况抽样	38.5	5.2
6	14.8	13号村	33.3	1.5
7	16.3	15号村	31.8	2.0
8	18.3	道坝子乡	29.8	3.5
9	21.8	村庄	26.3	3.0
10	24.8	下长坡	23.3	4.6
11	29.4	下坡路段结束	18.7	2.6
12	32.0	半截塔镇	16.1	1.0
13	33.0	右边加油站	15.1	4.4
14	37.4	燕格博林场路口	10.7	0.9
15	38.3	于家湾村	9.8	3.3
16	41.6	风光	6.5	1.9
17	43.5	张家大院	4.6	1.3
18	44.8	岔路口	3.3	3.3
19	48.1	多伦路口	0.0	

从牌楼乡出发，请从下往上阅读

16 风光

A20 牌楼乡—御道口乡（43.5km）

21 御道口风景区，进入30公里到达景区北门，40公里为机械林场大门，50公里处为军马场大门。
N42-11-313E117-0-006/1254

20 多伦路口，路边有中石化。
N42-08-526E116-58-777/1247

16 御桦十景景区门口

15 村庄

14 路边的小路

11 十九号村

5 桃山林场路口，左转可前往，路口有3个餐馆。

4 大营子

18 村庄

17 御道口乡，路边有很多农家乐。

8 村庄

7 村庄

6 路况抽样：二级柏油公路，宽8米，路面崭新。

3 村庄

2 村庄

1 路口

勘察报告

景区道路，路面崭新、笔直、平整，道路宽8米。路边村庄规模都较小，有大片的草地，可以开车从路口处进入草地，不过注意不要破坏草场。沿线为缓坡，海拔持续升高，周围植被也开始变为草原，山顶处地势开阔、色彩丰富，由树木和草地装点，直至景区，公路旁边设有铁丝网，不能随意进入草原。手机信号较好，只有在景区入口处无手机信号，本条线路适合夏秋季节旅游。

餐饮

桃山林场入口处有3个旅游餐厅，御道口乡有数家餐厅。

住宿

无住宿点，可以选择在附近围场县城、坝上景区、多伦县城住宿。

加油

多伦路口有一个中石化加油站，建议在这里加油

里程数据速查表

从牌楼乡出发，请从上往下阅读

1	0.0	路口	43.5	2.0
2	2.0	村庄	41.5	2.3
3	4.3	村庄	39.2	1.3
4	5.6	大营子	37.9	0.6
5	6.2	桃山林场路口	37.3	2.7
6	8.9	路况抽样	34.6	1.0
7	9.9	村庄	33.6	2.4
8	12.3	村庄	31.2	1.7
9	14.0	村庄	29.5	3.7
10	17.7	路边小饭店	25.8	0.8
11	18.5	十九号村	25.0	2.0
12	20.5	村庄	23.0	0.7
13	21.2	风光	22.3	0.3
14	21.5	路边的小路	22.0	1.9
15	23.4	村庄	20.1	3.5
16	26.9	御桦十景	16.6	3.5
17	30.4	御道口乡	13.1	4.8
18	35.2	村庄	8.3	1.1
19	36.3	木兰宫	7.2	1.4
20	37.7	多伦路口	5.8	5.8
21	43.5	御道口风景区	0.0	

从御道口乡出发，请从下往上阅读

御道口风景区

21 御道口草原森林风景区位于承德市木兰围场坝上地区，海拔1230~1820米，处在内蒙古高原东南边缘，西部与内蒙古多伦县接壤，南部接围场县御道口乡，北部、东部与赛罕坝森林公园相连。景区属典型的波状高原地貌，东北高，西南低，气候类型属寒温带大陆性季风型高原气候，年平均气温5℃。植被丰富，有湿地、森林、淡水湖、泉水等，具有典型的生物多种性，也是滦河的发源地。春天山花烂漫，夏天树林葱郁，秋天红叶似火，冬天白雪皑皑，四季变幻出不同的色彩。

这里也曾是清代皇家猎苑木兰围场的一部分，康熙练兵台、御泉、卧牛盘、天梯梁、古御道等历史遗迹，蕴含着丰富的清代文化内涵；神仙洞、桃山湖、月亮湖、百花坡、大峡、龟山等景点也值得一看。

景区内各种设施齐全，骑马、垂钓、漂流、游船、篝火、越野赛车、休闲度假、滑冰、滑雪、狩猎等一应俱全，主干公路直通景区，驱车徒步都十分方便。

13 风光，车可下至小河边。

19 木兰宫，平日里冷清，节假日里面很热闹。

A21 御道口乡—多伦县（42.9km）

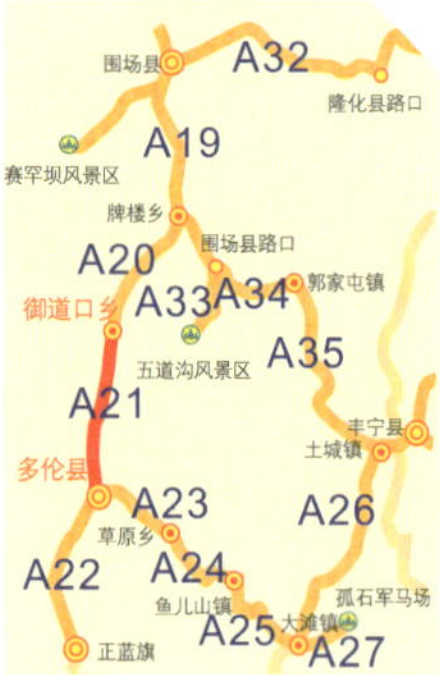

❶ 路口，右转去往围场。

❷ 省道围多线38公里处，御道口镇，有卫生院、餐厅、汽修等配套设施。

❺ 内蒙古、河北交界处，两地区路面新旧程度有很大差别，但是路况都很好。N42-09-203E116-49-567/1273

❹ 路况抽样：二级柏油公路，宽8米，路面崭新笔直，视野开阔，风光优美。

❾ 曲家湾村

❻ 沙坑村，开阔、干净的小村庄。

⓭ 308省道29公里处，滦河大桥。

⓮ 左边中石油，地上有减速带。

⓯ 多伦城市广场。N42-11-871E116-28-350

❼ 路边派出所

勘察报告

道路跨越河北、内蒙古两省区，路面崭新、笔直、平整，道路宽8米，在内蒙古境内的柏油路面旧一些，不过路况都很好。整条线路的视野开阔，地势平坦，两边都是大片的草原和一些小树林，适合夏秋季节旅游这条路线，气候和风景最好。道路上车流量很小，几乎没有弯道，只有一些随地势而起的小坡，不影响正常行驶。进入多伦城区时有限速器，城区限速40公里/小时。

餐饮

御道口镇有持续1公里的餐厅，多伦城区内有众多餐厅，建议在多伦用餐，物美价廉。

住宿

多伦有一些宾馆，条件在附近地段内较好。

加油

一个中石化，一个中石油

维修

多伦县维修

救助信息

大河口派出所　4820205

里程数据速查表

从御道口乡出发，请从上往下阅读

1	0.0	路口	42.9	0.6
2	0.6	御道口镇	42.3	4.8
3	5.4	沿途风光	37.5	5.9
4	11.3	路况抽样	31.6	1.9
5	13.2	两省区交界	29.7	3.6
6	16.8	沙坑村	26.1	2.8
7	19.6	派出所	23.3	0.8
8	20.4	大河口乡	22.5	8.5
9	28.9	曲家湾村	14.0	0.3
10	29.2	西沙河风光	13.7	7.7
11	36.9	小村庄	6.0	4.8
12	41.7	左边中石化	1.2	0.3
13	42.0	滦河大桥	0.9	0.5
14	42.5	左边中石油	0.4	0.4
15	42.9	多伦城市广场	0.0	

从多伦县出发，请从下往上阅读

3 沿途风光

10 西沙河风光，桥头右边有滦源度假村，距离路边1公里。

11 公路两侧分布着一片小村庄，有原野风光。

A22 正蓝旗—多伦县（72.9km）

⑲ 南和村

⑮ 元上都遗址路口，位于308省道57公里处，左转可进入，进入景区路面为柏油路，宽3.6米，平整笔直。

⑬ 上都音郭勒收费站

⑫ 上都路口，左转进入上都城区。

⑨ 上都镇，位于公路右侧。

⑦ 闪电河大桥

⑤ 砖厂路口，右边时常有砖厂货车出入，注意提前减速。

② 二级柏油公路，宽9米，路面崭新笔直，路况非常好。

① 路口

⑱ 村庄

⑰ 核桃坝垭口，过了垭口为长下坡。

⑯ 黄柳条树

⑪ 火车站路口，右边为蓝旗火车站。

⑧ 黑城子路口，右转37公里可去往，路面为三级柏油公路。

⑥ 十字路口，左转去往林场，右转到砖厂。

③ 工业园区路口，右转2公里到达。

勘察报告

一条崭新的柏油公路，建设在广阔的平原上，路基高出地面1米，路边有水泥护栏。路面崭新、平整，中间有黄线隔离。车流量一般，不过有较多的当地三轮车、摩托车，注意避让。适合在夏秋季节在该路段上旅游，全线都有手机信号。沿线没有路灯，地势空旷，不建议在夜间行驶。公路沿线各种路牌标志清晰明显，在穿越上都城区时需直行。沿线民居很有特色，都是整齐的红色平房，在空旷的平原上很显眼。

餐饮

多伦城区内有众多餐厅，建议在多伦用餐，物美价廉。

住宿

忽必烈夏宫有蒙古包可提供住宿，每人80元。

加油

一个中石油，靠近多伦县

里程数据速查表

从正蓝旗出发,请从上往下阅读

1	0.0	路口	72.9	8.3
2	8.3	路况抽样	64.6	4.1
3	12.4	工业园区路口	60.5	3.7
4	16.1	葫芦斯台路口	56.8	3.7
5	19.8	砖厂路口	53.1	3.5
6	23.3	十字路口	49.6	2.7
7	26.0	闪电河大桥	46.9	2.0
8	28.0	黑城子路口	44.9	0.7
9	28.7	上都镇	44.2	2.4
10	31.1	十字路口	41.8	1.6
11	32.7	火车站路口	40.2	1.4
12	34.1	上都路口	38.8	3.6
13	37.7	上都音郭勒收费站	35.2	6.7
14	44.4	风光	28.5	1.3
15	45.7	元上都遗址路口	27.2	7.3
16	53.0	黄柳条树	19.9	3.9
17	56.9	核桃坝垭口	16.0	6.4
18	63.3	村庄	9.6	2.9
19	66.2	南和村	6.7	3.1
20	69.3	右边中石油	3.6	3.6
21	72.9	多伦广场	0.0	

从多伦县出发,请从下往上阅读

提醒

元上都遗址，门票15元，景区导游车10元，导游费5元。

救助信息

哈毕日嘎派出所4480032

⑮ 元上都遗址。N42-20-185E116-11-276/1269

元上都遗址

⑮遗址位于锡盟正蓝旗。公元1256年，元世祖忽必烈在今上都遗址定都，建立了大元帝国，其后用3年时间，耗费巨资建立了都城。这一都城在距今700多年前的中国， 应该是一座十分了不起的城市，有外城、内城、宫城三重城郭，周长约9公里，东西2050米，南北2115米，用石头与土砌成。是元朝重要的政治、军事、经济与文化中心，所以元朝的历代皇帝大都在上都即位，每年有半年时间在上都处理国事。当时曾是中国统一国家的首都和世界著名的大城市。意大利大旅行家马可·波罗曾在这里住过一段时间，并在《马可·波罗游记》中描述过上都城的繁华富庶。 同时，上都城遗址是研究“一代天骄”成吉思汗时代城市建筑的宝贵实物资料，现在，已成为内蒙古自治区重点文物保护单位，并在其邻近修建了上都博物馆。

忽必烈夏宫（N42-18-974E116-09-537/1286）。忽必烈夏宫的生态环境不断改善，逐渐向元代草原的古环境恢复。成千上万的候鸟又飞回到金莲川上。

忽必烈夏宫现在开设了草原风光游，文物古迹游，民俗风情游，草原狩猎游；举办草原那达慕篝火晚会，民族歌舞表演，摔跤、射箭、赛马、套马表演；民族饮食，住宿蒙古包，体验牧民生产、生活方式，品尝奶制品，搭蒙古包；为游客提供民族服装、骑马、骑骆驼，乘勒勒车；祭敖包，喇嘛诵经，民族婚礼等旅游项目。

⑭ 风光

A23 多伦县—草原乡（30.9km）

1 多伦政府广场

2 十字路口，右转去往经棚镇，直行去往蓝旗。

7 路况抽样：三级柏油公路，路宽6米，路基为草丛。

9 村庄

6 转盘，沿右边行驶，路边中石油，城区道路结束。

10 黑山咀

12 京伦线0公里处，左转。

14 涉水路面，雨季时小心通过，也是内蒙古和河北省交界处。

15 草原乡，路边有加油站，乡中心有十字路口。N41-57-677E116-20-546/1382

勘察报告

沿金轮大道走出城区道路，之后转入宽6米的三级道路。路段车流量不大，但是有较多的当地农用车、摩托车，同时需注意路上的行人和羊群。在17公里处的大片白桦林是本路段上的一个亮点，秋季时的黄叶更是一道难得的风景。过黑山咀后的路口往草原方向行进，进入河北境内。草原乡周围农作物丰富，大片的小麦、荞麦、胡麻给平原画上了不同的色彩，风起时可以看见金黄色的麦浪，不过只有在收获的季节才可以看到这样的胜景。通往外沟门的途中地貌发生了变化，进入山地，沿一条干涸的河流行驶，风景也随之变化。公路沿线村民淳朴热情，风景如画，路况良好，是一条极佳的自驾旅游线路。

餐饮

多伦城区内有众多餐厅，建议在多伦用餐，物美价廉；黑山咀、草原乡和外沟门乡也有不少餐厅。

住宿

多伦城区内宾馆住宿条件较好，草原乡和外沟门乡只有小的家庭旅舍，条件一般。

加油

建议在多伦县加油，此后途中只有一些简易的私营油站。

里程数据速查表

从多伦县出发,请从上往下阅读

1	0.0	广场	30.9	0.5
2	0.5	十字路口	30.4	0.5
3	1.0	十字路口	29.9	0.2
4	1.2	十字路口	29.7	0.6
5	1.8	十字路口	29.1	2.0
6	3.8	转盘	27.1	4.3
7	8.1	路况抽样	22.8	6.1
8	14.2	风光	16.7	2.2
9	16.4	村庄	14.5	2.3
10	18.7	黑山咀	12.2	0.8
11	19.5	西子沟	11.4	1.0
12	20.5	京伦线0公里	10.4	0.2
13	20.7	风光	10.2	4.4
14	25.1	涉水路面	5.8	5.8
15	30.9	草原乡	0.0	

从草原乡出发,请从下往上阅读

8 风光

A24 草原乡—鱼儿山镇（34.2km）

❷ 石子沟

❶ 草原乡三岔路口。N41-57-677E116-20-546/1382

❸ 公宝同村

❹ 路况抽样：碎石路，宽5.5米，路面颠簸，时而有路基缺口。

❻ 涉水路面

❽ 阳坡村

❿ 一道梁

⓮ 风光

⓬ 四道沟

⓯ 头道沟，仿佛置身于画中的小山村。

⓱ 山嘴村。N41-47-097E116-13-412/1478

⓲ 三岔路口，右转沿北边行驶。

㉒ 三岔路口，右转进入鱼儿山镇，路边有加油站。N41-45-444E116-09-597/1460

㉑ 路况抽样：三级柏油公路，宽5米，路况较好，穿行在田野间。

⓴ T字路口，左拐并入柏油路，往南走。N141-46-903E116-09-746/1454

⓳ 三合成村

勘察报告

从草原乡中间的一条岔路出发，进入土路，宽5.5米，道路情况较差，路基有缺口，路面上有涉水路段，雨季时会积水，小车不容易通过，小心慢行，不过风光不错，自然恬静的农家小院不时出现在路边，墙头或许还冒出一朵葵花。路上车流量小，当地人出入主要依靠中巴班车，路边有等车的村民，注意避让。当地盛产蔬菜，有运输用的农用车辆慢速行走，超车时需选择好时机。沿途村民淳朴，治安状况良好。

餐饮

平安堡是途中就餐条件最好的地方，可以在这里用餐。

住宿

草原乡和鱼儿山镇有小旅舍，不过条件较差，不建议在这里住宿。

维修

鱼儿山镇有3个简易维修点

里程数据速查表

从草原乡出发，请从上往下阅读

1	0.0	三岔路口	34.2	3.5
2	3.5	石子沟	30.7	1.8
3	5.3	公宝同村	28.9	1.3
4	6.6	路况抽样	27.6	0.5
5	7.1	沿途风光	27.1	1.3
6	8.4	涉水路面	25.8	2.3
7	10.7	沿途风光	23.5	0.8
8	11.5	阳坡村	22.7	0.8
9	12.3	风光	21.9	3.0
10	15.3	一道梁	18.9	1.7
11	17.0	垭口	17.2	1.6
12	18.6	四道沟	15.6	0.6
13	19.2	风光	15.0	1.2
14	20.4	风光	13.8	1.2
15	21.6	头道沟	12.6	0.9
16	22.5	两间房	11.7	3.5
17	26.0	山嘴村	8.2	0.5
18	26.5	三岔路口	7.7	2.7
19	29.2	三合成村	5.0	2.3
20	31.5	T字路口	2.7	1.0
21	32.5	路况抽样	1.7	1.7
22	34.2	三岔路口	0.0	

从鱼儿山镇出发，请从下往上阅读

13 风光

16 两间房

9 风光

7 沿途风光

5 沿途风光

A25 鱼儿山镇—大滩镇（31.4km）

5 路况抽样：四级柏油路，宽6米，沙石路基，路况良好。

3 三岔路口，沿左边往南行走。

1 鱼儿山镇，当地人叫平安堡。

4 南岗子村，大片肥沃的土地，时令蔬菜基地。

7 涉水路面，雨季时有积水。

10 大木营

8 村庄

11 村庄

12 王府山庄

14 三岔路口，并入二级公路，进入大滩城区。

15 大滩镇三岔路口。N41-34-390E116-00-696/1484

勘察报告

一条平原上的道路，穿越在田野间，一路村庄密集，物产丰富。虽然只是四级柏油公路，但是路况良好，宽6米，架设在沙石路基上。需要注意路上超宽的农用车辆，车流量一般，主要是当地运送蔬菜的小货车，旅游车辆较少。不过大滩镇旅游业发展较快，镇内都有一些供游客游玩的沙滩车。

餐饮

大滩镇，较多餐厅，主要为游客提供用餐服务

住宿

大滩镇，有家庭旅馆、蒙古包、小型宾馆可供游客选择。

救助信息

大滩公路巡警：8284882；大滩镇派出所：8284618。

里程数据速查表

从鱼儿山镇出发，请从上往下阅读

1	0.0	鱼儿山镇	31.4	x0.9
2	0.9	左边加油站	30.5	2.0
3	2.9	三岔路口	28.5	4.4
4	7.3	南岗子村	24.1	2.1
5	9.4	路况抽样	22.0	0.5
6	9.9	田园风光	21.5	0.8
7	10.7	涉水路面	20.7	0.9
8	11.6	村庄	19.8	3.5
9	15.1	风光	16.3	2.4
10	17.5	大木营	13.9	3.3
11	20.8	村庄	10.6	7.2
12	28.0	王府山庄	3.4	2.7
13	30.7	右边中石化	0.7	0.2
14	30.9	三岔路口	0.5	0.5
15	31.4	大滩镇三岔路口	0.0	

从大滩镇出发，请从下往上阅读

6 田园风光

9 风光

A26 大滩镇—孤石军马场（20.5km）

❶ 大滩镇路口

❷ 路况抽样：沙石路面，有10厘米深的凹坑和一些石块，路面颠簸。

❸ 村庄

❹ 村庄，掩映在金灿灿的麦田中。

❺ 骆驼沟

❽ 孤石

❾ 三岔路口，右转3公里进入村庄，左转去往孤石军马场。

⓫ 三岔路，沿左边行走，上山。

⓭ 牧场场部。N41-24-980E116-04-934/1696

❿ 东四合家村

勘察报告

土石路，路况较差。周边地势平坦，距离道路两边几公里是低矮的丘陵所形成的山脉，与公路平行，在两道山脉形成的狭长平原带上散落有许多村落。从大滩镇到军马场的土石路在夏天灰尘较多，雨季泥泞，路上的凹坑深5~10厘米，碎石颗粒不大，适合各种车辆通行，不过对于底盘较低的轿车需要适当减速。沿途主要以草原和田园为主要景观，其中大滩出发14公里后的田园风光最好。

餐饮

东四合家村有一个骑士俱乐部和终点孤石军马场度假村可用餐，不过在非旅游旺季营业不正常，建议在大滩镇就餐。

住宿

孤石军马场有帐篷可住宿

加油

没有加油站，可在大滩镇加油。

维修

没有维修点，大滩镇可作简易维修。

孤石军马场有帐篷可住宿

里程数据速查表

从大滩镇出发，请从上往下阅读

1	0.0	大滩镇路口	20.5	2.0
2	2.0	路况抽样	18.5	2.5
3	4.5	村庄	16.0	3.3
4	7.8	村庄	12.7	2.9
5	10.7	骆驼沟	9.8	2.1
6	12.8	风光	7.7	1.6
7	14.4	风光	6.1	2.1
8	16.5	孤石	4.0	0.8
9	17.3	三岔路口	3.2	1.1
10	18.4	东四合家村	2.1	0.9
11	19.3	三岔路	1.2	0.7
12	20.0	度假村	0.5	0.5
13	20.5	马场场部	0.0	

从孤石军马场出发，请从下往上阅读

孤石军马场

⑫ 孤石军马场地处坝上草原最深处，是坝上草原唯一自养马匹的度假村。它拥有独特优美的自然景观，尚未被完全开发，保持良好的原始风貌，环境幽静。这里有山地草原，有成片的白桦林，野果、野菜、草药随处可见，夏季平均气温在20~24℃，凉爽宜人，当北京烈日炎炎气温高达38℃时，这里的昼夜温度只有18~23℃，堪称避暑休闲的胜地。

孤石军马场有被誉为“草地流星”的蒙古马、“高原王子”的伊犁马，竟然还有享誉世界的“苏高血”等良种马的后裔。骑乘导训员全部是经过严格训练的中国原骑兵营的退役骑兵，为游客挑选马匹，进行马术知识培训，陪游客出游，充当向导和安全员。

⑫ 孤石军马场度假村

⑦ 风光

⑥ 风光

A27 大滩镇—土城镇（69.1km）

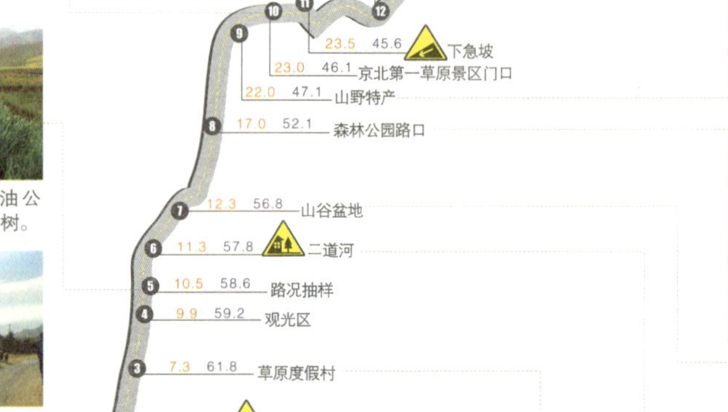

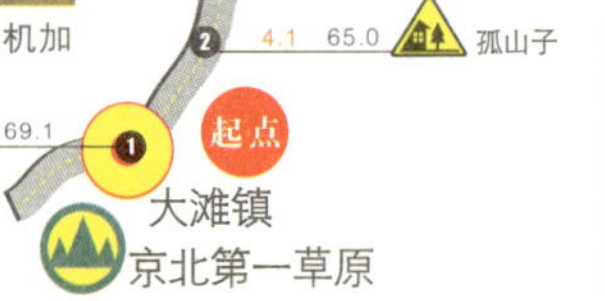

29 土城镇。N41－18－946E116－36－373/742

27 西破庙

20 李木匠沟门村

19 窟窿山

13 村庄，位于公路右下方，注意行人出入。

12 左急弯，下坡，事故多发地段。

11 下急坡，急弯、路险，坡陡，小心减速。

10 京北第一草原景区门口。N41-28-269E116-12-233/1828

5 路况抽样：三级柏油公路，宽6米，有高大的路道树。

1 大滩镇路口，左边农机加油站。

22 喇嘛山景区路口，位于公路左侧。

9 沿途有村民兜售野花、山野特产。

8 千松坝森林公园路口，左转可前往。

7 过二道河后进入山谷盆地，缓慢上坡，路面有起伏。

3 草原度假村，有各种各样的娱乐设施。

6 二道河

勘察报告

三级柏油公路，路面平整，是一条旅游热线，暑期、黄金周等旅游旺季时车流量较大。前一段为草原路段，在京北第一草原景区大门之后下山进入山地道路，沿线绿化好，空气清新。草原上有众多为游客提供的游乐设施，如滑草、骑马、野地车等，同时有大片草原开发为度假村，旅游配套设施丰富，路边有不少兜售土特产的本地人。注意下山时控制好车速，连续9公里的急弯陡坡容易发生事故。下山后村庄变多，周围的植被由草原一下子变为了农作物。

餐饮

甘露禅院有农家饭，建议在土城镇午餐

住宿

出大滩持续10公里的路段上有众多度假村可以提供住宿，主要为蒙古包，条件一般。

购物

蜂蜜

4 京北影视拍摄观光区

4 蜂箱

里程数据速查表

从大滩镇出发,请从上往下阅读

1	0.0	大滩镇路口	69.1	4.1
2	4.1	孤山子	65.0	3.2
3	7.3	草原度假村	61.8	2.6
4	9.9	观光区	59.2	0.6
5	10.5	路况抽样	58.6	0.8
6	11.3	二道河	57.8	1.0
7	12.3	山谷盆地	56.8	4.7
8	17.0	森林公园路口	52.1	5.0
9	22.0	山野特产	47.1	1.0
10	23.0	景区门口	46.1	0.5
11	23.5	下急坡	45.6	4.9
12	28.4	事故多发地段	40.7	2.3
13	30.7	村庄	38.4	1.1
14	31.8	黑山嘴村	37.3	1.8
15	33.6	下坡急弯路段结束	35.5	4.9
16	38.5	黄土砍	30.6	1.8
17	40.3	刺营	28.8	0.4
18	40.7	左边加油站	28.4	1.7
19	42.4	窟窿山	26.7	5.2
20	47.6	李木匠沟门村	21.5	2.7
21	50.3	高楼村	18.8	5.7
22	56.0	喇嘛山景区路口	13.1	0.6
23	56.6	甘露禅院	12.5	0.2
24	56.8	冰臼公园	12.3	0.7
25	57.5	大觉寺	11.6	2.6
26	60.1	移民村	9.0	4.2
27	64.3	西破庙	4.8	1.5
28	65.8	三间房	3.3	3.3
29	69.1	土城镇	0.0	

从土城镇出发,请从下往上阅读

冰臼公园

24 冰臼公园位于河北省丰宁县城北的喇嘛山风景区，是通往京北第一草原的必经之地。这里山峰峡谷较多，主峰喇嘛山海拔1198米，分布着有如“天锅”的冰臼群。冰臼是古代冰川曾经存在过的有力证据之一，也是古气候、古环境变迁的极其重要的历史见证，在我国的黄山、庐山、西藏和德国、波兰等地均有过发现。但它们均分布于冰川、U形谷和冰床上，而喇嘛山佛珠洞一带的冰臼则分布于山脊、山峰和山麓地带，因而在国内外实属罕见。此外景区内还有悬壁禅洞、鞍马石刻、喇嘛佛、神劈石、峰上塔、叠落岩、九女峰、窟窿山等大自然造就的奇峰异石，组成了长达15公里的风光画廊。

位于丰宁满族自治县大滩镇境内，故又叫丰宁大滩草原，是距离首都北京最近的天然草原，所以被称为“京北第一草原”，是人们避暑、度假的好去处。

24 冰臼公园

京北第一草原

1 京北第一草原地处坝上高原，绿草如茵，山花遍地，牛羊遍野，生态环境优良。蒙古语称此地为“海留图”，意为水草丰茂的地方。夏天的时候草原上开满了黄色的小花，像漫天繁星一样抛洒在草原上，耀眼夺目。此外还有著名景点——“九龙松”，因其外形似九龙翻飞而得名。

草原上旅游、休闲、避暑、度假等配套设施齐备，建有多家度假村、度假苑，游客可在此骑马、骑骆驼、射击、射箭、参加草原篝火晚会等活动，也可滑草、爬山、唱卡拉OK等。

25 大觉寺，位于公路右边1公里处。

23 甘露禅院

A28 丰宁县—虎什哈镇（70.7km）

❶ 路口，左转去往灵山，距离76公里。N41-13-303E116-38-603/666

❽ 村庄

⓰ 葫芦白菜村

⓱ 胡麻营乡后营路口，距离10公里，道路为四级柏油公路。

❹ 转盘，直行去往北京，左转过南大桥。

❻ 路况抽样：二级柏油公路，路况良好，宽7米，绿化好。

⓫ 南关路口，去往南关道路为四级柏油路。

㉑ 白云洞路口，右转2公里可到达，土路。

㉒ 黑山嘴镇，公路穿越城区2.5公里，规模大，配套设施齐全。

㉓ 凤山路口，左转38公里可前往，四级柏油公路。

㉗ 下山嘴村，位于244省道245公里处。

㉙ 事故多发地段，弯多路平，容易超速。

㉕ 窄岭沟十字路口，左转去往八间房，右转去两间房。

㉖ 落石路段，两旁有山崖，路边是浓密的树木。

㉛ 虎什哈镇。N40-53-443E116-59-768/359

㉘ 左边小型加油站

㉚ 滦平县界，位于山口处，进入滦平后连续弯道下坡，注意控制车速。N40-55-913E115-59-

勘察报告

从丰宁县去往承德市也可以从灵山方向过去，不过从这边244省道去往更近，路况更好，为二级柏油公路，宽7米。出丰宁后就进入山区，视线较差。此路段绿化好，空气清新，植被茂盛，物产丰富，玉米是主要农作物。公路沿山脚的河边延伸，在黑山嘴之后由河的东岸转入河流西岸，有不少随山势而形成的弯道，近河一边有水泥护栏和路道树，在山地丘陵之间行驶。车流量较小，路牌标志明显，移动通信信号良好。

餐饮

胡麻营乡有1个餐馆，虎什哈镇有3个餐厅。

住宿

无住宿点，建议在承德市住宿。

加油

虎什哈镇有一个中石油，还有两个简易加油站。

维修

丰宁县有3个维修厂

丰宁县有3个维修厂

救助信息

胡麻营乡派出所：8330474；黑山嘴镇派出所：8335140；天桥派出所：8365601；黑山嘴镇交警：8335570；虎什哈镇派出所：8818872。

里程数据速查表

从丰宁县出发，请从上往下阅读

1	0.0	路口	70.7	1.4
2	1.4	滨河公园	69.3	1.7
3	3.1	左边中石油	67.6	0.7
4	3.8	转盘	66.9	4.1
5	7.9	河西村	62.8	1.3
6	9.2	路况抽样	61.5	4.3
7	13.5	落石路段	57.2	3.4
8	16.9	村庄	53.8	1.4
9	18.3	田园风光	52.4	0.7
10	19.0	长阁村	51.7	0.6
11	19.6	南关路口	51.1	4.3
12	23.9	落石路段	46.8	0.7
13	24.6	宋家堡村	46.1	2.4
14	27.0	河流风光	43.7	6.4
15	33.4	连续弯道	37.3	1.0
16	34.4	村庄	36.3	2.7
17	37.1	胡麻营乡	33.6	0.6
18	37.7	右边中石化	33.0	1.6
19	39.3	苇子沟村	31.4	1.2
20	40.5	于家富镇	30.2	6.6
21	47.1	白云洞路口	23.6	0.2
22	47.3	黑山嘴镇	23.4	3.0
23	50.3	凤山路口	20.4	1.6
24	51.9	路况	18.8	1.9
25	53.8	十字路口	16.9	3.7
26	57.5	落石路段	13.2	1.1
27	58.6	下山嘴村	12.1	4.5
28	63.1	小型加油站	7.6	1.1
29	64.2	事故多发地段	6.5	1.4
30	65.6	滦平县界	5.1	5.1
31	70.7	虎什哈镇	0.0	

从虎什哈镇出发，请从下往上阅读

24 路况，有高大整齐的白桦树，很漂亮。

9 田园风光

14 河流风光

A29 虎什哈镇—滦平县（37.0km）

22 滦平县。N40-55-366E117-18-939/536

19 下长坡，路边丛花鲜艳。

18 平坊乡

14 安纯沟门，有一个农家院，一家小卖部，公路在村口处穿越铁路下方。

11 桑园

9 路边有大色块的红白警示块，便于夜间行车时辨认道路方向。

7 五道河村

3 路况抽样：二级柏油公路，路况很好，车流量小。

15 杨树沟门

8 二道河村

5 大河北村，路边有加油站，由此周围地貌由石山变为泥土山，植被浓密。

4 路况，沿途多石山。

1 虎什哈路口

勘察报告

此路段限高2.7米，大货车不能通行，所以车辆较少，只有部分小车行驶。周围是山地丘陵，植被茂盛，有树枝延伸到了道路上，空气清新、湿润，是夏季避暑的好地方。汽车在山脚行驶，没有大的坡度变化，弯道较多，注意控制好车速。全程覆盖了移动手机信号。

餐饮

安纯沟门有一个餐馆，平坊乡有两个餐厅，条件一般，建议在滦平县城内用餐。

住宿

终点滦平县城内有一些宾馆

维修

平坊有一个补胎点

救助信息

虎什哈镇交警：0314－8582667，85818164

里程数据速查表

从虎什哈镇出发，请从上往下阅读

1	0.0	虎什哈路口	37.0	0.5
2	0.5	左边中石化	36.5	3.1
3	3.6	路况抽样	33.4	1.5
4	5.1	风光	31.9	1.9
5	7.0	大河北村	30.0	2.1
6	9.1	弯道下坡	27.9	3.7
7	12.8	五道河村	24.2	2.3
8	15.1	二道河村	21.9	0.4
9	15.5	红白警示块	21.5	1.5
10	17.0	小白旗	20.0	1.8
11	18.8	桑园	18.2	1.6
12	20.4	加油站	16.6	1.6
13	22.0	西营	15.0	1.5
14	23.5	安纯沟门	13.5	2.4
15	25.9	杨树沟门	11.1	2.6
16	28.5	十八盘	8.5	1.6
17	30.1	转盘	6.9	0.4
18	30.5	平坊乡	6.5	1.2
19	31.7	下长坡	5.3	4.5
20	36.2	右边中石油	0.8	0.4
21	36.6	穿过铁路下方	0.4	0.4
22	37.0	滦平县路口	0.0	

从滦平县出发，请从下往上阅读

10 小白旗

13 西营，位于公路右下方，一排排整齐的房屋。

A30 滦平县—承德市（63.6km）

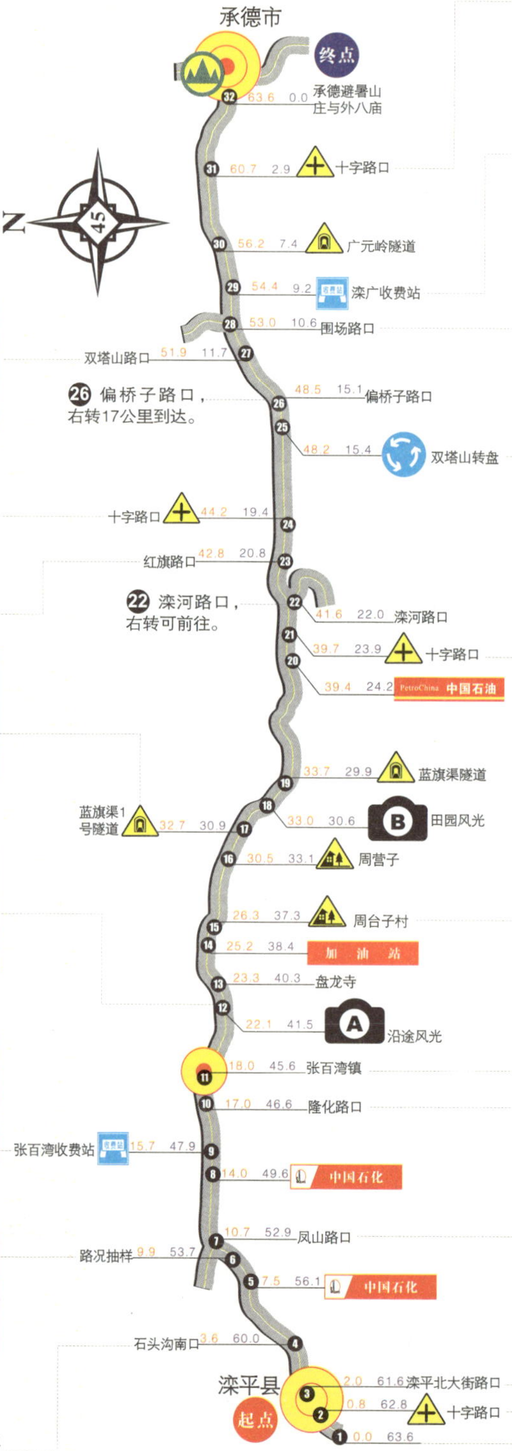

27 双塔山路口，右转2公里进入双塔山景区。

24 十字路口，左转双塔山，右转承钢，距离1.2公里，直行进入京承高速滦河收费站，取道双塔山进入承德。N40-56-605E117-46-302/366

23 红旗路口，左转40公里可去往。

17 蓝旗渠1号隧道

12 沿途风光

9 张百湾收费站，小车收费20元，旁边有公厕。

6 路况抽样：二级柏油公路，宽12米，路面平整宽敞，路边有绿化。

4 石头沟南口，右转进入，路边有中石化、中石油，在这里出城。

31 十字路口，右转石洞子沟，距离1.5公里，左转狮子园，距离2.5公里。N40-59-326E117-54-562/361

29 滦广收费站。N40-58-690E117-50-451/425

28 围场路口，右转145公里可去往，元宝山派出所位于路口。N40-58-718E117-49-385/406

25 双塔山转盘，进入双滦城区。

21 十字路口，右转兴隆，距离101公里，直行进入承钢厂区。

15 周台子村，规模大，现代、富有的村庄。

11 张百湾镇

10 隆化路口，左转62公里可去往，可从这里去围场，距离149公里。

7 凤山路口，左转可前往，可去往丰宁，但路况不好，如果需要前往建议从滦平经过虎什哈去往。

3 滦平北大街路口，右转进入。

2 十字路口，左转滦平后街，右转邮政胡同。

1 桥头

勘察报告

从滦平县去往承德市可从京承高速过去，也可以走354省道，建议从354省道去往，更近、路况也较好。是二级柏油公路，路面平整，车流量一般，大货车、三轮货车、摩托车较多。途中城镇村庄密集，配套设施丰富，所穿越的双滦城区，是一个建设很新的城区，可以在这里作短暂的休整。路边是大片的农田，在危险路段处均有清晰明显的黄色警示牌。

餐饮

滦平县、双滦县、张百湾等地均有较多的餐厅，条件不错。

住宿

滦平、双滦均有宾馆，条件一般，建议在承德市住宿。

救助信息

围场路口，元宝山派出所：4219264。

双滦县，双塔山景区

里程数据速查表

从滦平县出发，请从上往下阅读

1	0.0	桥头	63.6	0.8
2	0.8	十字路口	62.8	1.2
3	2.0	滦平北大街路口	61.6	1.6
4	3.6	石头沟南口	60.0	3.9
5	7.5	左边中石化	56.1	2.4
6	9.9	路况抽样	53.7	0.8
7	10.7	凤山路口	52.9	3.3
8	14.0	右边中石化	49.6	1.7
9	15.7	张百湾收费站	47.9	1.3
10	17.0	隆化路口	46.6	1.0
11	18.0	张百湾镇	45.6	4.1
12	22.1	沿途风光	41.5	1.2
13	23.3	盘龙寺	40.3	1.9
14	25.2	右边加油站	38.4	1.1
15	26.3	周台子村	37.3	4.2
16	30.5	周营子	33.1	2.2
17	32.7	蓝旗渠1号隧道	30.9	0.3
18	33.0	田园风光	30.6	0.7
19	33.7	蓝旗渠隧道	29.9	5.7
20	39.4	左边中石油	24.2	0.3
21	39.7	十字路口	23.9	1.9
22	41.6	滦河路口	22.0	1.2
23	42.8	红旗路口	20.8	1.4
24	44.2	十字路口	19.4	4.0
25	48.2	双塔山转盘	15.4	0.3
26	48.5	偏桥子路口	15.1	3.4
27	51.9	双塔山路口	11.7	1.1
28	53.0	围场路口	10.6	1.4
29	54.4	滦广收费站	9.2	1.8
30	56.2	广元岭隧道	7.4	4.5
31	60.7	十字路口	2.9	2.9
32	63.6	避暑山庄	0.0	

从承德市出发，请从下往上阅读

避暑山庄

32 避暑山庄原名热河行宫，俗称承德离宫，建于公元1703~1792年（即清朝康熙四十二年至乾隆五十七年），历时90年。是中国现存最大的皇家园林，内有康熙、乾隆钦题72景及其他人文景观共120多组群。1994年，联合国教科文组织世界遗产中心将避暑山庄及周围寺庙列入《世界遗产名录》。

避暑山庄不仅规模大，而且在总体规划布局和园林建筑设计上都充分利用了原有的自然山水的景观特点和有利条件，吸取唐、宋、明等历代造园的优秀传统和江南园林的创作经验，加以综合、提高，把园林艺术与建筑技术水准推向了空前的高度，成为中国古典园林的最高典范。

山庄内有湖区山区和草原等布局，既可以荡舟湖上，又可以跃马平原，还可以乘环山游车到山区转一圈。另外，每到盛夏这里还经常开展夜游山庄活动。

32 避暑山庄正门。N40-58-791E117-56-144/344

磬锤峰国家森林公园

32 磬锤峰国家森林公园环抱承德市区，与避暑山庄和外八庙镶嵌相融，公园自然景观奇特，有一挺拔峭立的石柱擎天而立，直插云端，形如洗衣用的棒槌，清康熙皇帝游览此山后感慨不已，赐名“磬锤峰”。

公园处于暖温带向寒带的过渡地区，属半湿润半干旱大陆季风性山地气候，四季分明，光照充足，雨量适中，公园内各种奇峰、异石、岩洞、绝壁构成了千岩竞秀、异峰峥嵘的丹霞地貌景观。

公园森林环境优雅，树木茂盛，种类繁多，季相明显。

磬锤峰索道为目前全国最长的吊椅式索道，长达1620米。磬锤峰北200米处，有被称为巨壁佛光的宝山寺，寺内摩崖石刻堪称一绝。在磬锤峰半山腰石缝间有一株纵横而生的桑树，树龄在 300 年以上，长得苍劲挺拔、枝叶茂密，名蒙桑，树结白桑葚，又肥又大，当地人相传吃了可以益寿延年，不可不谓一奇。

A31 承德市—隆化县路口（53.5km）

终点

- 53.5 0.0 隆化路口 ㉒
- 49.6 3.9 收费站 ㉑
- 48.0 5.5 ⑳
- 47.8 5.7 ⑲
- 42.0 11.5 ⑱
- 40.6 12.9 于家店 ⑰
- 三岔路口 32.5 21.0 ⑯
- 30.0 23.5 ⑮
- 高寺台镇 29.5 24.0 ⑭
- 26.3 27.2 ⑬
- 中国石化 23.3 30.2 ⑫
- 东荒村 19.8 33.7 ⑪
- 13.8 39.7 平泉路口 ⑩
- 路况抽样 12.5 41.0 ⑨
- 双峰寺路口 11.4 42.1 ⑧
- 铁路道口 11.1 42.4 ⑦
- 4.3 49.2 ⑥
- 3.8 49.7 ⑤
- 环城收费站 3.3 50.2 ④
- 中国石化 1.4 52.1 ③
- 0.6 52.9 三岔路口 ②
- 承德避暑山庄与外八庙 0.0 53.5 ①

承德市 起点

㉑ 承围线收费站，小车收费10元。

⑲ 三岔路口，右转去往七家，距离37公里；左转去往三岔口，距离37公里。

⑳ 韩麻营，公路穿越城区1公里，路边占道摆卖摊点很多，注意避让，出城区处有两个加油站。

⑱ 矿区密集带，时有车辆出入，同时有急弯、落石路段，减速慢行。

⑰ 于家店

⑭ 高寺台镇，路边有中石化，左拐2公里可到达纪营。

⑯ 三岔路口，进入隆化境内，右转去往赤峰，距离190公里，左转去往茅荆坎森林公园，距离50公里。N41-10-165E117-58-510/426

⑮ 头沟路口，右转10公里可到达。

⑬ 下河口，村前有弯道，注意行人。

⑪ 东荒，路边不时有行人出入，注意减速。

⑩ 平泉路口，右转可去往，距离80公里，路面为三级柏油公路，左转可前往兴隆、围场。

⑨ 路况抽样：二级柏油公路，路面平整，两边有很好的绿化带。

⑥ 承德汽车北站

双峰寺路口，右拐可前往，为四级柏油公路，路边有加油站。

⑤ 过桥后左转进市区，右转出城。

④ 环城收费站，小车收费5元。

② 三岔路口，左转进入兴隆街，右转过桥，过桥左转进入环城东路。N40-38-800E117-56-571/335

勘察报告

从承德市环城东路出城，车流量较大。二级柏油公路，宽12米，路面平整，路边绿化较好，有花草树木，加之本身的山地丘陵地带上就覆盖了大量植物，空气质量不错，不过由于弯道多，视线不好，请控制好车速。本路段上有10公里的矿区密集带，急弯、落石道路，加之大量矿车的出入，需格外小心。

餐饮

韩麻营有一些餐厅

住宿

建议在承德市区内住宿

救助信息

双峰路段报警电话：3040152，3341868

外八庙

承德的“外八庙”，是清代修建的一个规模庞大的寺庙群，这些寺庙建筑雄伟，风格各异，是汉、蒙、藏文化交融的典范。它们分布在承德避暑山庄外东面和北面，像众星拱月般围绕着避暑山庄。“外八庙”实际上并不止8座庙，原有寺庙12座，因为分为八处管理，且地处塞外，因此叫外八庙。修建这些庙前后历时67年，可以说是“康乾盛世”的产物。现在尚存7座。在这里可以感受西藏布达拉宫的气势，浏览日喀则扎什伦布寺的雄奇，领略山西五台山殊像寺的风采，欣睹新疆伊犁固尔扎庙的身影，还可以看到世界最大的木制佛像——千手千眼观世音菩萨。

“外八庙”中，除溥仁寺、溥善寺建于康熙年间，其余十座寺庙均建于乾隆年间。清帝建立这些寺庙，是为了顺应蒙、藏等少数民族信奉喇嘛教的习俗，“因其教而不易其俗”，通过“深仁厚泽”来“柔远能迩”，以达到清王朝“合内外之心，成巩固之业”的政治目的。外八庙中目前对游人开放的有：普宁寺、普陀宗乘之庙、须弥福寿之庙、普乐寺、安远庙和普佑寺。其中普宁寺是我国北方著名的佛教活动场所，现有驻寺喇嘛75位，是您研习佛教文化的理想去处。普陀宗乘之庙仿西藏布达拉宫修建，规模宏大、气势磅礴，是外八庙中占地面积最大的一座。须弥福寿之庙又称班禅行宫，是班禅额尔德尼六世来承德为乾隆皇帝祝寿的驻跸之地。普乐寺又称圆亭子，其主殿旭光阁，重檐圆顶，极似北京天坛祈年殿，内部供奉的“上乐王佛”俗称“欢喜佛”，属藏传佛教的密宗范畴，较为罕见。

里程数据速查表

从承德市出发,请从上往下阅读

1	0.0	承德避暑山庄	53.5	0.6
2	0.6	三岔路口	52.9	0.8
3	1.4	右边中石化	52.1	1.9
4	3.3	环城收费站	50.2	0.5
5	3.8	过桥	49.7	0.5
6	4.3	承德汽车北站	49.2	6.8
7	11.1	铁路道口	42.4	0.3
8	11.4	双峰寺路口	42.1	1.1
9	12.5	路况抽样	41.0	1.3
10	13.8	平泉路口	39.7	6.0
11	19.8	东荒村	33.7	3.5
12	23.3	左边中石化	30.2	3.0
13	26.3	下河口	27.2	3.2
14	29.5	高寺台镇	24.0	0.5
15	30.0	头沟路口	23.5	2.5
16	32.5	三岔路口	21.0	8.1
17	40.6	于家店	12.9	1.4
18	42.0	矿区密集带	11.5	5.8
19	47.8	三岔路口	5.7	0.2
20	48.0	韩麻营	5.5	1.6
21	49.6	承围线收费站	3.9	3.9
22	53.5	隆化路口	0.0	

从隆化县路口出发,请从下往上阅读

1 避暑山庄景区正门

A32 隆化县路口—围场县（89.6km）

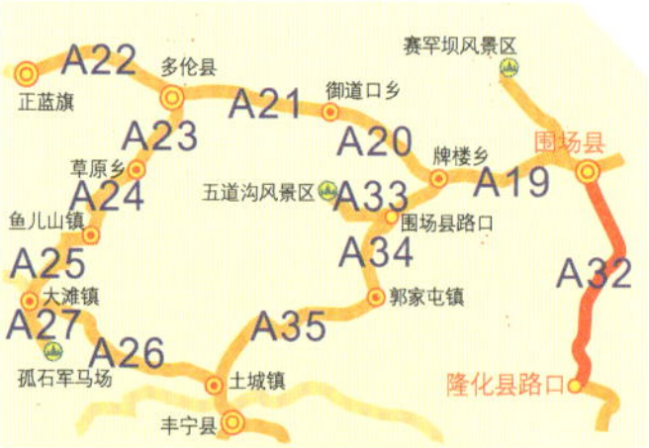

30 伊逊河大桥桥头。N41-57-676E117-44-880/857

29 赤峰路口，右转去往赤峰，左转去往丰灵、坝上。

27 四合永路口，左转1公里可到达。

26 赤峰路口，路边中石化，右转120公里可去往，路面为四级路，不建议从这里去往赤峰。N41-49-432E117-49-630/784

22 庙宫隧道

21 风光

18 永固收费站，单向收费。

20 东庙宫路口，左转可去往。

13 进入山地路段，多落石。

10 大沈屯，注意行人穿越公路。

16 大坝，道路宽阔，路边鲜花怒放，村民脚步悠闲。

12 村庄

8 汤头沟

5 河洛营

3 隆化路口，位于254省道62公里处，路边有中石化，左转可去往隆化。

4 小汤头沟

2 路况

勘察报告

崭新的二级柏油道路，车流量较小，路边有各种花、草、树木，绿化良好，视野开阔，空气清新，能见度高，在夏秋季节是一条不错的自驾道路。沿途村庄密集，穿越村庄时注意行人、三轮货车、摩托车等穿越公路。路边有仿长城造型的护栏。周围有大片的农田，偶尔还有大棚，很是壮观，是沿线的主要风光。途经庙河水库，风光秀美，湖边的草皮上还有大片的葵花和牛羊，是途中一大亮点。

里程数据速查表

从隆化县路口出发，请从上往下阅读

1	0.0	隆化县三岔路口	89.6	5.2
2	5.2	路况	84.4	6.3
3	11.5	隆化路口	78.1	0.9
4	12.4	小汤头沟	77.2	3.3
5	15.7	河洛营	73.9	0.5
6	16.2	左边中石化	73.4	3.3
7	19.5	辛店	70.1	1.8
8	21.3	汤头沟	68.3	4.7
9	26.0	右边双峰加油站	63.6	1.6
10	27.6	大沈屯	62.0	2.4
11	30.0	沿途风光	59.6	2.5
12	32.5	村庄	57.1	4.0
13	36.5	进入山地路段	53.1	1.5
14	38.0	田园风光	51.6	3.4
15	41.4	管家营	48.2	7.0
16	48.4	大坝	41.2	3.1
17	51.5	右边中石油	38.1	1.6
18	53.1	永固收费站	36.5	1.8
19	54.9	进入围场县界	34.7	2.1
20	57.0	东庙宫路口	32.6	0.7
21	57.7	风光	31.9	0.5
22	58.2	庙宫隧道	31.4	1.3
23	59.5	风光	30.1	1.0
24	60.5	乌苏沟隧道	29.1	3.3
25	63.8	庙宫水库风光	25.8	7.4
26	71.2	赤峰路口	18.4	0.8
27	72.0	四合永路口	17.6	11.8
28	83.8	转盘	5.8	4.3
29	88.1	赤峰路口	1.5	1.5
30	89.6	伊逊河大桥桥头	0.0	

从围场县出发，请从下往上阅读

餐饮

在路段32公里有7个拨面馆，为当地特色，建议在这里用餐。

住宿

围场县城内，围场宾馆、红太阳宾馆。

加油

沿线加油站较多，建议在中石化、中石油等较大的加油站加油

维修

大坝有一个补胎点

救助信息

外地车辆无明显违章不扣车、不罚款；围场交警四合永中队：7562322。

23 风光

14 田园风光

11 沿途风光

25 庙宫水库风光。N41-46-058E117-49-614/772

A33 围场县路口—五道沟风景区（30.3km）

⑱ 五道沟景区大门。N41-57-845E116-55-554/1090

⑰ 五道沟风景区，直行沙沟狩猎场，往前可通往御道口，部分为柏油公路，其余为土路。N41-57-599E16-56-049/1073

⑯ 榆树湾村

⑮ 清羊沟村

⑭ 西龙头乡，有一个三岔路口，沿右边柏油公路行走。

⑨ 南山嘴乡，公路穿越城区1公里，中等规模，有药店、商店、餐馆和一个小旅舍，路边停放了各种农用车辆，行人不时出入横穿公路，减速慢行。

⑧ 下河北村

③ 限车宽路口墩，只能小车和小型货车通行。

⑬ 涉水导流渠，深60厘米，宽4米，雨季可能浸水。

⑦ 小村庄

⑥ 卡伦村，河北滦河上游自然保护区景区大门。

⑤ 村庄

④ 路况抽样：四级柏油公路，宽4米。

勘察报告

道路有限宽，中小型车辆可以正常通过，四级柏油公路，宽4米，会车时需选择路基较宽的地方。持续上坡，山体上树木茂密，空气质量好。盘山道路的路况较差，急弯多，在道路外侧设有护栏，注意控制好车速。车流量较小，主要为当地客货运输车辆，旅游车辆少。注意观察路上的导流渠，减速通过。有一段道路沿滦河上游而行，可以选择道口下道进入河滩休闲。从狩猎场可通往御道口景区，不过路况不好。

餐饮

甘河口、西龙头有小餐厅

住宿

建议住在围场县城内，围场宾馆、红太阳宾馆。

加油

途中没有加油站，在围场加油后前往。

维修

甘河口有一个补胎点

提醒

景区门票25元

里程数据速查表

从围场县路口出发，请从上往下阅读

1	0.0	围场县路口	30.3	1.0
2	1.0	村庄	29.3	0.2
3	1.2	限车宽路口墩	29.1	1.0
4	2.2	路况抽样	28.1	4.5
5	6.7	村庄	23.6	1.7
6	8.4	卡伦村	21.9	0.8
7	9.2	小村庄	21.1	1.6
8	10.8	下河北村	19.5	3.4
9	14.2	南山嘴乡	16.1	4.3
10	18.5	黑林子	11.8	2.3
11	20.8	小拨村风光	9.5	0.4
12	21.2	风光	9.1	3.2
13	24.4	涉水导流渠	5.9	0.8
14	25.2	西龙头乡	5.1	2.6
15	27.8	清羊沟村	2.5	1.2
16	29.0	榆树湾村	1.3	0.5
17	29.5	五道沟风景区	0.8	0.8
18	30.3	景区大门	0.0	

从五道沟风景区出发，请从下往上阅读

11 小拨村风光

12 风光

五道沟风景区

17 五道沟风景区是清朝“木兰围场”七十二围之一，是目前自然风貌保存最完好的“围场”。风景区内物种资源丰富，森林覆盖率达到92.1%，分布有大面积的桦、杨、松等针阔混交林，大量的观赏性灌木和野生花卉点缀其中，轻风拂过，碧波荡漾，层林尽染，绚丽多彩。在高海拔地区，植被类型为典型的高山草甸，金莲花、芍药、红景天等观景性花卉广泛分布，绿草与鲜花、蓝天与白云相互映衬，构成了一幅色彩斑斓的画卷。

五道沟风景区森林茂密，植被繁盛，沟壑清幽，奇峰对峙，山石林立，造型奇特，身临其境有“两谷夹明镜，秀山伴我行”的感觉，是观光旅游、度假休憩、摄影写生、科学考察的胜地，是唯一能与赛罕坝相媲美的自然风景区，是“赛外九寨沟”。

A34 牌楼乡—郭家屯镇（54.8km）

❸ 大头山村

❷ 村庄，持续2公里。

❶ 十字路口，直行丰宁，右转御道口景区。

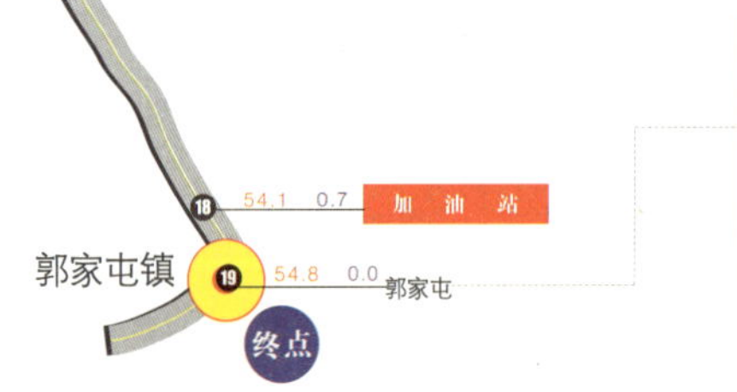

❹ 路况抽样：三级柏油公路，路宽7米，中间有虚黄线隔离，两边树木整齐，绿树成荫。

❻ 石桌子乡

❽ 位于111国道304公里处。N41-49-980E117-08-221/1175

❿ 村庄，有行人、牲畜横穿公路，注意减速。

⓮ 隆化地界

⓳ 郭家屯，进入城区前有两个洗车点，镇内有T字路口，左转隆化，距离90公里，右转去往丰宁。N41-34-571E117-05-561/791

⓱ 二道营，过村后是长直道，注意两旁隐蔽的路口，时而有行人、车辆出入。

勘察报告

一路上村庄持续，路旁一直都有房屋，每家的小院里几乎都种植了向日葵，一些向日葵长出了围墙，为当地民居的特点。道路两旁有植物，绿化较好，不过不容易发现路边的路口，需仔细观察，注意行人车辆的出入。在17.7公里之后进入山区，庄稼减少，出现草地和林区，有较多弯道，林区特产蜂蜜和野生菌。

餐饮

大头山村有两个餐厅

住宿

建议住在围场县城内，围场宾馆、红太阳宾馆。

加油

途中有一个中石化，一个民营加油站。

提醒

注意隐蔽在树林中的路口

⑮ 沿途野花遍布，引来许多养蜂人。

⑪ 沿途风光

里程数据速查表

从牌楼乡出发,请从上往下阅读

1	0.0	十字路口	54.8	2.2
2	2.2	村庄	52.6	5.3
3	7.5	大头山村	47.3	3.2
4	10.7	路况抽样	44.1	3.3
5	14.0	郑家锅村	40.8	2.0
6	16.0	石桌子乡	38.8	1.4
7	17.4	左边中石化	37.4	0.3
8	17.7	木兰围场路口	37.1	2.1
9	19.8	村庄	35.0	1.8
10	21.6	村庄	33.2	4.9
11	26.5	沿途风光	28.3	12.0
12	38.5	村庄	16.3	2.2
13	40.7	走出林区	14.1	1.4
14	42.1	隆化地界	12.7	2.6
15	44.7	养蜂人	10.1	4.0
16	48.7	风光	6.1	1.2
17	49.9	二道营	4.9	4.2
18	54.1	右边加油站	0.7	0.7
19	54.8	郭家屯	0.0	

从郭家屯镇出发,请从下往上阅读

⑯ 风光

A35 郭家屯镇—丰宁县（82.2km）

❸ 路况抽样：二级柏油路，宽7米，路面崭新平整，有高大的路道树，路况良好。

❶ 路口

⓮ 多伦路口，右转134公里可到达，路面为三级柏油公路。

❻ 进入丰宁界，两边种满松树。N41-31-943E116-52-262/1104

❺ 小松沟村

⓬ 爬坡路段结束，开始下坡，连续急弯。

❾ 化吉营村，左边为进村道路。

⓫ 爬坡，多弯道，小心驾驶。

⓲ 毫村沟门村，进村前有个路口，右转可去往草原、多伦。

㉒ 土城镇，公路穿越城区1公里，路边满布餐馆，出城路口有汽修店。

㉕ 三岔路口，左转去往北京、承德，右转进入县城及宣化，都是二级路面。

㉖ 十字路口，右转进入丰宁县城，左转去往凤山县，距离76公里，直行去往承德、北京，路边有加油站。

❿ 杨树底下村

⓯ 黄旗渠，路边有两个加油站。

⓴ 高家湾

㉘ 丰宁县南大桥桥头。N41-11-648E116-38-779/654

⓳ 东坡庙

⓱ 千佛寺村，隐藏在农田里，村前就是公路，有高大整齐的树木。

勘察报告

一条与滦河上游平行的道路，路边绿化很好，花草、松树分布在道路两边，风景优美。公路沿线有较多的养蜂场，可以在路边买到新鲜的蜂蜜，适合夏秋季节旅行。平整的二级柏油路面，只有在翻山的时候路况稍差，注意控制好车速。兴隆县和围场县内的路牌标志较好，丰宁县内的路牌稍差，沿线均有手机信号。本路线为旅游热线，在旅游旺季时车流量较大。

餐饮

土城有7个餐厅，就餐条件不错，前往就餐的车辆人群也较多。

加油

途中有一个中石化，一个民营加油站。

特产

蜂蜜

提醒

尽量不要开车窗，会有蜜蜂飞入，容易叮脸。

里程数据速查表

从郭家屯镇出发,请从上往下阅读

1	0.0	路口	82.2	0.8
2	0.8	右边中石化	81.4	9.2
3	10.0	路况抽样	72.2	1.4
4	11.4	南北营村	70.8	5.8
5	17.2	小松沟村	65.0	4.2
6	21.4	进入丰宁界	60.8	0.6
7	22.0	下坡左急弯	60.2	2.7
8	24.7	柳条沟	57.5	4.3
9	29.0	化吉营村	53.2	5.8
10	34.8	杨树底下村	47.4	2.8
11	37.6	爬坡	44.6	2.0
12	39.6	下坡	42.6	1.8
13	41.4	沿途风光	40.8	4.6
14	46.0	多伦路口	36.2	3.2
15	49.2	黄旗渠	33.0	4.3
16	53.5	成根营	28.7	5.1
17	58.6	千佛寺村	23.6	1.4
18	60.0	亳村沟门村	22.2	2.5
19	62.5	东坡庙	19.7	1.2
20	63.7	高家湾	18.5	1.7
21	65.4	洞上	16.8	1.5
22	66.9	土城镇	15.3	1.6
23	68.5	左边中石化	13.7	3.3
24	71.8	六间房	10.4	1.8
25	73.6	三岔路口	8.6	4.9
26	78.5	十字路口	3.7	3.1
27	81.6	左边中石油	0.6	0.6
28	82.2	南大桥	0.0	

从丰宁县出发,请从下往上阅读

13 沿途风光

蜂箱

蜂箱

A36 丰宁县—汤河口镇（76.6km）

❸ 路边有交警检查货车超载，容易造成堵车。

⓯ 喇叭沟门景区，沿公路右侧进入，距离15公里。

㉗ 汤河口镇路口。N40-43-825E116-38-158/273

❶ 南大桥桥头，左转去承德，右转去往北京，但是没有指向北京的路牌。

❹ 温泉度假村路口，左转12公里可到达。

❺ 南瓦窑村

❽ 进入爬山路段，盘山公路，坡陡，减速慢行。

⓫ 下帽山村，路边有公厕。

⓭ 西府营，位于公路左侧1公里处。

⓲ 北八道沙村，有小餐馆、商店。

⓳ 三岔路口，右转进入村庄，沿左边行走，路边有3个游泳馆。

⓴ 七里满族度假村，位于公路右侧。

㉓ 小村庄，位于公路左侧。

㉕ 三岔路口，直行进入村庄，右转去往怀柔、北京。

㉖ 111国道111公里处

❿ 进入峡谷路段，急弯多，有山崖阻挡视线，慢行，实测时速32公里。

⓬ 路况抽样

㉑ 急弯，车流量较大，注意减速，小心驾驶。

㉒ 二道河

㉔ 滦平路口，红砖红顶的小房子很漂亮。

勘察报告

路上车流量较大，路在丘陵中穿行，弯道较多，加之密集的路道树，视线较差，从河北进入北京。进入北京的地方有一个长下坡，弯急坡陡，注意控制好车速。沿线风景秀丽，有较多生态旅游区，在周末、节假日时旅游度假的人们较多，还可以在路边看到一些种植蔬菜的大棚。这是一条进京主要道路，有不少大车通行，容易造成塞车，建议不要在夜间行驶该路段。

餐饮

沿途就餐地点较多，下帽山有三个农家院，滦平路口有一个饭店；喇叭沟门有一条美食街，在非旅游时段并不正常营业。

住宿

八旗文化广场有两个宾馆，三个旅舍；七星满族度假村可以住宿。

救助信息

丰宁路段报警电话：8012632；喇叭沟门派出所：60623111

提醒

过南大桥后右转去北京方向，但没有路牌标示过桥后的方向。

⑰ 上台子村生态旅游观光区路口，以小溪、丛林为主要景观。

里程数据速查表

从丰宁县出发,请从上往下阅读

1	0.0	南大桥桥头	76.6	1.4
2	1.4	左边中石化	75.2	3.7
3	5.1	超限检查	71.5	1.4
4	6.5	温泉度假村路口	70.1	2.0
5	8.5	南瓦窑村	68.1	1.3
6	9.8	南辛营	66.8	4.4
7	14.2	南岗子	62.4	1.8
8	16.0	爬山路段	60.6	1.5
9	17.5	进入北京地界	59.1	4.4
10	21.9	峡谷路段	54.7	4.6
11	26.5	下帽山村	50.1	4.3
12	30.8	路况抽样	45.8	7.3
13	38.1	西府营	38.5	1.3
14	39.4	下弯子村	37.2	2.0
15	41.4	喇叭沟门景区	35.2	4.0
16	45.4	大旬子村	31.2	1.3
17	46.7	上台子村	29.9	5.1
18	51.8	北八道沙村	24.8	2.0
19	53.8	三岔路口	22.8	1.2
20	55.0	七里满族度假村	21.6	2.3
21	57.3	急弯	19.3	1.8
22	59.1	二道河	17.5	2.1
23	61.2	小村庄	15.4	1.1
24	62.3	滦平路口	14.3	0.9
25	63.2	三岔路口	13.4	10.4
26	73.6	里程碑	3.0	3.0
27	76.6	汤河口镇	0.0	

从汤河口镇出发,请从下往上阅读

⑨ 进入北京地界，风光骤变，美不胜收。N41-03-353E106-38-145/951

喇叭沟门景区

⑮ 喇叭沟门原始次生林生态景区，在怀柔区最北端的喇叭沟门满族乡孙栅子村，距北京市区约160公里，有原始次生林7万亩，海拔1700多米高的南猴岭是怀柔区的最高峰。喇叭沟门有北京最棒的森林，植物极其丰茂，山上大片的杨树、白桦树林把整个山峰严严实实地覆盖起来；树林间是各种灌木和又深又密的草甸子，在石头上则长满了厚厚的苔藓。奇妙植物数不胜数，生态环境极其丰富。这里野生动物丰富，各种各样景点有上百处之多。有充满了神秘色彩的原生原始森林，有北京地区罕见的云海，有保留了大量历史遗迹的凤凰台，有北京地区绝无仅有的暑期冰川，有在西伯利亚才可看到的千亩白桦林，有壁立千仞的百丈崖，有令开车族有惊无险的十八盘道，有流传着神奇传说的壹善松，有具有奇功异效的长寿泉、爱泉、珍珠泉，有云海、冰川和随处可见却又神态各异的松树。

A37 汤河口镇—怀柔区（56.4km）

8 西湾子村，位于公路右侧，里面有民俗园。

9 转山子村，位于右侧公路下方。

10 琉璃庙乡，村出口处有路口，右转可去往四论，距离50公里。

11 右边有路口，路面为泥土路。

12 柏查子隧道，长200米。

15 七道沟路口，左拐去往云蒙山冯家农耕处。

16 后山铺村，有客栈、农家院。

17 旱道山谷路口，左转去往云蒙山国家森林公园。

23 青龙峡景区路口，左转可去往青龙峡景区。N40-26-170E116-40-135/112

25 雁栖湖景区

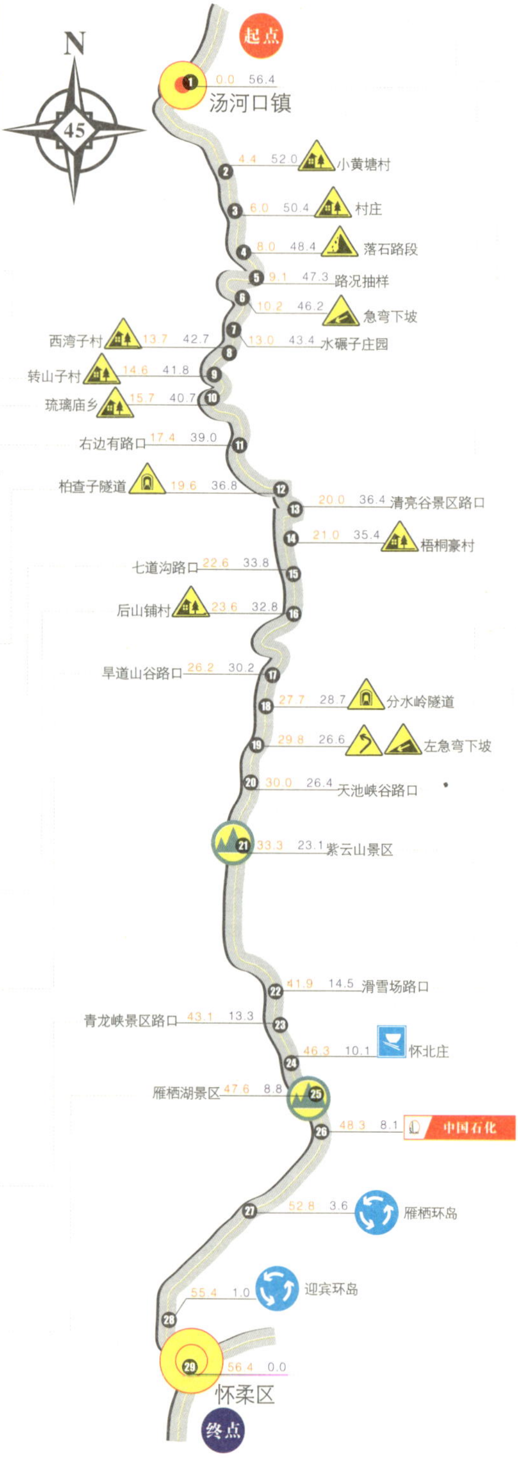

1 汤河口镇检查站。N40-43-840E116-37-943/279

4 落石、悬崖路段，持续1公里之后开始爬坡。

5 路况抽样：二级柏油公路，宽7米，路况良好，弯多，有树木和崖壁阻挡视线。

6 急弯下坡，持续600米，实测时速35公里。

7 水碾子庄园，位于公路左侧河边，可漂流、烧烤。

18 分水岭隧道，长200米，出隧道后急弯下坡，持续600米。

19 左急弯下坡，实测时速27.8公里。

20 天池峡谷路口，左转可前往天池峡谷景区。

21 紫云山自然风景区，位于公路左侧。

22 怀北滑雪场路口，左转可去往。

24 怀北庄，路边众多的餐馆，以特色农家菜为主。

27 雁栖环岛十字路口，左转下庄村，右转八道河。

29 慕田峪长城路口，右转可去往。N40-19-022E116-38-325/50.8

勘察报告

从汤河口检查站出发去往北京、怀柔方向的道路为二级柏油公路，路上车流量较大。道路为山路，沿山势而建，路面状况较好，但是一路上弯道较多，而且有部分悬崖路段，注意落石。每隔一段距离路边都有一个临时停车点。沿途村庄密集，为旅游热线，公路两边有较多的旅游度假村。新的111国道正在建设之中，但并不影响车辆的正常通行。

餐饮

沿途较多餐厅，其中雁栖湖景区周围集中有20多家农家餐厅，以野菜、红鳟鱼为特色。

住宿

可以在沿途农家乐、度假村住宿，此外在路段中也有不错的露营点。

加油

途中无加油站，可以在怀柔加油。

救助信息

京承高速交通事故报警:0314－8872627；路政报警：2121556

里程数据速查表

从汤河口镇出发，请从上往下阅读

1	0.0	汤河口镇	56.4	4.4
2	4.4	小黄塘村	52.0	1.6
3	6.0	村庄	50.4	2.0
4	8.0	落石路段	48.4	1.1
5	9.1	路况抽样	47.3	1.1
6	10.2	急弯下坡	46.2	2.8
7	13.0	水碾子庄园	43.4	0.7
8	13.7	西湾子村	42.7	0.9
9	14.6	转山子村	41.8	1.1
10	15.7	琉璃庙乡	40.7	1.7
11	17.4	右边有路口	39.0	2.2
12	19.6	柏查子隧道	36.8	0.4
13	20.0	清亮谷景区路口	36.4	1.0
14	21.0	梧桐豪村	35.4	1.6
15	22.6	七道沟路口	33.8	1.0
16	23.6	后山铺村	32.8	2.6
17	26.2	旱道山谷路口	30.2	1.5
18	27.7	分水岭隧道	28.7	2.1
19	29.8	左急弯下坡	26.6	0.2
20	30.0	天池峡谷路口	26.4	3.3
21	33.3	紫云山景区	23.1	8.6
22	41.9	滑雪场路口	14.5	1.2
23	43.1	青龙峡景区路口	13.3	3.2
24	46.3	怀北庄	10.1	1.3
25	47.6	雁栖湖景区	8.8	0.7
26	48.3	右边中石化	8.1	4.5
27	52.8	雁栖环岛	3.6	2.6
28	55.4	迎宾环岛	1.0	1.0
29	56.4	慕田峪长城路口	0.0	

从怀柔区出发，请从下往上阅读

㉓青龙峡景区大门。N40-27-040E116-41-529/112

青龙峡景区

㉓ 青龙峡是集青山、绿水、古长城、乡土民俗于一体的旅游观光、休闲度假风景区，有“塞外小三峡”之称。

水库大坝将景区分为两个部分。北部是高峡平湖，可以乘龙舟、画舫或快艇沿水路欣赏两岸风光，夏季还能下水游泳或在沙滩浴场上踢足球、打排球、享受日光浴。东岸设有蹦极跳、攀岩、速降等健身娱乐项目。坝外是静静流淌的溪水，溪上可以划船、撑竹筏。峡谷两侧山势雄伟，植被茂密。山顶还有保存完好的明代古长城敌楼。在山脚下有索道沿山势缓缓而上，直上山顶。可见密云水库、怀柔古城和北长城。

雁栖湖风景区

㉕ 雁栖湖风景区位于怀柔县城北，因每年春季有成群的大雁、白鹤等珍禽候鸟在此栖息而得名。湖区气候宜人，水面宽阔，湖水清澈碧蓝，是开展水上娱乐活动和休闲度假的理想场所。雁栖湖三面环山，北面燕山如屏，西北山上长城绵延，附近有敌楼18座，湖岸长约20公里，沿岸绿树成荫。景区内游乐设施齐全，有天然游泳场、野营村，钓鱼爱好者还可尽兴垂钓。水上乐园现有水上双飞伞、水上跑车、水上自驾摩托、大型回转式激流勇进等项目。最新推出的金灯山飞降、高架观光火车、火箭式蹦极、人工攀岩等项目，深受游人的喜爱。

A38 怀柔区—北京市（47.5km）

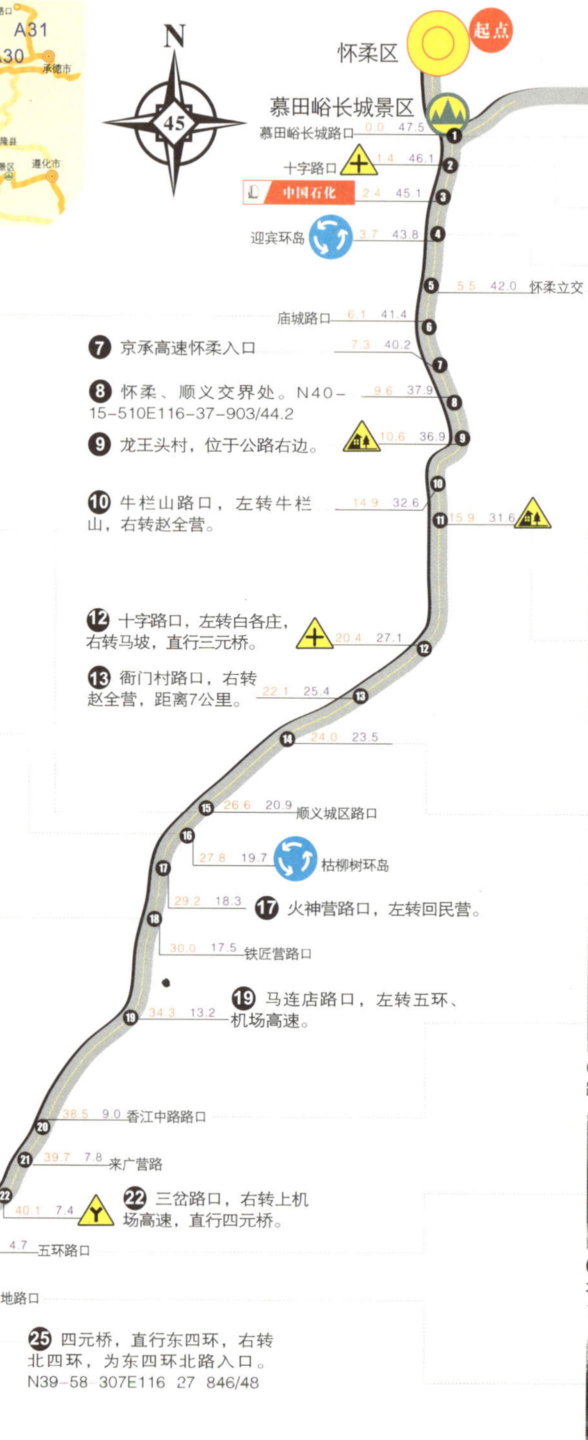

❶ 慕田峪长城路口，右转可去往。N40-19-022E116-38-325/50.8

❷ 开放东路十字路口

❹ 迎宾环岛，在这里左转。

❺ 怀柔立交，左转去往密云，右转去往北京。

❻ 庙城路口，右转进入庙城，直行牛拉山环岛。

❼ 京承高速怀柔入口

❽ 怀柔、顺义交界处。N40-15-510E116-37-903/44.2

❾ 龙王头村，位于公路右边。

❿ 牛栏山路口，左转牛栏山，右转赵全营。

⓫ 后晏子村，位于公路右边。

⓬ 十字路口，左转白各庄，右转马坡，直行三元桥。

⓭ 衙门村路口，右转赵全营，距离7公里。

⓮ 顺沙路口，右转沙河，距离31公里，左转去往顺义城区，直行北六环，路口右边有加油站。

⓯ 顺义城区路口，左转8公里可进入。

⓰ 枯柳树环岛，左转平谷，距离50公里，直行三元桥。

⓱ 火神营路口，左转回民营。

⓲ 铁匠营路口，右转来广营，距离14公里。

⓳ 马连店路口，左转五环、机场高速。

⓴ 香江中路路口，直行京顺路。

㉒ 三岔路口，右转上机场高速，直行四元桥。

㉓ 五环路口，直行四环，右转上五环。N40-10-110E116-29-783/33

㉔ 南家地南街路口

㉕ 四元桥，直行东四环，右转北四环，为东四环北路入口。N39-58-307E116-27-846/48

勘察报告

在怀柔城区开始道路就变为城区道路，然后转入京顺路进入北京，道路为双向6车道的一级道路，路况很好，但是车流量很大，容易造成塞车。不过路上加长超宽车辆很少，主要都为小车行驶。周边为平原地势，没有坡度、弯道，在车流小的时候可以快速通行。沿途有通往各个郊区的路口，路牌标志清晰明显。

餐饮

怀柔城区内

住宿

怀柔、北京城区内

救助信息

琉璃庙派出所：61618515

里程数据速查表

从怀柔区出发，请从上往下阅读

1	0.0	慕田峪长城路口	47.5	1.4
2	1.4	十字路口	46.1	1.0
3	2.4	左边中石化	45.1	1.3
4	3.7	迎宾环岛	43.8	1.8
5	5.5	怀柔立交	42.0	0.6
6	6.1	庙城路口	41.4	1.2
7	7.3	怀柔入口	40.2	2.3
8	9.6	怀柔顺义交界处	37.9	1.0
9	10.6	龙王头村	36.9	4.3
10	14.9	牛栏山路口	32.6	1.0
11	15.9	后晏子村	31.6	4.5
12	20.4	十字路口	27.1	1.7
13	22.1	衙门村路口	25.4	1.9
14	24.0	顺沙路口	23.5	2.6
15	26.6	顺义城区路口	20.9	1.2
16	27.8	枯柳树环岛	19.7	1.4
17	29.2	火神营路口	18.3	0.8
18	30.0	铁匠营路口	17.5	4.3
19	34.3	马连店路口	13.2	4.2
20	38.5	香江中路路口	9.0	1.2
21	39.7	来广营路	7.8	0.4
22	40.1	三岔路口	7.4	2.7
23	42.8	五环路口	4.7	4.0
24	46.8	南家地路口	0.7	0.7
25	47.5	四元桥	0.0	

从北京市出发，请从下往上阅读

北京市

北京是中华人民共和国首都，是世界闻名的历史古城、文化名城。是全国的政治、经济、交通和文化中心。这里荟萃了中国灿烂的文化艺术，留下了许多名胜古迹和人文景观。

50万年前周口店就出现“北京人”。春秋战国为燕国都城，称蓟。辽为陪都，称南京，又名燕京。金建都于此，号中都。此后800年，元称大都，明、清称京师，曾改称为北平、北京，至民国初年，称为首都。1949年10月1日，新中国成立后，北京被定为中华人民共和国首都。

从古之蓟城到唐之幽州，从远之大都至明清之帝京，今日之北京历经数朝经营，积淀下恢宏帝都景观和淳厚文化神韵，成为对游人最为独特的和最有诱惑的——“不说那天坛的明月，北海的风，卢沟桥的狮子，潭柘寺的松，唱不够那红墙碧瓦太和殿，道不尽那十里长街卧彩虹，只看那紫藤古槐四合院，便觉得甜丝丝，脆生生，京腔京韵自多情。”

古老之都，亦是现代之都。过去的50多年，抹去了古都城蒙上的岁月风尘。20世纪50年代的旧改建，60年代的地铁营造，70年代的立交桥兴起，80年代的十大建筑，90年代的亚运场馆给北京城锦上添花，如今的北京城又即将迎来2008年奥运会，正打造“新北京”。在这座城市中时时可以感觉到现代之风扑面而来，古老已经不是它唯一的骄傲。

北京西北毗邻山西，内蒙古高原，南与华北大平原衔接，东近渤海，温带季风性气候，四季分明，气候宜人。雨水集中在夏季，春秋两季是最佳旅游季节。

北京是我国旅游资源最为丰富的一个城市，古迹多，名胜多，有世界上最大的皇宫紫禁城、祭天神庙天坛、皇家花园北海、皇家园林颐和园，还有八达岭、慕田峪、司马台长城以及世界上最大的四合院恭王府等名胜古迹。全市范围内散布着200多处观光景点。可分为十个系列：宫殿园林、皇陵古墓、古建名胜、名山胜地、古刹宫观、自然风光、上古遗存、近代史迹、复古建筑、现代游乐。要想全部游玩，实是奢望，只有择精华游之。除此之外，京城传统与现代的文化活动各具特色，只可意会难以言传，唯有亲身体验才觉其乐无穷。加上购物、美食，北京之旅的每一分钟都是宝贵和充实的。

到北京，像天安门、故宫、天坛、颐和园、长城、卢沟桥、恭王府、中南海、四合院、十三陵等这些举世闻名的观光胜地都是必游之处，而这些热点周围的景点如司马台长城、十渡、灵山、香山等则需合理安排路线，尽量多游一些，当然，北京之旅不是仅游一次就可尽兴的，有条件的游客不妨多游几次，因北京实在有太多的精彩值得深入去细细体味。

慕田峪长城

1 慕田峪长城位于北京怀柔境内，东连古北口，西边是居庸关，距京73公里，是明初大将徐达大败元兵之处，公元1569年，著名爱国将领谭纶、戚继光对这段长城进行维修重建。这是历史上修建规模最大，质量最高的长城。慕田峪长城长2250米，有敌楼22座。居中端的正关台，三座敌楼并立，三楼之上并排有三座望亭，在整个长城建筑中极为罕见。正关台西北侧，有一段建在海拔1000多米山峰上的长城，形若牛角，人称“牛犄角边”。再向西北远眺，有段长城完全矗立在刀削似的山巅之上，山峰状似鹰嘴，仰向青天，这便是被人称道的“箭扣”和“鹰飞倒仰”。慕田峪长城许多地方是用花岗岩建成的，景区内树木葱郁，景色非常优美，每年的金秋十月是旅游的最好季节。

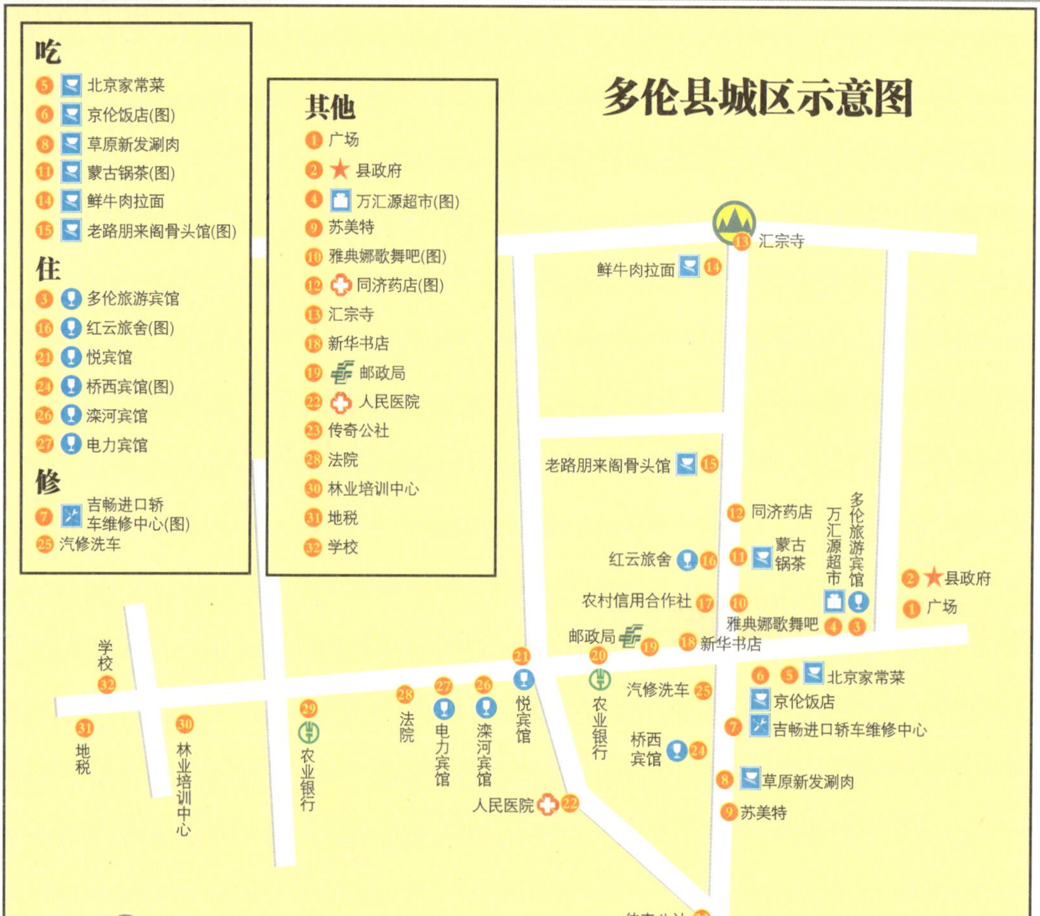
多伦县城区示意图
吃
5 北京家常菜
6 京伦饭店(图)
8 草原新发涮肉
11 蒙古锅茶(图)
14 鲜牛肉拉面
15 老路朋来阁骨头馆(图)
住
3 多伦旅游宾馆
16 红云旅舍(图)
21 悦宾馆
24 桥西宾馆(图)
26 滦河宾馆
27 电力宾馆
修
7 吉畅进口轿车维修中心(图)
25 汽修洗车
其他
1 广场
2 县政府
4 万汇源超市(图)
9 苏美特
10 雅典娜歌舞吧(图)
12 同济药店(图)
13 汇宗寺
18 新华书店
19 邮政局
22 人民医院
23 传奇公社
28 法院
30 林业培训中心
31 地税
32 学校
汇宗寺
鲜牛肉拉面
老路朋来阁骨头馆
同济药店
多伦旅游宾馆
万汇源超市
蒙古锅茶
红云旅舍
县政府
广场
农村信用合作社
雅典娜歌舞吧
邮政局
新华书店
学校
北京家常菜
京伦饭店
汽修洗车
吉畅进口轿车维修中心
悦宾馆
农业银行
法院
电力宾馆
滦河宾馆
桥西宾馆
地税
林业培训中心
草原新发涮肉
苏美特
人民医院
传奇公社
N
45

景点

13 汇宗寺

吃

❺ 京伦饭店，电话4528679。

❻ 蒙古锅茶

⓯ 老路朋来阁骨头馆，电话13191564068。

住

⓰ 红云旅舍

㉔ 桥西宾馆

修

❼ 吉畅进口轿车维修中心

其他

❹ 万汇源批发超市

❿ 雅典娜歌舞吧

⓬ 同济药店

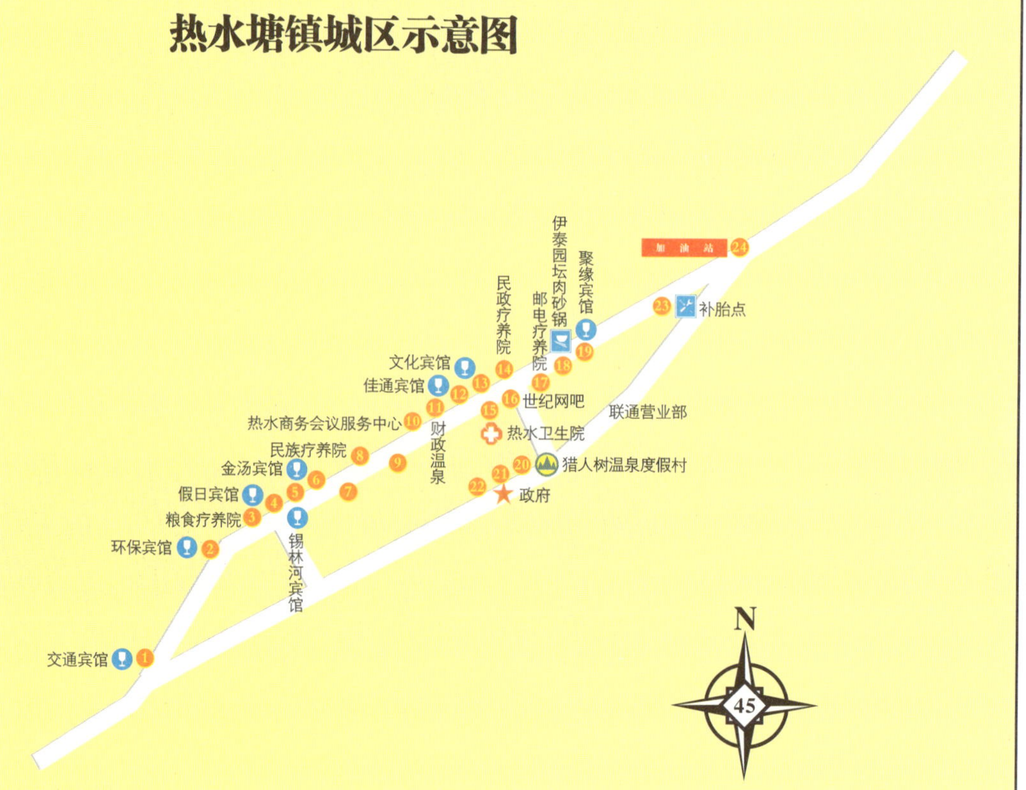

吃

18 伊泰园坛肉砂锅(图)

住

1 交通宾馆
2 环保宾馆(图)
3 粮食疗养院
4 假日宾馆(图)
5 锡林河宾馆
6 金汤宾馆
12 佳通宾馆
13 文化宾馆(图)
19 聚缘宾馆(图)

油

24 加油站

修

23 补胎点(图)

其他

8 民族疗养院
10 热水商务会议服务中心
11 财政温泉
14 民政疗养院
15 热水卫生院(图)
16 世纪网吧
17 邮电疗养院(图)
20 猎人树温泉度假村
22 政府

4 假日宾馆

吃

⑱ 伊泰园坛肉砂锅

住

② 环保宾馆

⑬ 文化宾馆

⑲ 聚缘宾馆

修

㉓ 补胎点，汽车修理配件。

其他

⑮ 热水卫生院

⑰ 邮电疗养院

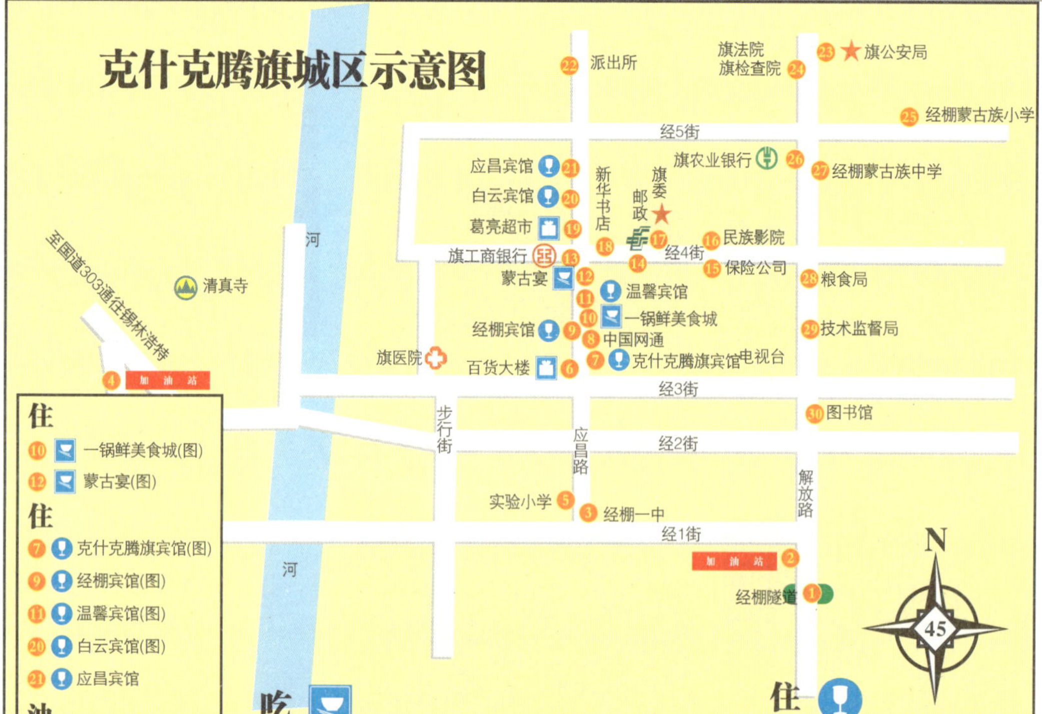

住

10 一锅鲜美食城(图)

12 蒙古宴(图)

住

7 克什克腾旗宾馆(图)

9 经棚宾馆(图)

11 温馨宾馆(图)

20 白云宾馆(图)

21 应昌宾馆

油

2 加油站

4 加油站

银行

13 旗工商银行

26 旗农业银行

其他

1 经棚隧道

3 经棚一中

5 实验小学

6 百货大楼(图)

8 中国网通

14 邮政

15 保险公司

16 民族影院

17 旗委

18 新华书店

19 葛亮超市

22 派出所

23 旗公安局(图)

24 旗法院、旗检查院

25 经棚蒙古族小学

28 粮食局

27 经棚蒙古族中学

29 技术监督局

30 图书馆

吃

10 一锅鲜美食城

12 蒙古宴

住

7 克什克腾旗宾馆

9 经棚宾馆

11 温馨园宾馆

20 白云宾馆

其他

6 百货大楼

B

京藏线片区

B 京藏线片区公路分段示意图

路段号	路段名	总里程(km)	用时	页码
B01	北京市—张家口市	166.6	2小时	118
B02	张家口市—呼和浩特市	306.8	3小时35分钟	120
B03	呼和浩特市—临河市	390.9	4小时05分钟	122
B04	临河市—银川市	313.1	3小时25分钟	124
B05	银川市—京藏高速固原出口	176.1	1小时56分钟	126
B06	京藏高速固原出口—兰州市	228.2	2小时40分钟	128
B07	兰州市—西宁市	229.0	2小时30分钟	130
B08	西宁市—倒淌河村	94.2	1小时20分钟	132
B09	倒淌河村—黑马河乡	117.3	1小时35分钟	134
B10	黑马河乡—都兰县	207.2	2小时35分钟	136
B11	都兰县—格尔木市	339.2	3小时50分钟	138
B12	格尔木市—昆仑山口	152.0	2小时33分钟	140
B13	昆仑山口—五道梁村	109.0	1小时36分钟	142
B14	五道梁村—沱沱河大桥	145.0	1小时16分钟	144
B15	沱沱河大桥—雁石坪镇	91.2	1小时14分钟	146
B16	雁石坪镇—唐古拉山口	97.9	1小时25分钟	148
B17	唐古拉山口—安多县	86.6	1小时25分钟	150
B18	安多县—那曲县	138.0	2小时15分钟	152
B19	那曲县—谷露镇	91.3	1小时30分钟	154
B20	谷露镇—当雄县	72.9	1小时20分钟	156
B21	当雄县—羊八井镇	75.0	1小时15分钟	158
B22	羊八井镇—拉萨市	85.1	1小时40分钟	160

京藏线片区概况

近年，随着京藏公路的全线开通，去西藏是越来越方便了，从北京自驾车到拉萨最快只需三天时间。京藏线全程跨越北京、河北、内蒙古、宁夏、甘肃、青海、西藏三省三区一市，全程约3712.6公里，一路精彩纷呈。沿途主要看点：

1. 青海境内的青海湖；
2. 青藏高原、唐古拉山、纳木错、拉萨。

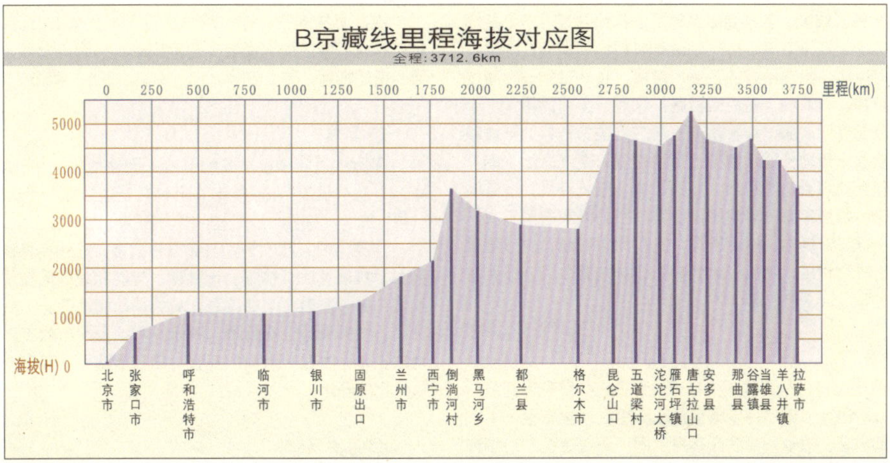

【地理环境】

本线路所经省区较多，地理变化较大，从内蒙古东南部的草地、中西部的沙漠，到宁夏的黄河流域，再到青藏高原，其地形复杂，气候多变。内蒙古从草地到沙漠，再往西便进入宁夏的河套平原，经甘肃的黄土高原山沟纵横，到青海的高地，再进入青藏高原地带。

内蒙古境内多为宽广的草原和沙漠，宁夏和甘肃是河套平原和山谷丘陵地带。由青海省开始从平坦的草原逐渐过渡为高原，从格尔木开始海拔逐渐升高，从格尔木的2800米开始，到唐古拉山升至5000米。

【气候温度】

本线路因跨度大，所以气候多变，温差大。有时会经历一天有四季的现象。内蒙古为温带大陆性气候，干燥少雨，雨季集中在夏季。青藏高原则为寒带高原气候，寒冷，紫外线强。海拔最高达5000多米，空气稀薄，要注意高原反应。走这条线路无论何时出行都要备足衣物和抗高原反应的药物。

【总体路况】

从北京经内蒙古到宁夏基本都是一级以上的高等级公路，有部分路段为全封闭的高速公路，路面为柏油路或混凝土路面，路面崭新，车流量很小，沿途草原沙漠景观不断，景色单一，容易引起驾驶疲劳。从宁夏开始进入黄土高原山区道路，虽然是全封闭高速路，但多半限速70~80公里，弯多，视线受阻。银川到兰州再到西宁均为全封闭高速公路，出西宁后就是二级公路，但路面平整视野开阔，两边景色如画。从格尔木开始进入青藏高原地带，路面为二级路，此路为进藏的唯一路线，常年有载重货车进出藏区，有些路段因受重车的辗压，有起伏和坑洼。雨季及冰雪季节路面湿滑且有暗冰。公路两边雪山连绵，草地宽广，景色美不胜收，沿线都视野开阔。从北京到西宁均为高速公路，有收费站，从青海省的湟中开始，直到拉萨一路免费。

【语言沟通】

本线路一路上不存在沟通困难，沿途的居民绝大多数都会普通话，只是会有地方口音。进入藏区，沿公路边的藏民也大多能听懂简单的普通话，但是听他们说话得竖起耳朵，仔细辨认，因为大多数藏民说的普通话都有浓浓的藏味，很难听懂。同时对于他们说的方位距离等关于量词的要打折扣，准确性不高。

【民俗节庆】

藏传佛教

是中国佛教的一支。公元7世纪，佛教先后从中国的中原地区和尼泊尔传入当时的吐蕃， 先是在王公贵族中间流行，后来逐渐推广到民间。

莫朗钦波节

即传昭大法会，在藏历正月十五日举行。此会是由宗喀巴于1409年在拉萨发起的一次祈祷大会延续而来的。传昭期间，拉萨三大寺及其他寺庙的喇嘛集中市内，团体诵经，还要举行“格西”学位的考试。二月间，还要举行另一次祈祷法会，藏语称为“聪觉”，活动内容与传昭大法会相似，只是规模较小，故又名“小传昭”。

燃灯节

于藏历正月十五日在拉萨举行。届时，各寺庙的喇嘛及百姓，用五彩酥油捏塑成各式各样的酥油花，挂在大昭寺两边事先搭好的花架上。每当夜幕降临，花灯点燃之后，宛如群星降落。花灯上绘有花卉、神仙人物、飞禽走兽等。观灯的人群在灯下欢歌起舞，通宵达旦。

春播节

又叫“播种节”、“试种节”，是给第一次学耕地的小牛套上轭木，试耕土地。每年正月的某一个吉祥日举行。

在春播节前三四天，各家要酿造青稞酒并给牲畜准备好装饰品。到春播节那天日出之时，由一个当年属相的妇女和几个老农民，穿上节日盛装，将准备好的茶酒、经幡、香炉带到破土耕地之处祭祀土地神、农业神，然后回村寨。这时，全村的男女老少便穿着自己最漂亮的衣服，牵着耕畜一起来到准备开耕的那块耕地上。大家欢欢乐乐地分成几摊子，喝茶饮酒。茶酒之后，由几个男人在开耕之处烧香、竖经幡、高唱颂词、祭祀神灵，准备试耕。一般说来，每户带来一对耕牛，由该户主妇向天敬酒三次，在耕牛脑门上抹三道酥油，以示吉祥。新耕的第一犁，由当年属相的妇女撒出吉祥种子，然后开始翻耕。敬神仪式之后，还要举行跑步、角力等娱乐活动。

萨嘎达瓦节

藏历四月十五日，是西藏一个特有的节日——萨嘎达瓦节。“萨嘎达瓦”藏语意为氐宿月（氐宿是藏历星象28星宿之一）。藏历四月氐宿出现，故这一月名氐宿月，即“萨嘎达瓦”。相传佛主释迦牟尼降生、成道、圆寂都是在四月十五日，因此这个月要举行各种活动加以纪念。久而久之，这些活动便成了规模盛大的转经。

所谓转经，就是按一定的线路作环形行走，是进行祈祷的一种形式。全拉萨的转经线路有三条，一条是囊廓，在大昭寺中环绕主殿觉康一周，全程立满法轮，长约500米，是内环线，藏语“囊廓”意即内环；第二条是八角街，环绕大昭寺一周，全长约1000米，是中环线，藏语“八廓”即为中环的意思；第三条是林廓路，绕拉萨老城区一周，全长约5000米，是外环线，藏语就是“林廓”。

在囊廓和八角街转经的人流每天都不断，林廓路则是人们在重要日子转经的线路。

萨嘎达瓦节的林廓转经最为壮观。从萨嘎达瓦的第一天开始，林廓路上就出现了成群结队的转经人流。到藏历十五这天，转经达到高峰，从凌晨2点直到晚上，人流如潮，川流不息。

雪顿节

在藏语中“雪”是酸奶子的意思，“顿”是宴的意思，“雪顿”节就是吃酸奶的节日。

雪顿节的由来，可以追溯到17世纪以前，那时雪顿节是一种纯宗教活动。藏传佛教格鲁派（黄教）祖师宗喀巴为僧徒制定了一条夏安居制度，即僧徒在夏季只准在室内修习，不许到户外活动。因为夏季是高原上各种生物最活跃的季节，以免无意杀生。这种禁戒要持续到藏历六月底七月初。到开禁的日子，僧徒纷纷出寺下山，除享受世俗百姓施舍的酸奶子佳宴外，还要尽情玩乐。

17世纪中叶，清朝皇帝正式册封五世达赖和四世班禅。据五世达赖的旨意，“雪顿”活动增加了在罗布林卡演出藏戏的内容，并且允许百姓入园看戏。这样，雪顿节便逐渐成为一年一度的群众性节日。由于雪顿节的主要内容逐渐演化为藏戏演出，所以又被称为“藏戏节”。

现在雪顿节期间主要有哲蚌晒佛、藏戏表演和逛林卡等活动，每年都能吸引众多的中外游客前往观看，游玩。

沐浴节

藏语叫“嘎玛日吉”（洗澡），是藏族人民特有的节日。每年藏历七月六日至十二日举行，历时7天，又名“沐浴周”。

每年夏末初秋，当“噶马吉日”（金星）出现的7天里，城市、农村和牧区的男女老少全家出动，纷纷走向江、湖、河、溪畔，搭起帐篷，围上帏幕，铺上卡垫，在水中嬉戏、游泳。

望果节

是藏族民间预祝丰收的节日，历时1~3天，于秋收前择吉日举行，至今已有1500多年的历史。“望”藏语意为“田地”，“果”意为“转圈”，“望果”即意为“转田垄”。

望果节时，男女老幼身着节日盛装，或手持青稞穗，或背负经书，打着彩旗，抬着由青稞穗、麦穗扎成的系着洁白哈达的丰收塔，敲锣打鼓，唱着颂歌，绕行于田间地头。之后集会于河坝林间，饮酥油茶、青稞酒，唱歌跳舞，预祝丰收吉祥。现在有些地方还举行赛马、射箭、竞技、藏戏表演等。节日一过，紧张的秋收也就开始。

那曲赛马会

在所有民间传承的藏族节日中，几乎都少不了赛马。以赛马和比武的方式选拔领袖，在征战频繁的远古年代是屡见不鲜的。生活在高原特殊自然环境中的人们，行动离不开马匹，从事艰苦的征战更离不开马匹，由此藏族人民在原始的日常生活中培养起对马的浓郁情感，那即是对马的神圣化、神灵化，认为马能决定部族命运和部族领袖。

建立在对马的浓郁信仰之上，藏区形成了许许多多的赛马节，其中那曲赛马节规模最为盛大。那曲赛马节，藏语叫“达穷”，是藏北草原规模盛大的传统节日，每年公历8月1日举行，为期5~15天不等。8月的藏北，风和日丽，碧空万里，山野花草相间。节日前几天，藏北各地牧民身着艳丽的节日盛装，带上青稞酒、酸奶子等各类食品及图案美丽的帐篷、卡垫，骑马从四面八方涌向赛场。节日期间，赛马场上彩旗飘动。比赛开始时，骑手们牵马进入赛场，绕场一周后，再牵到指定地点。到达起点，骑手们便上马整装待命，发令声一响，他们扬鞭抽马，疾驰狂奔，冲向终点。这一传统节日近年来得到了进一步发展，除赛马、射箭和马术表演等传统项目外，增加了举重、拔河、说唱格萨尔等活动，同时还举行大型物资交流会。

江孜达玛节

江孜达玛节已有500多年的历史。据说在萨迦王朝时期，江孜法王帕巴桑布在群众中享有很高威望。帕巴桑布死后，他的弟子每年做祭祀以表纪念，后因战乱中断。公元1408年帕巴桑布的儿子贡桑绕帕任江孜法王后恢复祭祀。这一年藏历四月十日至四月二十七日，贡桑绕帕为其父念经祭祀，并进行娱乐活动，内容主要有展佛、跳神等宗教活动和角力、负重等娱乐活动。到了扎西绕丹任江孜法王时，也就是公元1447年，还增添了骑射、藏戏、歌舞等娱乐活动。江孜达玛节由此沿续至今。

日喀则新年

日喀则新年从藏历十二月二十九日正式开始。这天要举行“古恰”活动，即是把内屋外室、厨房、院内院外彻底打扫干净，并于晚上举行驱邪送鬼的仪式。

大年初一，东方刚发白，家里的媳妇或大女儿就起床熬酒。鸡叫头遍时，便给家人敬酒。喝了一两碗酒后，你若说：“现在不喝了”，就会被罚三碗；如果喝不下去的话，剩下的酒会被倒在头上。鸡叫三遍时，人们带着“切玛”、糌粑去取“四新”，即从别人家牛粪里取“牛粪新”，从夏种地里取“土新”，从水源处取“水新”，从狗窝里取“粪新”。取“四新”时，要在上述四个地方撒些糌粑粉。天亮时，人们着新衣到附近山上祭山神，祈祷来年丰收。

新年过几天，是根据地方风俗和条件来定，没有固定的期限。年末的晚上，有些人家要举办“新年宴”，尽可能地把家人、邻居、亲戚、朋友以及能歌善舞的男女聚集起来，摆上藏斗“切玛”、糌粑粉、粮食酒，尽情欢庆。酒宴完后，每人拈上一点“竹素切玛”里面的糌粑粉，声音高亢地祈祷说：“吉吉嗦嗦，愿善神得胜！”

当雄赛马会

当雄赛马会是每年藏历七月十日开始，历时3天，藏语称“中仁从读”，意为请喇嘛念经。赛马会原是庆祝丰收、开展农牧业产品互市、进行文化娱乐的活动，后来才渗入了宗教色彩。当雄赛马的活动内容丰富多彩，其中主要有赛马、射箭、歌舞表演等。

林芝工布节

传说很早以前，有支外国军队入侵西藏，当地人无力抵抗，只好向各地求援。工布人民为了保卫祖国和家乡，组成了一支爱国军队前去支援。他们踏上征程之时，正值藏历九月，将士们惋惜不能喝上过年的青稞酒，不能吃上过年的点心，也没有烤上过年的青松火，工布人民便把藏历年提前到十月一日来过。为了纪念当年英勇应征的将士，每年的藏历十月一日，工布人民都要献三牲为将士们守夜，久而久之，藏历十月一日过工布年的习俗便形成了。

工布年与藏历新年相比，有着较强的林区特色。主要活动有赶鬼、请狗赴宴、吃“结达”、背水、祭丰收女神等。

林卡节

酷爱户外生活的藏族人民，夏天纷纷进入拉萨河边的林卡游乐避暑，称为“玩林卡”，又叫“林卡节”。林卡节的活动内容非常丰富，总的来看离不开两个主题：敬神和娱乐。每当节日到来，身着盛装的拉萨人便源源不断地从城里涌向郊区的林卡，汽车、骡马、自行车、摩托车载着人和桌椅、食品、炊具，熙熙攘攘地行进在大街小路上。有的在林卡里搭帐篷，帐篷大都是白色的，绣着蓝色的吉祥图案，朴素而美观；还有的人家用五颜六色的帐围围出一个小小的环境。人们在帐篷或帐围里，架起炉灶，安置桌椅，铺上卡垫，摆出各种点心、菜肴、饮料，夜以继日地唱歌、跳舞、打藏牌、掷骰子、讲故事、玩游戏、请客欢宴、喝酒狂欢，有时还观看电影、文艺节目和藏戏，进行传统体育、射箭、竞技比赛等。近年来拉萨林卡里的活动更加丰富，电视机、录像机、卡拉OK、电子游戏机也搬进了帐篷，传统文化与现代娱乐在这里相处融洽。

【沿途餐饮】

沿途所经的几个省各自都有特色美食，主要以羊肉为主，建议逐一品尝。在西藏牧区一般不食蔬菜，饮食单调，从单一的饮食结构来说，牧区乃至整个西藏都属高脂肪、高蛋白饮食区。

藏族人的传统食物以牛、羊肉和乳制品为主，藏族人认为，吃肉就要杀生，杀一只鸡只能给一个人吃，而杀一头牛可以供应几十人，因此应尽量减少杀生，多吃牛肉。除了以下几种最常见食品外，还有藏式奶酪、酸奶、咖喱土豆牛肉饭、藏式生牛肉、灌肺、蒸牛舌、汆灌肠、香煮油脾、炎烧蕨麻猪、爆焖羊羔肉、吹肝等。

【藏族特色饮食】

酥油茶

用精制食用酥油加绿茶汁或砖茶汁搅拌打制而成，其中可略微加入食盐，由于高原气候干燥，酥油茶能够提供人体每日足够的油脂，以防止由于干燥而造成嘴唇或皮肤干裂，到西藏旅游，能接受酥油茶的应尽量喝。

甜茶

用新鲜牛奶加上红茶汁和糖制作而成。

糌粑

糌粑的制作方法是用精致的青稞炒面粉加酥油，以茶汁混合，揉成面团食用（是城里人的吃法）。但比较困难的地方只用清茶汁（砖茶加盐）加青稞面。

风干肉

在冬天，用精选的鹇生牛肉或山羊全腿，淹制后或直接挂在户外风干，由于进食后会在胃中吸水膨胀，因此每次不可多吃。

酸奶

西藏的酸奶食用时加白砂糖混合，营养价值极高。

【沿途住宿】

沿途均有各档次的宾馆旅店，进入西藏境内条件会艰苦些，但到了拉萨就什么都好了。

【安全保障】

每个乡镇都设有派出所，交通要道沿线的乡镇都设有交警中队，办公地点都设在乡镇所在地，治安报警电话和交通事故报警电话都是全国统一的110和122，但为了更快的接通，各处派出所和交警中队一般都在村镇路边或公路边等显眼处直接设立路牌，公布各处直拨的报警电话号码。青藏线沿途从格尔木出发后路上信号时断时续，就算可以报警也相距甚远，救援时间缓慢，尽量小心行车，安全为上。

【通讯条件】

除格尔木到拉萨段偶尔有些山区没覆盖外，其余路段均有信号。

【油品质量】

沿途都有正规的加油站，除各省区的价格稍有不同外，品质都能保证。

【食品饮料】

因本线路多为高速公路，所以沿线食品饮料供应点不会太多，各加油站会有些简单的食品饮料，但选择不多，建议出发前自备足够为好。青藏线上茫茫雪山，小杂货店几乎没有，建议在格尔木备足到拉萨的给养。

【公共厕所】

沿途加油站内均有厕所。上了青藏高原，厕所数量锐减，情急之下就只好野外作业了。

【安全停车点】

沿途会不等距的设有些临时停车点，很方便。

【汽车修理】

沿途封闭公路多，过了格尔木后路边人烟稀少，建议经过各大城市时最好能去维修点检查维修。

【与旅行相关的一些配套设施】

所有乡镇地市都有邮政营业网点，开通普通邮件和包裹邮寄及邮政储蓄业务。

各大乡镇以上都设有中行、建行、工行、农行、邮政储蓄等银行的营业网点及柜员机。各景点门前都设有小卖部，出售胶卷、电池、饮料及零食。各县城以上或较大的乡镇都设有网吧，星级宾馆一般都配有宽带网络。京藏线片区各县城乡镇间往来的交通工具为火车和汽车，各城镇都有汽车站或火车站，班次很多，出行十分方便。大城市如呼和浩特、兰州、银川、西宁、拉萨等有机场。

B京藏线片区自驾游参考方案

3天方案

这条方案是特别为自驾进藏旅游者设计的，目的是为了让自驾旅游者以最快的速度去到拉萨，重点介绍京藏线的路况，沿途城市只作简短停留，不建议进入各城区进行深度游。

注：这条线路每天开车的时间都在12小时以上，强度很大，必需要两个以上的司机轮流驾驶。

1：北京市—呼和浩特市—临河市—银川市

路段：经过A01、B01~B04路段，总长931公里，用时约12小时。

路况：全线均为高等级高速公路，路面崭新，路况很好。八达岭高速是景区道路，路边风光不绝，车流量很大，货车及旅游车辆很多，容易堵车，出游请尽量避开车流量高峰时间。过了张家口市，道路变为双向6车道，路面崭新，车流量稀少，往往数十公里前后只有几辆车行驶，沿途视野开阔，风景优美，有很好的驾车乐趣。

油修：京藏公路内蒙古路段因地域辽阔，城市与城市之间往往相距几十公里或数百公里，所以公路内每隔几十公里会有一个服务区，服务区内里各种设施齐全，有加油站、超市、餐厅、旅馆、维修点等。食宿很方便，而且安全。油费：450元/车。

食宿：沿途的各大服务区内都可提供可口的饭菜和干净的住宿。快餐15元/份。普通间30-50/人，银川市内各种档次的宾馆齐全，价格便宜。

2：银川市—格尔木市

路段：经过B05~B11路段，总长1391公里，用时约15小时。

路况：银川—西宁是高速公路，甘肃段穿行在黄土高原，弯道多，车流量少，路面有起伏。西宁—倒淌河是一级公路，道路平整，路面质量很好，车流量少，大部分路段沿青海湖畔行驶，两边景色优美。

倒淌河—格尔木是二级柏油路，货车较多，路面受辗压，有起伏，不时有修补。雨天和冬天有雨水积雪，注意控制车速。

油修：高速公路和一级公路内的服务区都有加油站、超市等。沿途有加油站，路边有维修补胎点，可作简单的维修，但建议在大城市出发前做好车辆检查。油费：600元/车。

食宿：高速公路的服务区和路边的城镇都有餐厅饭馆，也可提供住宿，但条件有限，建议在格尔木住宿。格尔木的物价相当便宜，吃住都经济实惠。

3：格尔木市—那曲县—拉萨市

路段：经过B12~B22路段，总长1144公里，用时约14小时。

路况：本路段是青藏公路的主要组成部分，也是最为艰苦的路段。全线均为二级柏油路，靠近城市的部分路面质量较好，但青藏高原上的路段因为长期受载重货车辗压，路面有起伏和坑洼，雨天和冬季会有积水和暗冰，车辆易滑，要控制车速。随着海拔的升高，会出现缺氧状况，大脑反应迟钝，所以要小心驾驶，不要因为路面平直、车流量稀少而猛踩油门。这段路也是景色最美的一部分，两边草原、雪山、湖泊、冬天积雪很厚，四周银色一片，洁白苍茫；夏天绿草、蓝天、白云、羊群组成一幅极美的画。

油修：沿途因为进藏的货车很多，路边不时有加油站，但数量不多，维修补胎点也只能做些简单的工作。建议在格尔木加满油，做好车辆的各项检测，要不只能到拉萨再做检查。油费约600元/车。没有过路费。

食宿：沿途人烟稀少，餐馆数量有限，只有各县城有餐馆，多以川菜或面食为主，建议出门前备好干粮，做好准备。

7天方案

1：北京市—张家口市—呼和浩特市

路段：经过A01、B01、B02路段，总长540.1公里，用时约6小时。

路况：全线均为高等级公路，路面崭新，路况很好。八达岭高速是景区道路，路边风光不绝，车流量很大，货车及旅游车辆很多，容易堵车，出游请尽量避开车流量高峰时间。过了张家口市，道路变为双向6车道，路面崭新，车流量稀少，往往数十公里前后只有几辆车行驶，沿途视野开阔，风景优美。

行程：早上北京出发，中午到呼和浩特市，下午去逛呼市附近的昭君墓等景点，晚上住呼市。

油修：高速公路内的各大服务区都有加油站，维修就要到各大城市才能解决。油费：250元/车。

食宿：公路服务区内均有餐厅提供快餐，15元/人，呼和浩特市有各式美食，以羊肉为主。标间90~200元/间。

门票：昭君墓35元。

2：呼和浩特市—包头市—临河市

路段：经过B03路段，总长390.9公里，用时约4小时。

路况：全程为高等级公路，路况很好，车流量稀少，两边时而草原时而沙地，景色较为单一，路面平直，容易驾驶疲劳，注意不要超速。

行程：早上从呼和浩特市出发，前往哈素海景区游玩，中餐后前往乌梁素海景区，晚上宿临河市。

油修：全线均为高速路，服务区内有加油站，维修则离开高速进入城区。油费：200元/车。

食宿：临河市有各档次的宾馆旅店，价格便宜，标间60~80元/间。

3：临河市—银川市—兰州市

路段：经过B04、B05、B06路段，总长717.4公里，用时约7小时。

路况：全线高速，路况很好，银川到兰州路段为双向4车道，弯道多，路面有起伏，有山崖阻挡视线。沿途为河套平原，两边农作物成片，景物多变，有较好的驾车乐趣。

行程：早上从临河出发，前往银川的沙湖景区游玩，下午前往兰州市，品尝兰州特色小吃，兰州拉面、东乡羊肉等，宿兰州。市区内各档次的宾馆齐全，价格适中，标间90~150元/间。

油修：高速公路的服务区内有加油站，没有维修点。油费：约370元/车。

4：兰州市—西宁市—青海湖景区

路段：经过B07、B08、B09路段，总长440.5公里，用时约5小时。

路况：前半部分路段为高速公路，路况较好，车流量少。从倒淌河—黑马河为二级柏油路，路面质量一般，货车、旅游车较多。沿途草原成片，夏天油菜花盛开，特别是青海湖一边，风光无限。

行程：早上从兰州出发，游玩青海湖、鸟岛，晚上住青海湖景区。

油修：沿途各服务区及城镇均有加油站，补胎点也较多，正规的维修点则要到兰州、西宁等大城市才有。油费约220元/车。

食宿：青海湖景区及江西沟均有帐篷或度假村可提供食宿，饭菜多为川菜口味，青海湖景区的宾馆食宿条件较好。

门票：青海湖 50元。

5：青海湖景区—格尔木市

路段：经过B10、B11路段，总长546.4公里，用时约6小时。

路况：全程为二级柏油路，沿途风光很好。特别是茶卡盐湖，更是一片雪白的世界。过了茶卡盐湖后车流量变大，多为进藏的货车和旅游车。道路老化，弯道多，有起伏及坑洼，都兰县—格尔木路段海拔渐渐升高，上坡多，长直道多，容易引起驾驶疲劳。

行程：早上从青海湖景区出发，前往茶卡盐湖游玩，午餐后前往格尔木，晚上住格尔木。

油修：沿途加油站不多，出发前要加满油。沿途补胎点少。油费：约270元/车。

食宿：沿途多清真餐厅，就餐需尊重民族习惯。较大的乡镇都有旅店，但条件一般，格尔木市内各种档次的宾馆齐全，价格便宜，物贸宾馆标间60元/间。

门票：茶卡盐湖 30元。

6：格尔木市—安多县

路段：经过B12~B17路段，总长681.7公里，用时约8小时。

路况：全线为二级柏油路，路面平整，大货车多，有些路面老化，有坑洼。行驶在青藏高原，沿途都是雪山、草地，视野开阔，景物虽美但单调，时间久了会引起驾驶疲劳。

行程：青藏高原沿途即是风景带，路边只要有停车的地方都可停下来观赏拍照。记住在天黑前到安多县城投宿就成。

油修：沿途加油站不多，出发前要加满油。沿途没有补胎点，在格尔木或安多县有维修点。油费：约340元/车。

食宿：沿途只要较大的镇有简单的餐馆，出发前要准备足够的干粮。安多县住宿条件差，要有心理准备，三人间25元/人。

7：安多县—拉萨市

路段：经过B18~B22路段，总长462.3公里，用时约8小时。

路况：全程均为二级柏油路，路面平整，路况很好，多大货车及旅游车辆。过了那曲后，路况变得越来越好，景物也变得丰富。

行程：行程也是观光的过程，沿线就是一条风景线，在当雄可去纳木错景区，领略天湖之大气、壮阔。晚上到拉萨。

油修：沿途都有加油站，不用担心加油的问题。维修则要到拉萨才能解决。油费：约230元/车。

食宿：到了拉萨，一切都可以解决，可以大块吃肉，大口喝酒，拉萨市内各种特色的餐馆饭店齐全，青年旅馆、家庭旅馆、酒店、宾馆都有，可按自己的喜好选择。

京藏高速公路

B01 北京市—张家口市（166.6km）

北京市
起点
八达岭高速 0.0 166.6 1
西三旗出口 2.6 164.0 2
右边中石油 PetroChina 中国石油 3.0 163.6 3
回龙观南出口 5.3 161.3 4
龙观北出口 6.0 160.6 5
北安河北出口 8.5 158.1 6
沙河阳坊出口 11.3 155.3 7
小汤山出口 14.8 151.8 8
出口 18.6 148.0 9
服务区，规模较小，设施简单 服务区 20.1 146.5 10
科技园出口 21.7 144.9 11
22.9 143.7 十三陵出口 12
昌平出口 24.8 141.8 13
陆庄南出口 29.7 136.9 14
岔路口，左转去往凤凰山，直行居庸关。35.3 131.3 15
41.2 125.4 居庸关出口 16
居庸关 42.4 124.2 17
水关长城出口 47.3 119.3 18
三岔路口，右转去往八达岭长城，左转通往石佛寺。49.6 117.0 19
八达岭长城 51.8 114.8 20
长城风光 52.4 114.2 21
野生动物园，位于公路左侧。54.8 111.8 22
三岔路口，左转去往康庄，距离5公里，右转通往延庆。57.0 109.6 23
高速康庄入口 62.0 104.6 24
市界收费站 收费站 63.3 103.3 25
东花园出口，可去往官厅湖。71.7 94.9 26
75.9 90.7 路况抽样 27
官厅服务区，星级服务区，规模较大，有较多长途货车在这里修整。服务区 83.1 83.5 28
赤城、怀柔出口 101.7 64.9 29
116.5 50.1 新宝安、鸡鸣驿出口。30
服务区 123.6 43.0 下花园出口，路边有大型服务区。31
宣化区出口 138.2 28.4 32
149.8 16.8 宣化出口 33
166.6 0.0 张家口出口 34
终点 张家口市
N
45

1 八达岭高速。N40-01-417E116-20-828/42

5 迴龙观北出口

9 顺义出口

7 沙河、阳坊出口。

13 昌平、西关出口。

12 昌平、十三陵出口。

18 水关长城出口

16 居庸关出口

24 京张高速康庄入口

27 路况抽样：全封闭、全隔离，双向6车道，有应急停车带。

25 康庄市界收费站

29 赤城、怀柔出口，可去玩黄龙山庄。

30 新宝安、鸡鸣驿出口。

32 宣化区出口。N40-33-486E115-08-983/614

34 张家口出口。N40-42-090E114-54-695/672

勘察报告

从五环路进入八达岭高速公路，进入山地路段，弯道多，车流量很大，很多长途货车都行驶该路段，容易造成堵车。同时这也是著名景点道路，景区内旅游配套设施丰富，沿途绿化很好，山体上都覆盖了植被。古长城蜿蜒曲折，盘绕在崇山峻岭之中，山势险峻，是旅游观光、忧思怀古的好去处。如果只是到长城观光可以绕过县城前往景区，避开堵车严重的路段。从延庆县开始进入京张高速公路，双向6车道，全隔离、全封闭，路况很好。在进入河北界之后，周边地貌由山地变为丘陵，地势趋于平坦，不过周围绿化开始减少，空气质量一般。沿途车流量不大，可以畅通行驶。

餐饮

沿途各大景区均可用餐，高速公路服务区两个，均可用餐。

住宿

八达岭长城景区住宿条件最好，不过价格较高。沿途的服务区内也可以住宿，但是条件不好。张家口市区内各种档次宾馆齐全，建议在市区内住宿。

加油

途中两个加油服务区。

救助信息

高速公路报警电话：95185122，95185114

17 居庸关

里程数据速查表

从北京市出发,请从上往下阅读

1	0.0	八达岭高速	166.6	2.6
2	2.6	西三旗出口	164.0	0.4
3	3.0	右边中石油	163.6	2.3
4	5.3	回龙观南出口	161.3	0.7
5	6.0	回龙观北出口	160.6	2.5
6	8.5	北安河北出口	158.1	2.8
7	11.3	沙河、阳坊出口	155.3	3.5
8	14.8	小沟山出口	151.8	3.8
9	18.6	顺义出口	148.0	1.5
10	20.1	服务区	146.5	1.6
11	21.7	科技园出口	144.9	1.2
12	22.9	十三陵出口	143.7	1.9
13	24.8	昌平出口	141.8	4.9
14	29.7	陆庄南出口	136.9	5.6
15	35.3	岔路口	131.3	5.9
16	41.2	居庸关出口	125.4	1.2
17	42.4	居庸关	124.2	4.9
18	47.3	水关长城出口	119.3	2.3
19	49.6	三岔路口	117.0	2.2
20	51.8	八达岭长城	114.8	0.6
21	52.4	长城风光	114.2	2.4
22	54.8	野生动物园	111.8	2.2
23	57.0	三岔路口	109.6	5.0
24	62	京张高速康庄入口	104.6	1.3
25	63.3	康庄市界收费站	103.3	8.4
26	71.7	东花园出口	94.9	4.2
27	75.9	路况抽样	90.7	7.2
28	83.1	官厅服务区	83.5	18.6
29	101.7	赤城、怀柔出口	64.9	14.8
30	116.5	新宝安、鸡鸣驿出口	50.1	7.1
31	123.6	下花园出口	43.0	14.6
32	138.2	宣化区出口	28.4	11.6
33	149.8	宣化出口	16.8	16.8
34	166.6	张家口出口	0.0	

从张家口市出发,请从下往上阅读

B02 张家口市—呼和浩特市 （306.8km）

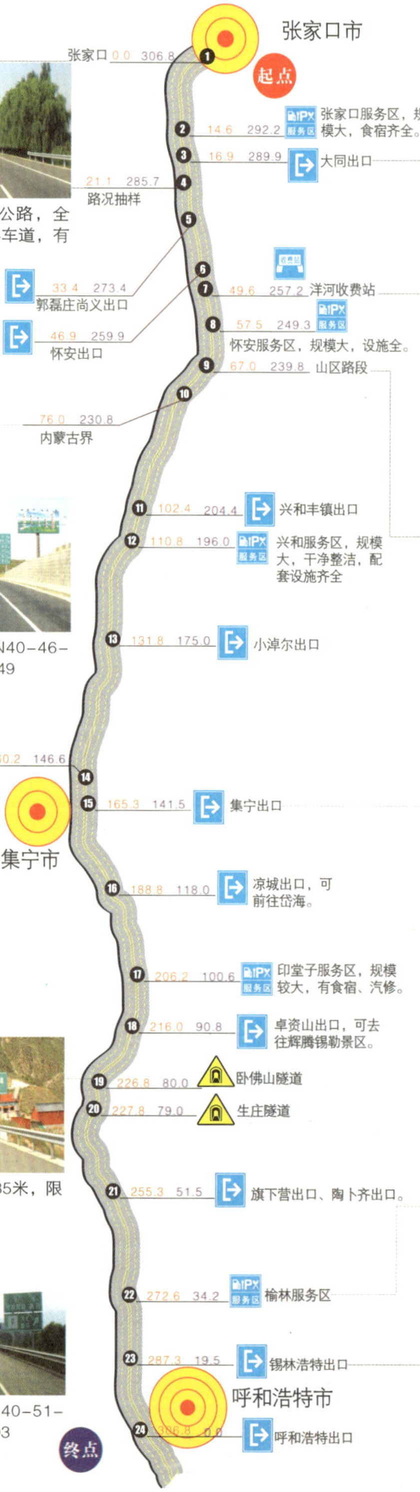

❶ 张家口收费站

❹ 路况抽样：高速公路，全隔离、全封闭，双向4车道，有应急停车带。

❸ 万全、大同出口。

❺ 郭磊庄、尚义出口。

❼ 洋河收费站，小车收费70元。

❻ 怀安出口

❾ 驶入山区路段

❿ 进入内蒙古界。N40-46-128E114-05-679/1349

⓮ 集宁服务区，有餐厅、修理厂、超市。

⓯ 集宁、丰镇出口。

⓳ 卧佛山隧道，长735米，限速60公里。

㉒ 榆林服务区，可吃、住、加油、汽修。

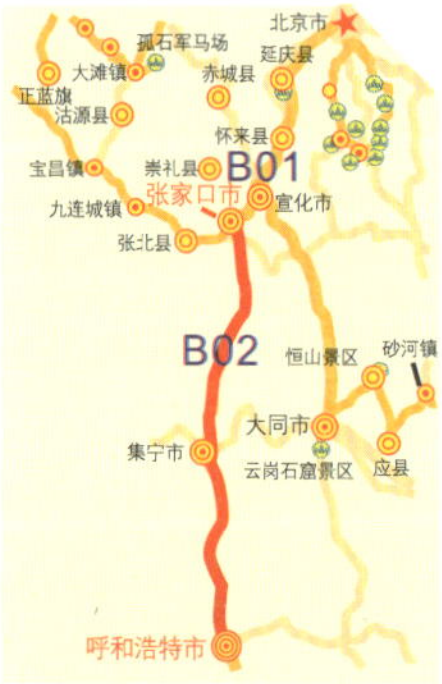

㉔ 呼和浩特出口。N40-51-530E111-37-080/1093

㉓ 呼和浩特、锡林浩特出口。N40-53-452E111-50-394/1107

勘察报告

全程高速公路，双向4车道，两边都有应急停车带，路况很好，中间有宽敞的绿化隔离带。道路笔直平整，车流量较小，以货车为主，路牌标志清晰明显，覆盖手机信号。沿途大部分处于平原地带，有一小段的山地，山地上残存了一些碉楼，之后逐步进入草原地带，地势平坦，树木较少，植被以矮小的灌木和草丛为主，在有村庄的地方会有少量树木。途中各个服务区可解决吃、住、油及简易的维修。道路穿越河北、内蒙古，冬季行驶时注意路上的暗冰。

餐饮

途中5个服务区均可用餐。

住宿

沿途服务区可住宿，条件一般，建议在呼和浩特市区内住宿。

加油

途中5个服务区均可加油，内蒙古油价稍低。

救助信息

集宁—呼和浩特高速急救电话：13664049883

内蒙段紧急救援电话：0474－4705300

维修

各服务区均可作汽车简易维修。

提醒

呼和浩特分别有三个出口：呼市东、呼市、呼市西，本路段终点在呼市。

里程数据速查表

从张家口市出发，请从上往下阅读

1	0.0	张家口	306.8	14.6
2	14.6	张家口服务区	292.2	2.3
3	16.9	大同出口	289.9	4.2
4	21.1	路况抽样	285.7	12.3
5	33.4	郭磊庄出口	273.4	13.5
6	46.9	怀安出口	259.9	2.7
7	49.6	洋河收费站	257.2	7.9
8	57.5	怀安服务区	249.3	9.5
9	67.0	山区路段	239.8	9.0
10	76.0	内蒙古界	230.8	26.4
11	102.4	兴和、丰镇出口	204.4	8.4
12	110.8	兴和服务区	196.0	21.0
13	131.8	小淖尔出口	175.0	28.4
14	160.2	集宁服务区	146.6	5.1
15	165.3	集宁出口	141.5	23.5
16	188.8	凉城出口	118.0	17.4
17	206.2	印堂子服务区	100.6	9.8
18	216.0	卓资山出口	90.8	10.8
19	226.8	卧佛山隧道	80.0	1.0
20	227.8	生庄隧道	79.0	27.5
21	255.3	旗下营出口	51.5	17.3
22	272.6	榆林服务区	34.2	14.7
23	287.3	锡林浩特出口	19.5	19.5
24	306.8	呼和浩特出口	0.0	

从呼和浩特市出发，请从下往上阅读

呼和浩特市

呼和浩特，蒙古语意为“青色的城”，始建于明万历九年(1581年)，位于华北西北部内蒙古自治区中部的土默川平原，北依阴山山脉，南濒九曲黄河，是一座历史悠久、风光秀丽的塞外名城。

呼和浩特是国务院确定的历史文化名城之一，随着岁月的流逝，这里留下了2000多年有文字记载的历史。早在50万年前就出现了被称作为“大窑文化”的人类文明的曙光。战国时期，赵国在土默川始建“云中郡”，写下了呼和浩特历史的第一页。在漫长的历程中，几度兴衰，曾建立过“云中”、“盛乐”、“丰州”等城。直到公元1572年，明代蒙古族首领阿拉坦汗在这里筑城、建庙，大兴土木，建成一座初具城市规模的“库库和屯”，这就是发展到今天的呼和浩特的前身。清代又在此基础上扩城屯兵开市，使呼和浩特成为当时南北商品交流的集散地。

B03 呼和浩特市—临河市(390.9km)

1 呼和浩特市入口

3 霍寨沟服务区，规模小，设施简单，无食宿，有一个超市和汽修点。

4 路况抽样：高速公路，全封闭、全隔离，双向4车道，有紧急停车带，每隔2公里有一个报警电话，两边有绿化林。

6 哈素海服务区，餐饮、食宿齐全，有宽大的停车场。

5 察素齐路口

8 萨拉齐出口

7 哈素海出口，可前往哈素海景区，距离路口18公里。

10 九原出口

9 包头东出口

11 包头服务区，场地宽敞，设施齐全。

12 包头（青山区、昆区）出口

13 包头南出口

17 西山嘴服务区，设施齐全，有超市、餐厅、维修厂、住宿区、油站。

14 白彦花服务区，规模较小，只有加油站和休息室。

15 白彦花出口

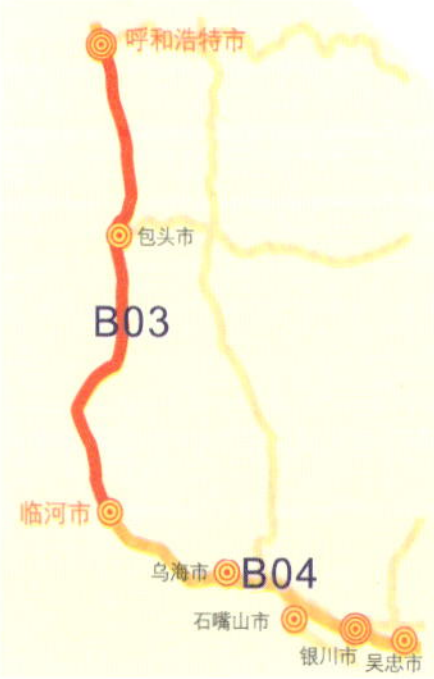

19 西小召服务区，规模小，只有超市、油站。

18 西山嘴、乌梁素海出口。

勘察报告

高速公路，在临河东出口之后有一小段路况不错的二级公路。高速公路上路标清晰明显，道路笔直平整，车流量较小，主要为当地客货汽车，视线很好，全线覆盖手机信号。整条路段都在平原上，地势平坦，庄稼一望无际，散落着少量的民居，右边为阴山山脉，适合夏秋季节旅行。进入临河之后路上开始有一些三轮车占用道路，同时车流量也变大，注意控制车速。沿途各个服务区设施较好，可以作为途中休整点。

餐饮

霍寨沟服务区、哈素海服务区、包头服务区、西山嘴服务区，价格每人15元。

住宿

哈素海服务区、包头服务区、西山嘴服务区，也可以在临河市区内住宿。

加油

霍塞沟服务区、哈素海服务区、包头服务区、白彦花服务区、西山嘴服务区。

里程数据速查表

从呼和浩特市出发,请从上往下阅读

❶	0.0	呼市入口	390.9	9.3
❷	9.3	呼市南入口	381.6	1.7
❸	11.0	霍寨沟服务区	379.9	23.1
❹	34.1	路况抽样	356.8	9.7
❺	43.8	察素齐路口	347.1	15.8
❻	59.6	哈素海服务区	331.3	4.4
❼	64.0	哈素海出口	326.9	35.5
❽	99.5	萨拉齐出口	291.4	29.3
❾	128.8	包头东出口	262.1	20.2
❿	149.0	九原出口	241.9	4.2
⓫	153.2	包头服务区	237.7	12.6
⓬	165.8	包头出口	225.1	17.2
⓭	183.0	包头南出口	207.9	24.0
⓮	207.0	白彦花服务区	183.9	11.2
⓯	218.2	白彦花出口	172.7	27.5
⓰	245.7	公庙子出口	145.2	4.0
⓱	249.7	西山嘴服务区	141.2	20.3
⓲	270.0	乌梁素海出口	120.9	28.8
⓳	298.8	西小召服务区	92.1	28.7
⓴	327.5	刘召出口	63.4	30.6
㉑	358.1	临河服务区	32.8	4.8
㉒	362.9	临河东收费站	28.0	2.1
㉓	365.0	路况抽样	25.9	25.9
㉔	390.9	临河出口	0.0	

从临河市出发,请从下往上阅读

乌梁素海

⓲乌梁素海前身为黄河故道，是内蒙古西部最大的淡水湖泊，是黄河流域最大的湖泊，也是国家八大淡水湖之一，位于巴彦淖尔盟乌拉特前旗境内。

乌梁素海是内蒙古重要淡水渔业基地之一，黄河鲤鱼是乌梁素海的特产，色美味鲜，久负盛名。乌梁素海还是珍禽水鸟的栖息繁衍之地。每年春、夏、秋三季，有120多种禽鸟生活在这里，其中疣鼻鹅、大天鹅、斑嘴鹈鹕都是国家重点保护鸟类。远看湖面，黑压压的一片，像是塘上残留的荷蒂。走近了才看清，原来都是鸟儿。黑色的是野鸭，白色的是白鹤，杂色的竟是鸳鸯。其实种类还多着呢，连当地人也说多得叫不出名字来。鸟儿看见人走近了，前面的就往后边飞去，当你走开了,它们又飞回来。这样一拨又一拨地飞飞停停，很是热闹。这时你会认同书上所说的：这是在全球荒漠和半荒漠地区中，为数不多的鸟类迁徙地和繁殖地。湖中长着一大片芦苇，偌大的湖面上，几乎只见芦苇不见湖水，随处一站，都可以听见芦苇叶子在微风的吹拂下，发出“沙沙”的巨响。空气中弥漫着沁人肺腑的清新，有芦苇的香味，也带有湖水的凉意。

哈素海

❼是蒙古语“哈拉乌素海”的简称，意为黑水湖。东距呼和浩特市区70公里，位于大青山南麓，土默特左旗西部。哈素海是黄河变迁而遗留的湖，属大黑河水系的外流淡水湖泊。过去曾称“陶思浩西海子”，俗称“后泊儿”。是呼和浩特市土默特左旗重要渔业生产基地。哈素海自然风光秀丽，近年来广种林木，修建亭台水榭，备有廊式游艇和小船供人们湖中游览，已成为呼和浩特市一处游览胜地，有“塞外西湖”之称。

五当召森林公园(从包头市区乘车可前往，车程约30分钟)

五当召森林公园是内蒙古自治区的天然森林公园，藏传佛教三大名寺之一的五当召庙就在此园内。森林公园内林古木参天，松柏林立，灌木丛生，景点繁多，奇观妙景俯拾皆是。这里有阴森恐怖的“野狼谷”林，灌木间的“高山祈福区”，也有眺瞰远方的“鹰山巨石”，更有险峻突兀的“高山峭壁”，其间曾为五当召庙活佛避暑的“庚毗召庙”及附近的岩门森林谷最为壮美，这里危崖耸立，怪石嶙峋，流泉飞瀑，松柏森森，禽鸟欢歌，山桃吐香。沿沟北上，海拔2066米的最高峰以独具蒙古民族风情的敖包而得名的“敖包山”傲然挺立，登山远眺，九曲黄河及周围景致尽收眼底，给人以“登高而小天下”之感，壮美之极，不愧为祖国边陲的旅游胜地。

临河市

临河，顾名思义，是个靠河的地方，古属赵国九原郡。是一个由蒙古族、汉族为主，由回、满、朝鲜、达斡尔、鄂温克、鄂伦春、藏、锡伯、苗、土等十几个少数民族组成的新型城市，雄踞河套平原腹地，南临黄河，北靠阴山，地势南北长，东西窄，渠道交错分布，点缀着村庄、湖泊、林带、果园、沙丘，是一块美丽富饶的土地。临河的居民来源各异，多住着自汉代即来此游牧的蒙古族后裔，极少“土著”，各种各样的文化风俗、生活习惯交融在一起。

临河地处内陆，属于中温带半干旱大陆性气候，其特点是：云雾少、降水量少、风大、气候干燥，昼夜温差大，日照时间长，是我国日照时数最多的地区之一。全境土地平坦，土壤肥沃，蜜瓜、西瓜、黑瓜籽、苹果、梨等产品在全国享有盛誉。临河是个美食城，不但有各色精美食品，各大饭店的特色菜肴也令人两腮生津。临河的美女也是远近闻名的。

B04 临河市—银川市 (313.1km)

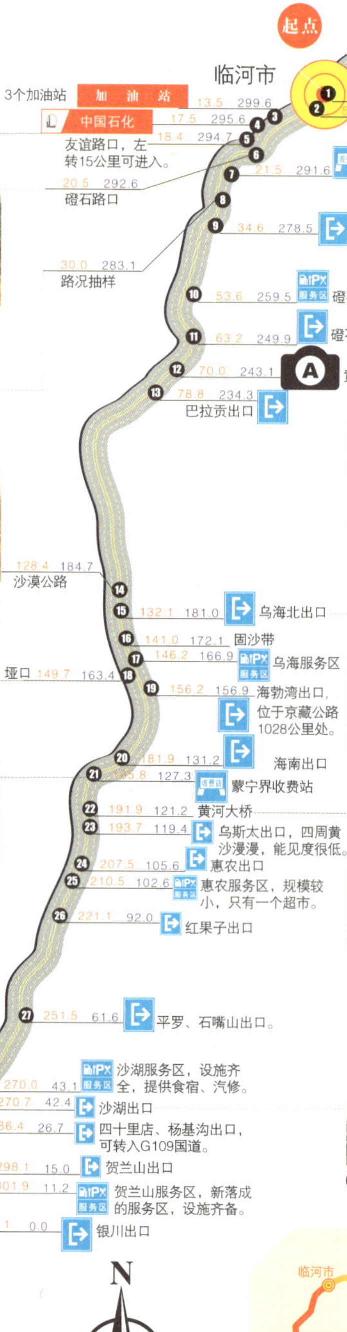

❹ 右边中石化，路边有很多补胎、汽修点。

❻ 磴石路口，直行可进入，右转上京藏高速公路。

❽ 路况抽样：全封闭、全隔离，双向4车道，两边有紧急停车带。

⓮ 沙漠公路，位于京藏公路1000公里处。N38-52-998E106-49-050/1159

⓲ 公路穿越垭口，两边是灰黑的岩石沙土，仿佛进入魔界绝境。

㉑ 蒙宁界收费站，小车收费70元。N39-24-803E105-48-577/1147

㉜ 贺兰山出口

㉞ 银川出口，可去往银川市区、机场。N38-25-321E106-19-114/1118

❷ 转盘，右转可去往陕坝，左转进入临河西部城区。

⓯ 乌海北出口

㉒ 黄河大桥

㉙ 沙湖出口，可去往沙湖景区。

里程数据速查表

从临河市出发，请从上往下阅读

No.	From Linhe (km)	Place	From Yinchuan (km)	Segment (km)
1	0.0	十字路口	313.1	5.6
2	5.6	转盘	307.5	7.9
3	13.5	加油站	299.6	4.0
4	17.5	右边中石化	295.6	0.9
5	18.4	友谊路口	294.7	2.1
6	20.5	磴石路口	292.6	1.0
7	21.5	收费站	291.6	8.5
8	30.0	路况抽样	283.1	4.6
9	34.6	黄海镇、别拉盖出口	278.5	19.0
10	53.6	磴石服务区	259.5	9.6
11	63.2	磴石出口	249.9	6.8
12	70.0	黄河风光	243.1	8.8
13	78.8	巴拉贡出口	234.3	49.6
14	128.4	沙漠公路	184.7	3.7
15	132.1	乌海北出口	181.0	8.9
16	141.0	固沙带	172.1	5.2
17	146.2	乌海服务区	166.9	3.5
18	149.7	垭口	163.4	6.5
19	156.2	海勃湾出口	156.9	25.7
20	181.9	海南出口	131.2	3.9
21	185.8	蒙宁界收费站	127.3	6.1
22	191.9	黄河大桥	121.2	1.8
23	193.7	乌斯太出口	119.4	13.8
24	207.5	惠农出口	105.6	3.0
25	210.5	惠农服务区	102.6	10.6
26	221.1	红果子出口	92.0	30.4
27	251.5	平罗、石嘴山出口	61.6	18.5
28	270.0	沙湖服务区	43.1	0.7
29	270.7	沙湖出口	42.4	15.7
30	286.4	杨基沟出口	26.7	2.6
31	289.0	沿途风光	24.1	9.1
32	298.1	贺兰山出口	15.0	3.8
33	301.9	贺兰山服务区	11.2	11.2
34	313.1	银川出口	0.0	

从银川市出发，请从下往上阅读

勘察报告

从临河绕城公路绕过临河市区，进入京藏高速公路，临河高速公路段预计在2007年下半年开通，这样就可以不通过绕城公路直接走高速公路去往宁夏。路况很好，在银川段路面情况稍差，选择平坦的车道行驶，双向4车道，地处平原，视野开阔，地势平坦，位于沙漠边缘，部分路段上风沙较大，影响视线。周围以沙漠植物和农田为主要植被，在沙漠地段有固沙带。车流量较小，全线覆盖手机信号。

餐饮

临河绕城公路上有较多餐厅，主要为货车司机提供用餐服务，此外沿途的服务区也可用餐，以面食为主。

住宿

沿途服务区可住宿，条件一般，建议在临河、银川市区内住宿。

加油

途中服务区均可加油，内蒙古、宁夏油价相当

12 黄河风光，河套平原上沃野千里。

沙湖景区

29 沙湖，南距银川市56公里，是一处融江南水乡与大漠风光为一体的著名景区。沙湖原本是一片湿地，由于不远处有贺兰山，每年夏季遇暴雨时，便有山洪下泄，经多年积蓄便形成了这样一个天然湖泊。湖泊形成之初，这里的人们利用它养鱼，增加收入，为了保证水源，便引来黄河之水做补给水源。这里的湖水清澈，鱼虾鲜美，没有任何污染。湖中芦苇成片，密密麻麻，初夏时分长势喜人，郁郁葱葱；秋天时芦花成片，随风摆动。这里是鸟的天堂，在茂密的芦苇丛中，居住着成千上万只各种鸟儿，其中有国家一类保护鸟大鸨、中华秋沙鸭、黑鹳、白尾海雕、金雕5种；二类保护鸟类大天鹅、小天鹅、灰鹤等13种。各种鸟类共100多万只之多。

沙湖一年四季有奇景，春天的沙湖水清苇绿，鱼跃鸟鸣；夏天的沙湖荷叶田田，金沙漫漫；秋天的沙湖鱼肥蟹壮，苇絮飘零；冬天的沙湖千里冰封，银装素裹。

31 沿途风光，金秋时节，稻田金黄一片，体会宁夏这片“塞上江南”的富饶与魅力。

B05 银川市—京藏高速固原出口(176.1km)

❶ 银川入口，位于京藏公路1185公里处。

❷ 银川绕城高速公路南出口

❸ 永宁出口

❹ 永宁服务区，规模很大，有餐馆、旅馆、修理厂。

❺ 路况抽样：双向4车道，全封闭、全隔离，有紧急停车带。

❼ 叶盛出口

❽ 青铜峡出口

❾ 吴忠市出口，位于黄河大桥桥头。

⓫ 牡丹山庄服务区

⓬ 滚泉、红寺堡出口。

❿ 青铜峡镇、关马湖出口。

⓮ 鸣沙出口

⓯ 中卫出口

⓰ 长山头出口，可转入G109国道。

⓲ 小洪沟服务区

⓳ 固原、西安出口。N37-09-780E105-43-430/1349

勘察报告

全程高速公路，车流量较小。道路架设在平原上，周围农作物丰富，田地边缘有一些白桦树，有“塞上谷仓”之称。从青铜峡之后空气中沙尘较大，能见度较低。进入沙漠地带，路基较软，路面长期受重型车碾压，有一些起伏，注意控制好车速和方向。海拔逐渐升高，属于大陆性干旱气候，植被矮小，并有一些沙化。

餐饮

牡丹山庄服务区、鸣沙服务区

住宿

牡丹山庄服务区、鸣沙服务区

加油

牡丹山庄服务区、鸣沙服务区

救助信息

高速公路报警电话：96958

17 沿途风光

银川市

银川市位于有“塞上明珠”之称的银川平原，东面濒临母亲河——黄河，西面倚靠贺兰山麓，历史悠久，是我国的历史文化名城之一，城市面积虽然不大，却有着极其丰富的旅游资源，银川古城、贺兰岩画、水洞沟遗址、西夏王陵、明长城遗址、银川南薰门、银川鼓楼、银川海宝塔（北塔）等，雄伟壮观，令人叹为观止，不仅仅可以观赏到这些神奇奇特的人文遗存和自然风光，而且还可以参与其中，进行骑着骆驼游沙漠、乘着羊皮筏子漂黄河……

银川是我国回民的聚居地，这里有着穆斯林文化的精粹，随着历史的发展，穆斯林文化不仅体现在回族人生活当中，而且还体现在各种建筑遗存之中，位于青铜峡库区西岸的青铜峡108塔，便是穆斯林文化的集中反映。

人文景观和历史遗存紧密结合的华夏西部影视城，依托镇北堡遗址沧桑历史，为艺术家们所青睐，逐渐成为我国电影基地，20世纪80年代以来，我国许多著名影片便是在这里拍摄的。

里程数据速查表

从银川市出发，请从上往下阅读

1	0.0	银川入口	176.1	
				2.9
2	2.9	银川南出口	173.2	
				13.6
3	16.5	永宁出口	159.6	
				2.1
4	18.6	永宁服务区	157.5	
				4.6
5	23.2	路况抽样	152.9	
				2.2
6	25.4	风光	150.7	
				13.5
7	38.9	叶盛出口	137.2	
				9.6
8	48.5	青铜峡出口	127.6	
				3.9
9	52.4	吴忠市出口	123.7	
				15.6
10	68.0	关马湖出口	108.1	
				3.3
11	71.3	牡丹山庄服务区	104.8	
				23.2
12	94.5	滚泉、红寺堡出口	81.6	
				18.8
13	113.3	鸣沙服务区	62.8	
				4.0
14	117.3	鸣沙出口	58.8	
				19.6
15	136.9	中卫出口	39.2	
				15.9
16	152.8	长山头出口	23.3	
				6.2
17	159.0	沿途风光	17.1	
				13.0
18	172.0	小洪沟服务区	4.1	
				4.1
19	176.1	固原出口	0.0	

从京藏高速固原出口出发，请从下往上阅读

6 风光，金灿灿的稻田。

B06 京藏高速固原出口—兰州市(228.2km)

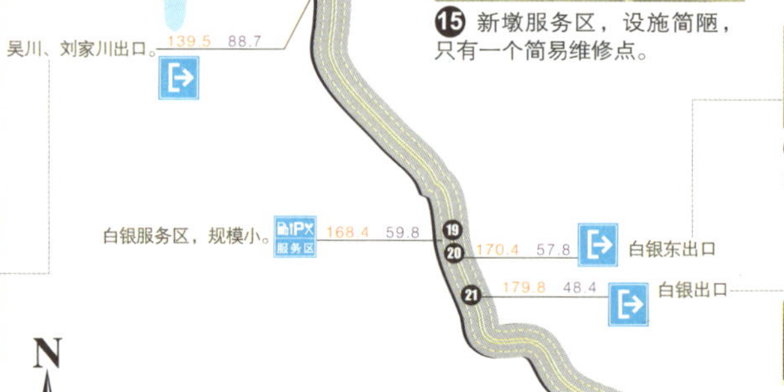

❷ 路况抽样：高速公路，全隔离、全封闭，双向4车道，两边有紧急停车带。

❻ 兴仁、海原出口。

❼ 兴仁收费站。N36-57-308E105-15-597/1683

❽ 进入甘肃省界，刘白高速公路。

❾ 刘寨柯收费站，单向收费。

❿ 兴仁、五合出口。

⓫ 陈寨柯，公路边沿黄土凹里的小村。

⓭ 王家山、东升出口。

⓯ 新墩服务区，设施简陋，只有一个简易维修点。

⓴ 白银东、回龙出口，为刘白高速终点，白兰高速起点。

⓲ 吴川、刘家川出口。

㉑ 白银出口

㉕ 兰州出口，可去往兰州、宝西、天水。N36-14-265E103-47-1594/1795

㉒ 皋兰

㉓ 高岭子隧道，长740米。

勘察报告

全程高速公路，全隔离、全封闭，双向4车道，车流量较小。公路在平原上穿行，土质疏松，植被较少，主要都是草地。平原广阔，有农家小院散落其间，带着有裂缝土墙外围的红砖红瓦房很有西北风韵。这里属于大陆性半湿润半干旱气候，白银段公路两旁山坡上有人工喷灌的绿化地。

餐饮

兴仁服务区，也可以去兰州市内享用久负盛名的拉面。

住宿

建议在兰州城区内住宿。

加油

兴仁服务区、新墩服务区

救助信息

刘白高速事故报警：0943－6626122

铜 城 大 队 交 警：8301122

里程数据速查表

从京藏高速固原出口出发，请从上往下阅读

1	0.0	固原入口	228.2	13.2
2	13.2	路况抽样	215.0	11.8
3	25.0	风景	203.2	7.9
4	32.9	下流水出口	195.3	17.6
5	50.5	兴仁服务区	177.7	1.3
6	51.8	兴仁、海原出口	176.4	0.9
7	52.7	兴仁收费站	175.5	7.5
8	60.2	甘肃省界	168.0	2.1
9	62.3	刘寨柯收费站	165.9	0.6
10	62.9	兴仁、五合出口	165.3	13.7
11	76.6	陈寨柯	151.6	3.4
12	80.0	驮西	148.2	12.6
13	92.6	王家山、东升出口	135.6	19.5
14	112.1	平川、红会出口	116.1	3.3
15	115.4	新墩服务区	112.8	1.7
16	117.1	晋远、银三角出口	111.1	5.9
17	123.0	黄河风光	105.2	16.5
18	139.5	吴川、刘家川出口	88.7	28.9
19	168.4	白银服务区	59.8	2.0
20	170.4	白银东出口	57.8	9.4
21	179.8	白银出口	48.4	30.1
22	209.9	皋兰	18.3	13.7
23	223.6	高岭子隧道	4.6	1.4
24	225.0	忠和出口	3.2	3.2
25	228.2	兰州出口	0.0	

从兰州市出发，请从下往上阅读

3 风景

12 驮西

17 黄河风光

兰州市

兰州市地处西北要塞，地势险要，历来为兵家必争之地，西汉时期，在此设立金城郡，取“固若金汤”之意，到了隋朝，废郡设州，因其城南有皋兰山而得名兰州，沿用至今。兰州是唯一被黄河穿城而过的城市，因此而增添了不少美景，在绿色长廊——滨河路上，可欣赏到著名的黄河母亲雕塑，还可看到有“天下黄河第一桥”之称的中山铁桥，参观白塔山公园和游玩水车园，同时还可体验“吹牛皮，渡黄河”的意趣，也可乘坐橡皮筏子在母亲河上漂流。要是傍晚时分，登顶兰山，则可一览市容全景，霓虹闪烁，母亲河穿城而过，尽收眼底。

古代的兰州曾是 “茶马互市”的著名商埠重镇，也是丝绸之路上的交通要道，号称“四省通衢”，被誉为“丝绸之路上璀璨的明珠”，悠久的历史给这里遗留下了许多文物古迹，由此辐射开来，周围有著名的永靖炳灵寺、夏河拉卜楞寺、麦积山、敦煌等。兰州处于祁连山绵延之地，四周群山遍布，峰青峦秀，有多处依山而建的森林公园可以尽兴游玩。

B07 兰州市—西宁市（229.0km）

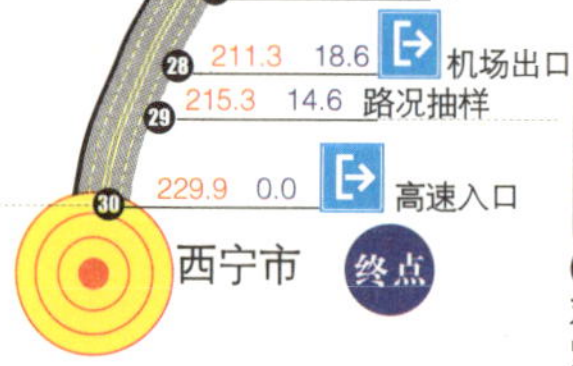

❶ 兰州收费站。N36-04-559E103-51-828/1493

❸ 西安岔路口，左转去西安。N36-05-252E103-51-660/1559

❺ 银川岔路口，左转到银川。

❻ 青土岘隧道300米

❽ 树屏服务区，高速交警也在此处

❼ 兰州出口 N35-17-132E103-35-565/1733

⓬ 河口新城出口

❿ 西固出口

⓱ 收费站，兰西高速青海段结束，小车收费49元。N36-18-252E102-54-544/1748

⓲ 马场垣出口

㉒ 老鸦峡隧道，全长3.2公里。

㉚ 八一东路，往西从韵家口下高速。N36-34-948E101-51-377/2191

㉙ 路况抽样：标准高速公路，双向4车道，隔离带完整，附带紧急停车带，全隔离、全封闭。

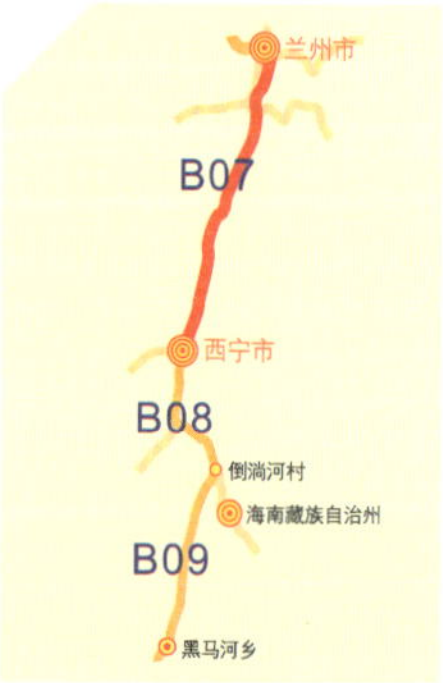

勘察报告

此路段为全高速路段，路况很好，双向4车道，有中间隔离带，紧急停车带，全封闭、全隔离，全路段限速100公里/小时。在此路段空气质量不好，受到污染严重，一路上都有较大粉尘，天气不好的时候能见度会很低。每2公里处都设有求救电话，是一个很人性化的设计。青海路段爬坡较多。甘肃境内变得平缓，但是爬坡路段也较多。

餐饮

西宁作为省会城市，各种档次、各种风格餐厅均有，价格相对较低，若在民族餐厅用餐请尊重民族宗教习惯。路上有3个加油服务区也可以提供饮食服务。

住宿

西宁地区从招待所、青年旅舍到各档次宾馆均较多，不建议入住城关处的小旅舍及招待所，最好入住青年旅舍或宾馆。桑珠青年旅舍：30元/床；小岛宾馆：160元/双标；招考宾馆：120元/双标。

加油

高速公路上3个加油服务区，油齐全。

维修

南绕城路维修点较集中，服务区也可以提供简单维修。

救助信息

高速路政服务：12122，高速交警在树屏服务区旁边。

9 风光

西宁市

西宁是世人公认的“中国夏都”。这里的天是湛蓝的，水是清澈的，这里有丰富的自然景观与人文景观，是自然与文化交相辉映的旅游胜地。令人神往的天然森林公园集雪山、峡谷、丹霞地貌、奇峰、草地为一体，形成了天然的避暑胜地。这里有藏传佛教黄教创始人宗喀巴的诞生地，古老而神奇的塔尔寺是一座佛教艺术宝库，独具特色的“艺术三绝”酥油花、壁画、堆绣属于世界文化遗产，中国第二大悬空寺——北禅寺与西北四大清真寺之一的东关清真寺皆矗立于此。

西宁荟萃了青海省旅游资源的精华，塔尔寺、日月山、察罕河森林公园、群加森林公园、青海湖、鸟岛、两弹基地、互助土族风情、柳湾彩陶中心、孟达天池、撒拉族风情、坎布拉自然风光、海北金银滩大草原等等，构成了青海旅游的三大黄金旅游圈。到西宁可以看到天与地的衔接、人与自然的和谐，听到江河神灵的呼唤，品尝到香甜的奶茶和各种风味独特的小吃。

里程数据速查表

从兰州市出发，请从上往下阅读

1	0.0	兰州收费站	229.9	0.9
2	0.9	北龙口服务区	229.0	6.0
3	6.9	西安岔路口	223.0	1.3
4	8.2	下沙坪出口	221.7	13.7
5	21.9	银川岔路口	208.0	10.8
6	32.7	青土岘隧道	197.2	10.0
7	42.7	兰州出口	187.2	1.8
8	44.5	树屏服务区	185.4	5.4
9	49.9	风光	180.0	3.7
10	53.6	西固出口	176.3	10.1
11	63.7	胡洼山隧道	166.2	1.7
12	65.4	河口新城	164.5	19.1
13	84.5	张家寺服务区	145.4	11.6
14	96.1	老庄出口	133.8	13.8
15	109.9	田园风光	120.0	10.4
16	120.3	海石湾出口	109.6	3.1
17	123.4	收费站	106.5	0.3
18	123.7	马场垣出口	106.2	2.7
19	126.4	海石湾出口	103.5	9.5
20	135.9	民和出口	94.0	4.2
21	140.1	旱台子隧道	89.8	9.6
22	149.7	老鸦峡隧道	80.2	20.2
23	169.9	急救电话	60.0	7.7
24	177.6	乐都出口	52.3	3.8
25	181.4	乐都服务区	48.5	10.5
26	191.9	平安出口	38.0	14.0
27	205.9	桥	24.0	5.4
28	211.3	机场出口	18.6	4.0
29	215.3	路况抽样	14.6	14.6
30	229.9	高速入口	0.0	

从西宁市出发，请从下往上阅读

15 田园风光

B08 西宁市—倒淌河 (94.2km)

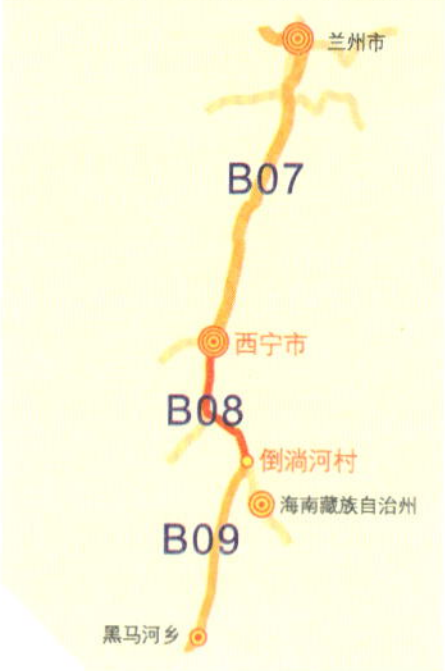

西宁市 起点

1. 0.0 94.2 国贸大厦

❶ 国贸大厦 N36-38-357E101-45-290/2251

2. 23.7 70.5 西宁收费站

❷ 收费站，往右进入109国道通往多巴，小车15元。

❹ 响河隧道

3. 36.2 58.0 风光
4. 37.2 57.0 响河隧道
5. 38.2 56.0 湟水河大桥

❺ 湟水河大桥

6. 46.3 47.9 湟源市出口

❻ 湟源市出口，往右为109国道入口，左转为西倒高速。N36-40-552E101-16-133/2633

7. 46.6 47.6 中国石油
8. 46.8 47.4 尕庄出口
9. 47.1 47.1 中国石油

湟源市

10. 54.2 40.0 中国石化
11. 55.2 39.0 小高陵出口，有多家排骨店。
12. 57.9 36.3 隧道

⓬ 药水峡隧道3个，药水桥3桥。

13. 66.2 28.0 日月收费站

⓭ 日月收费站，小车15元。

14. 67.5 26.7 中国石油
15. 68.0 26.2 日月乡
16. 73.1 21.1 莫多吉
17. 73.2 21.0 路口，右转去往莫多吉，左转去往兔尔台
18. 76.2 18.0 风光
19. 77.2 17.0 风光
20. 77.3 16.9 日月亭出口
21. 80.5 13.7 多雾路段，多雾路滑，请小心驾驶。
22. 82.7 11.5 龙羊峡路口

⓯ 公路穿越日月乡，街道长500米。

㉒ 左转进入龙羊峡

23. 86.7 7.5 日月亭路口
24. 90.8 3.4 路况抽样

㉔ 路况抽样：一级柏油公路，双向4车道，中间有很宽的隔离带。

25. 93.8 0.4 公路起点

㉕ 西倒一级公路起点，右边有中石油加油站。

26. 94.2 0.0 倒淌河 终点

㉖ 倒淌河：左转可前往共和县城，42公里。

勘察报告

此路段为西倒一级公路，双向4车道，道路中间有很宽的隔离带，但是没有种植遮光树木，夜间行车可能会被对面车辆灯光影响视线。公路出口不太规则，在出口处需注意来往车辆。由于两边没有护栏，不时会有行人和牲畜通过，特别在附近有村庄时注意观察两边情况。在进出西宁市区时有雷达测速，限速40公里/小时。

餐饮

倒淌河有7家川菜馆，小高陵有20多家餐馆，绝大部分打出排骨的招牌，可能为当地招牌菜，日月乡也有几个小餐厅，严小村加油站也有一个餐厅。

住宿

日月乡有4个招待所，小高陵有3个宾馆。

加油

日月乡、尕庄、严小村均有中石油加油站。

救助信息

高速路政服务：12122

3 灌木、草皮变为树林，土山变为石山，青藏铁路在这里变换了装束。

里程数据速查表

从西宁市出发，请从上往下阅读

1	0.0	国贸大厦	94.2	23.7
2	23.7	西宁收费站	70.5	12.5
3	36.2	风光	58.0	1.0
4	37.2	响河隧道	57.0	1.0
5	38.2	湟水河大桥	56.0	8.1
6	46.3	湟源市出口	47.9	0.3
7	46.6	中石油	47.6	0.2
8	46.8	尕庄出口	47.4	0.3
9	47.1	中石油	47.1	7.1
10	54.2	中石化	40.0	1.0
11	55.2	小高陵出口	39.0	2.7
12	57.9	隧道	36.3	8.3
13	66.2	日月收费站	28.0	1.3
14	67.5	中石油	26.7	0.5
15	68.0	日月乡	26.2	5.1
16	73.1	莫多吉	21.1	0.1
17	73.2	路口	21.0	3.0
18	76.2	风光	18.0	1.0
19	77.2	风光	17.0	0.1
20	77.3	日月亭出口	16.9	3.2
21	80.5	多雾路段	13.7	2.2
22	82.7	龙羊峡路口	11.5	4.0
23	86.7	日月亭路口	7.5	4.1
24	90.8	路况抽样	3.4	3.0
25	93.8	西倒公路起点	0.4	0.4
26	94.2	倒淌河	0.0	

从倒淌河出发，请从下往上阅读

16 莫多吉

19 群山风光

倒淌河

26 倒淌河镇地处菜花飘香的青海湖东面，距此不远就是青藏高原、黄土高原的界碑日月山，素有“进藏咽喉”之称。

关于倒淌河的传说，人们众说不一。一山之隔，日月山以东，汉族民间千百年来的说法是：唐王李世民为了沟通藏汉两族的关系，促进文化交流，将年轻美貌的文成公主嫁给吐蕃松赞干布。文成公主在赴西藏途中，到达日月山时，回首不见长安，西望一片苍凉，念家乡，思父母，悲恸不止，流泪西行，公主的泪汇成了这条倒淌的河。日月山以西，藏族中流传的则是另一个神话：龙王派他的四个儿女造南北东西四河，最小的女儿造西海时，需108条河水，她找到了107条河，最后一条河怎么也找不到，聪明、狡黠的小龙女从日月山倒着牵来了一条河，这条河便是倒淌河；第三种说法是，这河是龙王一根倒须变的……

今天倒淌河镇上，小城镇建设方兴未艾，崭新的仿藏式民居在柏油路两边排开，水泥屋檐下藏族妇女正在店铺中整理货架，卖藏药的大娘身边围满了行人，柏油路上稀疏的车辆不时鸣喇叭而过……

B09 倒淌河—黑马河乡（117.3km）

❶ 倒淌河，左转可前往共和县城，42公里。

❹ 右拐进入青海湖渔场

❻ 2108公里界碑：右拐进入青海湖景区，景区内各种配套设施完善，还提供帐篷出租；在此路段之后车流量变大，主要以游客为主。

❸ 右拐进入环湖公路，在此点远离青海湖。

❼ 沿途有不少蜂蜜简易销售点，主要是菜花蜜，此蜂蜜有浓烈的菜花味。

❾ 共和县江西沟乡：街长700米,是一处旅游点，路边分布了4家招待所，7家餐厅。

⓱ 路况抽样：路宽8米，二级柏油公路，路况良好。

⓴ 公路两边分布不少住宿、餐厅、商店，持续800米。

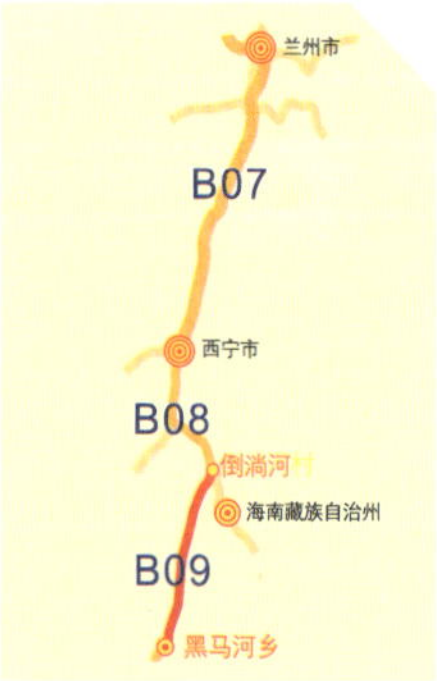

㉑ 黑马河，右拐70公里到达鸟岛，为二级柏油路。路边有中石油加油站。N36-43-879E099-46-366/3209

勘察报告

全程为二级柏油公路，路宽8米，一直沿着青海湖岸边行走，风光旖旎，是一条让人赏心悦目的行车路线。公路两边有延绵数十公里的油菜花，青稞、草原、野花点缀其中。公路一直保持着1公里左右的距离沿着湖边行走，逐步进入青海湖核心景区。近处的岸边有入口，可进入青海湖岸边近距离感受它的壮阔。公路两边时常会遇到卖虫草、蜂蜜、酸奶的商贩。途经的每个村镇都成了旅游景区，配套设施较为完善。此路段货车较多，容易阻挡视线，过了青海湖景区之后车流量变大，全线雷达测速，注意控制好车速。

餐饮

黑马河、江西沟、青海湖景区都是成熟旅游景点，可供选择的餐厅很多，路边散落分布的帐篷、度假村等都可提供可口的饭菜。

住宿

江西沟、青海湖景区共有20多家宾馆，青海湖景区附近的宾馆条件较好。

维修

黑马河、江西沟都有简易汽车维修点。

救助信息

黑马河派出所：8519359

加油

黑马河、江西沟都有中石化中石油加油站，提供90#汽油，0#柴油。

购物

酸奶、蜂蜜、虫草

13 青海湖边虔诚的信徒，磕长头。

里程数据速查表

从倒淌河出发，请从上往下阅读

1	0.0	倒淌河	117.3	7.3
2	7.3	持续下坡	110.0	20.0
3	27.3	环湖路口	90.0	6.3
4	33.6	渔场路口	83.7	7.7
5	41.3	风光	76.0	6.7
6	48.0	景区入口	69.3	7.2
7	55.2	蜂蜜销售点	62.1	12.0
8	67.2	中石油	50.1	1.2
9	68.4	江西沟乡	48.9	7.9
10	76.3	油菜花景观	41.0	6.1
11	82.4	路口	34.9	1.7
12	84.1	餐厅	33.2	9.4
13	93.5	磕长头者	23.8	1.6
14	95.1	旅游帐篷	22.2	8.2
15	103.3	卖虫草的商贩	14.0	1.0
16	104.3	青海湖风光	13.0	0.3
17	104.6	路况抽样	12.7	3.8
18	108.4	事故多发段	8.9	7.8
19	116.2	中石油	1.1	0.7
20	116.9	街道	0.4	0.4
21	117.3	黑马河	0.0	

从黑马河乡出发，请从下往上阅读

青海湖

青海湖是我国第一大内陆湖泊，也是我国最大的咸水湖。青海湖，古代称为“西海”，又称“鲜水”或“鲜海”。藏语叫做“错温波”，意思是“青色的湖”；蒙古语称它为“库库诺尔”，即“蓝色的海洋”。由于青海湖一带早先属于卑禾族的牧地，所以又叫“卑禾羌海”，汉代也有人称它为“仙海”。从北魏起才更名为“青海”。

青海湖面积达4456平方公里，环湖周长360多公里，比著名的太湖大一倍还要多。湖面东西长，南北窄，略呈椭圆形。乍看上去，像一片肥大的白杨树叶。由于这里地势高，气候十分凉爽，即使是烈日炎炎的盛夏，日平均气温也只有15℃左右，是理想的避暑消夏的胜地。

青海湖四面环山，周围是草原，高山、湖水、草原相映成趣，风光壮美。在不同的季节里，景色迥然不同。夏秋季节，青海湖畔大片整齐如画的农田里油菜花成片，和绿油油的麦田相间，远远看去像是一张张黄色绿色的绒毯。五彩缤纷的野花点缀在草地当中，成群的牛羊悠闲地在草原吃草；青海湖在阳光的照射下泛着湛蓝的光，水天一色。而寒冷的冬季，当寒流到来的时候，四周群山和草原变得一片枯黄，有时还要披上一层厚厚的银装。每年11月份，青海湖便开始结冰，浩瀚碧澄的湖面，冰封玉砌，银装素裹，在阳光下熠熠闪亮。

青海湖以盛产湟鱼而闻名，鱼类资源十分丰富。很值得提及的是，这里产的冰鱼较为著名，味道鲜美。每到冰季，青海湖冰封后，人们在冰面钻孔捕鱼，水下的鱼儿，在阳光或灯光的诱惑下便自动跳出冰孔，轻易就可拿回家烹食。

青海湖中的海心山和鸟岛都是游览胜地。海心山又称“龙驹岛”，面积约1平方公里。岛上岩石嶙峋，景色旖旎，自古以产龙驹而闻名。鸟岛位于青海湖西部，在流注湖内的第一大河布哈河附近，春夏季节栖息着10万多只候鸟。为了保护岛上的鸟类资源，这里还设有专门机构，负责鸟类研究和保护工作。

16 青海湖风光，可以近距离欣赏到青海湖

B10 黑马河乡—都兰县（207.2km）

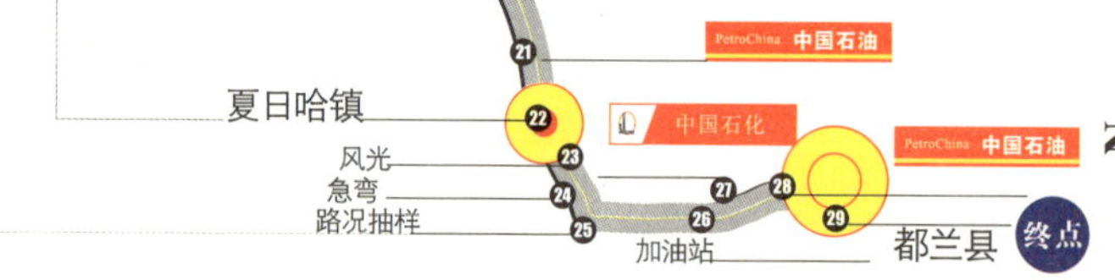

❶ 黑马河，右拐70公里到达鸟岛，为二级柏油路。路边有中石油加油站。N36-43-879E099-46-366/3209

❹ 橡皮山垭口，急弯。后持续上坡。N26-45-268E099-36-418/3209

❺ 大水桥，左侧有中石油加油站，有约30家饭店、小商店、旅馆等，修车点分布在公路两侧，为货车司机中途提供休息之处。

❻ 黑河口：沙土路85公里通向哇玉香卡

⓫ 与久违的铁路相交

❿ 茶卡镇，左转二级柏油路74公里到达乌兰。N36-47-524E099-048-200/3097

⓭ 通过一个小垭口，豁然开朗，茶卡盐湖映入眼帘。

⓰ 连续急弯，告别河谷路段，又是草原。

⓯ 旺尕秀垭口，海拔3672米。

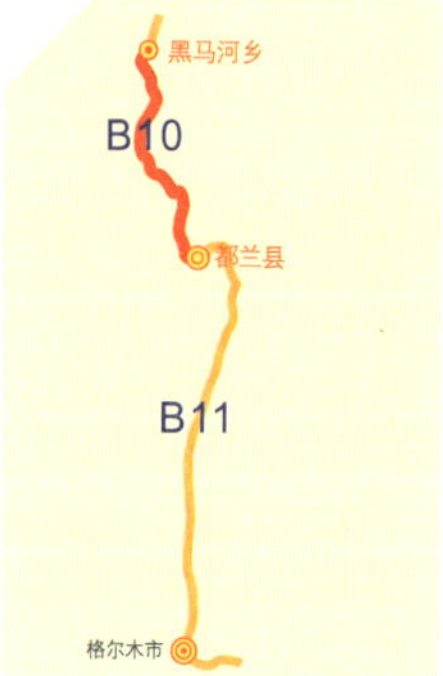

⓳ 岔道：右拐174公里德令哈，二级柏油公路；直走通往茶卡。

㉒ 夏日哈镇。N36-25-370E098-08-878/3136

㉕ 路况抽样：路宽8米，二级柏油公路，道路平整。

勘察报告

全程为二级柏油公路，路宽8米，路面平整笔直。时而有草原、油菜花、封沙育林带从公路两旁穿过，特别是在路过茶卡盐湖时风光无限。路上车流量较大，经常会遇见大车，超车和会车时要注意现场情况。一路上要翻越几个垭口，路况变得复杂，在很多路段会出现急弯上坡、急弯下坡、河谷边弯道等情况，驾驶时需要谨慎，特别是在没有防护带的路面上，要提前减速。

餐饮

大水桥街道两旁17家餐馆，而且档次分明，有很多货车司机在此就餐。都兰县有7家餐厅靠在公路边，都是伊斯兰餐厅，就餐时需尊重民族宗教习惯。

住宿

都兰县可以住宿，价格适中。

维修

大水桥有汽车补胎、简易维修点。

救助信息

茶卡交警中队：
0977－8240043

23 风光

20 油菜花和草原组成的一幅油画

里程数据速查表

从黑马河乡出发，请从上往下阅读

1	0.0	黑马河镇	207.2	8.9
2	8.9	山头	198.3	7.4
3	16.3	急弯	190.9	4.7
4	21.0	橡皮山垭口	186.2	16.8
5	37.8	大水桥	169.4	3.6
6	41.4	黑河口	165.8	15.8
7	57.2	草原风光	150.0	1.0
8	58.2	村庄	149.0	20.3
9	78.5	中石油	128.7	1.2
10	79.7	茶卡镇	127.5	0.5
11	80.2	与铁路相交处	127.0	9.0
12	89.2	茶卡盐湖	118.0	12.0
13	101.2	小垭口	106.0	3.0
14	104.2	事故多发地段	103.0	9.0
15	113.2	旺尕秀垭口	94.0	23.3
16	136.5	连续急弯	70.7	9.1
17	145.6	下坡急弯	61.6	14.6
18	160.2	连续弯道	47.0	12.9
19	173.1	路口	34.1	14.1
20	187.2	油菜花	20.0	2.7
21	189.9	中石油	17.3	1.4
22	191.3	夏日哈镇	15.9	1.9
23	193.2	风光	14.0	3.7
24	196.9	急弯	10.3	2.1
25	199.0	路况抽样	8.2	7.0
26	206	加油站	1.2	0.3
27	206.3	中石化	0.9	0.7
28	207.0	中石油	0.2	0.2
29	207.2	都兰县	0.0	

从都兰县出发，请从下往上阅读

茶卡盐湖

12 茶卡是蒙语，意为“盐海”， 位于柴达木盆地的东部边缘，乌兰县茶卡镇南侧，是一个富饶而美丽的天然盐湖。茶卡盐湖的湖水面积，水深明显受季节影响，雨季湖水面积可达104平方公里，相当于杭州西湖的十几倍，干季湖水面积明显减少。湖水属卤水型，底部有石盐层，一般厚5米，最厚处达9.68米。该盐湖为天然结晶盐，晶大质纯，盐味醇香，是理想的食用盐。因其盐晶中含有矿物质，使盐晶呈青黑色，故称“青盐”。初步探明的储量达4.4吨以上。

盐湖的形成是由于灾难或地壳运动，青藏高原从前是海洋的一部分，经过长期的地壳运动，这块地面抬起变成了世界上最大的高原，结果海水留在了一些低洼地带形成了许多盐湖和池塘，茶卡盐湖就是其中一个。茶卡湖内的盐几乎无穷无尽，因为雨水会将更多的盐从周围的山上带下。茶卡盐极易开采，人们只消揭开十几厘米的盐盖，就可以从下面捞取天然的结晶盐。开采过的卤水，几年之后又重新结晶成盐层。真是取之不尽，用之不竭。

茶卡盐湖是柴达木盆地四大盐湖中最小的一个，开采历史悠久，最早可推到秦汉时期，至今已有2000多年的开采史。游客在此既可观赏盐湖风光，又可参观机械化采盐作业，这是一个盐的世界，车上、地上、甚至空气里都有盐味，远处有挖盐船在挖盐；近看这些盐，是像水晶状的晶体；尝一尝，味道与食盐略有不同。如果你足够幸运的话，白天可以看到在这些河面上形成的海市蜃楼。这些由阳光经水汽折射形成的奇观，有的是房屋、牛群，甚至如羊群在湖面上游泳。

茶卡盐场可为游客的食宿提供方便。

12 茶卡盐湖给单调的草原风光添色不少

B11 都兰县—格尔木市（339.2km）

❽ 香日德镇：街道繁华，新华书店、银行、车站散落在道路两旁，公路穿越城区2公里。

⓫ 乌兰山，海拔3088米，此路段上坡、急弯多，注意减速。

⓯ 脱土山海拔3019米

⓰ 巴隆乡政府。N36-02-743E097-30-355/2973

㉓ 比较密集的植被区

㉖ 急弯通过尕垭口，海拔2950米，从两个小山包穿过后，又是茫茫戈壁和在地平线上消失的笔直公路。

㉘ 路况抽查：二级柏油路面，路宽8米

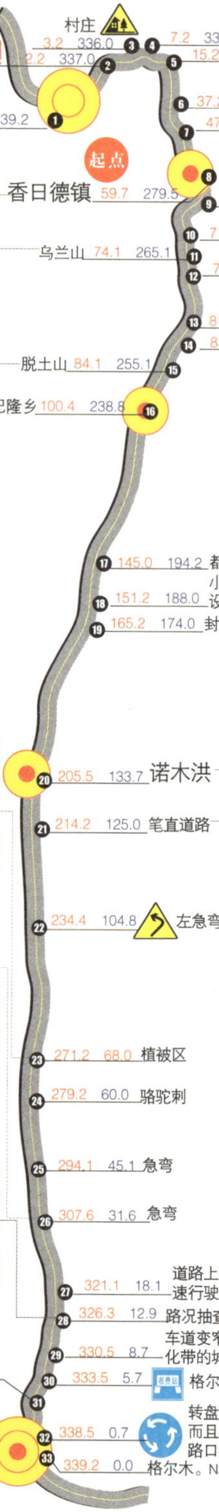

⓴ 诺木洪，有几家餐厅、旅舍、修车点，约有100米的房屋带，限速90。N36-22-878E096-26-418/2849

㉑ 道路笔直，像是在茫茫的戈壁上划上的一道直线，除了飞速往后移动的电线杆，没有任何的参照物，还好偶尔的绿洲给这样的行驶带来了新鲜感。

㉚ 格尔木东口收费站，距离西宁762公里，进出格尔木市区都会收费，小车5元/次。

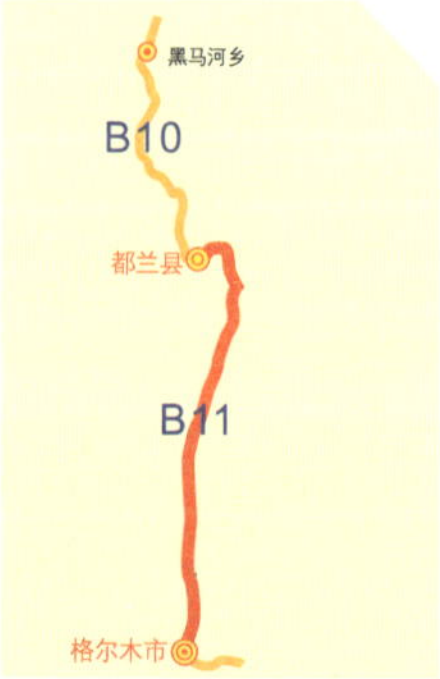

勘察报告

全程为二级柏油公路，路宽8米，总体来说路况良好。不过由于道路上行走大型客货车较多，所以路面经常会有修整，通过修整路段时需控制好车速及方向。同时有大段的道路是长时间笔直没有任何弯道也缺乏参照物，所以行车时容易感到疲劳；整条路段的路面高出路基50～100厘米，车辆滑出车道后果将会很严重。

餐饮

巴隆乡有两个伊斯兰餐厅；香日德镇有17家餐厅，以川菜和伊斯兰餐厅为主。

里程数据速查表

从都兰县出发，请从上往下阅读

1	0.0	都兰县	339.2	2.2
2	2.2	中石油	337.0	1.0
3	3.2	村庄	336.0	4.0
4	7.2	察卡大桥	332.0	8.0
5	15.2	急弯	324.0	22.0
6	37.2	沿途风光	302.0	10.0
7	47.2	湿地、村庄	292.0	12.5
8	59.7	香日德镇入口	279.5	3.0
9	62.7	香日德大桥	276.5	8.5
10	71.2	油菜花	268.0	2.9
11	74.1	乌兰山	265.1	2.7
12	76.8	连续弯道	262.4	4.4
13	81.2	村庄	258.0	2.0
14	83.2	风光	256.0	0.9
15	84.1	脱土山	255.1	16.3
16	100.4	巴隆乡	238.8	44.6
17	145.0	都兰界	194.2	6.2
18	151.2	小卖部	188.0	14.0
19	165.2	封沙育林区	174.0	40.3
20	205.5	诺木洪	133.7	8.7
21	214.2	路况	125.0	20.2
22	234.4	右急弯	104.8	36.8
23	271.2	植被区	68.0	8.0
24	279.2	骆驼刺	60.0	14.9
25	294.1	急弯	45.1	13.5
26	307.6	急弯	31.6	13.5
27	321.1	坡度变化	18.1	5.2
28	326.3	路况抽样	12.9	4.2
29	330.5	车道变窄	8.7	3.0
30	333.5	格尔木收费站	5.7	3.3
31	336.8	中石油	2.4	1.7
32	338.5	转盘	0.7	0.7
33	339.2	格尔木	0.0	

从格尔木市出发，请从下往上阅读

住宿

格尔木市区内高中低各档次的宾馆齐全，价格也便宜，建议在格尔木市区内住宿。物贸宾馆60元/标间，三人间15元/人。

加油

一路上加油站众多

维修

香日德镇和都兰县城均有汽车维修点，但建议在格尔木市区内先做好检查再出行。

救助信息

格尔木路政段：0979－7238398； 段长：13709795634

格尔木路政大队：0979－8484820； 队长：13897057951

14 沙土山地也有风光

10 突然出现大片的油菜花、树林，还有河流从其间穿过，俨然一片岭南风光，令人眼前一亮。

B12 格尔木市—昆仑山口（152.0km）

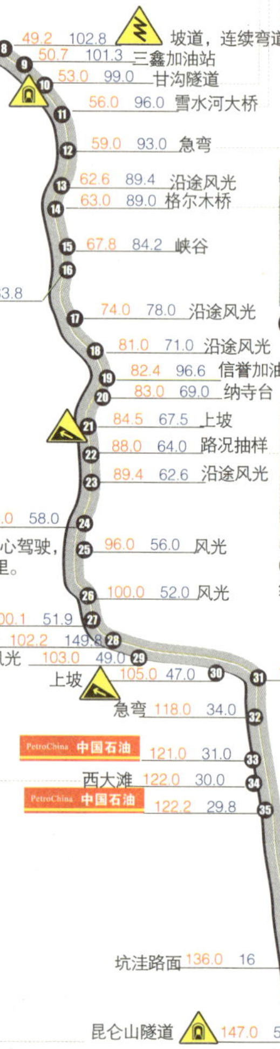

❻ 连续有9家加油站分布在马路边

❿ 干沟隧道

⓫ 雪水河大桥，慢行，有较高的减速带。

⓬ 急弯

❷ 急弯

❹ 藏格交界线

⓮ 格尔木桥，109国道2808公里处。

❸ 青藏线新起点

⓰ 下坡路段，时有羊群通过，小心驾驶。

㉒ 路况抽查：路面宽7米，二级柏油路面。

㉗ 三叉河大桥

㉞ 西大滩

㊲ 昆仑山隧道

㊳ 昆仑山口，下大雪。坐标： N：35，38，437 E：094，04，104 海拔：4780米

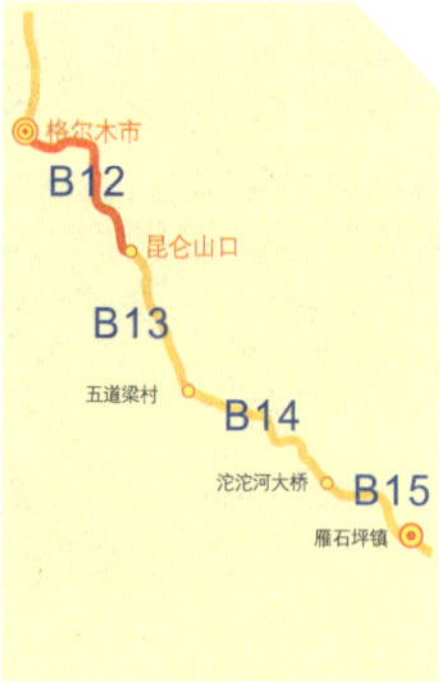

里程数据速查表

从格尔木市出发,请从上往下阅读

1	0.0	格尔木南收费站	152.0	12.2
2	12.2	急弯	139.8	10.2
3	22.4	青藏线新起点	129.6	4.6
4	27.0	交警站	125.0	3.0
5	30.0	连续弯道	122.0	3.5
6	33.5	加油站	118.5	1.5
7	35.0	河谷风光	117.0	14.2
8	49.2	坡道	102.8	1.5
9	50.7	三鑫加油站	101.3	2.3
10	53.0	甘沟隧道	99.0	3.0
11	56.0	雪水河大桥	96.0	3.0
12	59.0	急弯	93.0	3.6
13	62.6	雪水河风光	89.4	0.4
14	63.0	格尔木桥	89.0	4.8
15	67.8	峡谷	84.2	0.4
16	68.2	下坡路段	83.8	5.8
17	74.0	沿途风光	78.0	7.0
18	81.0	沿途风光	71.0	1.4
19	82.4	加油站	69.6	0.6
20	83.0	纳寺台	69.0	1.5
21	84.5	下坡	67.5	3.5
22	88.0	路况抽查	64.0	1.4
23	89.4	沿途风光	62.6	4.6
24	94.0	落石路段	58.0	2.0
25	96.0	风光	56.0	4.0
26	100.0	昆仑山风光	52.0	0.1
27	100.1	三叉河大桥	51.9	2.1
28	102.2	旅游区	49.8	0.8
29	103.0	风光	49.0	2.0
30	105.0	下坡	47.0	11.0
31	116.0	临时停车场	36.0	2.0
32	118.0	急弯	34.0	3.0
33	121.0	中石油	31.0	1.0
34	122.0	西大滩	30.0	0.2
35	122.2	中石油	29.8	13.8
36	136.0	坑洼路面	16.0	11.0
37	147.0	昆仑山隧道	5.0	5.0
38	152.0	昆仑山口	0.0	

从昆仑山口出发,请从下往上阅读

勘察报告

二级柏油路面，路面宽7米，前半段在峡谷中穿行，河流时断时续的出现在路的左右，急弯较多，伴有落石路段，在危险路段有减速带，海拔缓慢升高，穿过峡谷后进入青藏高原地带，视野变得开阔，路面因受载重货车辗压，较多坑洼，雨雪天容易打滑。

13 雪水河

7 昆仑山小干沟风光。N:36-06-128 E:094,48,445，海拔：3174米。

23 沿途风光

昆仑山

26 昆仑山西起帕米尔高原，山脉全长2500公里，平均海拔5500～6000米，宽130～200公里，西窄东宽，总面积达50多万平方公里，最高峰在青、新交界处，名为新青峰——布格达板峰，海拔6860米，是青海省最高点。是高原地貌的基本骨架，是青海省重要的自然区划界线。

古籍中记载的“瑶池”，便是昆仑河源头的黑海，这里海拔4300米，湖水清瀛，鸟禽成群，野生动物出没，气象万千。在昆仑河中穿过的野牛沟，有珍贵的野牛沟岩画，距黑海不远处是传说中的姜太公修炼五行大道四十载之地。玉虚峰、玉珠峰经年银装素裹，山间云雾缭绕，位于昆仑河北岸的昆仑泉，是昆仑山中最大的不冻泉。形成昆仑六月雪奇观，水量大而稳定，传说是西王母用来酿制琼浆玉液的泉水，为优质矿泉水。发源于昆仑山的格尔木河中游，长期侵蚀千板岩，形成了峡谷绝壁相对，深几十米的一步天险奇观。

昆仑山口地势高耸，生态环境独特，自然景色壮观，每逢春夏之交，满山碧树吐翠，鲜花争奇斗艳。这里群山连绵起伏，雪峰突兀林立，草原草甸广袤。尤其令人感到奇特的是，这里到处是突兀嶙峋的冰丘和变幻莫测的冰锥，以及终年不化的高原冻土层。昆仑山口的大片高原冻土层虽终年不化，但冻土层表面的草甸上却生长着青青的牧草。每到盛夏季节，草丛盛开着各种鲜艳夺目的野花，煞是好看。

昆仑山风光

B13 昆仑山口—五道梁村（109.0km）

起点
0.0 109.0 昆仑山口
6.1 102.9 水土保护区
9.3 99.7 P 临时停车场
10.6 98.4 急弯
21.3 87.7 不冻泉
41.3 67.7 热棒区
42.9 66.1 野生动物穿越带
53.0 56.0 热棒
54.0 55.0 索南达杰保护站
野生动物穿越带 62.0 47.0
铁路维护站 66.0 43.0
74.0 35.0 草原一望无际
84.0 25.0 青藏铁路桥
87.0 22.0 楚马尔河大桥
六道班 93.6 15.4
路况抽样 103.1 5.9
野生动物救助 104.0 5.0
五道梁 109.0 0.0
终点

❶ 昆仑山口，下大雪。坐标：N:35,38,437 E:094,04,104 海拔:4780米

❷ 进入长江源头水土保护区

❸ 临时停车场

❹ 急弯

❺ 不冻泉，路边有几间房屋，雪光加油站。坐标：N:35,31,175 E:093,54,949 海拔:4597米

❻ 热棒区，限速，长2.2公里。

❼ 野生动物穿越带，终点。

❽ 热棒，表面温度9℃，地面温度26℃。

❿ 109国道2960公里处，野生动物穿越带，小心驾驶。

❾ 索南达杰保护站

⓫ 铁路维护站

⓬ 草原一望无际，公路，铁路并行行驶，道路平直，持续40公里。

⓯ 六道班，可可西里五道梁保护站。

⓮ 楚马尔河大桥

⓰ 路况抽查：路面宽7米，二级柏油路面，平缓，风沙较大。

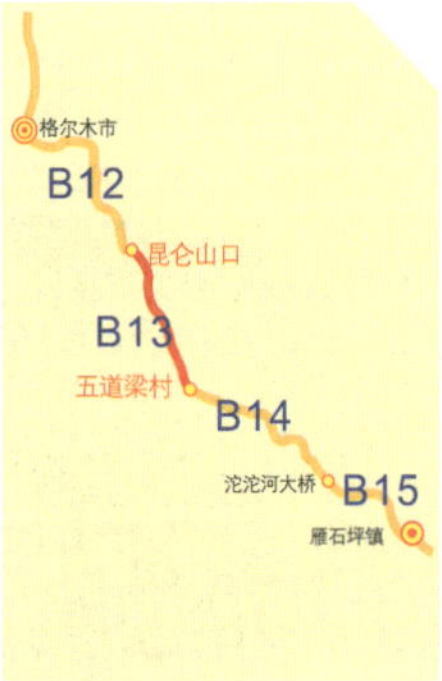

⓱ 109国道3001公里处，野生动物救助电话：0979-8410618。

⓲ 五道梁，有住宿，餐饮，修车等，设施较全。坐标：N:35,13,136 E:093,04,860 海拔:4619米

勘察报告

本路段行走在青藏高原的腹地，平均海拔4600米以上，对人和车都是一种考验。路面为二级柏油路面，宽7米，平缓，风沙较大。道路不时会和铁路并行，两边草原一望无际。道路平直，最长可持续40公里。路边有铁路维护站，沿途是可可西里保护区地带，常常有野生动物穿越公路，车辆要注意避让。

餐饮

五道梁有小餐馆，可提供简单饭菜。

住宿

五道梁有住宿，条件较差。

维修

五道梁有简单修车点

五道梁

⑱ 五道梁海拔4415米，位于被世人称为“生命禁区”青藏高原和西部高山地区，地高天寒，长冬无夏，是青藏线的中继站。形容五道梁的顺口溜很多，最常听道的是“到了五道梁，哭爹又喊娘”，“纳赤台得了病，五道梁要了命”，因海拔高和地势陡，空气中含氧量很低，被认为是青藏线上最难通过的地段，很容易发生高原反应，通常认为如果能安全度过五道梁，过唐古拉山口问题就不大了。

五道梁除了兵站、泵站、机务段、气象站、保护站和公路段等国家设置的单位机构，并没有定居的居民。像很多长途公路中继站一样，青藏公路从五道梁中间贯穿而过，公路两边多为饭馆、修车铺和加油站，初步计算有饭馆17家、7家汽车修理铺、2家加油站、3家私营旅社、2家诊所、9家商店。

过五道梁建议带上望远镜，一路上能看到野牦牛、野驴、藏羚羊、秃鹫、黑乌鸦等野生动物；并带上足够的御寒衣物，五道梁一带气候严寒，9月初已经是满天飞雪了。

里程数据速查表

从昆仑山口出发，请从上往下阅读

1	0.0	昆仑山口	109.0	6.1
2	6.1	水土保护区	102.9	3.2
3	9.3	临时停车场	99.7	1.3
4	10.6	急弯	98.4	10.6
5	21.2	不冻泉	87.8	20.1
6	41.3	热棒区	67.7	1.6
7	42.9	野生动物穿越带	66.1	10.1
8	53.0	热棒	56.0	1.0
9	54.0	索南达杰保护站	55.0	8.0
10	62.0	野生动物穿越带	47.0	4.0
11	66.0	铁路维护站	43.0	8.0
12	74.0	草原	35.0	10.0
13	84.0	青藏铁路桥	25.0	3.0
14	87.0	楚马尔河大桥	22.0	6.6
15	93.6	六道班	15.4	9.5
16	103.1	路况抽样	5.9	0.9
17	104.0	野生动物救助路牌	5.0	5.0
18	109.0	五道梁	0.0	

从五道梁村出发，请从下往上阅读

⑬ 楚马尔河上的青藏铁路桥

B14 五道梁村—沱沱河大桥（145.0km）

起点

1 五道梁 0.0 145.0

2 12.0 133.0 水泥路面,路面破损严重,109国道3018公里处

3 20.0 125.0 草原沙化现象较严重

4 39.0 106.0 路面有塌陷现象，慢速行驶。

5 43.0 102.0 七道班，规模较大。

6 53.9 91.1 村庄，只有一个补胎点，进入上坡路段，注意植被保护。

7 59.4 85.6 风火山观测站

8 风火山隧道，为青藏铁路线上最长的隧道，离青藏公路300米左右。67.0 78.0

9 风火山顶 67.6 77.4

10 上坡 70.9 74.1

11 沱沱河保护站 81.8 63.2

12 82.0 63.0 临时停车场，二道沟。

13 88.2 56.8 雅马河大桥

14 路基防护 90.0 55.0

15 热棒 107.6 37.4

16 110.0 35.0 路况

17 115.0 30.0 动物通道

18 123.5 21.5 中国移动覆盖青藏线

19 沿途风光 126.0 19.0

20 下坡，与青藏铁路交汇 130.0 15.0

21 路况抽样 134.2 10.8

22 137.9 17.1 风光

23 138.1 6.9 自然保护区

24 143.2 1.8 路基防护

25 143.4 1.6 PetroChina 中国石油 公路左侧

26 145.0 0.0 沱沱河大桥
坐标: N:34,13,051 E:092,26,548
海拔:4541米

终点

❶ 五道梁，有住宿、餐饮、修车等，设施较全，出城区后路面为水泥路面，破损严重。坐标：N:35,13,136 E:093,04,860 海拔:4619米

❸ 这里草原沙化现象较严重，可以看见黄沙吹过路面。

⓮ 青藏铁路路基防护措施

⓱ 铁路每隔一段距离，在路基上都会空出一些通道让动物迁徙。

⓭ 雅马河大桥

㉔ 青藏铁路路基防护

㉓ 可可西里自然保护区。坐标: N:34,16,126 E:092,29,011

❾ 风火山顶。坐标: N:34,40,735 E:92,55,031 海拔:4962米

⓬ 临时停车场，二道沟。

㉑ 路况抽样：路面宽7米，二级柏油路面。

⓰ 公路上不时会出现一些因受到雨水冲刷，货车倾轧而出现坑洼的路面，这种坑洼路段有时长达数公里，最深坑可达20厘米，小车应注意行驶。

N 45

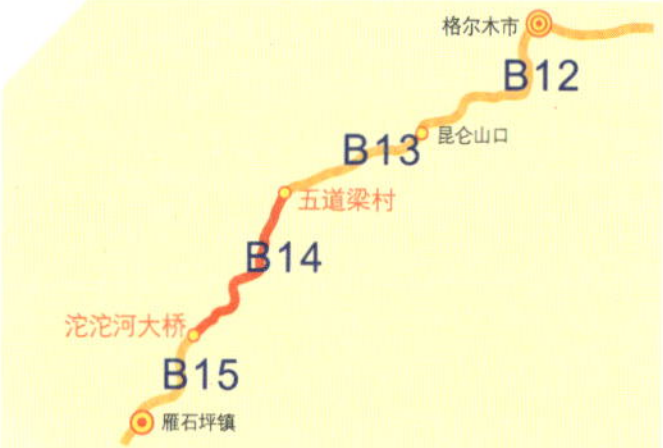

勘察报告

路面平整，即使是底盘较低的小轿车也可以行驶，车流量相对较大，主要为货车和旅游车，由于路基高于周边草原，建议不要在夜间行驶。公路上不时会出现一些因受到雨水冲刷，货车倾轧而出现坑洼的路面，这种坑洼路段有时长达数公里，最深坑可达20厘米，小车应注意行驶。

餐饮

沱沱河桥头有小餐馆，可提供简单饭菜。

气候

易出现强对流天气

里程数据速查表

从五道梁村出发，请从上往下阅读

1	0.0	五道梁	145.0	12.0
2	12.0	路况	133.0	8.0
3	20.0	地貌	125.0	19.0
4	39.0	路况	106.0	4.0
5	43.0	七道班	102.0	10.9
6	53.9	村庄	91.1	5.5
7	59.4	风火山观测站	85.6	7.6
8	67.0	风火山隧道	78.0	0.6
9	67.6	风火山顶	77.4	3.3
10	70.9	上坡	74.1	10.9
11	81.8	沱沱河保护站	63.2	0.2
12	82.0	二道沟	63.0	6.2
13	88.2	雅马河大桥	56.8	1.8
14	90.0	路基防护	55.0	17.6
15	107.6	热棒	37.4	2.4
16	110.0	路况	35.0	5.0
17	115.0	动物通道	30.0	8.5
18	123.5	通信基站	21.5	2.5
19	126.0	沿途风光	19.0	4.0
20	130.0	下坡	15.0	4.2
21	134.2	路况抽样	10.8	3.7
22	137.9	风光	7.1	0.2
23	138.1	可可西里自然保护区	6.9	5.1
24	143.2	路况	1.8	0.2
25	143.4	长江源中石油加油站	1.6	1.6
26	145.0	沱沱河大桥	0.0	

从沱沱河大桥出发，请从下往上阅读

热棒

⑮热棒又叫无芯重力式热管、热虹吸管，是一种高效热导装置，具有独特的单向传热性能——热量只能从地面下端向地面上端传输，反向不能传热，可以说是一种不需动力的天然制冷机，在夏季，管内工作介质由液态变为气态，带走管内的热量，在冬季则停止工作。大规模使用热棒后可以保持青藏铁路沿线的冻土长年处于良好的冻结状态。

⑮热棒，保持冻土温度。

青藏铁路建设中的冻土问题是举世瞩目的技术难题，其特殊性和复杂性在世界上独一无二。据了解，冻土在寒季就像冰一样冻结，到了寒季随着温度降低，冻土体积发生膨胀，建在上面的路基和钢轨就会被“发胖”的冻土顶得凸起，到了夏季，融化的冻土体积缩小，路基和钢轨又会随之凹下去，冻土的冻结和融化反复交替地出现，路基就会翻浆、冒泥，钢轨出现波浪形高低起伏，就会对铁路运营安全造成威胁。在铁路路基出现冻土危害时，使用热棒可以很快起到“药到病除”的效果，所以被称之为冻土工程的“青霉素”。

㉒可可西里风光

可可西里自然保护区

㉒可可西里蒙语意为青色的山梁(一说为美丽的少女，以发音不同而异)。是目前世界上原始生态环境保存最完美的地区之一，也是目前我们建成的面积最大、海拔最高、野生动物资源最为丰富的自然保护区之一。可可西里气候严酷，自然条件恶劣，人类无法长期居住，被誉为“世界第三极”、“生命的禁区”。然而正因为如此，才给高原野生动物创造了得天独厚的生存条件，成为“野生动物的乐园”。

可可西里处于羌塘高原内流湖区和长江北源水系交汇地区。东部是以楚玛河为主的长江北源水系，河流往往是季节性河流，西部和北部是以湖泊为中心的内流水系，羌塘高原内流湖区的东北部湖泊众多，面积大于1平方公里的湖泊就有107个，总面积3825平方公里，其中面积200平方公里以上的湖泊有7个，最大的为乌兰乌拉湖，湖水面积为544.5平方公里。

可可西里的气候特点是温度低、降水少、大风多、区域差异较大。境内年平均气温由东南向西北逐渐降低，在西金乌兰湖地区有一明显暖区，最暖区年均温度为-4℃，最冷为最西边的勒斜武担措，最低气温达到-46℃。

B15 沱沱河大桥—雁石坪镇（91.2km）

沱沱河大桥 0.0 91.2
起点
加油站,内有厕所 0.8 90.4
十道班 15.4 75.8
开心岭 17.5 73.7
青海 23.9 67.3
沿途风光 31.2 60.0
上坡路 38.2 53.0
44.2 47.0 通天河大桥
64.2 27.0 公路与铁路平行
76.2 15.0 沿途风光
79.0 12.2 PetroChina 中国石油
81.2 10.0 路面抽样
91.2 0.0 雁石坪镇
终点

❶ 沱沱河大桥。坐标：N:34,13,051 E:092,26,548海拔:4541米

❸ 十道班,注意弯道

❹ 开心岭，注意弯道。

❺ 青海,西藏两个行政区在青藏公路上的分界线。坐标：N:34,02,582 E:092,20,454 仅以一个宽约1米的小沟分界。

❼ 109国道3192公里处，上坡路段。

❾ 公路一直延伸向远方，自然景观较为单一，公路与铁路平行相伴而行，长达10多公里。

❿ 在青藏铁路上行驶的火车，在行驶的过程中，使用GPS+GIS+GPRS，可以精确测定火车的位置、时速等信息。

❽ 通天河大桥。坐标：N:33,51,904 E:092,21,801 海拔4576米，属羌唐自然保护区，此处通天河上有三座桥，新旧两座公路桥平行，相距20米左右，新建铁路大桥在公路桥上游500米左右。

⓫ 中石油，建议到此处加油，90#，5.08元/升；-20#，5.51元/升。

⓬ 路面抽样：路面宽7米，路面良好，青藏铁路和公路平行，相距约200米。

⓭ 雁石坪镇。坐标：N:33，35，794 E:092，04，118，海拔4714米，原属青海省，现属西藏安多县管辖，规模较大，吃、住、修车等各种设施较全。

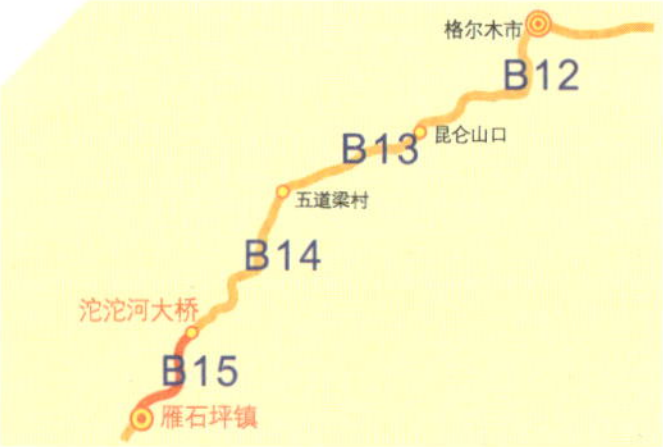

勘察报告

本段线路中时常会有长达10多公里的笔直路面，且路面状况良好，容易产生麻痹驾驶。

里程数据速查表

从沱沱河大桥出发，请从上往下阅读

1	0.0	沱沱河大桥	91.2	0.8
2	0.8	加油站	90.4	14.6
3	15.4	十道班	75.8	2.1
4	17.5	开心岭	73.7	6.4
5	23.9	青海	67.3	7.3
6	31.2	沿途风光	60.0	7.0
7	38.2	下坡路	53.0	6.0
8	44.2	通天河大桥	47.0	20.0
9	64.2	路况	27.0	12.0
10	76.2	沿途风光	15.0	2.8
11	79.0	中石油	12.2	2.2
12	81.2	路面抽样	10.0	10.0
13	91.2	雁石坪镇	0.0	

从雁石坪镇出发，请从下往上阅读

餐饮

雁石坪镇有几家餐馆，以川味为主。

住宿

雁石坪镇有小旅馆，设施简单，住客多为长途货车司机。

维修

雁石坪镇有维修点，以维修大货车为主。

6 沿途风光，远方的云层和铁路连成了一线

沱沱河

长江源头——沱沱河，又名“托托河”，发源于唐古拉山脉主峰格拉丹冬西南侧姜根迪如雪山的冰川，冰川尾端海拔近5500米。

沱沱河从各拉丹冬的姜根迪如冰川发源时，是一些冰川、冰斗的融水汇成的小溪，在巴冬山下汇集了尕恰迪如岗雪山的冰川融水逐渐发源成沱沱河，河水流出了巴冬山后，到囊极巴陇时与当曲、布曲、朵尔曲汇合，形成了通天河。

沱沱河周围是广阔的高原牧区，景观壮丽，草地无垠，蓝天白云倒映在河水中，构成了令人心旷神怡的美景，此地有山、有水、有牛、有羊，但地广人稀，常住人口稀少。沱沱河的最佳旅游时机是7月至8月中旬，到了8月下旬就开始变冷，但无论在哪个时候都不要轻视这里的紫外线，尤其是女性一定要事先做好护肤准备。

11 沿途风光，片状水系散落分布在草原中。

B16 雁石坪镇—唐古拉山口（97.9km）

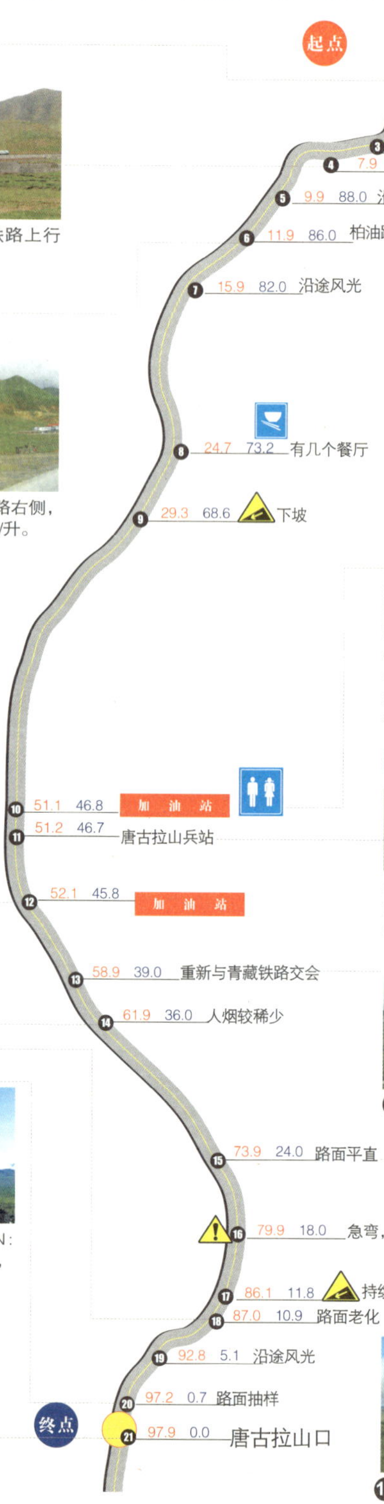

❶ 雁石坪镇。坐标：N:33,35,794 E:092,04,118，海拔4714米，原属青海省，先属西藏安多县管辖，规模较大，吃、住、修车等各种设施较全。

❹ 路上所见在青藏铁路上行驶的火车，共16节

❻ 柏油路面，路面质量较好。

⓬ 温泉加油站，在公路右侧，只供应0[#]柴油，4.75元/升。

⓮ 一路人烟较稀少，此处是唯一可以修车和休息的地方，109国道3306公里处。

⓲ 路面因年代比较久，且长期被雨水侵蚀和货车碾轧，路面有起伏，快速行驶时易产生颠簸。

⓴ 路面抽查：柏油路面，宽7米，路面凹凸不平，但小轿车仍可通行。

㉑ 唐古拉山口。坐标：N:32，52，957，E：091，55，103海拔：5241米帐篷268。

❷ 雁石坪加油站，在公路左侧，供应90[#]汽油，4.85元/升。

❽ 有几个餐厅。主要为货车司机服务。

❿ 唐古拉加油站，有厕所，供应0[#]柴油，4.7元/升，90[#]汽油，汽油按桶加，170元一桶，每桶约25升。

⓫ 唐古拉山兵站，可以住宿、吃饭、修车。坐标：N:33,13,839 E:091,51,396 海拔:4861米

⓭ 重新与青藏铁路交会

⓰ 路政抢险救急电话：0979-7220596，8482149，手机有信号，若发生状况，可以打这个电话呼救。

⓯ 除有些路段有些坑洼以外，路面平直。

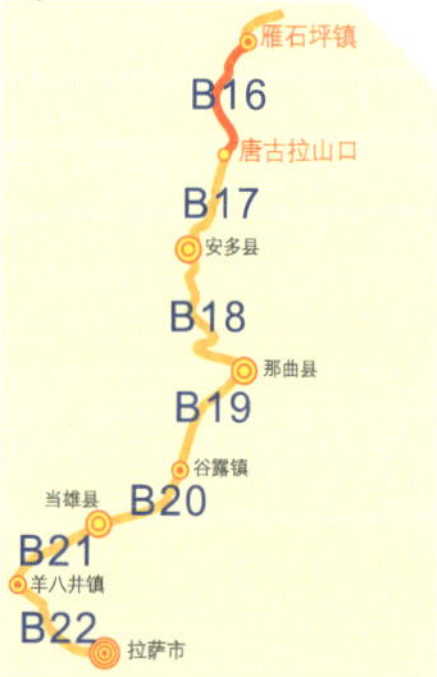

勘察报告

路面为二级柏油公路，从雁石坪镇到唐古拉山兵站这一段路面质量较好，一路人烟较稀少，路面平直。过了兵站后路况变差，路面因年代比较久，有些路段有些坑洼，且长期被雨水侵蚀和货车辗轧，路面有起伏，快速行驶时易产生颠簸。沿途景物单调，偶尔会见青藏铁路上飞驰而过的火车。

餐饮

唐古拉山兵站有几个餐厅，主要为货车司机服务。

住宿

唐古拉山兵站可以提供简单住宿（帐篷）。

加油

唐古拉加油站供应0#柴油，90#气油，汽油按桶加，每桶25升；温泉加油站在公路左侧，只供应0#柴油。

救助信息

路政抢险救急电话：0979-7220596
8482149

里程数据速查表

从雁石坪镇出发，请从上往下阅读

1	0.0	雁石坪镇	97.9	1.7
2	1.7	雁石坪加油站	96.2	3.6
3	5.3	连续急弯	92.6	2.6
4	7.9	火车	90.0	2.0
5	9.9	路况	88.0	2.0
6	11.9	柏油路面	86.0	4.0
7	15.9	沿途风光	82.0	8.8
8	24.7	有几个餐厅	73.2	4.6
9	29.3	下坡	68.6	21.8
10	51.1	唐古拉加油站	46.8	0.1
11	51.2	唐古拉山兵站	46.7	0.9
12	52.1	温泉加油站	45.8	6.8
13	58.9	路况	39.0	3.0
14	61.9	人烟较稀少	36.0	12.0
15	73.9	路面平直	24.0	6.0
16	79.9	急弯	18.0	6.2
17	86.1	持续下坡	11.8	0.9
18	87.0	路况	10.9	5.8
19	92.8	沿途风光	5.1	4.4
20	97.2	路面抽查	0.7	0.7
21	97.9	唐古拉山口	0.0	

从唐古拉山口出发，请从下往上阅读

唐古拉山

21 唐古拉山是一座银装素裹的雄峰，终年白雪皑皑，云雾缭绕，雷电交加，神秘莫测，如同头缠锦锻、身披铠甲的英武之神，高高地矗立在雪山、草原和重重峡谷之上。

唐古拉山藏语意为“高原上的山”，又叫当拉山或当拉岭，是长江、怒江的分水岭。唐古拉山在宗教上是全藏著名的护法神，也是北部草原众神山的主神，佛教信徒都敬奉此山，认为此山是修得正果的修行者的静地和欢聚处。

唐古拉山的主峰格拉丹东，海拔6000多米，是长江正源沱沱河的发源处，脚下的可可西里无人区，是藏羚羊等濒危野生动物的生息之地。唐古拉山口为青海、西藏两省区天然分界线。立于海拔5231 米的青藏线最高点唐古拉山口，壮志凌云的感觉油然而生，还可以看到神秘莫测的一日四景。这里还有牧民提供马匹拍照，销售雪莲花、酥油茶，有帐篷、茶馆。山上还有小规模更新世冰川残留，刃脊、角峰、地形普遍，南坡比北坡的冰川少，但冰川地形以南坡发育的完善，有些地区的冰川堆积物厚达800米以上。

19 沿途风光

7 沿途风光

B17 唐古拉山口—安多县（86.6km）

❶ 唐古拉山口。坐标：N:32，52，957，E:091，55，103海拔：5241米。

❷ 沙土路面，可以防止车辆打滑。

❸ 垭口，海拔5192米，然后进入爬坡路段，注意减速。

❾ 可可西里边缘，路面平缓，视野开阔，时速可达90公里/小时。

❹ 十四道班，规模较大，像个小乡镇。

❺ 因公路路基高出地面，且无参考物，建议不要在夜间驾车。

❽ 下坡路段，在公路两侧的湿地里分布着大大小小不计其数的水洼。

⓫ 头二九山顶。坐标：N:32，33，477 E:091，51，077海拔5171米，109国道3382公里处。

塘荣占藏村。
N: 32,41,653
E:091,52,623,
海拔:4986米

❿ 公路两边是大片的高原湿地

⓰ 海拔4818米山顶，在坡顶可以看见大片平原。

⓯ 公路沿着河谷岸边修建，河水已经有些干涸，低矮的山脉在道路两侧。

⓱ 村庄，位于公路右侧。

⓴ 路况抽样：路面宽7米，二级柏油路面，路面有些老化，有凹坑。

㉒ 岔道口，左拐76公里到达聂荣县，为沙石路。

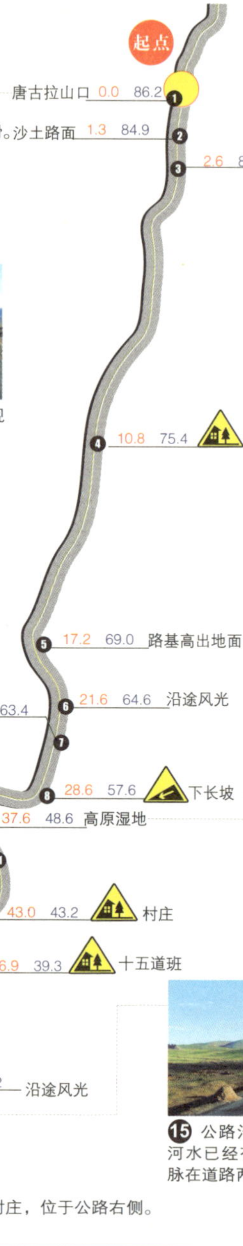

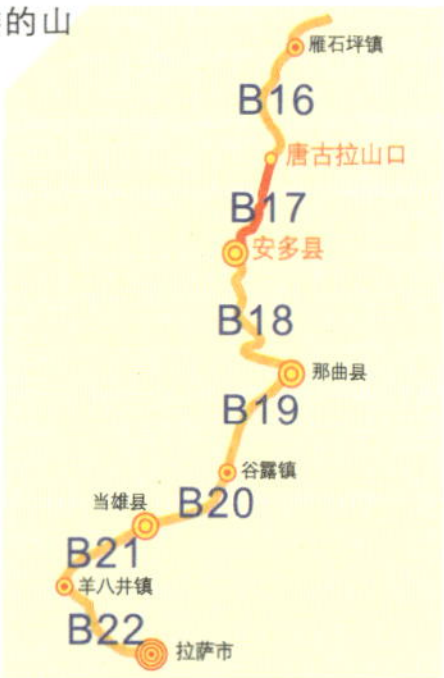

勘察报告

此路段为二级柏油公路，宽7米，但是路面有些老化，时而会出现凹坑。公路在山脉中蔓延，上坡下坡路段较多；车流量较大，而且视线不太好；一路上以高山风光为主，偶尔会穿插一些小的村落；在可可西里边缘时是可以保持高速行驶的路段。

住宿

安多县有招待所，但条件很差，3人间25元/人。

提醒

在唐古拉山口逗留时注意高原反应。

21 沿途风光

里程数据速查表

从唐古拉山口出发，请从上往下阅读

1	0.0	唐古拉山口	86.2	1.3
2	1.3	沙土路面	84.9	1.3
3	2.6	爬坡	83.6	8.2
4	10.8	十四道班	75.4	6.4
5	17.2	路况	69.0	4.4
6	21.6	沿途风光	64.6	1.2
7	22.8	塘荣占藏村	63.4	5.8
8	28.6	下长坡	57.6	4.0
9	32.6	可可西里边缘	53.6	5.0
10	37.6	高原湿地	48.6	1.9
11	39.5	头二九山顶	46.7	3.5
12	43.0	村庄	43.2	3.9
13	46.9	十五道班	39.3	10.1
14	57.0	沿途风光	29.2	3.2
15	60.2	下坡路段	26.0	3.4
16	63.6	海拔高度	22.6	6.3
17	69.9	村庄	16.3	2.5
18	72.4	右急弯	13.8	3.3
19	75.7	沿途风光	10.5	1.5
20	77.2	路况抽样	9.0	1.0
21	78.2	沿途风光	8.0	4.4
22	82.6	岔道口	3.6	3.6
23	86.2	安多县	0.0	

从安多县出发，请从下往上阅读

13 十五道班，风光优美。

6 沿途风光：草海，牛羊群，109国道3365公里处。

19 沿途风光

14 沿途风光：远山，白云，草原，公路。

23 安多县城远景，朝阳中的县城自有一派风景。

B18 安多县—那曲县（138.0km）

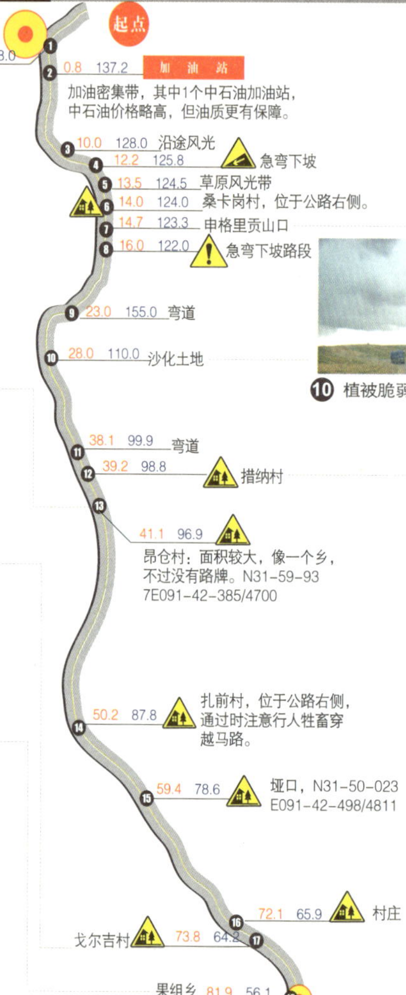
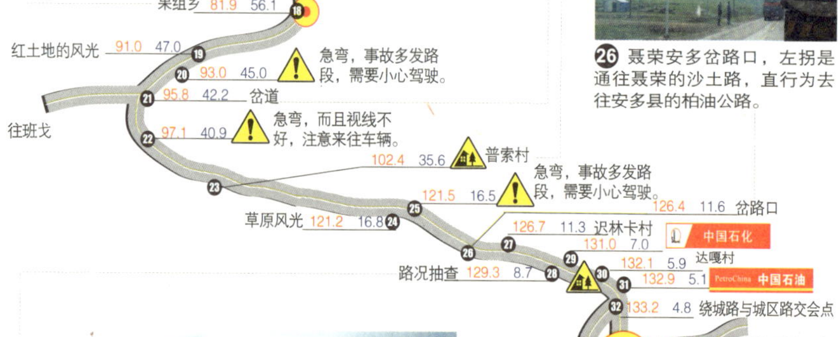
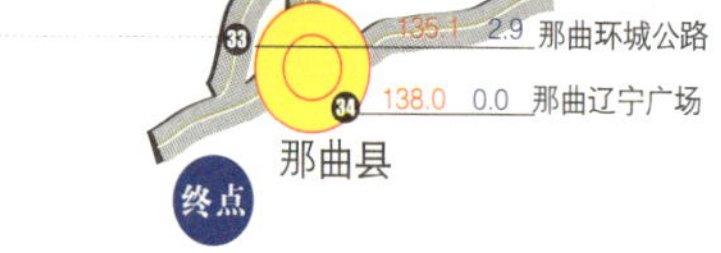

7 申格里贡山口。N32-10-841E091-42-899/4902

1 安多县城绵羊雕像。N32-15-746E091-40-941/4684

10 植被脆弱，有沙化现象

12 措纳村，有一点矮小的土房。

13 昂仓村：面积较大，像一个乡，不过没有路牌。N31-59-937E091-42-385/4700

17 戈尔吉村

21 岔道，右拐为通往班戈的砂土路，大北线真正的起点。N31-37-515E091-44-383/4558

18 果组乡，位于3511公路界碑处，有一个藏式茶馆，为那曲安多的交界点。N31-41-389E091-51-097/4623

23 普索村

26 聂荣安多岔路口，左拐是通往聂荣的沙土路，直行为去往安多县的柏油公路。

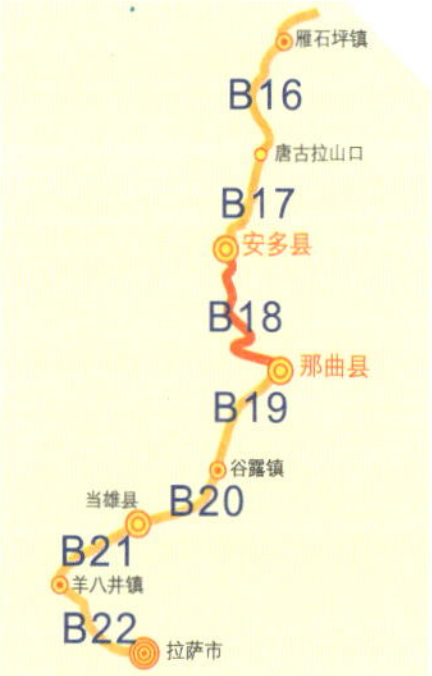

28 路况抽查：二级柏油公路，路宽7米，道路状况良好。

33 那曲环城公路及其他基础设施建设情况，发展迅速。

勘察报告

全线为二级柏油公路，路宽7米，车流量一般。本段路地势较为平坦，要经过较长路段才会出现一些小规模村庄，甚至只是一个标志牌，总体来说感觉有点荒凉，不过沿途上会有牧场风光，湿地和草地是这一个路段主要景色。该路段处于羌塘草原核心区，举目四处，草原苍茫，视野开阔。

气候

天气变化多样，高原典型气候。

住宿

那曲镇宾馆有数十家，条件比安多县要好很多,可以在此住宿。

餐饮

那曲镇是那曲地区中心地带，是一个大规模的城区，可以进城就餐。

加油

90#，93#汽油，0#，-20#柴油，中石油加油站价格略高，但是建议在中石油加油站加油。

维修

那曲地区入城地带有5个中型汽车维修厂。

里程数据速查表

从安多县出发,请从上往下阅读

1	0.0	安多县城	138.0	0.8
2	0.8	加油密集带	137.2	9.2
3	10	沿途风光	128.0	2.2
4	12.2	急弯，下坡	125.8	1.3
5	13.5	草原风光带	124.5	0.5
6	14	桑卡岗村	124.0	0.7
7	14.7	申格里贡山口	123.3	1.3
8	16	急弯下坡	122.0	7.0
9	23	弯道	115.0	5.0
10	28	沙化土地	110.0	10.1
11	38.1	弯道	99.9	1.1
12	39.2	措纳村	98.8	1.9
13	41.1	昂仓村	96.9	9.1
14	50.2	扎前村	87.8	9.2
15	59.4	垭口	78.6	12.7
16	72.1	村庄	65.9	1.7
17	73.8	戈尔吉村	64.2	8.1
18	81.9	果组乡	56.1	9.1
19	91	红土地的风光	47.0	2.0
20	93	急弯	45.0	2.8
21	95.8	岔道	42.2	1.3
22	97.1	急弯	40.9	5.3
23	102.4	普索村	35.6	18.8
24	121.2	草原风光	16.8	0.3
25	121.5	急弯	16.5	4.9
26	126.4	岔路口	11.6	0.3
27	126.7	迟林卡村	11.3	2.6
28	129.3	路况抽查	8.7	1.7
29	131	达嘎村	7.0	1.1
30	132.1	中石化加油站	5.9	0.8
31	132.9	中石油加油站	5.1	0.3
32	133.2	路况	4.8	1.9
33	135.1	那曲环城公路	2.9	2.9
34	138.0	那曲辽宁广场	0.0	

从那曲县出发,请从下往上阅读

19 原来高原上也有红土的风光

16 村庄，羊群，草原，青藏线上总是不缺乏这样的风景，但愿这样的风景会给长途的驾驶带来好一些的心情。

5 在草原风光带之后难得一见的一条河流，宛如一条玉带蜿蜒盘旋在广袤的草原上，九曲回肠，在阳光的照耀下分外妖娆。

B19 那曲县—谷露镇（91.3km）

2 那曲民政干部培训中心岔路口，是入城与绕城路交汇点，左拐可以不经过城区直通格尔木，右转进入那曲城区。N31-28-173E092-02-356/4502

3 中石油（左），海文加油站（右），在此可看到那曲全景。

6 那曲火车站，由左侧岔路进入。

8 那曲大桥

12 嘉兴烟雨路，罗马镇：为浙江地区援建的新城镇，规模较大，农贸市场、餐厅、超市等综合配套设施齐全。N31-19-143E091-52-429/4528

1 杭州路口，杭州新村，嘉兴新村，浙江地区援建，一个环保地区，采用风力、太阳能发电。N30-49-834E091-37-481/4687

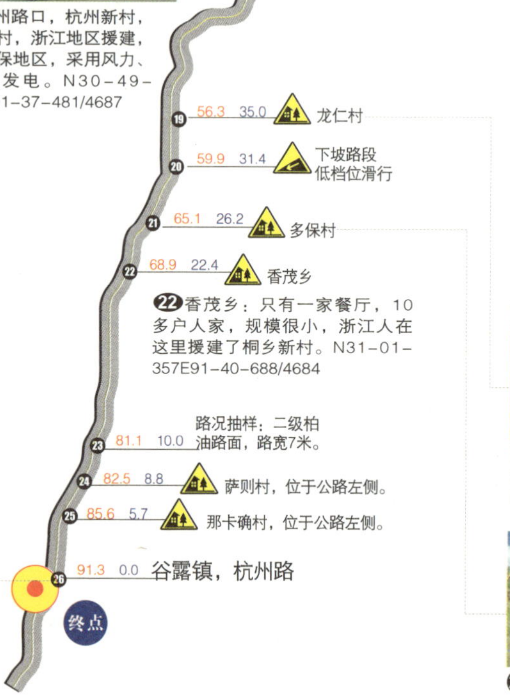

1 那曲辽宁广场。N31-28-113E092-02-628/4503

10 通往嘉黎县的沙土路。N21-23-075E091-57-393/4529

15 每林措自然保护区，杭措保护区：一个坐落在草原于湿地之间的湖泊群，在山口可以观赏全景，天气晴朗时风光旖旎，审美疲劳时分的一针强心剂。N31-17-020E091-47-810/4642

19 位于公路左侧的龙仁村，3622公里界碑，只有两三户人家。

21 多保村，位于公路左侧。

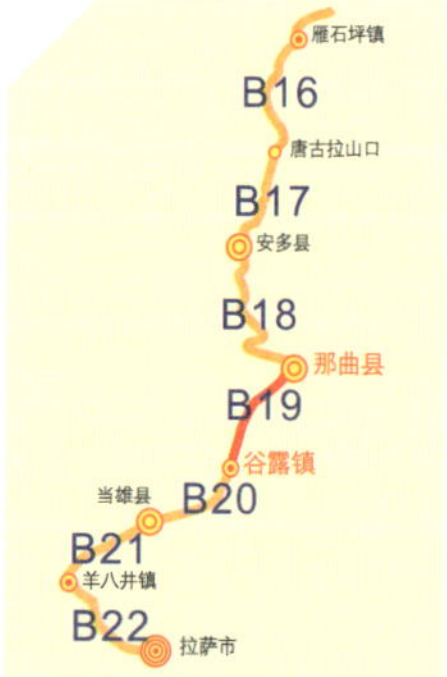

勘察报告

全线为二级柏油公路，路宽7米，车流量一般。本段路地势较为平坦，要经过较长路段才会出现一些小规模村庄，甚至只是一个标志牌，总体来说感觉有点荒凉，不过沿途上会有牧场风光，湿地和草地是这一个路段主要景色。在那曲入口处会出现分路，分别通往格尔木和成都。

住宿

谷露镇有招待所，设施简陋。

餐饮

香茂乡有一个小餐厅；那曲镇是那曲地区中心地带，是一个大规模的城区，可以进城就餐。

加油

90#，93#汽油，0#，－20#柴油，中石油加油站价格略高，但是建议在中石油加油站加油。

气候

天气变化多样，高原典型气候。

维修

那曲地区入城地带有5个中型汽车维修厂。

⓫ 藏传佛教忠诚信徒，他们会沿着公路一直磕长头到拉萨，遇到时最好给他们一些食品，他们也是依靠化缘完成自己祈祷的旅程。

里程数据速查表

从那曲县出发，请从上往下阅读

1	0	广场	91.3	0.4
2	0.4	岔路口	90.9	0.5
3	0.9	中石油	90.4	0.6
4	1.5	加油站	89.8	0.7
5	2.2	加油站	89.1	3.5
6	5.7	那曲火车站	85.6	0.9
7	6.6	罗尔岗村	84.7	1.6
8	8.2	那曲大桥	83.1	0.9
9	9.1	热村	82.2	4.4
10	13.5	岔路	77.8	0.8
11	14.3	佛教信徒	77.0	10.0
12	24.3	援建城镇	67.0	2.6
13	26.9	阿达尔村	64.4	1.9
14	28.8	急弯下坡	62.5	4.7
15	33.5	每林措	57.8	2.8
16	36.3	珠果村	55.0	3.7
17	40	风光	51.3	7.8
18	47.8	下玛村	43.5	8.5
19	56.3	龙仁村	35.0	3.6
20	59.9	下坡	31.4	5.2
21	65.1	多保村	26.2	3.8
22	68.9	香茂乡	22.4	12.2
23	81.1	路况抽样	10.2	1.4
24	82.5	萨则村	8.8	3.1
25	85.6	那确卡村	5.7	5.7
26	91.3	谷露镇	0.0	

从谷露镇出发，请从下往上阅读

⓱ 青藏公路风光

B20 谷露镇—当雄县(72.9km)

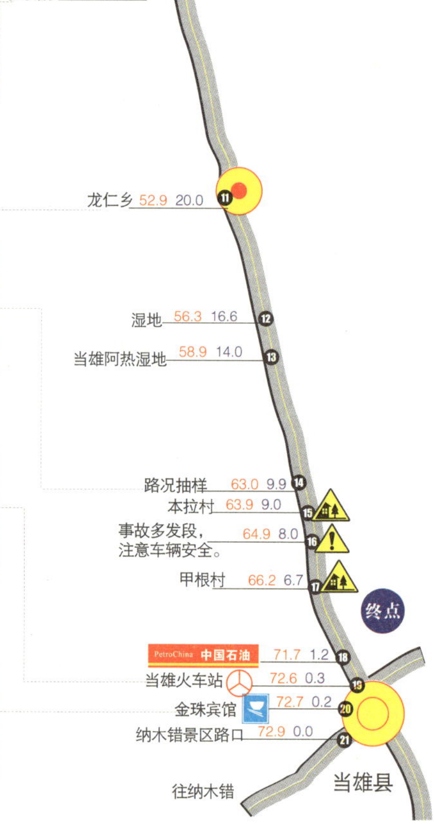

❶ 杭州路口，杭州新村，嘉兴新村，浙江地区援建，一个环保地区，采用风力、太阳能发电。N30-49-834E091-37-481/4687

❷ 谷露镇，右拐通往海宁路，距离那曲还有98公里。公路左侧有太阳能、风力发电机，还有奶制品加工点。

❸ 俄玛村，路边只有一户人家。

❺ 谷露大桥，过桥后会有加气、电焊、补胎、小卖部、茶馆等设施。

❻ 那曲地区与拉萨市交界点，位于109国道3679公里出。N30-39-254E091-32-271/4548

❽ 垭口。N30-35-745E091-30-219/4649

❿ 乌玛塘乡，乡镇府设在郝如村，村口右一家三星饭店，两个补胎点，一个歌厅。N30-33-485E091-24-186/4466

⓫ 龙仁乡，路边除了一个小卖部外，无吃、住、修理等配套设施，几间简陋房屋。N30-31-634E091-17-379/4352

⓮ 路况抽样：二级柏油公路，路宽8米。

⓳ 左拐通往当雄火车站，右前边有中国电信营业厅。

⓴ 可购买日常生活用品，金珠宾馆条件不错。

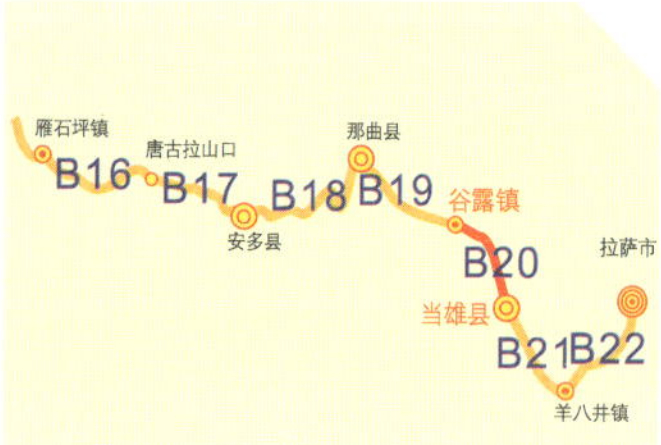

勘察报告

全线为二级柏油公路，路宽7米，车流量一般。本段路沿途上会有牧场风光，湿地和草地是这一个路段主要景色。当雄为较大县城，配套设施齐全；在龙仁乡附近的湿地旁边，路面笔直平整；不过部分路段地基塌陷，路面有起伏，路过时紧握方向盘，减速通过。

气候

天气变化多样，高原典型气候。

维修

当雄县大大小小餐馆13家，可以在此就餐；谷露镇规模较大，而且有奶制品加工厂。

救助信息

谷露镇派出所：3824003

维修

只有简易补胎点

购物

谷露镇藏式奶制品

住宿

当雄县城宾馆较多，白云宾馆：0891－6122098。

加油

有两个中石油加油站，有90#，93#汽油，0#，－20#柴油。

里程数据速查表

从谷露镇出发，请从上往下阅读

1	0.0	杭州路口	72.9	0.9
2	0.9	谷露镇	72.0	7.0
3	7.9	俄玛村	65.0	1.8
4	9.7	卓玛圣谷生态旅游区	63.2	4.7
5	14.4	谷露大桥	58.5	7.8
6	22.2	那曲与拉萨交界点	50.7	1.7
7	23.9	U形坎	49.0	7.0
8	30.9	垭口	42.0	2.0
9	32.9	纳龙村	40.0	9.0
10	41.9	乌玛塘乡	31.0	11.0
11	52.9	龙仁乡	20.0	3.4
12	56.3	湿地	16.6	2.6
13	58.9	当雄阿热湿地	14.0	4.1
14	63	路况抽样	9.9	0.9
15	63.9	本拉村	9.0	1.0
16	64.9	事故多发地段	8.0	1.3
17	66.2	甲根村	6.7	5.5
18	71.7	中石油加油站	1.2	0.9
19	72.6	当雄火车站	0.3	0.1
20	72.7	金珠宾馆	0.2	0.2
21	72.9	纳木错景区路口	0.0	

从当雄县出发，请从下往上阅读

4 卓玛圣谷生态旅游区，由左侧土石支路9.4公里进入。

13 左边为当雄阿热湿地，已被列为保护区，沿公路蔓延10多公里，区域广阔，牛羊成群，距离公路20公里的山脉将湿地围绕，气候也保持一致，一片难得的壮观景色。

9 纳龙村，这里有8个白塔。N30-35-214E091-29-185/4624

B21 当雄县—羊八井镇（75.0km）

起点

1 0.0 75.1 纳木错景区路口

2 0.6 74.5 白云宾馆，附近规模较大的宾馆，电话:0891－6122098

3 0.9 74.2 岔道

4 2.2 72.9 当雄，顺达油城，3个川菜馆，由于靠近景区，所以就餐价格偏高

5 3.1 72.0 加油站 银河加油站

6 11.6 63.5 河岸路段

7 14.1 61.0 事故多发地段

8 16.1 59.0 高原草原风光

9 17.1 58.0 当雄林周县

10 19.1 56.0 休整点

11 宁中乡 22.8 52.3

12 萨孜岗村：位于公路右侧，由土路于国道相连 30.3 44.8

13 夹果果:移民安置新村 34.1 41.0

14 49.3 25.8 念青唐古拉山

15 52.9 22.2 进入当雄公路段

16 55.1 20.0 拿多拉山

17 拉多岗村 59.2 15.9

18 路况抽查 65.8 9.3

19 青藏公路纪念碑 69.2 5.9

20 岔路口 73.9 1.2

21 75.1 0.0 羊八井镇

往羊八井温泉

终点

❶ 纳木错景区路口。N30-28-625E091-06-140/4282，纳木错景区由左侧三级柏油公路进入。

❻ 河岸路段

❼ 事故多发地段，急弯陡坡。

❿ 公路两边有补胎，简易维修点，小餐馆，右前方有宁中加油站，可以作为短暂休整点。N30-24-018E090-57-481/4208

⓫ 宁中乡，公路右侧1公里处。N30-22-428E90-54-940/4213

⓲ 路况抽查：路宽7米；109国道3795公里道碑；持续长坡限速60公里/小时，坡长3.1公里。

㉑ 羊八井镇，中宝石油加油站，公安检查站。

⓴ 岔路口，右拐往羊八井温泉，S304省道，三级柏油路面。坐标：N:30,05,713 E:090,32,618 海拔4292米

勘察报告

全线为二级柏油公路，路宽7米，车流量一般。沿线主要为下坡路段，海拔也在降低，车速不能过快。一路上高原风光无限，但略显单一。

餐饮

羊八井镇马路右侧有餐馆，以川菜为主。

住宿

羊八井镇有招待所，羊八井温泉度假村宾馆较多设施齐全。

提醒

念青唐古拉山口商贩较多，几乎都是推销廉价纪念品。

⑯ 拿多拉山：终年云雾缭绕，难得露出庐山真面目。

里程数据速查表

从当雄县出发，请从上往下阅读

①	0.0	纳木错景区路口	75.1	0.6
②	0.6	白云宾馆	74.5	0.3
③	0.9	岔道	74.2	1.3
④	2.2	顺达油城	72.9	0.9
⑤	3.1	银河加油站	72.0	8.5
⑥	11.6	河岸路段	63.5	2.5
⑦	14.1	事故多发地段	61.0	2.0
⑧	16.1	高原草原风光	59.0	1.0
⑨	17.1	当雄林周县	58.0	2.0
⑩	19.1	补胎点	56.0	3.7
⑪	22.8	宁中乡	52.3	7.5
⑫	30.3	萨孜岗村	44.8	3.8
⑬	34.1	夹果果	41.0	15.2
⑭	49.3	念青唐古拉山	25.8	3.6
⑮	52.9	进入当雄公路段	22.2	2.2
⑯	55.1	拿多拉山	20.0	4.1
⑰	59.2	拉多岗村	15.9	0.1
⑱	59.3	路况抽查	65.8	9.9
⑲	69.2	青藏公路纪念碑	5.9	4.7
⑳	73.9	岔路口	1.2	1.2
㉑	75.1	羊八井镇	0.0	

从羊八井镇出发，请从下往上阅读

⑧ 高原草原风光，初上高原极容易被这样的景色打动。

纳木错

① 它和玛旁雍错、羊卓雍错并称为西藏的三大圣湖。湖面海拔为4718米，从湖东岸到西岸全长70多公里，由南岸到北岸宽30多公里，总面积1900多平方公里，是我国的第二大咸水湖，也是世界上海拔最高的咸水湖，最深处约33米以上。宁静、辽远、圣洁的纳木错在藏语中为“天湖”之意，蒙古语称“腾格里海”。湖水靠念青唐古拉山的冰雪融化后补给，沿湖有不少大小溪流注入。湖岸上有对高高耸立的合欢石，高举向天空，在石头上刻有“纳木错”三个字，这就是纳木错最著名的标志。深蓝色的湖水像一颗晶莹的宝石，镶嵌在草原上，太阳下泛起粼粼波光，水天相融，浑然一体，吸引着众多的游人和朝圣者。每当夏初，成群的野鸭飞来栖息，野牦牛、岩羊等众多野生动物经常出现。

一切赞美之词在她的美丽面前都显得苍白无力，她是西藏最为震撼心灵的圣地。

羊八井镇

㉑ 羊八井镇是当雄县南大门，位于念青唐古拉山南麓。是中尼公路和青藏公路的交会点，以地热资源丰富而闻名世界，是藏北黄金旅游线的一部分。海拔4300米的高原小镇四面环山，天地开阔，以地热温泉成为闻名的旅游景点。它被当地居民形象地称为“热田”。远远望去，这片山谷弥漫着白色雾气，像沸腾了一样，不时可见缕缕白色蒸汽从地底冒出，与周围积雪终年不化的念青唐古拉山相映成趣。这里的藏族民居建筑别具风格，黄色土墙上布满了有规则的椭圆形条纹，墙的上部涂有赭红色，房屋顶角插有经幡。

羊八井地热温泉度假村，是当地唯一有温泉游泳池的地点，附设有商业、餐饮、茶座、住宿、娱乐等设施，国内外各地的游客络绎不绝。室外有一个大型的温泉泳池，室内还有个小型游泳池。温泉水含大量硫化氢，对多种慢性疾病都有治疗作用。换了泳衣泳裤即可在温泉池里游泳、嬉闹。夜晚可在海拔4300多米的高原温泉池里，仰望天上星辰，别有意味。尤其在冬天，跳进温泉里看漫天飞雪，更有别样的感受。

⑲ 青藏公路整治改建纪念碑

⑰ 拉多岗村：坐落在一个牧场中间，周围的草地、湿地、蓝天、白云、远山在散落的牦牛点缀下组成了一幅典型的高原山水画。

⑭ 念青唐古拉山。N30-16-002E090-40-706/4577；和很多山头一样，这里也挂上了不少经幡，给空旷的绿色增添了色彩，不过这里有很多兜售廉价纪念品的藏族商贩，最好和他们保持距离。

B22 羊八井镇—拉萨市（85.1km）

㉙ 布达拉宫广场。坐标：N:29,39,311 E:90,107,055 海拔:3652米，清晨可以看到很多人在布达拉宫前向布达拉宫方向朝拜，如果从拉萨市出发往当雄方向，沿北京西路往西行驶即可出城，沿金珠西路向西亦可出城。

㉗ 十字路口，为北京路，金珠西路，青藏线，阿里南线的交会处，也是拉萨市城乡的结合点，是去往青藏、新藏线的必经之处。

㉖ 堆龙县，公路穿越城区，道路两边分布有商店、简易维修点、小餐馆等，设施较全，但灰尘较大。

⑲ 路况抽样：二级柏油路面，宽11米，路面笔直平整，道路两旁有较密集的防护林及村庄，要注意行人穿越马路，从此处开始，村庄结束，由平原变为石山。

⑧ 德庆乡。坐标：N：29，51，945 E：90，42，817 公路两侧有几家商店，一个小餐厅。

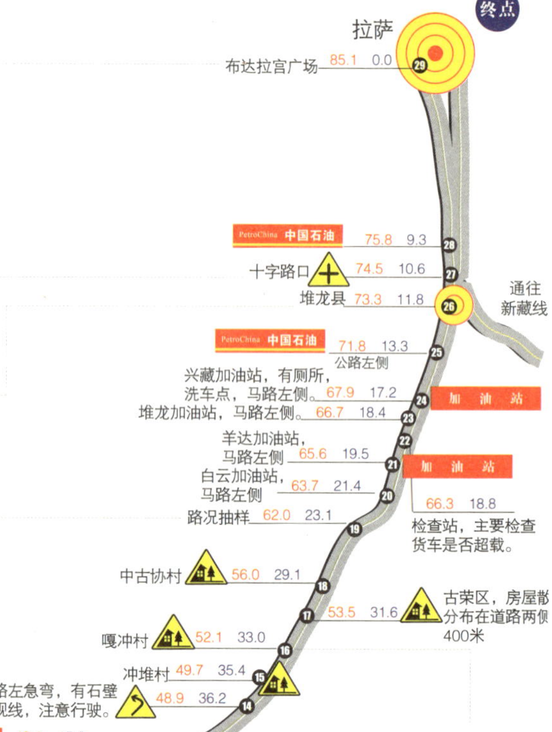

⑯ 嘎冲村

② 事故易发段，限速40公里/小时，石壁阻挡视线，弯急，坡陡，路面较好，车速较快，因此事故频发。

① 羊八井镇，中宝石油加油站，公安检查站。

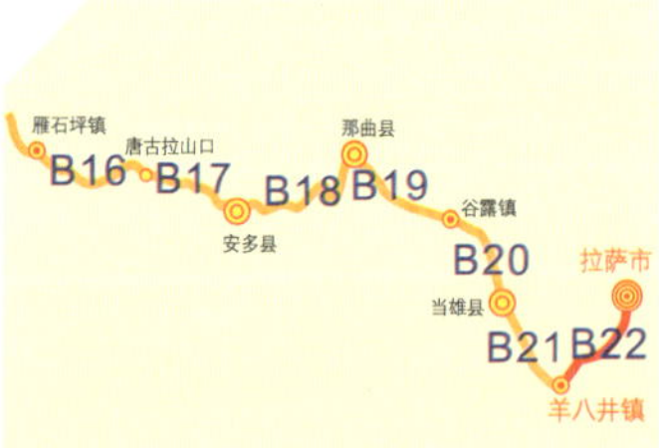

勘察报告

本路段为109国道，路面为二级柏油公路，路面宽11米，两边有防护带，路况良好。沿途道路两侧有大片油菜花地，村舍散落其中，一片田园风光。青藏线以这样开始很容易让人忘记这是一条曾经充满了神秘、恐惧、美丽等传奇色彩的天路，虽然有些路段易出现泥石流、山体滑坡，但是醒目的限速和危险标记使你可以轻松快速地通过本路段。

餐饮

拉萨市区内各式餐馆齐全，主要以川味餐馆和藏式餐馆为主。

加油

沿途7个中石油加油站，都设有卫生间，可以作为路上加油和休整的地点，提供90#汽油，93#汽油，0#柴油，-20#柴油。

住宿

拉萨市区内高中低档次宾馆齐全，还有青年旅馆、藏式家庭旅馆等可供选择。

维修

拉萨市区内有比较正规的维修点。

❻ 昂嘎村，房屋依山而建，错落有致，类似丹巴地区的碉楼。

里程数据速查表

从羊八井镇出发，请从上往下阅读

❶	0.0	羊八井镇	85.1	6.8
❷	6.8	事故易发段	78.3	3.4
❸	10.2	落石路段	74.9	1.5
❹	11.7	进入峡谷路段	73.4	1.4
❺	13.1	连续弯道，爬坡	72.0	4.5
❻	17.6	昂嘎村	67.5	1.5
❼	19.1	连续弯道	66.0	3.6
❽	22.7	德庆乡	62.4	2.5
❾	25.2	桑仓村	59.9	3.1
❿	28.3	莫嘎村	56.8	7.3
⓫	35.6	马乡	49.5	4.5
⓬	40.1	堆龙石油	45.0	3.3
⓭	43.4	沿途风光	41.7	5.5
⓮	48.9	公路	36.2	0.8
⓯	49.7	冲堆村	35.4	2.4
⓰	52.1	嘎冲村	33.0	1.4
⓱	53.5	古荣区	31.6	2.5
⓲	56.0	中古协村	29.1	6.0
⓳	62.0	路况抽样	23.1	1.7
⓴	63.7	白云加油站	21.4	1.9
㉑	65.6	羊达加油站	19.5	0.7
㉒	66.3	检查站	18.8	0.4
㉓	66.7	堆龙加油站	18.4	1.2
㉔	67.9	兴藏加油站	17.2	3.9
㉕	71.8	中石油	13.3	1.5
㉖	73.3	堆龙县	11.8	1.2
㉗	74.5	十字路口	10.6	1.3
㉘	75.8	中石油	9.3	9.3
㉙	85.1	布达拉宫广场	0.0	

从拉萨市出发，请从下往上阅读

⓭ 沿途风光，村庄，油菜花。

圣城拉萨

㉙ 拉萨素以历史悠久、文化灿烂、风光秀丽、风土人情独特、名胜古迹众多、宗教色彩浓厚而闻名于世。除著名的布达拉宫、黄教三大寺(甘丹寺、哲蚌寺、色拉寺)、大昭寺、罗布林卡外，还有神奇的纳木错湖风光、美丽的当雄草原风光、奇特的德中温泉和林芝、墨竹工卡自然保护区……

拉萨的夏天气候温暖而湿润，是最好的旅行季节。这时候也是一年中拉萨自然景色最赏心悦目的时候，整个城市郁郁葱葱，和冬季的萧瑟形成鲜明的对比。在夏季还能赶上藏族最重要的节日之一：雪顿节，那时候的展佛、藏戏都是极有民俗风情的活动。

公元7世纪中叶以前，拉萨是一片荒芜的草泽湖泊（称为“吉雪卧塘”），周围山上有不少森林，野兽出没，人烟稀少。公元7世纪，雄心勃勃的吐蕃部族首领松赞干布，发现这里水土肥沃，于是将统治中心由山南迁往卧塘。公元641年，完成统一大业的松赞干布迎娶了唐朝的文成公主，为了让这位尊贵的天朝公主有一个舒适的地方居住，松赞干布在布达拉宫山顶建造宫室。又在文成公主的建议下，开始修筑西藏的第一座寺庙——大昭寺。因为大昭寺后来成为了王都的象征，于是人们把这个城市命名为“惹萨”，当时“惹萨”译成汉语“逻些”，后又衍变成为“拉萨”——藏语意为“圣地”。

布达拉宫

㉙ 布达拉宫在当地信仰藏传佛教的人民心中，犹如观音菩萨居住的普陀山，因而用藏语称之为布达拉（普陀之意）。

布达拉宫重重叠叠，迂回曲折，同山体融合在一起，高峻耸立，壮观巍峨。宫墙红白相间，宫顶金碧辉煌，具有强烈的艺术感染力。它是拉萨城的标志，也是西藏人民巨大创造力的象征，是西藏建筑艺术的珍贵财富，也是独一无二的雪城高原上的人类文化遗产。

布达拉宫的范围，除红山上的建筑群外，还包括前面的南广场、北广场和龙王潭，多个气势雄浑的大建筑构成了一个巍峨的整体环境。在以后的扩建中，西藏地区的优秀画师又创作了数以万计、题材多样、内容丰富的精美壁画。雄伟、庄严、绚丽多姿的布达拉宫是汉藏艺术交流融合的结晶，是宗教艺术的宝库，墙面装饰的鎏金铜饰，形象都是佛教法器式八宝，有浓重的藏传佛教色彩，柱身和梁柱上布满了鲜艳的彩画和华丽的雕饰，宫殿内廊道交错，殿堂杂陈，置身其中，犹如步入神秘世界。

拉萨市城区示意图
藏热路
纳金加油站
当热东路
纳金路
江苏东路
夺底路
林廓路
银桥饭店
吉拉东路
色拉路
当热中路
北京东路
江苏路
娘热路
林廓北路
拉萨百货大楼
自治区政府
当热西路
兴贸宾馆
电信宾馆
北京中路
西藏大厦
西藏国际大酒店
拉萨饭店
拉萨海关
西藏宾馆
拉萨汽车站
金珠中路
北京西路
金珠西路
区第二人民医院
N
45
吃
4 拉萨饭店
11 银桥饭店
油
12 纳金加油站
住
3 西藏国际大酒店
5 西藏宾馆
7 电信宾馆
8 兴贸宾馆
其他
1 第二人民医院
2 拉萨汽车站
6 西藏大厦
10 拉萨百货大楼

吃

玉包子餐厅

重庆老码头火锅

雪域山珍馆

住

西藏宾馆

拉萨电信宾馆

银都商务宾馆

花园宾馆

至诚宾馆

金鑫大酒店

泰鸿酒店

新世纪大酒店

修　油　其他

朝阳汽车美容中心

中国石化纳金加油站

拉萨市第二人民医院

格尔木城区示意图
金峰路
盐桥路
迎宾饭店
东方宾馆
天池饭店
东村医院
农垦商场
联宇商城
八一路
明珠购物中心大厦
飞天宾馆
中山路
昆仑路
泰山路
市政府
市盐化集团公司
八一中学
地税局
柴达木路
江源路
察尔路
西藏物资转运站
西藏路街道办事处
西海饭店
市检察院
黄河路
矿业大酒店
迎宾路
吃
7 西海饭店
12 迎宾饭店
17 天池饭店
住
1 矿业大酒店
13 东方宾馆
15 飞天宾馆
其他
2 西藏路街道办事处
3 西藏物资转运站
4 八一中学
5 市盐化集团公司
6 地税局
8 市检察院
9 市政府
10 明珠购物中心大厦
11 农垦商场
14 联宇商城
16 东村医院
N
45

格尔木汽车站

迎宾宾馆：0979-8498471

格尔木市火车站

盐湖大酒店：	0979-8448888	威尔士大酒店：	0979-8431208	天龙大酒店：	0979-8462802
格尔木宾馆：	0979-8412068	金地宾馆：	0979-7226000	格尔木大厦：	0979-8452208
金轮宾馆：	0979-8421808	航空大酒店：	0979-8411299	水电宾馆：	0979-8431788
青港宾馆：	0979-8456668	天兴宾馆：	13327618500	翔宇宾馆：	0979-8431999
昆仑大酒店：	0979-7214035	物贸宾馆：	0979-7238218		

那曲县城区示意图
至安乡
28 农畜产品市场
那曲行署 9
招待所 11
建行 13
那曲市场 14
招待所 16
人民商场 18
那曲饭店 22
网吧 24
人民医院 26
建行 27
至火车站
双湖西亚尔 10
12 农行
15 人民银行
17 中国电信
19 网吧
20 邮局
21 农行
23 草原宾馆
25 酒店
至索县
8 孝登寺
7 美食城
6 公安局
5 饭馆
4 修车铺
车站招待所 3
长途车站 2
1 加油站
至拉萨
N
45
吃
5 饭馆
7 美食城
22 那曲饭店
油
1 加油站
修
4 修车铺
其他
2 长途车站
6 公安局
8 孝登寺
9 那曲行署
10 双湖西亚尔
14 那曲市场
17 中国电信
18 人民商场
19 网吧
20 邮局
24 网吧
26 人民医院
28 农畜产品市场
住
3 车站招待所
11 招待所
16 招待所
23 草原宾馆
25 酒店
银行
12 农行
13 建行
15 人民银行
21 农行
27 建行

C

京西南片区

C 京西南片区公路分段示意图

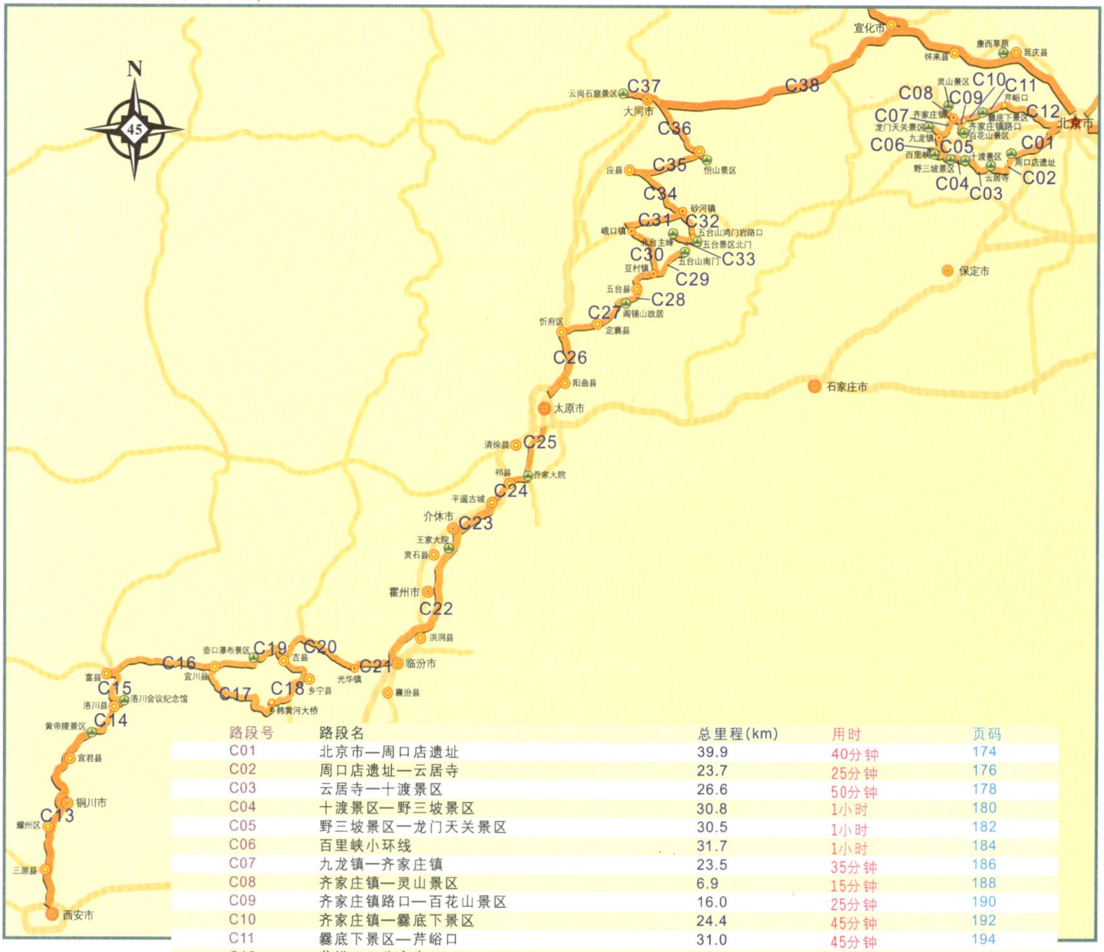

路段号	路段名	总里程(km)	用时	页码
C01	北京市—周口店遗址	39.9	40分钟	174
C02	周口店遗址—云居寺	23.7	25分钟	176
C03	云居寺—十渡景区	26.6	50分钟	178
C04	十渡景区—野三坡景区	30.8	1小时	180
C05	野三坡景区—龙门天关景区	30.5	1小时	182
C06	百里峡小环线	31.7	1小时	184
C07	九龙镇—齐家庄镇	23.5	35分钟	186
C08	齐家庄镇—灵山景区	6.9	15分钟	188
C09	齐家庄镇路口—百花山景区	16.0	25分钟	190
C10	齐家庄镇—爨底下景区	24.4	45分钟	192
C11	爨底下景区—芹峪口	31.0	45分钟	194
C12	芹峪口—北京市	51.7	1小时15分钟	196
C13	西安市—黄帝陵景区	160.9	2小时15分钟	198
C14	黄帝陵景区—洛川会议纪念馆	46.9	1小时	200
C15	洛川会议纪念馆—富县	36.5	40分钟	202
C16	富县—壶口瀑布景区	125.9	2小时25分钟	204
C17	宜川县—乡韩黄河大桥	98.0	2小时40分钟	206
C18	乡韩黄河大桥—吉县	80.2	2小时10分钟	208
C19	吉县—壶口瀑布景区	34.2	35分钟	210
C20	吉县—光华镇	76.9	1小时35分钟	212
C21	光华镇—临汾市	38.7	1小时05分钟	214
C22	临汾市—王家大院	112.0	1小时17分钟	216
C23	王家大院—平遥古城	47.2	35分钟	218
C24	平遥古城—乔家大院	43.3	55分钟	220
C25	乔家大院—太原市	44.8	1小时	222
C26	太原市—定襄县	104.3	1小时25分钟	224
C27	定襄县—阎锡山故居	18.1	25分钟	226
C28	阎锡山故居—五台县	30.1	45分钟	228
C29	五台县—五台山南门	54.5	1小时15分钟	230
C30	豆村镇—峨口镇	44.5	1小时04分钟	232
C31	峨口镇—砂河镇	41.3	1小时	233
C32	五台景区北门—砂河镇	44.0	1小时20分钟	234
C33	五台山鸿门岩路口—北台主峰	10.6	15分钟	236
C34	砂河镇—应县	58.8	1小时05分钟	238
C35	应县—恒山景区	52.5	50分钟	240
C36	恒山景区—大同市	55.1	55分钟	242
C37	大同市—云岗石窟景区	14.3	20分钟	244
C38	大同市—宣化市	188.9	2小时05分钟	246

京西南片区概况

本片区前半部分主要是北京西部的门头沟区及河北的涞水县野三坡等两大景区。后半部分是一条进京的路线，以历史文化名城和名山为主，当然也可以从北京出发前往该片区旅游。主要包括西安、壶口瀑布、王家大院、平遥古城、乔家大院、五台山、恒山、云冈石窟、太原等。沿途景区景点众多，各有特色。

沿途主要看点：

1. 有“塞外小桂林”之称的十渡、野三坡，文化古村爨底下，有“高基因植物库”之称的灵山和百花山等。
2. 云冈石窟、晋祠、平遥古城、乔家大院、王家大院、西安黄帝陵等历史文化古迹。
3. 恒山、五台山、壶口瀑布等自然风景区。

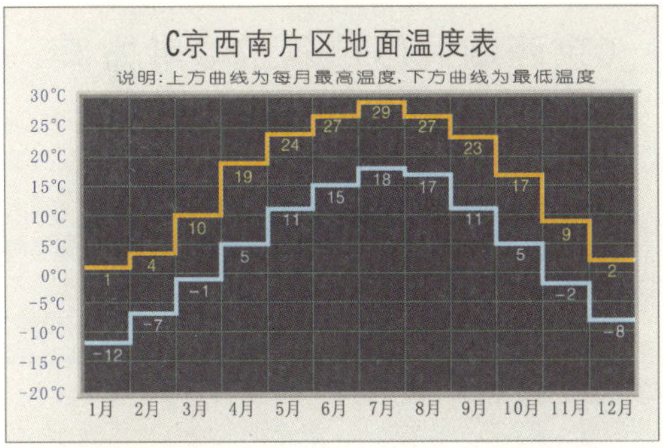

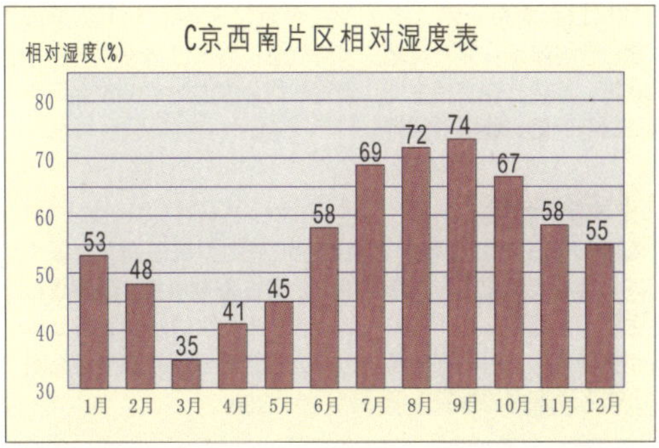

【地理环境】

该片区跨三个省，地理环境多变，北京郊区周边多为山地丘陵区，属喀斯特地貌，山路弯弯，林区众多，植被丰富，山峰平地而起，山间多溪水河流，风光优美，有“塞外江南”之称。

大同、恒山及五台山景区周边多属于山区，山路弯多，树林多，植被很丰富，容易遮挡视线；过了太原后进入以山地丘陵为主的晋中平原，视野较为开阔，壶口瀑布的两岸分属山西、陕西两省，沿途以山地为主。

【气候温度】

该片区跨三个省，主要地区都属于温带半干旱季风气候。

北京为典型的暖温带半湿润大陆性季风气候，四季分明。冬季干燥，春季多风，夏季炎热多雨，秋季晴朗温和，年平均气温约12℃。

陕西及山西两省境内主要属暖温带季风性气候，四季分明，气候适中。夏季短暂，秋季比较干燥，出行要注意及时补水，多带防寒衣物。

【总体路况】

该片区十渡及野三坡路段主要为108、109国道。108国道路面平整，路况也好，主要是山路，风景不错，很有特点，但弯道多，有时比较险。所经之处有很多村庄，掩映在树林或田野间，和谐优美。经过村庄时会有行人横穿马路，要注意减速慢行。109国道路面平整，进入山区弯道多，有些是盘山路，道路畅通，但旅游旺季车辆较多。

山西境内分为高速公路和国道，进入景区有些是省道县道。高速公路车流量很大，各种车辆混行。国道及县道等道路平坦，加油站密集，车辆混行情况普遍，车流量大，车速较慢，需小心驾驶。五台山景区路段为山路，路面平整，但较为狭窄，弯多，悬崖多，旺季车流量大。壶口瀑布区景山西境内路段路况较差，周边多是采煤的矿区，空气质量差，道路灰尘很多。壶口瀑布陕西境内路段则路面崭新平整，车流量少，虽同为山区道路，但沿途风景优美，有很好的驾车乐趣。

【民俗节庆】

妙峰山秋香庙会：妙峰山为北京著名的“八顶”之一，以“金顶庙会”著称，主祀碧霞元君的娘娘庙“香火甲天下”，独特的庙会民俗文化使其成为中国民俗文化的发源地。

【语言沟通】

不存在沟通困难的问题，只是有各省口音，问路最好多问几遍，以提高准确性。

【沿途餐饮】

京郊以农家乐为主，多用当地的新鲜蔬果和本地家禽作招牌。比较特色的有红鳟鱼，可以生吃，也可以烤着吃。

既然到了山里，也该尝尝农家的野味，什么槐树花炒鸡蛋、柳树芽儿、炸花椒叶子，味道都不错，特别对久居城市的人来说，更是新鲜有趣。

山西醋很出名，当地以面食为主。经典面食有:饺子、馄饨、拉面、猫耳朵、削面、刀拔面、莜面栲栳栳揪片。烙饼、葱花饼、脂油糖饼、脂油千层、合子。擦酥糖饼、糖干炉、咸干炉、切饼。油面、燕窝酥。窝头、碗黄。五湖茶、油茶、拌汤等等,其中以平遥的莜面栲栳栳最有特色。莜面栲栳栳的制做工序非常严格，和面一般是由体力较好的小伙子负责，加以烧开的水，用擀面棍搅拌成面团，必须趁热将其揉精。接下来的活就可以交给双手轻柔的女师傅了，但见她在光滑的石板上将小莜面团一揉、一搓，再往手指上一绕，就变出了一卷卷的莜面栲栳栳。接着将薄片卷成空心卷，竖立在笼中，蒸约10分钟后，揭去笼盖，热腾腾的莜面栲栳栳就成功了。

沿途乡镇密集，每个村都有餐馆，大多都有大米饭，炒菜供应，吃不习惯面食的人也不用担心吃饭问题。

【沿途住宿】

郊区以农家乐为主，各处都有各具特色的农家乐及度假村，建议住农家乐，体验当地的乡野气息。各大城市设有各种档次的宾馆，旅店，住宿很方便。但沿线均为旅游热点，黄金周等节假日出行时最好能提前预订。

【安全保障】

每个乡镇设有派出所，交通要道沿线的乡镇还设有交警中队，办公地点大都设在乡镇所在地。治安报警电话和交通事故报警电话都是全国统一的110和122，但为了更快的接通，各处派出所和交警中队一般都在村镇路边或公路边等显眼处直接设立路牌，公布各处直拨的报警电话号码。

【通讯条件】

移动和联通的信号覆盖全片区，路边村庄处处有公用电话，很方便。五台山上有些地方信号很弱，在一些险峻路段甚至没有信号，驾驶需特别小心，因出了事故也没办法以电话的方式和外界联系。

【油品质量】

沿途都有正规的加油站，品质保证，非常方便。

【食品饮料】

所行之处多为郊区田园，每当适令季节都有本地村民把自产的水果放到公路边摆卖，有些还建成小卖部，出售些简单的食品饮料。

【公共厕所】

沿途旅游景区或旅游点都有较为完善的公共设施，各处的加油站也可提供免费厕所。

【安全停车点】

京郊沿途多为乡间二级或三级道路，弯多，树林较多，令视线受阻，选择临时停车点时要注意避开弯道及树木多的地方。进入景区最好把车停放到景区设立的有正规票据管理的停车场，不要乱停在路边或小商店门前，以免引来不必要的争执。沿线各省的高速公路内有服务点，停车方便。

【与旅行相关的一些配套设施】

所有乡镇地T市都有邮政营业网点，开通普通邮件和包裹邮寄及邮政储蓄业务。

各大乡镇以上都设有中行、建行、工行、农行、邮政储蓄等银行的营业网点及柜员机。

各景点门前都设有小卖部，出售胶卷、电池、饮料及零食。

各县城以上或较大的乡镇都设有网吧，星级宾馆一般都配有宽带网络。

京西南片区各县城乡镇间往来的交通工具为火车和汽车，各城镇都有汽车站或火车站，班次很多，出行十分方便。大城市如西安、太原等有机场。

C京西南片区自驾游参考方案

2天方案（环线）

1 北京市—周口店遗址—云居寺—十渡

经过C01、C02、C03三个路段，总路程90.2公里，需时约1小时55分钟。

路况：沿途路况很好，前半段是全封闭高速公路，后半部分为山区公路，弯道较多，车流量很小，多为旅游车辆，旅游旺季时车流量会有所增加。

行程：在北京早餐后出发，约40分钟后到达周口店,参观完周口店遗址后前往云居寺,中午可在云居寺门前的餐馆就餐，均为农家乐,饭菜经济可口。下午前往十渡景区，欣赏夕阳西下的美景，晚上住十渡。十渡景区内有很多农家院落，均可提供食宿，八渡有青年旅馆，其中以十渡镇住宿条件最好。

沿途油站很多，加油方便。维修补胎点密集，进入十渡景区后油站和维修点大为减少。油费约40元/车。

住宿：农家乐约20~30元/人，夏天旅游旺季时价格会高很多甚至翻倍。

门票：

周口店遗址：成人30元，学生15元(含导游费)。云居寺：20元/人。十渡：没有统一门票，各景点内的旅游节目各自收费。

2 十渡—百里峡—龙门天关—北京市

当天行驶路线经过的路段C04、C05、C07、C11、C12，总路程187.7公里，约需5小时。

沿途都是山区道路，两边风景优美，会有很好的驾驶乐趣。

早餐后从十渡出发，前往野三坡景区。野三坡景区范围很大，人们通常选取几个有代表性的景点游玩。其中百里峡是必到之处。游玩百里峡约需要3小时。在九龙镇午餐后前往龙门天关景区游玩。1.5小时左右即可游览完毕，然后返回北京，途中可到古村落爨底下参观游玩。黄昏回到北京市区。

沿途景区内有两个加油站，各镇都有补胎点，能进行些简单的维修，建议出行前在市区做好车辆各项检查。

住宿：在北京市区食宿。

2天方案（单线）

1 北京市—灵山—齐家庄—百花山—爨底下

经过C08、C09、C10、C11、C12五个路段，总路程130公里，需时约3小时25分钟。

路况：沿途路况很好，前半段是全封闭高速公路，后半部分为山区公路，弯道较多，车流量少，多为旅游车辆，旅游旺季时车流量会有所增加。

行程：在北京早餐后出发，前往灵山，参观徐凤翔教授的小木屋，观赏各种高原植物。中午返回齐家庄镇午餐。下午游玩百花山，然后前往爨底下，参观有几百年历史的古村落。晚上宿爨底下。

沿途油站很多，加油方便。维修补胎点密集，进入十渡景区后油站和维修点大为减少。油费约40元/车。

住宿：沿途有很多农家小院都可提供食宿，建议住爨底下村内，淡季约20~30元/人，旺季时价格会高很多甚至番倍。

门票：

爨底下：25元/人。

2 爨底下—珍珠湖—妙峰山—北京市

经过C11、C12路段，总路程82.7公里，需时约2小时。

路况：沿途路况很好，前半部分是乡村公路，树林茂密，弯道多，旅游车辆多，旅游旺季时车流量会有所增加。

行程：在爨底下村早餐后出发，返回北京，途中可游玩珍珠湖景区、妙峰山景区，晚上回到北京市区。

沿途油站加油较方便。维修补胎点散布在村庄的前后，进入京郊后油站及维修点变得密集。油费约40元/车。

住宿：沿途有很多农家小院，都可提供食宿，但淡季旺季价格相差较大。

门票：

珍珠湖：20元。妙峰山30元，有老年证或学生证半价（15元）。

8天方案

1 北京—宣化市—大同市

经过A01、A03、C37、C38路段，总行程319.6公里，需时约3小时25分钟。

行程：早餐后从北京市四环出发，经八达岭高速、京张高速、宣大高速到大同市，午餐后前往距离大同市西郊15公里处的云冈石窟游玩。大同是个古城，市内古迹较多，有华严寺、善化寺、九龙壁等，如果时间够充裕可一一前往游玩。晚上在大同市区内品当地美食，住大同市。

路况：全程高速，分别经过八达岭高速、京张高速、宣大高速。所经路段都是交通要道，路况一般，车流量很大，且多货车，特别是运煤炭的车辆，常会散落些小煤块，容易扎轮胎，驾车时要注意避让。高速公路服务区内设施齐全，均有油站、餐厅、超市。车辆维修则要到大同市或宣化市等城市进行。

过路费：小车共115元/车。

住宿：宣大高速内有两个服务区可提供住宿；大同市内有各档次的宾馆旅店，标间：80~200元/间，建议在大同市住宿。

门票：云冈石窟60元。

2 大同市—恒山景区—应县

需经过C35、C36两个路段，总路程111公里，需时约1小时45分钟。

行程：早上早餐后前往浑源县的恒山，登恒山，游览悬空寺。黄昏前往应县。晚上宿应县。

路况：全线路面均为柏油公路，路况良好。车流少，两边树林、农田众多，举目皆绿色。恒山景区内的路面窄，游客较多，注意减速慢行。

沿途加油站众多，车辆维修、补胎方便。油费？元/车。路费：小车30元/车

住宿：沿线较大的城镇都有农家院落，可提供食宿，但条件一般，应县城内宾馆多，建议在应县内住宿。其中以城区入口处的梨花村宾馆条件最好。

门票：应县木塔60元。悬空寺60元。恒山进山费36元，恒山门票18元，恒山索道往返 45元。

3 应县—五台山景区

当天经过C32、C33、C34三个路段，总路程158公里，需时约3小时30分钟。

行程：应县早餐后出发，前往五台山景区，登北峰，晚上下台怀镇，住台怀镇。

路况：为山区公路，前半段为乡村水泥路，路面有破损，路上行人较多，注意减速。后半段为山区道路，路况很好，旅游车辆较多，弯道大而急，时有崖壁阻挡视线，一定要控制好车速。

沿途加油站密集，砂河镇与应县有很多车辆维修点，可以做普通的维修和保养。大石口收费站：小车 5元/车。

住宿：五台山所在的台怀镇有许多宾馆可提供住宿服务，价格不等，设施尚可。旺季住宾馆最好提前预订。台怀镇的家庭旅社很多，投宿方便。许多家庭旅社也配有高档客房，但房间很少，入住最好提前预订。晋佛宾馆 40元/人。

门票：

进山费：95元（淡季75元，含保险）。寺庙群：22元。黛螺顶索道往返50元，清凉寺5元。

4 五台山景区

行程：本天都在景区里逛，要么登上东西南北中各主峰，要么在台怀镇内游览各寺庙。

路况：景区道路为柏油公路，路面质量很好，穿行在山脉中，弯道较多，以上坡为主，两边景色丰富。

住宿：五台山所在的台怀镇有许多宾馆可提供住宿服务，价格不等，设施尚可。旺季住宾馆最好提前预定，台怀镇的家庭旅社很多，投宿方便。许多家庭旅社也配有高档客房，但房间很少，入住最好提前预订。晋佛宾馆 40元/人。

景区内没有加油站，所以出发前最好在台怀镇加满油，做好车辆的检查。景区内没有收费站，但各景区停车场需缴纳停车费，一般是5~10元。

门票：进山费：95元（淡季75元，含保险）。寺庙群22元。黛螺顶索道往返50元。清凉寺5元。

5 五台山景区—太原市

经过C26、C27、C28、C29路段，总路程208.2公里，需时约3小时40分钟。

行程：早餐后从台怀镇出发，前往定襄县参观徐向前故居及

阎锡山故居，下午游玩太原市郊的晋祠。晚上返回太原市区，宿太原。

路况：国道、省级公路、高速公路、县道、乡村公路都有，沿途各种车辆混行情况严重，驾车状况并不理想。途中加油站密集。沿途的维修点、补胎点很多，不过缺少小汽车的专修点。过路费小车25元/车。

住宿：沿途饮食点较多，有较多的小旅店，但条件不好，建议住太原市。

门票：

阎锡山故居40元。晋祠40元。

6 太原—乔家大院—平遥古城

当天行驶经过的路段：C24、C25，总路程88.2公里，需时约1小时55分钟。

行程：在太原早餐后出发，前往乔家大院，下午前往平遥。晚上宿平遥古城。

路况：全程为高速公路，运煤的货车很多，车辆混行，交通状况复杂。

沿途高速公路的服务区内均有加油站，建议出行前在太原市做好车辆的维修保养工作。预计油费：80元/车。过路费：小车20元/车。

住宿：平遥有各种档次的宾馆旅店，也有私营的客栈，价格适中，平遥古城内有青年旅馆，15元/床位。

门票：

乔家大院40元。平遥古城120元/人通票（城墙、镖局、县衙门、明清街等17个城内景点）也可以各个景点分开买，门票一般在10~20元左右。

7平遥—壶口瀑布景区

当天经过路段：C19、C20、C21、C22、C23，总路程309公里，需时约5小时。

行程：早上从平遥出发，前往王家大院，参观精美的建筑，午饭后前往壶口瀑布景区，晚上宿壶口瀑布景区入口处的宾馆。

路况：平遥至临汾为高速公路，临汾到吉县为山区水泥路，沿途很多运煤的货车，路面老化，有坑洼，时有煤块煤渣散落，空气质量很差。沿途加油站较多，维修点补胎点也很多，不过缺少小汽车的专修点。路费：小车50 元/车。

食宿：沿途饭店小旅舍较多，住宿条件差。壶口瀑布景区入口处有很多宾馆，装修较新，一般为二星、三星，淡季标间160元/人。

门票：

壶口瀑布景区：60元。王家大院：45元。

8 壶口瀑布景区—西安

经过路段：C13、C14、C15、C16，总路程370.2公里，需时约6小时20分钟。

行程：早上从富县出发，跨过黄河大桥，进入陕西。前往洛川，参观洛川会议纪念馆。午餐后前往黄帝陵景区。黄昏进入西安市，品美食，逛夜市，住西安。

路况：壶口瀑布景区—黄帝陵景区之间的道路为三级以上柏油路，路面质量很好，弯道很多，两边风光优美，驾驶平稳，会有一个舒畅的驾车心情。黄帝陵景区到西安市是高速公路，车流量大，车辆混行情况普遍。沿途加油站众多，黄陵服务区内有简易的维修点，宜川县有较多不错的修理厂。预计油费：185元/车。路费：小车65元/车。

食宿：服务区内都有餐厅可以提供饮食，县城有宾馆，黄帝陵景区可提供多种住宿选择。西安市区内各种档次的宾馆设施齐全，三星的价格一般在80~150元/人。

门票：

黄帝陵：90元。洛川会议纪念馆：10元，军人、学生、离退休人员优惠。

野三坡风光

野三坡风光

街景

野三坡风光

平遥古城风光

平遥古城风光

C01 北京市—周口店遗址(39.9km)

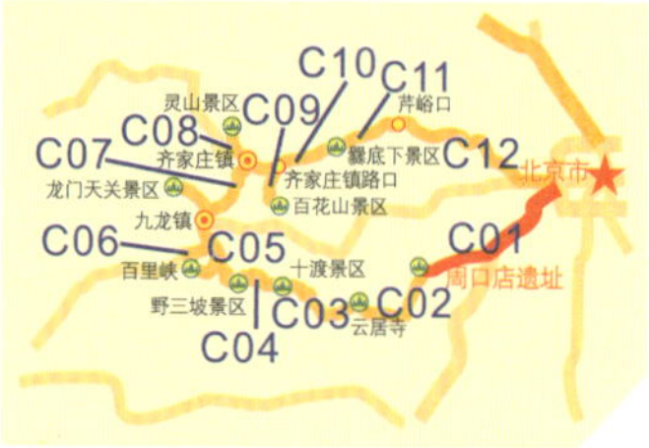

❷ 穆庄路口，卢沟桥出口。

❸ 五环路，卢沟桥出口，可去往抗日战争纪念馆。

❺ 赵辛店、云冈出口。

❽ 良乡机场。N39-43-404E116-06-259/57

❶ 京石高速入口。N39-51-755E116-16-685/65

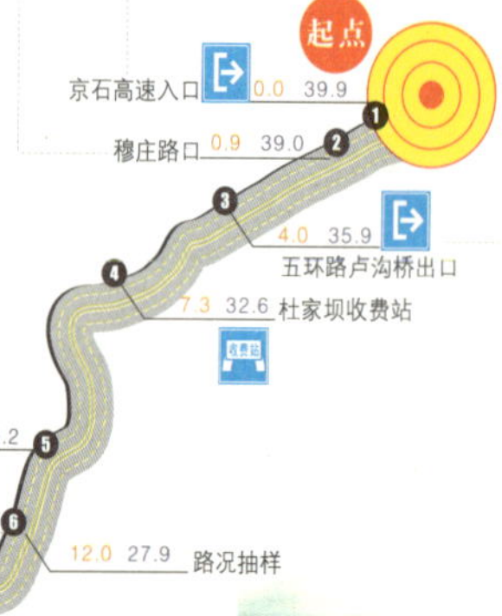
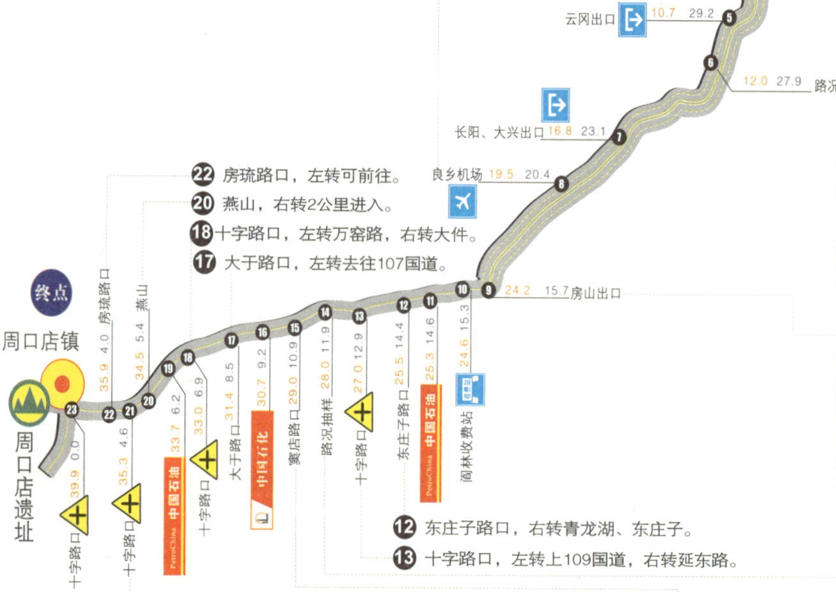

㉒ 房琉路口，左转可前往。

⑳ 燕山，右转2公里进入。

⑱ 十字路口，左转万窑路，右转大件。

⑰ 大于路口，左转去往107国道。

❻ 路况抽样：双向6车道，全封闭、全隔离，路边每隔400米有一个紧急停车带。

❾ 房山、阎村，燕山石化出口，可前往周口店遗址。

⑫ 东庄子路口，右转青龙湖、东庄子。

⑬ 十字路口，左转上109国道，右转延东路。

㉓ 十字路口，左转33公里可到达张坊，直行去往周口店遗址，左转进入319省道0公里处，可通往十渡。

㉑ 十字路口，左转上107国道，右转房山大树街。

⑮ 窦店路口，右转9公里可去往，直行往周口店。

⑭ 路况抽样：一级柏油公路，路面平整，两边有高大的路道树。

勘察报告

从北京西四环出城，转入京石高速公路，在四环路上有通往京石高速的清晰标志。路上车流量一般，各个出口均有清晰的路牌标志，指向各个县城和景区。在房山、阎村出口处下高速转入一级公路，路上有高大的路道树，中间也由路道树隔离，路上的路口较多，路口处均有路牌标志去往周口店，注意过往车辆，减慢车速。道路穿越房山的城区，有食宿餐饮等配套设施，可以做适当休整。

餐饮

房山城区、大于路口均有餐厅，建议在房山用餐。

住宿

房山城区内有宾馆。

加油

高速路段上无服务区，可以在下高速后加油。

救助信息

京石高速公路实时路况查询：47632672

里程数据速查表

从北京市出发，请从上往下阅读

1	0.0	京石高速入口	39.9	0.9
2	0.9	穆庄路口	39.0	3.1
3	4.0	五环路卢沟桥出口	35.9	3.3
4	7.3	杜家坝收费站	32.6	3.4
5	10.7	云冈出口	29.2	1.3
6	12.0	路况抽样	27.9	4.8
7	16.8	长阳、大兴出口	23.1	2.7
8	19.5	良乡机场	20.4	4.7
9	24.2	房山出口	15.7	0.4
10	24.6	阎林收费站	15.3	0.7
11	25.3	右边中石油	14.6	0.2
12	25.5	东庄子路口	14.4	1.5
13	27.0	十字路口	12.9	1.0
14	28.0	路况抽样	11.9	1.0
15	29.0	窦店路口	10.9	1.7
16	30.7	右边中石化	9.2	0.7
17	31.4	大于路口	8.5	1.6
18	33.0	十字路口	6.9	0.7
19	33.7	中石油	6.2	0.8
20	34.5	燕山	5.4	0.8
21	35.3	十字路口	4.6	0.6
22	35.9	房琉路口	4.0	4.0
23	39.9	十字路口	0.0	

从周口店遗址出发，请从下往上阅读

周口店遗址

周口店遗址记述了北京猿人在５０万年前同自然界斗争，繁衍生息的历史，是世界上发现和保存古人类化石最丰富的遗址。特别是北京人头盖骨和大量用火证据的发掘，为研究人类进化提供了生动有力的实证。

周口店遗址处于山区和平原的接壤部位，主体是一个东西长约140米，南北宽2.5～42米不等的天然洞穴，是50万年前北京猿人栖息的地方。他们先后在洞穴里群居了40多万年，遗留下来他们吃剩的食物残余和用过的器具，还有他们的遗骸。

早在1918年发现第一地点后，又经1921年、1923年的两次发掘，发现了不少哺乳动物化石，特别重要的是在这些化石中有两颗人的牙齿，它是北京猿人遗骨的最初发现。自1927年以来，又经多次大规模发掘，特别在1929年12月2日，中国考古学家裴文中先生在北京人遗址北裂缝堆积中发现第一个完整的北京人头盖骨化石。这一发现为人类进化理论提供了有力的实证，被誉为中国科学家夺取的第一枚科学奥林匹克金牌，周口店即以中国猿人之家闻名于世。根据发掘的地点，科学家们把这种原始人类定名为“北京人”，把这座洞穴称之为“北京人遗址”。在北京猿人遗址上方，靠近山顶的洞穴中，是山顶洞人的遗址，根据科学估测，山顶洞人的体躯特征和现代人无明显区别，是原始的黄种人；他们生活在距今一万八千年前，比“北京人”又大大前进了一步。

白石山国家地质公园

白石山国家地质公园以白石山白云质大理岩构造峰林为特征，辅以十瀑峡花岗岩瀑布群和拒马源构造泉群等地质遗迹，下部为肉红色的花岗岩基座，中部为白色大理岩的围腰，上部为灰色塔形山峰，红、白、灰三色一体，景观独特。在花岗岩分布区又是一种景观，山体浑园雄伟，怪石参天，千姿百态，绝壁横陈，险壑纵布，核心部位的大理岩峰林是我国惟一的大理岩峰林地貌，是我国峰林地貌的一种新的类型。（从周口店遗址路口可前往。）

圣莲山风景度假区

圣莲山又称莲花山，古称太山，因整个山体酷似一片片莲花瓣，故名。景区又因圣米石塘而得名，遂后改名为圣莲山。该景区历史悠久，是一处集历史文化遗产与人文景观为一体的旅游观光圣地。景区有“二十八盘登天梯，南庙北观两重天，宫观别墅圣水茶，莲子峰畔祥瑞气，天生卧佛夕阳斜”等奇观。景区餐饮、住宿、娱乐设施完善配套，是集会议、度假、休闲为一体的综合旅游景区。（从周口店遗址路口可前往。）

石花洞国家地质公园

石花洞是目前国内发现的岩溶洞穴中集规模大、洞层多、沉积类型全、次生化学沉积物数量大的洞穴。洞体为多层楼式结构，有上下七层，洞内石笋、石竹、石钟乳、石幔、石瀑布、边槽、石坝、石梯田等和渗透水、飞溅水、毛细水沉积形成的众多石花，石枝、卷曲石、晶花、石毛、石菊、石珍珠、石葡萄，并有晶莹的鹅管、珍珠宝塔、采光壁等，大量的月奶石莲花在我国属首次发现。（从周口店遗址路口可前往。）

C02 周口店遗址—云居寺(23.7km)

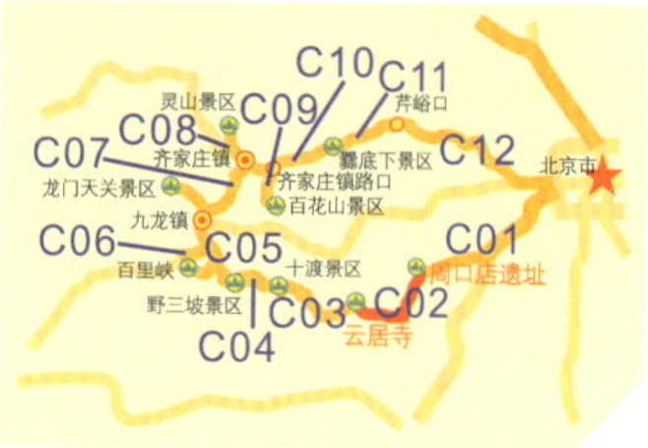

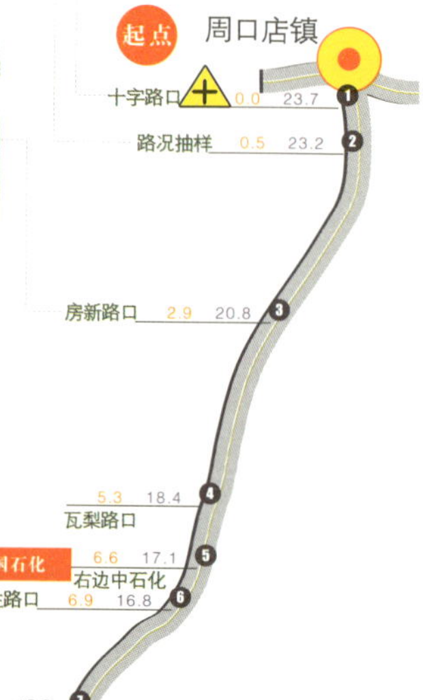

❶ 周口店十字路口，往318省道方向行驶，这里也是318省道0公里处。

❷ 路况抽样：二级柏油公路，路面平整，道路宽10米，路边有绿化带。

❸ 房新路口，右转去往黄山店，直行通往易县。

❹ 瓦梨路口，左转去往石楼，距离5公里。

❺ 岳胜路口，右转通往周张路，距离9公里。

❼ 龙下路口，右转可去往。

❽ 岳疏路口，左转可上107国道，右转去往上方山，距离12公里。

⑯ 云居寺风景区大门。N39-36-511E115-46-209/19

⑮ 十字路口，左转通往十渡，距离28公里，右转通往周口店。

⑬ T字路口，左转去往石富。

⑫ 六间房

⑩ 云居寺路口，直行去往易县，右转为云居寺景区。N39-35-077E115-53-827/60

⑪ 路况抽样：三级柏油公路，道路宽7米。

勘察报告

在十字路口处上S318省道往张坊方向行驶，路况较好，在长沟中学后转入景区道路，虽然道路宽由10米变为7米，不过路面依然不错，是适合四季的自驾旅行路线。沿途车流量小，风景优美，有不少农家院为游客提供食宿、水果采摘等服务，途中还有一些依托景区而兴建的人造景观。

餐饮

云居寺景区入口处有12家餐厅，此外还有一些农家院可以提供就餐。

住宿

农家院内几乎都可以提供住宿，住宿条件一般，价格30元/人。根据季节和房间好坏价格可能有一些浮动

加油

途中有一个中石化

救助信息

上方山景区电话：6135542

里程数据速查表

从周口店遗址出发，请从上往下阅读

1	0.0	十字路口	23.7	0.5
2	0.5	路况抽样	23.2	2.4
3	2.9	房新路口	20.8	2.4
4	5.3	瓦梨路口	18.4	1.3
5	6.6	右边中石化	17.1	0.3
6	6.9	岳胜路口	16.8	1.3
7	8.2	龙下路口	15.5	0.6
8	8.8	岳疏路口	14.9	2.1
9	10.9	沿村	12.8	0.6
10	11.5	云居寺路口	12.2	1.3
11	12.8	路况抽样	10.9	2.4
12	15.2	六间房	8.5	5.0
13	20.2	T字路口	3.5	0.9
14	21.1	下庄村	2.6	2.2
15	23.3	十字路口	0.4	0.4
16	23.7	云居寺大门	0.0	

从云居寺出发，请从下往上阅读

云居寺

16 云居寺是国内外著名的佛教寺院，寺院坐西朝东，环山面水，形制宏伟，享有“北方巨刹”的盛誉。云居寺以其特有的幽静地理环境，奇特迷人的秀丽风光，浓郁的佛教文化特色，而成为藏经纳宝之地、祈福迎祥之所。云居寺修建于隋末唐初，经过历代的修茸和完善，形成了五大院落。云居寺是佛教经籍荟萃之地，珍藏经书无数，具有极高的文化价值和艺术价值，其中珍藏的石经、纸经、木板经被称为“三绝”。此外，寺中的千年古塔和洞藏的佛祖舍利也引来无数游人香客观摩朝拜。

16 云居寺

16 云居寺

C03 云居寺—十渡景区(26.6km)

❸ 路况抽样：三级柏油公路，路况很好。

❻ 一渡

❾ 二渡

⓫ 三渡，有竹筏，30元一筏，沿路两边满布农家院。

⓲ 八渡

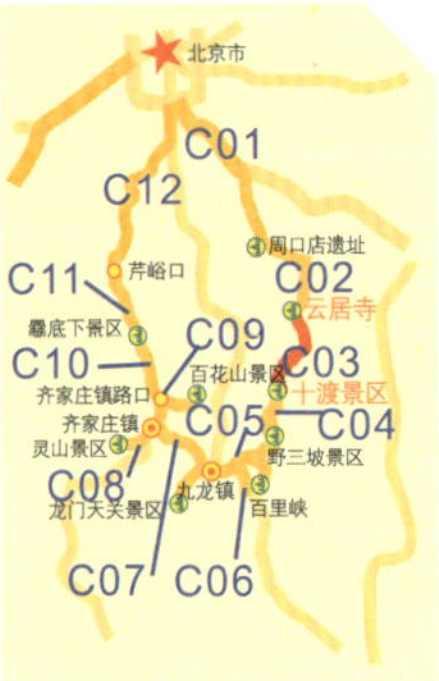

❶ 云居寺路口。N39-36-348E115-46-361/117

❽ 仙栖洞路口，右转10.8公里可去往。

⓬ 四渡

⓭ 五渡

⓯ 六渡

⓱ 七渡

㉓ 十渡镇。N39-38-252E115-34-969/161

㉒ 十渡国家地理博物馆

⑳ 九渡，路边分布了三个培训中心。

勘察报告

这是一条景区道路，修建在山间，路面为平整的三级柏油公路，路况很好，一路上弯道较多，车流量小，主要为旅游车辆，节假日车流会大一些，适合自驾旅行。无论什么季节来这里，均有不同的收获，适合各个季节旅游，不过丰水季节里风光更好。进入十渡后，道路依山傍水，风景如画，道路上弯道影响视线，请保持好车速。九渡是开发较早的成熟景点，配套设施最丰富，十渡地质公园也位于本路段上，一路上都有精彩。

餐饮

云居寺景区出口有5个农家餐厅，十渡景区大门周围有十多家餐厅，沿途也偶尔分布一些用餐点，大都经营农家饭菜。

住宿

十渡景区沿线很多农家院都可提供住宿，在九渡的3个培训中心，八渡的一个青年旅舍，十渡镇的宾馆是住宿条件更好的地方。

救助信息

张坊派出所：　　61339717

十渡景区服务热线：61349009

提醒

在十渡有导游在路上招揽客人

里程数据速查表

从云居寺出发,请从上往下阅读

1	0.0	云居寺路口	26.6	1.2
2	1.2	悠波乐园	25.4	4.3
3	5.5	路况抽样	21.1	1.0
4	6.5	张坊镇路口	20.1	0.8
5	7.3	易县路口	19.3	2.7
6	10.0	一渡	16.6	0.9
7	10.9	风光	15.7	0.6
8	11.5	仙栖洞路口	15.1	0.4
9	11.9	二渡	14.7	1.5
10	13.4	风光	13.2	0.7
11	14.1	三渡	12.5	2.8
12	16.9	四渡	9.7	1.0
13	17.9	五渡	8.7	1.1
14	19.0	西关上村	7.6	0.5
15	19.5	六渡	7.1	1.1
16	20.6	孤山寨景区	6.0	0.7
17	21.3	七渡	5.3	2.0
18	23.3	八渡	3.3	0.8
19	24.1	八渡村	2.5	1.7
20	25.8	九渡	0.8	0.2
21	26.0	左边中石化	0.6	0.2
22	26.2	博物馆	0.4	0.4
23	26.6	十渡镇	0.0	

从十渡景区出发,请从下往上阅读

2 云居悠波乐园，以滑雪为主题。

7 一渡风光

十渡景区

23 十渡是游人乘京原线火车进入风景区的出入口，附近景点有罗圈湖、洞中天、塔山仙池、石门、牛影洞、览胜峰狐狸脸等。这里是华北地区唯一以岩溶峰林、河谷地貌为特色的自然风景区，其东起千河口，西至大沙地，北到石人峰，南临笔架山，面积213平方公里，游览长度百余里。以独特的喀斯特地貌称绝，这里景物既有中国北方的雄奇，又有江南水乡荇水荷凤的柔媚。拒马河水，碧波荡漾，蜿蜒曲折，神似蛟龙。沿河两岸，奇峰挺拔，起伏叠嶂，风景独具。众誉“北方小桂林”，是北京新十六景之一。十渡山水，四季如画，处处是景。初春百花争艳，香溢河谷；盛夏群峰叠翠，碧水如云；深秋柿坠枝头，红叶似锦；寒冬冰河如镜，峰岭披银，似一幅泼墨山水画卷，一派绝妙的北国风光。曾经一首“拒马河，靠山坡，曲曲弯弯绕山过”的诗句，牵动多少人对这里的向往。而今，风光秀丽的十渡更已成为世人青睐的京郊著名风景区。

23 十渡风光

C04 十渡景区—野三坡景区(30.8km)

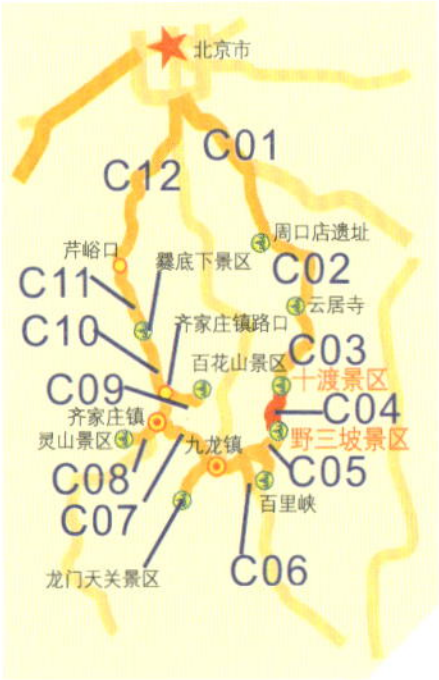

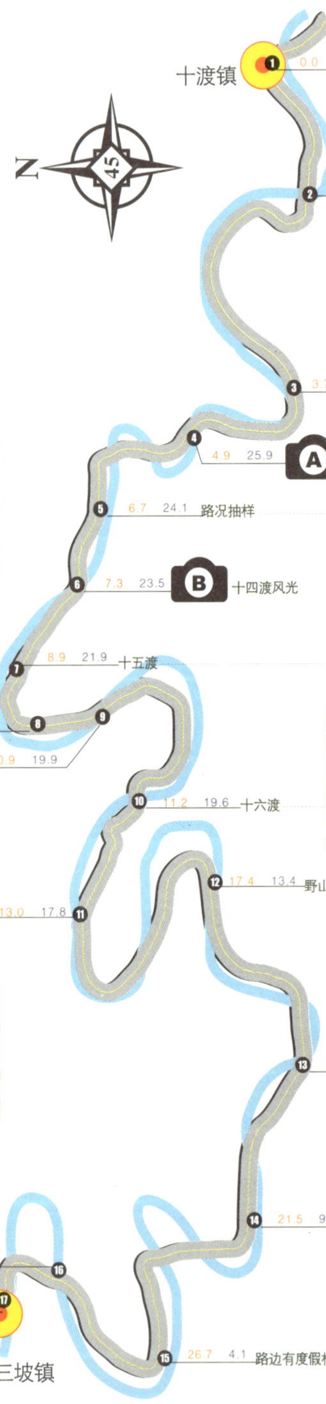

1 十渡镇路口

3 十二渡

5 路况抽样：三级柏油公路，宽8米，路况很好。

7 十五渡

10 十六渡

11 十七渡

12 野三坡国家地质公园。N39-39-010E115-29-634/207

13 古地震遗址

14 野三坡风光

17 野三坡镇，右边为中石化加油站。N39-40-177E115-27-147/259

勘察报告

道路沿河而上，靠山而行。道路两边的农家院逐渐减少，规模也变小，偶尔会出现当地农家，直至野三坡镇。路边有一些农田，种植了玉米等农作物。是一条旅游线路，道路情况很好，主要是旅游车辆经过，道路上弯道较多，特别是进入地质公园后，崖壁陡峭，视线不好。沿线风光秀丽，空气清新，适合各个季节前来旅游，地质地貌为本路段的主要景观。

餐饮

十一渡有两个饭店，野三坡镇上有数十家农家饭、饭店。

住宿

在路段21公里、29.7公里处均有农家院客栈可住宿，野三坡镇上也有不少宾馆。

加油

野三坡镇内有一个中石化加油站，位于路段终点。

救助信息

张坊派出所：61339717

十渡景区服务热线：61349009

提醒

在十渡有导游在路上招揽客人

里程数据速查表

从十渡景区出发，请从上往下阅读

1	0.0	路口	30.8	1.1
2	1.1	十一渡	29.7	2.6
3	3.7	十二渡	27.1	1.2
4	4.9	十三渡风光	25.9	1.8
5	6.7	路况抽样	24.1	0.6
6	7.3	十四渡风光	23.5	1.6
7	8.9	十五渡	21.9	0.8
8	9.7	东湖港	21.1	1.2
9	10.9	西湖港	19.9	0.3
10	11.2	十六渡	19.6	1.8
11	13.0	十七渡	17.8	4.4
12	17.4	野山坡国家地质公园	13.4	2.1
13	19.5	古地震遗址	11.3	2.0
14	21.5	野三坡风光	9.3	5.2
15	26.7	路边有度假村	4.1	2.2
16	28.9	野三坡风光	1.9	1.9
17	30.8	野三坡镇	0.0	

从野三坡景区出发，请从下往上阅读

6 十四渡风光

16 野三坡风光

4 十三渡风光

东湖港风景区

8 这里自然资源丰富，动植物种类繁多，生机盎然，妙趣横生。奇特的“三叠瀑布”水流分三叠落差，直流急下，瀑水入潭击石飞溅。“华北第一梯”倚峭而建，工程险峻，有“登云梯，而览群山”之势。回音壁瀑布是东湖港著名的景观之一，高瀑飞银，直泄潭底，水势猛烈。有“险梯叠瀑，檀林氧吧”的美誉，是绿色旅游和度假的胜地。

野三坡国家地质公园

12 位于山西断隆带和燕山台褶带两大构造单元的结合部，雄踞太行山深断裂东支——紫荆关深断裂带构造运动最强烈的北端之上，是华北板块内部最脆弱和构造运动表现最强烈的地方，发生过多次断裂、褶皱和多次岩浆侵入及火山岩喷发，是李四光先生创名“新华夏构造运动体系”的关键部位，是燕山运动、喜山运动和新构造运动表现最剧烈、最深刻的地方，是我国地质学家称为“地台活化”的典范地区之一。

野三坡显赫的大地构造和内涵丰富的地质背景，造就了得天独厚，珍贵的地质遗迹。 野三坡地质公园内，以白涧—蓬头—庄里深断裂带为界，西部为“断隆区断”，东部为“穹褶区断”。基本形成特色的“构造—冲蚀嶂谷”和“构造—岩溶洞泉”的负地形地貌景观。

16 野三坡风景

C05 野三坡景区—龙门天关景区(30.5km)

㉖ 上天沟路口，左转可进入。

㉕ 大龙门古村

㉔ 龙门天关景区大门。N39-50-445E115-21-261/437

㉒ 太平村，房屋散布在公路两侧，持续1公里。

㉗ 上天沟景区大门，门票40元。N39-49-660E115-21-427/547

㉘ 龙门峡峡口入口，门票40元。N39-50-446E115-20-967/446

㉑ 反向弯道，T字路口，路边有村庄，路口隐蔽，注意行人出入。

⑳ 三岔路口，左边有加油站。N39-48-205E115-24-446/374

⑲ 三岔路口，左转去往龙门天关，右转通往白草坪景区。N39-48-201E115-24-473/380

⑱ 镇厂，也叫九龙镇，位于241省道314公里处，公路穿越城区1公里，村里有大小旅馆7家，较多餐厅，也有药店、汽修。

⑮ 雁翅路口，左转70公里可去往；右转去往北京，距离145公里。

⑭ 马各庄，有一家宾馆，规模较大。

⑫ 路况抽样：三级柏油公路，路面崭新，路况良好，两边有树木、山崖阻挡视线。

⑬ 鱼骨洞景区，门票50元，景区大门有野三坡景区平面图。N39-45-590E115-24-151/331

⑩ 三岔路口，位于交界口村内，左转去往白涧，右转通往龙门关。

⑥ 百里峡景点路口，门票50元，左转进入。

⑦ 公路下方有一处学校，路口隐蔽，注意学生出入。

④ 朝阳峰秀，地貌。

② 史古次生森林大峡谷景区，门票10元。

① 野三坡镇中石化加油站

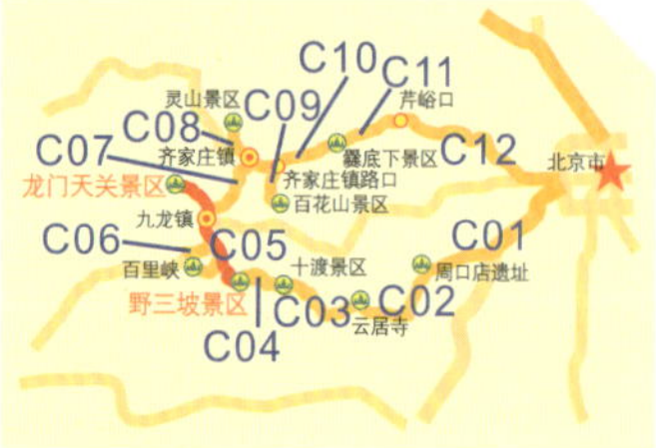

勘察报告

道路穿越野三坡镇，在大街终点与铁路相交，城区长3.2公里，中间有一段1公里的地段无房屋。景区路面平真整新，只有部分旅游车辆通行，车流量较小。沿途旅游开发痕迹不重，不过有导游在途中揽客。途经镇厂规模较大，可以在这里作为途中休整点。景区入口处停车场较小，旅游旺季时可能会拥挤。

餐饮

刘家河、镇厂均有较多餐厅。

加油

野三坡镇内有一个中石化加油站，此外有一些小加油站位于途中。

救助信息

交通事故报警电话：0312－45201220

提醒

沿途有导游在路上招揽客人

住宿

邮政宾馆：0312－4508248；
天硕大酒店规模较大；
马各庄，交通宾馆：4558000

里程数据速查表

从野三坡景区出发，请从上往下阅读

1	0.0	野三坡景区	30.5	1.4
2	1.4	大峡谷景区	29.1	0.6
3	2.0	清泉山	28.5	3.0
4	5.0	朝阳峰秀	25.5	1.0
5	6.0	天硕大酒店	24.5	0.4
6	6.4	百里峡景点路口	24.1	1.9
7	8.3	学校路口	22.2	0.5
8	8.8	紫石口村	21.7	0.8
9	9.6	龙门加油站	20.9	0.6
10	10.2	三岔路口	20.3	1.3
11	11.5	雁山加油站	19.0	0.3
12	11.8	路况抽样	18.7	0.5
13	12.3	鱼骨洞景区	18.2	1.7
14	14.0	马各庄	16.5	0.8
15	14.8	雁翅路口	15.7	0.2
16	15.0	右边加油站	15.5	1.8
17	16.8	镇厂加油站	13.7	0.3
18	17.1	镇厂	13.4	0.8
19	17.9	三岔路口	12.6	0.5
20	18.4	三岔路口	12.1	0.4
21	18.8	反向弯道	11.7	1.9
22	20.7	太平村	9.8	2.6
23	23.3	北龙门村	7.2	1.7
24	25.0	景区大门	5.5	0.5
25	25.5	大龙门古村	5.0	1.2
26	26.7	上天沟路口	3.8	0.3
27	27.0	上天沟景区	3.5	3.5
28	30.5	龙门峡峡口	0.0	

从龙门天关景区出发，请从下往上阅读

龙门天关景区风光

龙门天关景区

这里是一处人文与自然结合得很好的景区，位于野三坡中坡，是京都通往塞外的重要关隘，素有“疆域咽喉”之称，为历代兵家必争之地。这里属花岗岩地貌，山势险峻，易守难攻，叠岭横天，草茂林繁，百花齐放，雏飞蝶舞，鸟语金筝。有奇山、奇石、奇树、奇花、奇水、有四季恒温的冷风口。九瀑银雨飞，晶莹十八潭，天赐一幅伴山伴水伴佛行，观石观峰踏原林的绝世画廊。此外，独有的大龙门古堡、内长城、石刻长廊神秘、古朴，自助野炊、露宿帐篷等趣味横生，可尽情享受边陲野渡的乐趣。

鱼骨洞景区

13 门票50元。鱼骨洞是以奇泉怪洞为主体的自然风景区，全长约1800米，共分5层，层层有景，景景奇特，洞中有洞，洞洞相连。洞底沉积的大量泥土形成了一种奇特的地质现象。石花、云盆、鹅管、地质遗迹等景观好似大自然赋予人类的杰出作品，雄险奇幽，囊括了各种不同时期洞穴沉积物，令人叹为观止。鱼骨洞和鱼骨洞泉自然天成，充满神奇。幽深莫测的鱼骨洞深约180多米，洞内类似石人、石马的钟乳石和千奇百怪地石幔雕像，栩栩如生。其南侧的鱼骨洞泉甘冽清凉，长年涌水不息，水中富含多种有益于人体的矿物质微量元素，是难得的天然矿泉水。每逢农历谷雨前后，泉洞就会不断的向外喷鱼，成为千古之谜。因此，该泉成为世界“八大怪泉”之一，被列为世界奇闻。短短的旅行不仅能给你耳目一新的感观享受，更能让你了解古老星球的生长历程，真正体会大自然的神奇。

C06 百里峡小环线(31.7km)

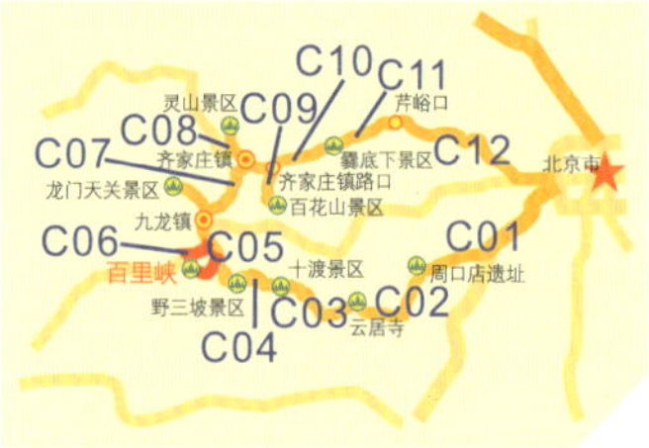

⑭ 隧道，道路在这里开始下坡，海拔566米。

⑮ 交界口村。N39-44-568E115-24-324/336

⑯ 雁翅路口，从这里可去往龙门天关。N39-44-750E115-24-966/336

⑬ 路况抽样：108国道，路况很好。

⑫ 三岔路口，左转去往太原，右转并上108国道，去往蓬头村。N39-43-019E115-21-282/342

② 地貌、路况、风光。

③ 路况抽样：三级柏油公路，路面崭新平整，路边有整修点。

⑪ 银湖水上乐园

⑤ 位于公路左边河对岸

⑦ 有3个饭店，一个旅舍。

⑧ 百里峡侧门，索道路口，索道往返30元。N39-40-285E115-23-669/309

⑩ 百里峡景区大门，门票。50元 N39-40-360E115-22-751/332

⑨ 十字路口，右转马各庄村，直行去往蓬头村。

④ 地貌

勘察报告

百里峡路段为悬崖路段，路面老化，平时车流量小，周末和节假日车流量较大，也有少量当地货车。在百里峡景区内有3个停车场，平时可以将车辆停放在1号停车场，周末节假日只能停在2、3号停车场。景区入口还有三轮车导游景区，每车30元。上108国道之后道路情况好转，为盘山公路，路面平整崭新，周围植物茂密，空气清新，适合自驾旅行。

餐饮

刘家河有3个餐厅，百里峡景区入口处也有较多餐厅。

住宿

刘家河有一个小旅舍，景区入口处也有几个宾馆，景区宾馆条件较好，不过旺季价格较高。

提醒

沿途有导游在路上招揽客人。

里程数据速查表

从百里峡路口出发，请从上往下阅读

1	0.0	百里峡路口	31.7	
				0.8
2	0.8	地貌	30.9	
				0.7
3	1.5	路况抽样	30.2	
				1.7
4	3.2	地貌	28.5	
				0.5
5	3.7	松树口村	28.0	
				0.8
6	4.5	天桥	27.2	
				1.2
7	5.7	刘家河村	26.0	
				1.8
8	7.5	百里峡侧门	24.2	
				1.3
9	8.8	十字路口	22.9	
				0.8
10	9.6	景区大门	22.1	
				2.7
11	12.3	银湖	19.4	
				5.2
12	17.5	三岔路口	14.2	
				0.5
13	18.0	路况抽样	13.7	
				4.4
14	22.4	隧道	9.3	
				4.8
15	27.2	交界口村	4.5	
				4.5
16	31.7	雁翅路口	0.0	

从雁翅路口出发，请从下往上阅读

百里峡景区

❶ 门票50元，百里峡是野三坡景区冠有国字招牌最多的风景区之一。它以独特的自然资源、茂密的森林植被、罕见的植物种类、纯净无染的原生态、奇险的地貌景观、幽静的旅游环境、全新的服务理念、有序的管理体系及其区位优势荣获五项金字招牌，是京西旅游景区点中最耀眼的一颗璀璨明珠。

百里峡由三条峡谷组成，即海棠谷、十悬峡、蝎子沟，总长52.5公里。它有雄险奇秀的天然资源，融返璞归真的古老文明及原始生态的无穷魅力为一体，是闻名遐迩的旅游胜地。这里是全国重点风景名胜区，有历史的教科书，在通往山巅的环线栈道上。你可以了解人类有文字记载的历史史计；这里是国家森林公园，遍布着各类珍稀植物、物种及植物介绍牌，标示着百里峡特有的植物科属、种类、利用价值；这里是国家地质公园，以其重要的地质科学意义，奇特壮观的地质遗迹，向您展现了10~14亿年前中元代时期滨海沉积地层及构造冲蚀形成的障谷奇观。这些不可再生的天然遗产，是不可多得的宝贵资源。这里是世界语者旅游基地，向各国友人、华侨、港澳同胞展现中国自然风貌及旅游风光的平台，是链接世界语者友谊的纽带，是中国旅游互动的桥梁；这里是生态旅游示范区，自然的原始风貌，优美秀丽的原生资源带给你自然生态环境的独特享受；这里植物茂盛，是天然氧吧；这里冬暖夏凉，是自然的空调；这里空气湿润，负离子极其丰富，是您梦想神往的世外桃源。

❻ 天桥

C07 九龙镇—齐家庄镇(23.5km)

⓭ 齐家庄路口，位于G109国道104公里处，在这里并上国道，右转去往北京，左转通往河北。N39-55-924E115-30-576/691

⓫ 路况抽样：三级柏油公路，宽7米，路面崭新平整。

⓾ 北京界，道路从这里开始下坡。N39-55-129E115-39-382/911

❾ 右急弯，两旁有村庄，注意行人穿越。

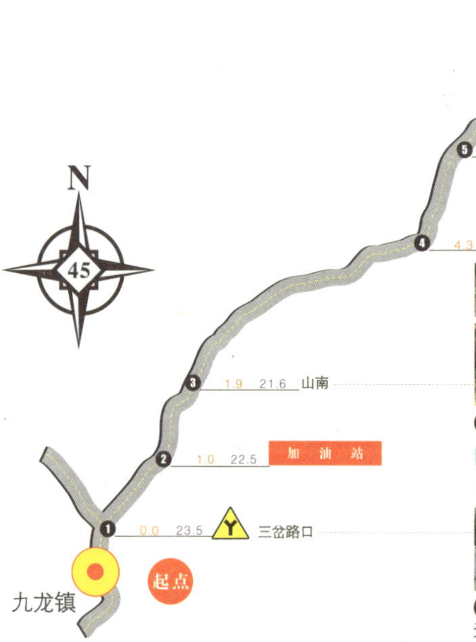

❽ 庄头村

❼ 庄里，房屋掩映在公路两边高大的树丛里。

❻ 路况抽样：三级柏油公路，路面平整，盘山，弯多，时而有山崖峭壁遮挡视线，路边多杂草。

❺ 白草畔森林公园路口，右转可前往，路面为新修的四级水泥公路。

❹ 桑园洞，村庄房屋紧贴公路，行人较多，有各种农用车及杂物占用公路。

❸ 山南

❶ 三岔路口，左转去往龙门天关，右转上G109国道。

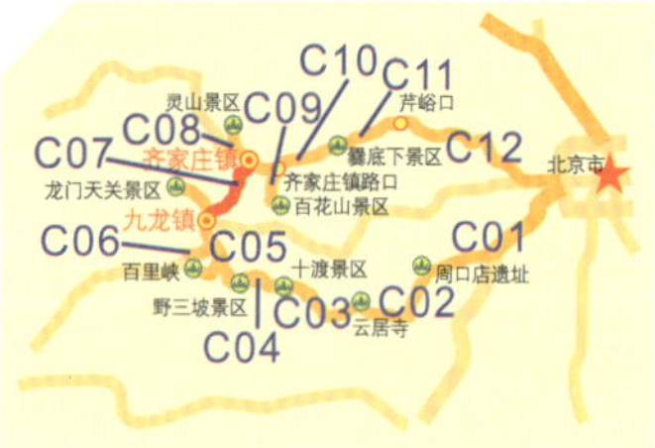

勘察报告

从九龙镇路口往白草畔方向行驶，公路沿山而建，弯道多，植被丰富。沿途车流量较小，道路平整。有一段沿河行驶的道路，风光好，是本线路的亮点。一路上村庄密集，但规模都较小，没有配套设施，在一个垭口处进入北京地界，进入北京后开始长下坡，直至路段终点。

白草畔景区

❺ 野三坡白草畔素有“太行山中的绿色明珠”之称，主峰海拔1983米，与北京百花山是“姊妹峰”。景区地形、地貌复杂多样，自然生态保存完好，遮天蔽日的森林与千姿百态的石林相融合，山地风光独具风采。这里气候凉爽，昼夜温差较大，暑期最高气温为22℃，山上植被呈垂直带状分布，显现出“同天同山不同季，同花同草不同开”的温差效应。千米以下的大片松林生机勃勃，四季常青；千米以上的白桦林密密匝匝，颀秀俊美。据专家考察，白草畔现有种子植物约92科1000余种；蕨类植物15科近100种；脊椎动物159种，其中国家重点保护动物15种，堪称“天然的植物王国”和“野生动物乐园”，不仅具有较高的观赏价值，而且还极具科学考察价值。

白草畔挺拔刚劲的群山之间，清泉密布，小溪潺潺，异石林立，草木丰茂。春季白雪、夏季冰川、秋季红叶，堪为世上绝景。一年之中应时山野花开遍山野，杜鹃、丁香、野玫瑰随季节开放，姹紫嫣红，争奇斗艳，花香沁人心脾。“蚂蚁岭”上层层密布的红蚁巢高如土冢，世间罕见。“风动石”更是奇绝无比，此石直径5米，高达4米，形如仰放的馒头，仅有二点支撑，巍然矗立于悬崖边缘，若攀援而上，远处青山绵延，脚下无底深渊，清风吹拂，顿觉巨石摇动，惊险刺激。登临顶峰石城岭，放眼四周，群山起伏，层峦叠嶂，茫茫林海一望无际，是我国北方不可多得的观日出、赏云海之胜地。

在白草畔游览，游人还可以登刺天峰，爬鸡冠山，走锦秀山谷，赏密林雪浪……。丛林中引吭高歌，绿荫里野餐小憩，返璞归真的乐趣妙不可言！

里程数据速查表

从九龙镇出发，请从上往下阅读

1	0.0	三岔路口	23.5	1.0
2	1.0	左边加油站	22.5	0.9
3	1.9	山南	21.6	2.4
4	4.3	桑园涧	19.2	1.0
5	5.3	白草畔路口	18.2	2.5
6	7.8	路况抽样	15.7	5.3
7	13.1	庄里	10.4	2.0
8	15.1	庄头村	8.4	1.5
9	16.6	右急弯	6.9	3.0
10	19.6	北京界	3.9	0.5
11	20.1	路况抽样	3.4	2.1
12	22.2	风光	1.3	1.3
13	23.5	齐家庄路口	0.0	

从齐家庄镇出发，请从下往上阅读

C08 齐家庄镇—灵山景区(6.9km)

❾ 景区大门售票处

❼ 路况抽样：崭新的柏油路面，宽6米，位于山野林间，清亮宁静。

❻ 农家小院

❺ 路边种满高大的核桃树

❸ 路况抽样：三级柏油公路，道路宽7米，路面崭新平整，路况很好。

❹ 灵山路口，109国道沿路口左边行驶，沿公路右边去往灵山景区，路边有灵山旅游资询站。N39-56-961E115-29-139/746

❷ 齐家庄镇，位于G109国道105公里处的公路右下方。

❶ 路口

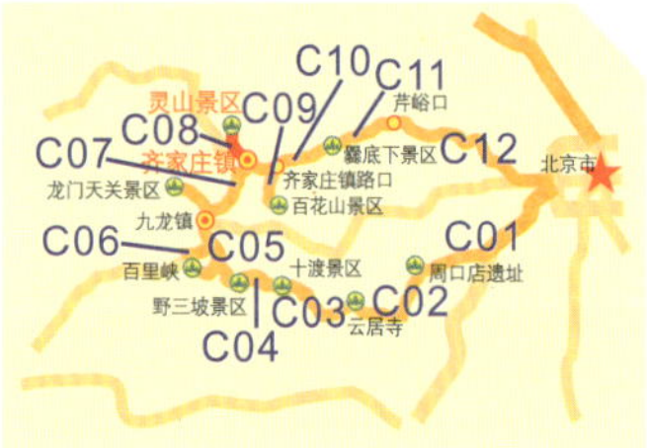

勘察报告

沿国道109行驶一小段之后进入景区道路，路口处标志明显，旁边还有一个旅游咨询站。沿途有一些农家小院，路边种满了护路核桃树，在收获的季节里树上挂满了果实，很有田园风味。路面翻新时间不长，路况很好，道路宽6米，中间有黄线隔离，是一条适合夏季避暑的好线路。

餐饮

景区道路上有几个农家饭庄。

住宿

齐家庄有一个度假村，此外沿途的农家乐也可住宿。

里程数据速查表

从齐家庄镇出发，请从上往下阅读

1	0.0	路口	6.9	
				1.0
2	1.0	齐家庄镇	5.9	
				1.3
3	2.3	路况抽样	4.6	
				0.7
4	3.0	灵山路口	3.9	
				1.2
5	4.2	核桃树	2.7	
				0.5
6	4.7	农家小院	2.2	
				0.3
7	5.0	路况抽样	1.9	
				1.0
8	6.0	灵山小木屋	0.9	
				0.9
9	6.9	景区大门	0.0	

从灵山景区出发，请从下往上阅读

灵山景区

9 灵山位于门头沟与河北交界处，海拔2303米，是北京地区最高峰，因为海拔高、温度低而成为京郊避暑胜地。虽然灵山方圆只有25平方公里，却是京郊唯一集高原、草原风光为一体的自然风景区。

这里自然景观独特，夏季气候变幻莫测，山间云雾缭绕，既有暖温带植被又有西伯利亚寒冷地带亲缘植被，生长着杜鹃、丁香、白桦林和榛子、黄花、玫瑰等植物，尤以高山草甸最为著名，是新疆细毛羊、伊犁马、青藏牦牛在北京唯一的天然繁衍养殖场。

灵山小木屋

8 小木屋的全称是北京灵山生态研究所，是由我国高原生态学家、两座"小木屋"的主人徐凤翔精心创建。

北京灵山生态研究所位于北京西郊灵山脚下，也叫灵山西藏博物园。由高原生态学专家徐凤翔创建。她曾在西藏的高山密林间搭建了一座小木屋进行了长达18年的科学研究，这座小木屋就是后来西藏高原生态研究所的前身，也是她的第一座小木屋。

1995年从西藏退休后，徐凤翔又在北京的灵山上建起了人生中的第二座“小木屋”——北京灵山生态研究所，并且自称木屋山人。她一边研究和保护灵山的生态环境，一边向更多的人介绍西藏的丰富生态资源，进行着环保教育。该研究所如今已经发展成为重要的高原生态科教基地。基地目前拥有约85亩园圃和试验用地以及管护的一片山场，建成了生态教学楼、温室、引种试验圃地、树木园以及基本生活设施，具备了对青少年进行生态教育和野外教学实习的软硬件条件。

博物园内，满眼都是嫩绿。花了十一年时间，徐凤翔已经把小木屋周围的华北石质山地铺上了一层绿色。据她介绍，为了让这里长草长花，填了足足有30公分厚的客土。

藏式风格的小木屋，呈现出一个多姿多彩的西藏生态影像。从雅鲁藏布江大拐弯处海拔2300米处亚热带绿阔叶林的烟雨朦胧，到墨脱海拔1100米山地热带雨林景观，都出自徐凤翔之手。

小木屋里还陈放着徐凤翔从西藏带来的植物、药材和矿石标本。在小木屋外，种着几十种由徐教授亲自引种的来自西藏的植物，有大花黄牡丹，红蕊黄牡丹等。

在灵山生态研究所大门口，挂了很多牌子，有中国生态学会基地、北京师范大学生命科学院实验基地等等。灵山生态研究所在2002年作为中华爱国工程联合会青少年教育基地获得了环保大奖地球奖，徐凤翔自己则在2000年也获得了个人的地球奖。这个奖是专为环保宣传教育方面作出突出贡献者而设。

链接：

高原生态学专家徐凤翔，20世纪80年代，成为作家黄宗英的报告文学《小木屋》的主人公。在这篇当年轰动全国的报告文学中，黄宗英讲述了一位女性和西藏高原的故事：47岁时选择进藏，在西藏的高山密林间搭建了一座小木屋进行了长达18年的科学研究，而这座小木屋就是后来西藏高原生态研究所的前身。随着报告文学在全国的畅销，徐凤翔和她的"小木屋"也成为一代知识分子献身科学的榜样。

8 灵山小木屋

C09 齐家庄镇路口—百花山景区(16.0km)

⑥ 百花湖度假村，可提供垂钓等服务。

⑦ 右边有岔道，沿大路行走。

⑨ 停车点，道路较窄，沿途每隔一段距离都有一个停车点。

⑪ 三岔路口，左转去往百花山，直行进入村庄。

⑫ 八亩堰山庄

⑬ 简昌路口，直行1公里可进入，左转去往百花山，道路从这里开始爬山。

⑭ 张家铺

⑯ 临时停车点，这里有一个观景台。

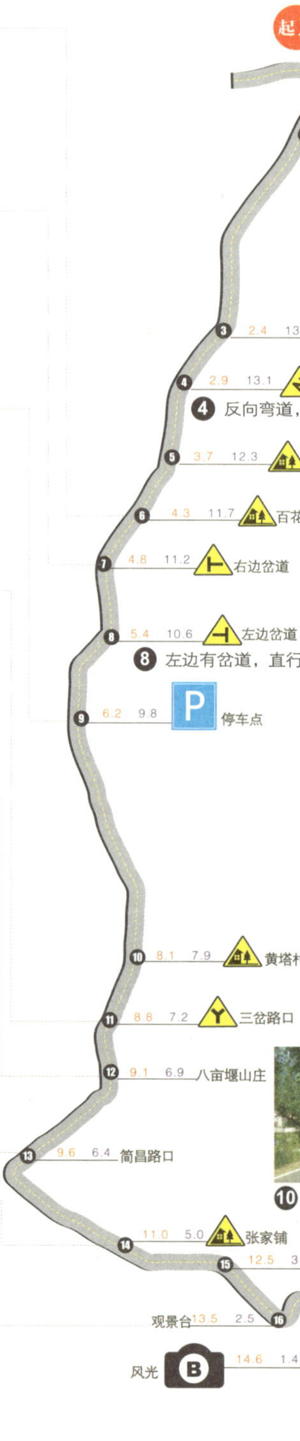

⑩ 黄塔村，有农家院。

② 景区道路为三级柏油公路，路况很好，美景无限。

③ 梁家铺村，路边种满了鲜花，石垒的小屋依山而建。

⑤ 塔河村

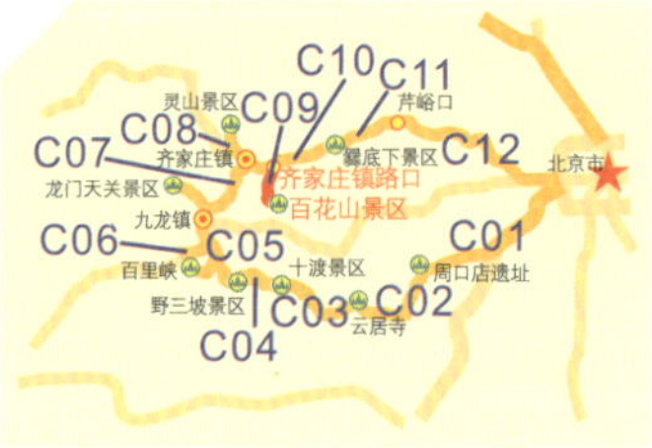

⑮ 观景点

⑲ 路况

⑳ 景区大门售票处，门票30元。

N39-50-300E115-34-352/1106

勘察报告

从X009省道0公里开始出发，全线覆盖手机信号，为景区道路，道路宽6米，较窄，不过每隔一段距离有一个停车点。沿线村庄较多，也有较多度假村、垂钓园等休闲场所，绿树成荫，路边的花草还不时蔓延到公路上，景色绝佳，是不错的夏季避暑场所。

餐饮

途中度假村可以用餐，不过在非节假日不正常营业。

住宿

公路沿线和景区内均有度假村可住宿。

⑱ 风光

百花山景区

⑳百花山，门票30元，山如其名，动、植物资源丰富，有"华北百草园"之称。

百花山景区由四大部分组成，即百花山主峰景区、百花山草甸景区、望海楼景区、百草畔景区。35个景点分布在景区各处，其中以百花草甸、百花山瀑布、万年冰肌、山顶日出、晚霞映翠、蚂蚁山等最为著名。景区内植被繁茂，人迹罕至，为野生动植物休养生息提供了良好的条件，穿行其间，你不时会听到勺鸡、褐马鸡、黑鹳等清脆的叫声，如果走远的话，还会看到斑羚、野鹿的身影......但是如果想攀登百花山，请你准备好体力、毅力与胆量。愿你能够穿透林海到达山顶，亲身体会百花山的美丽。

里程数据速查表

从齐家庄镇路口出发,请从上往下阅读

序号	里程	地点	剩余	间距
1	0.0	齐家庄镇路口	16.0	0.6
2	0.6	路况	15.4	1.8
3	2.4	梁家铺	13.6	0.5
4	2.9	反向弯道	13.1	0.8
5	3.7	塔河村	12.3	0.6
6	4.3	百花湖度假村	11.7	0.5
7	4.8	右边岔道	11.2	0.6
8	5.4	左边岔道	10.6	0.8
9	6.2	停车点	9.8	1.9
10	8.1	黄塔村	7.9	0.7
11	8.8	三岔路口	7.2	0.3
12	9.1	八亩堰山庄	6.9	0.5
13	9.6	简昌路口	6.4	1.4
14	11.0	张家铺	5.0	1.5
15	12.5	观景点	3.5	1.0
16	13.5	观景台	2.5	0.5
17	14.0	风光	2.0	0.6
18	14.6	风光	1.4	1.3
19	15.9	路况	0.1	0.1
20	16.0	景区大门	0.0	

从百花山景区出发,请从下往上阅读

⑰ 风光

C10 齐家庄镇—爨底下景区(24.4km)

⑭ 斋堂镇

⑮ 涉水路段，雨季有水浸过路面，旱季裸露出鹅卵石，减速通过。

⑯ 路况抽样：三级柏油公路，宽7米。

⑰ 爨底下景区大门，门票20元。N39-59-657E115-38-389/616

⑨ 洪水峪路口，右转7公里可到达，路边有中石化加油站。

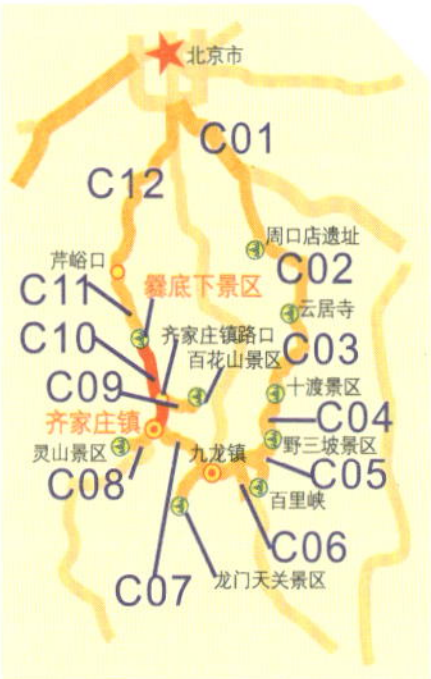

爨底下路口 19.0 5.4
路边的小屋 20.7 3.7
17.8 6.6
下坡弯道
斋堂镇 22.0 2.4
涉水路段 22.6 1.8
路况抽样 23.6 0.8
16.9 7.5
落石路段
24.4 0.0 爨底下景区
爨底下景区
终点
洪水峪路口 12.5 11.9
清水公园 11.8 12.6
清水镇 10.9 13.5
龙门涧路口 10.5 13.9
田寺路口 8.5 15.9
百花山路口 5.6 18.8
车辆检查站 3.5 20.9
杜家庄 2.5 21.9
起点
齐家庄路口 0.0 24.4
齐家庄镇

⑫ 爨底下路口，左转进入。
N39-58-050E115-40-347/437

⑧ 清水公园

⑦ 清水镇，有农家院、卫生院、休闲度假村、派出所。

⑥ 龙门涧路口，左转10公里到达景区。

② 杜家庄，旁边一条悠长宁静的青石板小路。

① 齐家庄路口

⑪ 连续下坡、弯道，长300米。

⑩ 左急弯、落石路段。

⑤ 田寺路口，右转可去往。

④ 百花山路口，右转通往百花山景区，为X009县道0公里处。

勘察报告

在齐家庄沿109国道往北京方向行驶，道路情况良好，车流量一般，主要都为旅游车辆。周围景区密集，在每个景区路口均有明显的路牌标志，沿途也有不少旅游配套设施，可以选择在途中的休闲度假村内休整。爨底下景区的路牌标志不太清晰，应该在过桥后右转进入，景区道路路况也不错，不过弯道较多，有涉水路段，注意控制好车速。

餐饮

杜家庄、清水镇均有餐厅。

住宿

清水镇有度假村，爨底下景区内的农家也有住宿提供，每人约15元。

里程数据速查表

从齐家庄镇出发，请从上往下阅读

1	0.0	齐家庄路口	24.4	2.5
2	2.5	杜家庄	21.9	1.0
3	3.5	车辆检查站	20.9	2.1
4	5.6	百花山路口	18.8	2.9
5	8.5	田寺路口	15.9	2.0
6	10.5	龙门涧路口	13.9	0.4
7	10.9	清水镇	13.5	0.9
8	11.8	清水公园	12.6	0.7
9	12.5	洪水峪路口	11.9	4.4
10	16.9	落石路段	7.5	0.9
11	17.8	下坡弯道	6.6	1.2
12	19.0	爨底下路口	5.4	1.7
13	20.7	路边的小屋	3.7	1.3
14	22.0	斋堂镇	2.4	0.6
15	22.6	涉水路段	1.8	1.0
16	23.6	路况抽样	0.8	0.8
17	24.4	爨底下景区	0.0	

从爨底下景区出发，请从下往上阅读

⑰ 房屋特写

爨底下景区

⑰ 川（原字为爨，读cuan）底下村位于京西山区深山峡谷中，苍松翠柏、绿树成荫，大有“世外桃源”之感。

川底下村现保存着500间、70余套明清时代的四合院民居。整个村庄保留有比较完整的古代建筑群，它坐落在北侧缓坡之上，依山而建，层层升高，村上一条蜿蜒东西走向的紫石、青石砌成的小巷，看去幽雅漂亮。村分上下两层，高低错落线条清晰，被称为北京地区的“布达拉宫”。

川底下村有着丰富的自然景观和人文景观，金蟾望月、威虎镇山、神龟啸天、蝙蝠献福、一线天、花仙池、老龙窝、牛头山、九柏九十阵、京西古道遗址等，景观美不胜收。更可贵的是墙上还保留着清朝时的治家格言、照壁题字，以及抗美援朝、文化大革命各个历史时期的标语，步入其间，犹如走入历史长廊。尝一尝特色的农家饭、山野菜、贴饼子、自磨豆腐；听一听古村老屋的神秘传说；走时再买上一瓶山里人自酿的蜂蜜，真是乐不思归。

在川底下东北方向为“京西第一山”妙峰山，主峰海拔1291米，山地形势险峻，层峦叠嶂，九曲十八盘直达金顶。自然景观绝佳，奇松怪石、云海瀑布、红叶溶洞极观览之胜，特产玫瑰花，面积千亩，初夏盛开，异香漫山。

⑰ 川底下景区

C11 爨底下景区—芹峪口(31.0km)

18 雷达测速区，限速40公里，路边有卖自产水果的村民。

14 左急弯过桥

12 碣石路口，左转10公里去往，路面为四级道路。

10 连续弯道，限速40公里。

9 峡谷地段，两边山峰林立，崖壁扑面而来，山高谷深。

8 灵水路口，左转4公里去往灵水，路边有中石化加油站。

19 芹峪口三岔路口，左转48公里到达官厅，右转去往北京。
N40-02-156E115-52-460/252

16 村庄，路边有卖水果的村民。

11 法城路口，右转可去往，距离3公里，路面为土路。

7 吕家村路口，右转9公里可到达。

6 双龙峡路口，右转4公里可去往双龙峡景区。

5 珍珠湖景区路口，路边有中石化，为X008县道0公里处。

3 斋堂镇路口，左转进入镇内。

勘察报告

从爨底下景区出发，在路口处并上G109国道往北京方向行驶。路况较好，车流量一般，在节假日车流量较大，是一条旅游热线。沿途各种路牌标志明显，在危险路段上也有提示，一直沿着河流前行。山水和绿树在路边不断地闪现，风光优美，路边还有各种新鲜的水果出售。沿途旅游已经开发，有不少路边休闲点，可垂钓，喝茶，采摘等。

里程数据速查表

从爨底下景区出发,请从上往下阅读

序号	里程	地点	里程	间距
1	0.0	景区大门	31.0	5.4
2	5.4	爨底下路口	25.6	0.8
3	6.2	斋堂镇路口	24.8	1.4
4	7.6	东大街路口	23.4	1.8
5	9.4	珍珠湖路口	21.6	0.4
6	9.8	双龙峡路口	21.2	5.2
7	15.0	吕家村路口	16.0	0.6
8	15.6	灵水路口	15.4	1.6
9	17.2	峡谷地段	13.8	1.0
10	18.2	连续弯道	12.8	1.1
11	19.3	法城路口	11.7	2.0
12	21.3	碣石路口	9.7	0.5
13	21.8	村庄	9.2	0.6
14	22.4	左急弯过桥	8.6	0.5
15	22.9	珍珠湖路口	8.1	0.4
16	23.3	村庄	7.7	3.0
17	26.3	太子墓村	4.7	0.2
18	26.5	雷达测速区	4.5	4.5
19	31.0	三岔路口	0.0	

从芹峪口出发,请从下往上阅读

餐饮

斋堂镇、太子墓村、雁翅镇、芹峪口均有餐厅。

住宿

途中的旅游度假村可提供住宿。

购物

太子墓村有新鲜水果出售。

17 太子墓村风光

珍珠湖景区

5 海拔约400米，年平均气温-15℃～30℃。因1958年在此修建珠窝水库，该景区因而得名珠窝水库，又因丰沙铁路在库区北侧设站，名为“55公里”，故而此地又有“55公里”之称，自1968年5月起，由门头沟区旅游局将其开辟为旅游风景区，并改称为“珍珠湖”。

珍珠湖两岸山势陡峭，峰峦叠嶂，森严壁立。夏秋时节，两岸岩崖布满青苔，野花遍地，色彩美丽，十分着人喜爱。湖水清澈碧透，平静如镜，蓝天、白云、高山、树影，静卧其中，恰似一幅天然的山水壁画。湖面可荡桨泛舟，网鱼捞虾，确为京西永定河峡谷中的一颗璀璨明珠。

著名的亚洲第一铁路拱桥横跨湖上。大桥气势如长虹卧波，成为珍珠湖上的一处独特景观。到此一游让人惊叹不已，精神振奋。

顺湖驾舟而上，有一自然村落杏花村。村内生长着百余棵杏花树，每年春暖花开时节，杏花竞相开放，给珍珠湖带来又一奇特景色。珍珠湖水中生物繁多，爱好垂钓的朋友，可以尽显身手。

双龙峡路口，右转4公里可去往双龙峡景区。双龙峡自然风景区是京西新开发的一个风景区，被喻为“小九寨”、“百瀑布”。在这里，您可以体验到惊险刺激的原始森林探险；乘坐独特的森林小火车，行驶于山间，花香迎面而来令人心旷神怡，犹如仙境。可以欣赏的主要景点有：玉龙湖、清幽湖、坐听双琴、仙女湾、第一瀑布（高29.7米、宽5米）、千蛙蜂、七音瀑、双龙入水、小九寨沟、琴玉潭、三百年野生猕猴桃、仙女梳头、双龙戏龟、青蛙石、二百年野生猕猴桃、仙聚柳、送仙松、第二瀑布（高30米、宽10米）、原始森林。第一瀑布至第二瀑布山谷内，沿溪流、山径，藤蔓植物与灌木、乔木纠缠盘结，形成约五公里长的天然植物走廊，郁郁葱葱，遂名“藤萝谷”，为双龙峡一大奇观。

C12 芹峪口—北京市(51.7km)

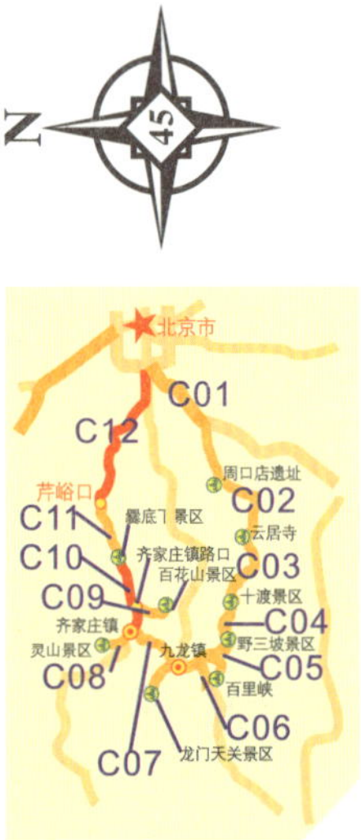

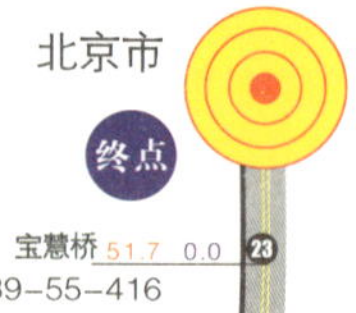

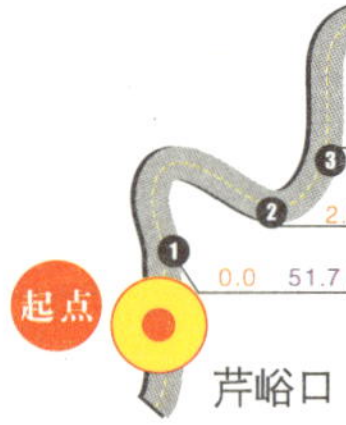

⑳ 军庄路口，左转5公里可去往，直行阜成门，沿石门路直行。

㉑ 左转去往苹果园，右转广宁路，可去往门头沟。

⑲ 三岔路口，左转去往三家店，直行去往河凝。N39-57-430E116-05-584/117

⑯ 路况抽样：一级柏油公路，宽14米，路面平整笔直。

⑰ 野溪路口，右转去往，路面为四级道路。

⑭ 三岔路口，左转进入隧道，右转去往门头沟。

⑧ 急弯下坡路段，减速慢行，海拔234米，下坡落差200米。

⑨ 三岔路口，左转去往岭角，距离4公里，右转去往北京，下坡路段在这里结束。

⑤ 连续弯道、爬坡路段，持续1100米，减速慢行。

⑥ 东方红隧道，海拔431米，长600米，过完隧道之后转入下坡。

② 三岔路口，左转通往雁翅火车站。

① 芹峪口路口。N40-02-156E115-52-460/252

勘察报告

一直沿着G109国道行驶。出芹峪口后道路离开河流，开始上坡，坡度较大，弯道多，视线不好，到达东方红隧道后又转入长下坡路段，情况比较复杂，注意控制好车速。路面为二级柏油公路，之后变为一级公路，路况较好。沿途车流量一般，门头沟路口之后车流量逐渐变大，沿石门路直行，上西长安街，进入北京城内。

餐饮

门头沟城内

住宿

门头沟有宾馆，最好进入北京城内住宿。

里程数据速查表

从芹峪口出发,请从上往下阅读

1	0.0	芹峪口路口	51.7	2.0
2	2.0	三岔路口	49.7	0.6
3	2.6	左边中石化	49.1	6.2
4	8.8	下苇甸路口	42.9	2.4
5	11.2	弯道爬坡	40.5	1.4
6	12.6	东方红隧道	39.1	1.1
7	13.7	下坡弯道	38.0	2.9
8	16.6	急弯下坡	35.1	0.8
9	17.4	三岔路口	34.3	1.5
10	18.9	上苇甸路口	32.8	2.0
11	20.9	王平路口	30.8	2.8
12	23.7	垂钓场	28.0	0.8
13	24.5	中石油	27.2	0.2
14	24.7	三岔路口	27.0	1.0
15	25.7	妙峰山镇	26.0	1.9
16	27.6	路况抽样	24.1	0.5
17	28.1	野溪路口	23.6	4.6
18	32.7	琉璃渠	19.0	1.4
19	34.1	三岔路口	17.6	1.0
20	35.1	军庄路口	16.6	6.6
21	41.7	金安桥路口	10.0	4.4
22	46.1	晋元桥	5.6	5.6
23	51.7	宝慧桥	0.0	

从北京市出发,请从下往上阅读

12 垂钓场，位于公路右边。

妙峰山景区

15 妙峰山风景名胜区位于北京西门头沟区境内，距市中心50余公里，面积20平方公里，景区以“古刹、奇松、怪石”而闻名。妙峰山属太行山脉，火灰岩结构，主峰海拔1291米，山势峭拔，春草芳菲。有日出、晚霞、雾凇、山市等时令景观，还有被誉为“华北一绝”的千亩玫瑰花，有华北地区规模最大的传统朝圣庙会。是北京周边最具文化底蕴的风景名胜区之一。

妙峰山传统庙会始于明崇祯年间，距今已有400余年历史。每年农历四月初一至十五，来自全国各地数十万善男信女、几百挡民间花会汇聚妙峰山，朝顶进香，献艺酬山，施粥布茶，场面之壮观，信众之虔诚实属罕见。

妙峰山峰底开阔，空气清新，灌木群英，生机盎然。有大量木本植物和优质药材，各类奇花异卉四季常开，山桃花、野丁香、野茉莉、杜鹃花、麦杆菊、千亩玫瑰花、千亩梨花此开彼落，形成了“四面有山皆如画，一年无日不看花”的特有景致。

18 琉璃渠

C13 西安市—黄帝陵景区(160.9km)

勘察报告

全程高速公路，双向4车道，全隔离、全封闭，两边都有紧急停车带，本路段限速80。高速公路跨过泾渭两条大河，大桥跨度很大，可以在桥上感受传说的泾渭分明在现实中是什么样子。高速公路收费站不是习惯的读卡收费，而是分段收费，沿途共经过3个收费站，每个收费站都要收费。一路上虽然感觉不到强烈的坡度变化，不过海拔一路升高，途中海拔最高点超过1300米，可以从旁边黄土的景色中感到真正的黄土高原已经到来了，不过现在的黄土高原是绿油油的一片，种满了固沙林，水土保持良好。

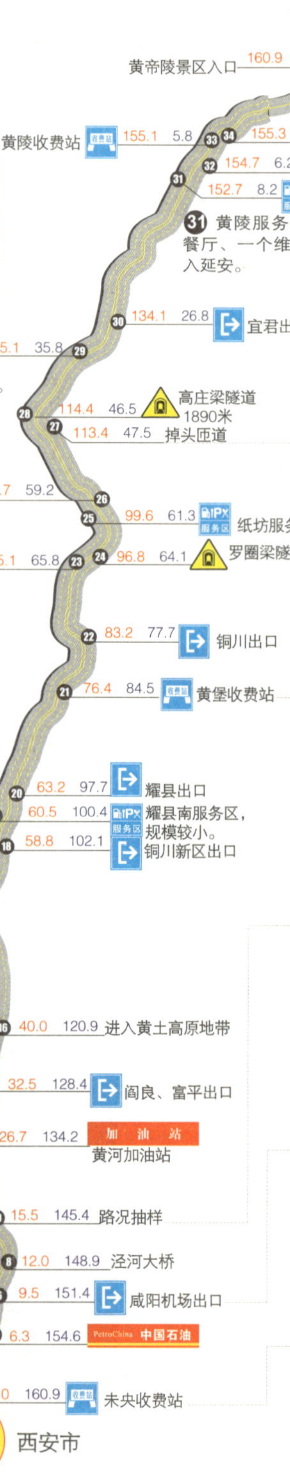

33 黄陵收费站。N35-34-536E109-13-481/863

29 规模大，有餐厅。

31 黄陵服务区，设施全，有餐厅、一个维修站。在这里进入延安。

27 此处有一个掉头匝道，但没有任何标记。

21 黄堡收费站，小车收费10元。N35-00-20E109-01-579/731

10 路况抽样：西黄高速公路，双向4车道，全封闭、全隔离，两边都有紧急停车带，有绿化带，路面状况良好，车流量不大。

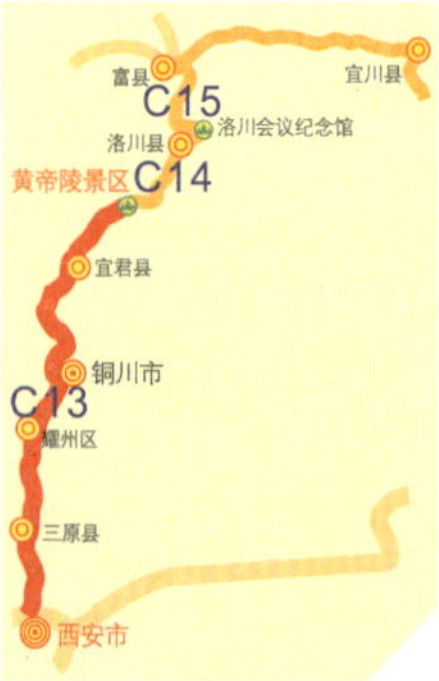

6 咸阳机场出口，出口2公里可到达汉阳陵景区。

15 新庄收费站，小车收费10元。N34-38-461E108-57-580/425

1 未央收费站，距离市区5.1公里。进入收费站务必认清路牌，右拐去宝鸡的路口很突然，容易进错路口。N34-21-519E108-56-670/380

餐饮

途中几个服务区都有餐厅可提供饮食，不过最好在西安用餐后前往或在黄帝陵景区旁边的汽车站周边用餐，那里用餐条件更好。

维修

黄陵服务区内有简易的维修点。

住宿

黄帝陵景区周围可住宿的地方很多，各种档次的宾馆、招待所遍布市区内。

加油

高速公路上每隔一段就有服务区，在服务区内可加油，且油品齐全。

救助信息

西安高速报警：029－86621305
铜川高速报警：0990－2255324
铜黄高速事故报警：122，7886655
黄陵医疗急救：120，
0919－2159120　5281120

里程数据速查表

从西安市出发，请从上往下阅读

1	0.0	未央收费站	160.9	1.6
2	1.6	永通加油站	159.3	2.4
3	4.0	草滩出口	156.9	2.3
4	6.3	右边中石油	154.6	2.6
5	8.9	肖家村出口	152.0	0.6
6	9.5	咸阳机场出口	151.4	1.8
7	11.3	高庄出口	149.6	0.7
8	12.0	泾河大桥	148.9	2.3
9	14.3	高陵、崇文出口	146.6	1.2
10	15.5	路况抽样	145.4	6.3
11	21.8	高陵、泾阳出口	139.1	4.9
12	26.7	黄河加油站	134.2	3.2
13	29.9	独李、三原出口	131.0	2.6
14	32.5	阎良、富平出口	128.4	0.6
15	33.1	新庄收费站	127.8	6.9
16	40.0	进入黄土高原地带	120.9	6.0
17	46.0	白鹿加油站	114.9	12.8
18	58.8	铜川新区出口	102.1	1.7
19	60.5	耀县南服务区	100.4	2.7
20	63.2	耀县出口	97.7	13.2
21	76.4	黄堡收费站	84.5	6.8
22	83.2	铜川出口	77.7	11.9
23	95.1	揽子沟隧道	65.8	1.7
24	96.8	罗圈梁隧道	64.1	2.8
25	99.6	纸坊服务区	61.3	2.1
26	101.7	金锁关、焦坪出口	59.2	11.7
27	113.4	掉头匝道	47.5	1.0
28	114.4	高庄梁隧道	46.5	10.7
29	125.1	宜君服务区	35.8	9.0
30	134.1	宜君出口	26.8	18.6
31	152.7	黄陵服务区	8.2	2.0
32	154.7	黄陵、店头出口	6.2	0.4
33	155.1	黄陵收费站	5.8	0.2
34	155.3	隧道	5.6	3.6
35	158.9	黄陵城区	2.0	2.0
36	160.9	黄帝陵景区	0.0	

从黄帝陵景区出发，请从下往上阅读

黄帝陵景区

36 黄帝陵景区，汽车站距离景区0.5公里，餐饮食宿设施齐全。

36 坐落在陕西省延安南部的黄陵县，建于汉代，是中华民族始祖轩辕黄帝陵墓所在地。这里山清水秀，景色宜人，是著名的游览胜地。因位于延安黄陵县城北的桥山之上，故又称桥陵。进入殿中，犹如进入家祠宗庙，在先祖面前，不由肃然起敬。

桥山位于黄陵县城北1公里。陵冢在桥山之巅，桥山有沮水环绕，群山环抱，古柏参天，有大路可通山顶直至陵前。山顶立一石碑，名为下马石。陵前有一祭亭，亭中立一高大石碑，上有郭沫若题字。祭亭后面又有一块石碑。

黄帝陵冢在山顶平台的中央，陵冢高3.6米，周长48米，有砖砌花护围。四周古柏成林，幽静深邃。历代对保护黄陵古柏都很重视，宋、元、明、清都有保护黄陵的指示或通令。据黄陵县志记载，桥山柏林约4平方公里，共63000余株。

在桥山脚下，有轩辕庙一座。院内有古柏14棵，右侧有一株古柏特别粗，树枝像虬龙在空中盘绕，一部分树根露在地面上，叶子四季不衰，层层密密，像个巨大的绿伞，相传为轩辕氏亲手所植，距今5000多年历史。

庙院里有历代重修轩辕庙的碑记和祭文石，共46通。建国后，政府对保护黄帝陵十分重视，多次进行整修，并扩展道路，增建文物陈列室及服务设施。现在来此参观游览的游客越来越多。

黄帝陵是国家4A级旅游景区，门票：淡季50元，旺季90元。

西安——神奇的旅游胜地

一块古老的土地，历史老人曾镌刻了无数的辉煌。

西安，古称长安，一个充满神奇的地方，走近它，你会为历史遗存的完美博大所震撼！这座永恒的城市，就像一部活着的历史书，一幕幕，一页页记录着中华民族的沧桑巨变。西安的建城史已有 3100 多年，历史上周、秦、汉、唐等12个王朝在此建都，历时 1100 多年。“秦中自古帝王州”！秦始皇在此建造了中国建筑史上的杰作——阿房宫，在骊山建造了规模巨大、埋藏极为丰富的历史宝库——秦始皇陵。在汉唐西安作为中国政治、经济、文化和对外交流的中心，是当时人口最早超过百万的国际大都市。“东有长安，西有罗马”是当时西安在世界历史地位的真实写照。今日，西安与世界名城雅典、开罗、罗马同被誉为“世界四大文明古都”，西安无愧于华夏文明的发源地。

“西安文物甲天下”，深厚的历史文化积淀和浩瀚的文物古迹遗存使西安享有“天然历史博物馆”的美称。秦始皇兵马俑坑被誉为“世界第八大奇迹”，文物储藏量全国之最的陕西历史博物馆，西安碑林博物馆，西安城墙，唐代著名高僧玄奘法师译经之地大雁塔，西北历史最长的清真寺化觉巷清真大寺，以及西安旅游区内的华夏始祖轩辕黄帝之陵黄帝陵，汉武帝刘彻之墓汉茂陵，唐女皇武则天与唐高宗李治的合葬墓唐乾陵，释迦牟尼佛指舍利存放之处法门寺等构成古老西安特有的神韵风姿。

C14 黄帝陵景区—洛川会议纪念馆(46.9km)

27 进入城区，车多，行人多，道路狭窄，城区建设比较陈旧，规模小。（354）

25 直行可去往苹果交易中心，右转可去往韩城。

19 路边有汽修、餐饮，车多人多，减速慢行。

16 行人、载重汽车、三轮车多，路边很多摊点，路宽复杂。

7 左转可去往张村驿，距离64公里。

3 景区路口，左转可进入黄帝陵景区东北口。

17 Y路口，左拐去往炼油厂，直行过桥，桥头有十多家维修点。

5 路况抽样：二级柏油公路，路宽11米，中间有虚黄线，两边有紧急停车带、绿化带，车流量小。

8 左急弯，中间有铸铁隔离带，持续200米，很危险。

勘察报告

本路段为二级柏油公路，宽11米，路面平整。途经炼油厂，路上众多运送油料的长车、大车，车流量很大，而且是盘山公路，道路情况比较复杂，超车时需要选择好超车时机，容易发生事故。进入洛川后两边很多苹果园，在路边就有售卖苹果和其他水果的摊点，城内还有一个苹果交易中心。

里程数据速查表

从黄帝陵景区出发，请从上往下阅读

序号	已行里程	地点	剩余里程	至下一点
1	0.0	黄帝陵景区	46.9	0.5
2	0.5	黄陵汽车站	46.4	0.3
3	0.8	景区路口	46.1	4.2
4	5.0	刘家川加油站	41.9	0.3
5	5.3	路况抽样	41.6	1.3
6	6.6	左边加油站	40.3	1.3
7	7.9	张村驿路口	39.0	1.7
8	9.6	左急弯	37.3	1.5
9	11.1	两个补胎点	35.8	1.4
10	12.5	左边龙乡加油站	34.4	0.6
11	13.1	90度左急弯	33.8	0.7
12	13.8	左边中石化	33.1	0.9
13	14.7	岔路口	32.2	0.7
14	15.4	左边黄陵火车站	31.5	1.6
15	17.0	右边中石油	29.9	0.6
16	17.6	厂区	29.3	0.7
17	18.3	Y路口	28.6	2.1
18	20.4	左边中石油	26.5	0.4
19	20.8	多口河镇	26.1	0.9
20	21.7	爬坡	25.2	5.6
21	27.3	左边金双塔加油站	19.6	3.0
22	30.3	京兆收费站	16.6	0.9
23	31.2	右边中石油	15.7	1.5
24	32.7	左边加油站	14.2	3.9
25	36.6	三岔路口	10.3	0.3
26	36.9	右边中石油	10.0	0.2
27	37.1	进入城区	9.8	2.4
28	39.5	左边北部加油站	7.4	0.7
29	40.2	右边中石油	6.7	5.2
30	45.4	左边简易加油站	1.5	0.7
31	46.1	永乡	0.8	0.8
32	46.9	洛川会议纪念馆	0.0	

从洛川会议纪念馆出发，请从下往上阅读

餐饮

黄陵汽车站附近餐厅很多，川菜、陕西风味餐厅错落在道路两旁，用餐条件较好；炼油厂附近也有不少小餐馆，主要为当地居民和货车司机提供饮食；洛川县城内也有部分餐馆。

加油

沿途加油站众多，建议在中石油、中石化等正规加油站加油，油料质量有保证。

维修

炼油厂厂区周围有一些维修点。

住宿

黄陵汽车站周围住宿条件较好，为旅游服务区，各种档次的宾馆、招待所均有明显标志在路边，可以作为休整点；此外，洛川县城内住宿点也很多，不过不如黄陵县城密集。

购物

洛川特产苹果，就在路边可以买到，也可以到洛川苹果贸易市场购买，价格便宜，每斤1.5元左右。

32 洛川会议纪念馆正门

32 洛川会议纪念馆正门

C15 洛川会议纪念馆—富县(36.5km)

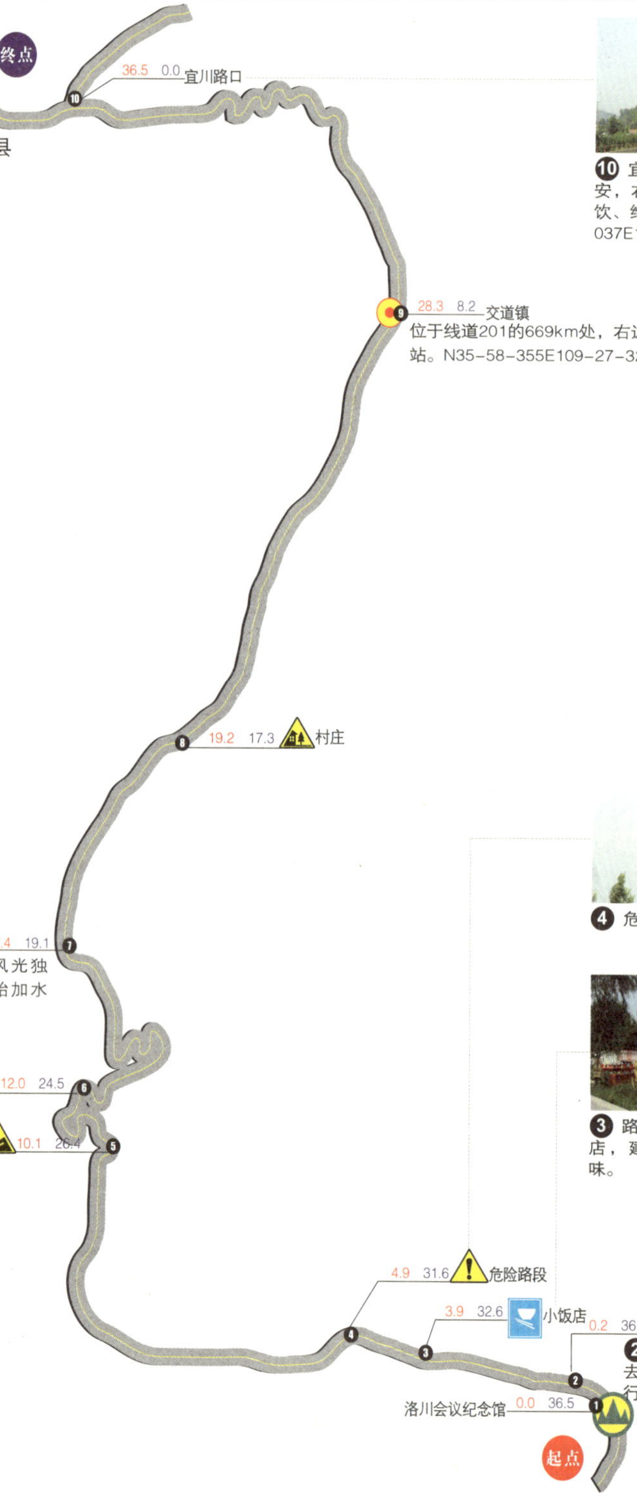

❿ 宜川路口，直行可去往延安，右转前往宜川。镇内多餐饮、维修、洗车点。N36-00-037E109-24-424/952

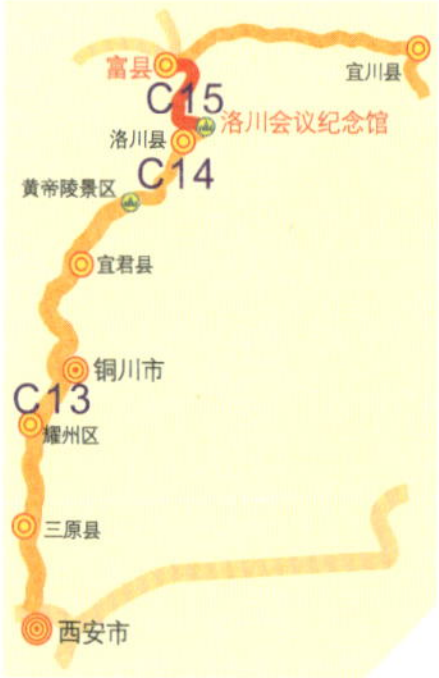

❹ 危险路段，事故多发。

❸ 路边排着一字长龙的小饭店，建议在这里尝尝当地风味。

❷ 宜川延安路口，右转去往宜川，距离97km；直行去往延安。

❻ 路况抽样：二级混凝土公路，路宽8米，多为盘山公路，弯多、路况一般。

勘察报告

路面为二级混凝土公路和二级柏油公路，路宽8米，道路状况一般。汽车沿山而行，一路上弯多、车流大、坡陡，行驶难度较大。一路上都能看见公路两旁的苹果树，苹果成熟的季节里，路边的摊点可能随时诱惑着人们下车品尝。在山脊上还可以欣赏到黄土高原固有的丘陵地貌，印象中这片贫瘠荒凉的土地上如今已是种满了植被，偶尔裸露的黄土和沟壑还保留着一点黄土高原的气息，不过依然壮观。

加油

富县镇三岔路口处有一个中石化加油站，规模较大，油品齐全，可以在这里加油。

餐饮

从纪念馆出来0.5km处有一字排开的大量餐厅，多为经营面食的当地餐馆，建议在这里用餐，品尝当地风味；富县三岔路口处也有部分餐厅。

住宿

沿途无住宿点，可以在附近的县城内住宿，景区周围的住宿条件稍好。

维修

富县镇维修点较多，还有上海大众的特约维修点。

救助信息

交道镇派出所：3421110

里程数据速查表

从洛川会议纪念馆出发，请从上往下阅读

1	0.0	洛川会议纪念馆	36.5	0.2
2	0.2	宜川延安路口	36.3	3.7
3	3.9	小饭店	32.6	1.0
4	4.9	危险路段	31.6	5.2
5	10.1	下坡	26.4	1.9
6	12.0	路况抽样	24.5	5.4
7	17.4	苹果园	19.1	1.8
8	19.2	村庄	17.3	9.1
9	28.3	交道镇	8.2	8.2
10	36.5	宜川路口	0.0	

从富县出发，请从下往上阅读

洛川会议纪念馆

1 陕西省重点文物保护单位。位于延安城南洛川县冯家村。1937年8月22日至25日，中共中央在这里召开了政治局扩大会议，出席会议的有张闻天、毛泽东、周恩来、朱德、博古、凯丰、任弼时、关向应、彭德怀、贺龙、刘伯承、张浩、聂荣臻、罗荣桓、萧劲光、林伯渠、徐向前、傅钟、周建屏、张文彬、林彪、张国焘等22人。会议通过了《关于目前形势与党的任务的决定》，制定了《抗日救国十大纲领》，提出了党在抗日民族革命战争中的纲领和政策，规定了党的全面抗战路线，确定了我军在敌后进行持久抗战的战略任务和作战方针。会议还根据国共两党的约定，将红军改编为国民革命军第八路军，朱德任总指挥，彭德怀任副总指挥，叶剑英任参谋长，左权任副参谋长，下辖115师、120师和129师，共4.2万人。

旧址现有砖窑两孔，一孔是洛川会议会址，一孔是毛泽东的卧室兼办公室。1966年起开始对外开放。

纪念馆现在作为红色旅游经典路线和青少年爱国主义教育基地，每年都有大量的游客前往参观。纪念馆近年来修葺一新，绿化很好，外面有较大的停车场，停车方便。

1 洛川会议纪念馆

C16 富县—壶口瀑布景区(125.9km)

㉑ 左急弯，右边有窑洞寨农家乐。

⑳ 景阳，路况抽样：二级柏油公路，宽7米，路面崭新平整。

⑰ 县政府

⑯ 进入宜川县城，左边中石油。

⑭ 两个农家乐，都可以提供停车、餐饮、住宿。

⑪ 村庄，有浓浓的陕北窑洞特色。

⑩ 观亭村，村里的道班，旁边是公路厕所，公路穿越村庄1km，无食宿、商店。

⑨ 龙泉村

⑥ 路况抽样：二级柏油公路，路宽10米，路况良好，两边有树木。

⑤ 南泥湾路口，左拐的乡村土路可去往南泥湾。

㉙ 黄河宾馆

㉔ 公路穿越城区400米，中等规模，有商店、餐馆和一个小旅舍。N36-04-921E110-15-692/762

㉒ 左转可去往清涧，路面为二级柏油公路，距离152km；右边有中石油。

⑲ 左转去往渭南，直行通往壶口瀑布景区，四周有餐饮、住宿、轮胎店；路口右边有加油站。

⑬ 茹平农家乐，休闲餐饮住宿点。

⑫ 英旺乡，公路穿越城区500米，规模大，设施齐全。有数家餐馆，两家旅店，有汽修点，左侧上坡有一个融会东西风格的窑洞天主教堂。

④ 牛武镇路口，右边进入牛武镇，路口有中石油。N36-04-260E109-29-580/1024

③ 牛武收费站，收费5元。

② 富县高速入口指示牌，高速为黄延高速，尚未通车。

① 三岔路口，道路沿G309而行。

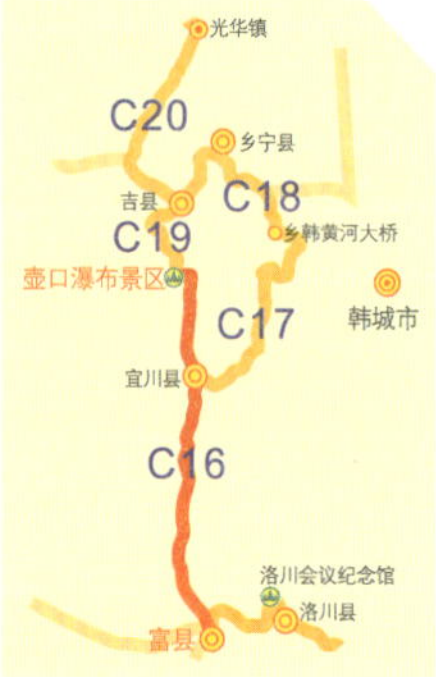

勘察报告

从富县通往壶口瀑布景区的道路为二级柏油公路，宜川段宽10米，壶口瀑布段宽7米，不过壶口瀑布路段路面更好。道路两旁植被覆盖率很高，烟叶、玉米、向日葵铺满了这里所有的平地，时而还有几棵树在其间树立，很是显眼，与山脉的线条和颜色组成了一副副美丽的图画。可以在途中看到黄土民居、窑洞，感受一分乡村的气息（M077）。沿途村庄都设有卫生服务区，为途中应急医疗提供了条件，道路旁边也都有条件不错的厕所，这是在很多地方都少见的。

住宿

英旺村有一个旅舍；宜川县宾馆很多，档次各异；壶口瀑布景区内宾馆众多，住宿条件很好，不过在旺季价格较高；也可投宿沿途农家乐，卫生、接待条件都不错。

里程数据速查表

从富县出发，请从上往下阅读

序号	里程	地点	反向里程	段距
1	0.0	三岔路口	125.9	4.4
2	4.4	高速入口	121.5	5.4
3	9.8	牛武收费站	116.1	1.1
4	10.9	牛武镇路口	115.0	2.0
5	12.9	南泥湾路口	113.0	5.2
6	18.1	路况抽样	107.8	1.8
7	19.9	小湖泊	106.0	11.9
8	31.8	进士庙梁隧道	94.1	7.4
9	39.2	龙泉村	86.7	3.9
10	43.1	观亭村	82.8	1.5
11	44.6	村庄	81.3	7.3
12	51.9	英旺乡	74.0	11.3
13	63.2	茹平农家乐	62.7	9.0
14	72.2	农家乐	53.7	0.8
15	73.0	左急弯	52.9	4.8
16	77.8	进入宜川县城	48.1	1.3
17	79.1	县政府	46.8	1.5
18	80.6	左边中石油	45.3	0.4
19	81.0	渭南路口	44.9	3.6
20	84.6	景阳	41.3	2.6
21	87.2	左急弯	38.7	1.8
22	89.0	岔路口	36.9	0.7
23	89.7	十里坪村	36.2	1.3
24	91.0	秋林镇	34.9	16.1
25	107.1	壶口乡路口	18.8	3.2
26	110.3	壶口路口	15.6	8.1
27	118.4	风光点	7.5	2.1
28	120.5	壶口瀑布区	5.4	2.3
29	122.8	黄河宾馆	3.1	1.6
30	124.4	右边中石油	1.5	1.5
31	125.9	壶口瀑布景区大门	0.0	

从壶口瀑布景区出发，请从下往上阅读

餐饮

英旺村和秋林镇共有10多个餐厅，主要为面食；宜川县就餐条件很好，可以轻松地找到各种档次和风味的食店；壶口瀑布景区入口也有几个餐馆；此外，沿途还有7个乡村农家乐提供食宿，接待能力较强。

维修

宜川县有较多修理厂，修理条件不错。

加油

从富县路口道壶口瀑布景区大门，一路上都有加油站，油品齐全。

救助信息

宜川事故报警：0911-4622487
英旺派出所：0911-4992568
壶口派出所：0911-4838918

30 右边中石油，孟门山景区。

7 民居很有特色

27 风光点。N36-04-145E110-26-857/529

7 右侧是一个小湖泊，远山绿树。湖边种满了玉米、烟叶、野花，是一个露营的好地方，一派田园风光。

沿途窑洞风景

C17 宜川县—乡韩黄河大桥(98.3km)

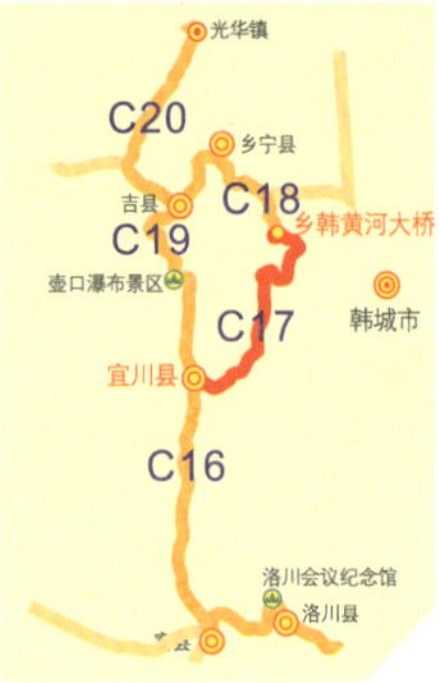

㊳ 黄河收费站，左边加油站，过桥收费10元。

㊴ 乡韩大桥，长度1公里，桥头有派出所、商店、饭店。N35-44-977E110-34-172/433

㉟ 枣庄乡，有一餐馆、一小卖部，道路穿越城区300米。N35-44-093E110-31-761/875

㊱ 任梁岭，乡宁路口，左拐65km的三级路可以到达，直行42km通往韩城。N35-43-613E110-32-339/817

终点
乡韩黄河大桥 98.3 0.0
黄河收费站 97.5 0.8
㊲ 塌方路段，持续300米。左弯 94.1 4.2
任梁岭 91.1 7.2
89.5 8.8 枣庄乡
89.0 9.3 简易加油站
84.3 14.0 枣庄村
81.1 17.2 山脊公路，风景优美
70.9 27.4 院子村
韩城界 67.5 30.8
冯家坪 63.4 34.9
72.1 26.2 独泉乡
村庄 58.1 40.2
56.0 42.3 中国石油
54.4 43.9 左边加油站
集义镇
54.2 44.1 集义镇路口
52.4 45.9 阳坪村
50.4 47.9 村庄
50.0 48.3 李家庄
48.6 49.7 三岔村
急弯弹石防滑路段 39.0 59.3
35.0 63.3 路况
33.8 64.5 弹石路
寿峰乡路口 29.5 68.8
28.9 69.4 移民新村
24.0 74.3 风景
防滑弹石路面 19.8 78.5
防滑弹石路面 18.0 80.3
20.3 78.0 下坡左急弯
16.1 82.2 连续急弯爬坡路段
15.5 82.8 路况抽样
14.4 83.9 左急弯，爬坡、连续弯道
3.5 94.8 三岔路口
7.8 90.5 甘义沟农家乐
往壶口瀑布
起点
宜川县
0.0 98.3 宜川县路口
1.4 96.9 汽车维修点
3.4 94.9 中国石油
曲里超载检测站 5.1 93.2
曲里村 5.6 92.7

㉙ 韩城界。N35-49-754E102-27-965/793

㉘ 冯家坪，有一家大桥饭店，可提供简单食宿，左转过桥进入爬坡路段。

㉗ 村庄、行人、牲畜、小孩，注意减速。

㉛ 独泉乡，公路穿越城区700米，有汽修、饭店、旅舍、卫生所等配套设施。N35-48-201E110-27-385/766

⑯ 寿峰乡路口，左拐可去往寿峰乡，为生态旅游区，路口处有很大的宣传广告牌，路面是四级道路，距离4km。N35-52-875E110-13-251/1139.

① 宜川县路口。N36-03-680E110-10-692/482

㉔ 集义镇路口，左拐去往集义镇1公里，四级路；直行去往韩城。N35-49-628E110-22-375/711

㉓ 阳坪村

⑲ 持续200米，是所有弹石路面中最长的一段。

⑰ 急弯、防滑、强行限速。

⑬ 也铺有弹石路面，强制限速以增加安全系数。

④ 三岔路口：左边去往韩城，右边去往渭南。N36-02-237E110-09-598/845

⑮ 移民新村，薛家坪，路边是政府统一建设的安置新房，有一家旅游餐馆。

⑩ 连续急弯爬坡路段，拐弯处铺有弹石路面防滑。

⑨ 路况抽样：三级柏油公路，路面宽6米，路况良好。

里程数据速查表

从宜川县出发,请从上往下阅读

1	0.0	宜川县路口	98.3	1.4
2	1.4	汽车维修点	96.9	2.0
3	3.4	左边中石油	94.9	0.1
4	3.5	三岔路口	94.8	1.6
5	5.1	曲里超载检测站	93.2	0.5
6	5.6	曲里村	92.7	2.2
7	7.8	甘义沟农家乐	90.5	6.6
8	14.4	左急弯	83.9	1.1
9	15.5	路况抽样	82.8	0.6
10	16.1	连续急弯爬坡路段	82.2	1.9
11	18.0	防滑弹石路面	80.3	1.8
12	19.8	防滑弹石路面	78.5	0.5
13	20.3	下坡左急弯	78.0	3.7
14	24.0	风景	74.3	4.9
15	28.9	移民新村	69.4	0.6
16	29.5	寿峰乡路口	68.8	4.3
17	33.8	弹石路	64.5	1.2
18	35.0	路况	63.3	4.0
19	39.0	急弯弹石防滑路段	59.3	9.6
20	48.6	三岔村	49.7	1.4
21	50.0	李家庄	48.3	0.4
22	50.4	村庄	47.9	2.0
23	52.4	阳坪村	45.9	1.8
24	54.2	集义镇路口	44.1	0.2
25	54.4	左边加油站	43.9	1.6
26	56.0	左边中石油	42.3	2.1
27	58.1	村庄	40.2	5.3
28	63.4	冯家坪	34.9	4.1
29	67.5	韩城界	30.8	3.4
30	70.9	院子村	27.4	1.2
31	72.1	独泉乡	26.2	9.0
32	81.1	山脊公路	17.2	3.2
33	84.3	枣庄村	14.0	4.7
34	89.0	简易加油站	9.3	0.5
35	89.5	枣庄乡	8.8	1.6
36	91.1	任梁岭	7.2	3.0
37	94.1	左弯	4.2	3.4
38	97.5	黄河收费站	0.8	0.8
39	98.3	乡韩黄河大桥	0.0	

从乡韩黄河大桥出发,请从下往上阅读

勘察报告

三级柏油公路，路面宽6米。途中需翻越几座山梁，道路情况比较复杂，路窄、坡陡、弯多。在急弯处通常人工把路面铺成了弹石道路，可以起到强制限速和防滑的作用，减少了事故发生的概率。山间风光优美，植被覆盖率几乎达到百分之百，空气中负离子含量很高，在陕西、山西交界这片潜意识里雾蒙蒙的贫瘠土地上突然展现出一片广阔的绿色。沿途有几个小村庄，与外界交往很少，不过对外来人很热情，保持着淳朴的乡土气息。

救助信息

集义派出所：0911-4861102

餐饮

甘义沟农家乐、乐丰生态旅游区农家乐、冯家坪桥头饭店都可以用餐，独龙乡和枣庄也有一些小餐厅。

住宿

沿途没有住宿条件较好的宾馆，只有一些农家乐和独龙乡的小旅舍可以提供床位。

加油

从宜川县出发后，集义镇和黄河大桥处有加油站

维修

途中只有几个简易的补胎点，没有维修点。

14 风景，浓密的灌木丛，树枝、野花不时延伸道道路上，伸手可及。一条狭长的柏油路通往远方，仿佛进入未知秘境。

乡韩黄河大桥

39 乡韩黄河公路大桥是黄河上第一座有私营股份参股的大桥，它位于陕西省韩城市枣庄乡和山西省乡宁县惠岭乡之间的黄河大峡谷上，是黄河上的最高桥，也是山西省临汾地区直接入陕的首条通道，大桥运营后，年运煤150万吨。

C18 乡韩黄河大桥—吉县(80.2km)

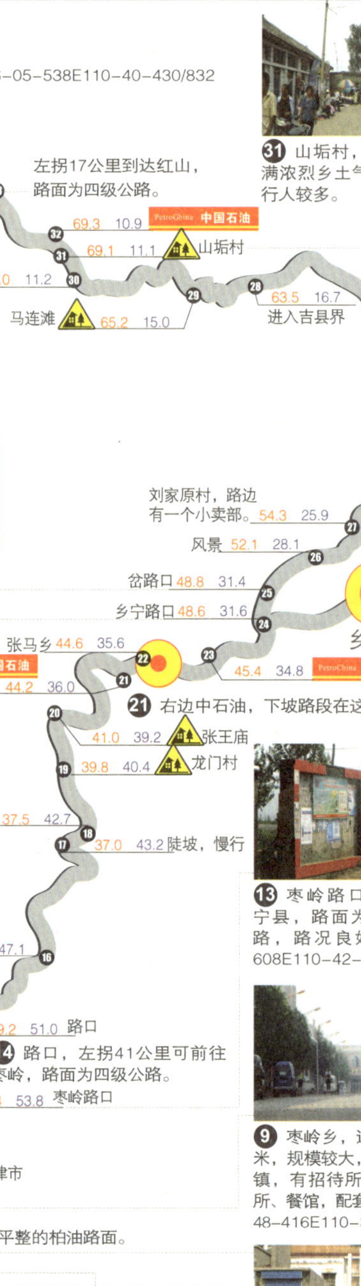

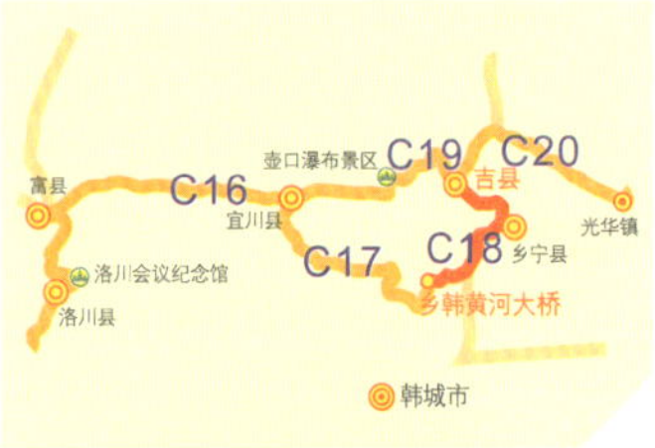

31 山垢村，在赶集日会有充满浓烈乡土气息的集市，村庄行人较多。

24 乡宁路口，右转可去往乡宁，直行为过境道路，大车需绕道过境路行驶。

25 岔路口，直行进入乡宁县城，左转去往吉县。N35-56-886E110-47-590/908

21 右边中石油，下坡路段在这里结束。

22 张马乡，有商店、卫生院、简易汽修、学校、餐馆等，穿越城区400米，房屋陈旧，配套设施齐全。

16 移民新村，左边中石油，有一个小餐馆、一个小卖部。

18 右转22公里可以到达，四级柏油公路。

13 枣岭路口，左拐去往乡宁县，路面为宽10米的柏油路，路况良好。N35-49-608E110-42-555/1028

15 移民新村，左边有中石油，路面有维修点、商店、小餐馆。

14 路口，左拐41公里可前往枣岭，路面为四级公路。

10 三岔路口，右边有加油站。

9 枣岭乡，道路穿越城区500米，规模较大，是一个繁华的小镇，有招待所、维修点、卫生所、餐馆，配套设施齐全。N35-48-416E110-39-194/873

2 桥头后进入山西省界，土石路面因受重车碾压，坑洼不平，颠簸较大，不过小车仍能通行。

4 史家沟村，村中每隔50米就有泥土修筑的减速器，不容易发现，要提前减速，否则汽车有被掀翻的危险。通过了该村庄之后路面成为柏油路面。

7 坡底沟路口，左拐4公里可以到达，路面为四级柏油路，过了路口后道路变宽、变直，沿山脊行走。

3 煤矿，路边有小吃店，过了煤矿之后道路变得好了一些，不过依然颠簸不平。

勘察报告

过了黄河大桥之后道路情况很差，紧挨着煤矿，沙石路面长期受到重车碾压，变得坑洼不平，而且还要时刻忍受大车带起的灰尘。随着道路的前行，道路情况逐渐变好，转入平整的柏油路面。一路上都有煤矿、化工厂，空气污染严重，天空中总是雾蒙蒙的一片。汽车沿着山脊行进，偶尔可以发现一些奇特的风景，比如沟壑纵横的土坡，或者大片的玉米、葵花。一路上村庄较多，在赶集日还可以看到窄窄的街道上车水马龙的情形。

里程数据速查表

从乡韩黄河大桥出发，请从上往下阅读

1	0.0	乡韩黄河大桥桥头	80.2	1.9
2	1.9	山西省界	78.3	2.6
3	4.5	煤矿	75.7	5.1
4	9.6	史家沟村	70.6	2.1
5	11.7	三岔路口	68.5	2.7
6	14.4	柏油路面	65.8	2.3
7	16.7	坡底沟路口	63.5	1.3
8	18.0	右边中石化	62.2	0.5
9	18.5	枣岭乡	61.7	2.6
10	21.1	三岔路口	59.1	0.4
11	21.5	一片葵花	58.7	1.9
12	23.4	韩咀村	56.8	3.0
13	26.4	枣岭路口	53.8	2.8
14	29.2	路口	51.0	1.6
15	30.8	移民新村	49.4	2.3
16	33.1	移民新村	47.1	3.9
17	37.0	陡坡	43.2	0.5
18	37.5	西交路口	42.7	2.3
19	39.8	龙门村	40.4	1.2
20	41.0	张王庙	39.2	3.2
21	44.2	右边中石油	36.0	0.4
22	44.6	张马乡	35.6	0.8
23	45.4	左边中石油	34.8	3.2
24	48.6	乡宁路口	31.6	0.2
25	48.8	岔路口	31.4	3.3
26	52.1	风景	28.1	2.2
27	54.3	刘家原村	25.9	9.2
28	63.5	进入吉县界	16.7	1.7
29	65.2	马连滩	15.0	3.8
30	69.0	中垛路口	11.2	0.1
31	69.1	山垢村	11.1	0.2
32	69.3	右边中石油	10.9	4.0
33	73.3	路口	6.9	6.9
34	80.2	吉县	0.0	

从吉县出发，请从下往上阅读

餐饮

枣岭乡、张马、山垢村、吉县均有餐厅，建议在枣岭乡用餐，这里县城建设更好，就餐条件也相对较好。

加油

途中加油站较多，中石油3家，中石化3家，一个民营加油站，油品齐全。

住宿

途中住宿点不多，如果有住宿需要，可以在枣岭乡住宿。

维修

沿途村庄和县城内有几十家的简易维修点，不过没有维修条件较好的修理厂和4S店。

救助信息

张马派出所：6869023

26 风景。N35-58-355E110-47-650/1297

11 一片葵花，在花开时节十分灿烂，道路在这里转为下坡。

C19 吉县—壶口瀑布景区(34.2km)

1 吉县路口

4 霖雨村，右边有中石油。

7 大田窝村

15 壶口收费站，已经废弃。

18 景区售票处。N36-06-934E110-27-184/449

17 宜川路口，左拐过桥47公里可前往

2 沙河咀村，路边有洗车点。

6 路况抽样：二级柏油路，路宽8米，路况良好。

8 东城路口，右转15公里可前往，路面为四级路。

9 红山路口，左拐10公里可前往。

10 狮子河村

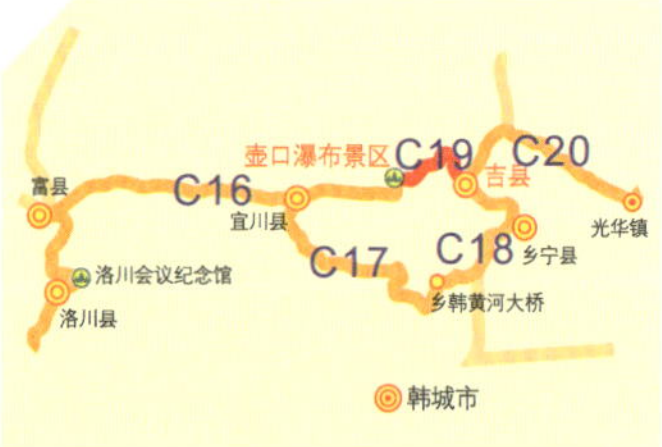

勘察报告

通往景区的道路为二级柏油公路，道路崭新平整，路面宽8米，中间有虚黄线。途中村庄较多，时常有三轮货车、摩托车在路上行驶，有时会占用行车道，车速较慢，注意避让。各个岔路口处都有明显的标志，目的地的名称和里程都有清晰的反映。汽车沿山腰行驶，一边是山崖，另一边是河流。

餐饮

在距离景区大门200米的宜川路口处有一排小餐厅，可以在这里用餐；此外，景区入口的宾馆也都有饮食，不过价格稍高，景区内没有用餐点。

住宿

景区入口处有数家宾馆，都为星级宾馆的住宿条件，非旺季价格一般在160元/间左右，可以在这里住宿，景区内没有宾馆。

加油

途中有两个中石油、一个中石化加油站，油品齐全。

维修

途中没有汽车维修点，在吉县有几家汽修厂，壶口汽修厂电话：0357-7922014。

救助信息

景区服务投诉：0357-7922673、7986113。

里程数据速查表

从吉县出发，请从上往下阅读

1	0.0	吉县路口	34.2	1.9
2	1.9	沙河咀村	32.3	0.7
3	2.6	过桥	31.6	0.2
4	2.8	霖雨村	31.4	0.9
5	3.7	岳家庄	30.5	2.3
6	6.0	路况抽样	28.2	0.7
7	6.7	大田窝村	27.5	1.2
8	7.9	东城路口	26.3	3.0
9	10.9	红山路口	23.3	0.7
10	11.6	狮子河村	22.6	2.7
11	14.3	高楼河	19.9	4.4
12	18.7	前下岭	15.5	6.8
13	25.5	孟子大桥	8.7	1.6
14	27.1	壶口大桥	7.1	5.7
15	32.8	壶口收费站	1.4	0.6
16	33.4	右边中石化	0.8	0.4
17	33.8	宜川路口	0.4	0.4
18	34.2	景区售票处	0.0	

从壶口瀑布景区出发，请从下往上阅读

壶口瀑布景区

18 位于黄河中游秦晋峡谷之中，河西属陕西省宜川县壶口乡，河东与山西省吉县相接，是我国仅次于贵州省黄果树瀑布的第二大瀑布。《书禹贡》曰"盖河漩涡，如一壶然"，壶口因此而得名。壶口两岸，苍山挟持，万里黄河至此，河床由300多米宽陡缩到50多米，浩渺的黄河水骤然收成一束，从30多米落差的黄河壶口飞流直下，奔泄于十里龙槽。因其形状似一把壶的口子，故而得名。壶口瀑布气势壮观，周围自然景观奇特，为国家级风景名胜区。面值50元人民币上那翻江倒海，奔腾跌泄，气势磅礴的壮观景象，就是黄河壶口瀑布。夏秋季节，黄土高原暴雨频繁，黄河水势猛涨，瀑布宽达100多米，方圆数里，水汽遮天，气势磅礴，是游览观赏瀑布的最好季节。

由于四季气候和水量的差异，壶口景色也时有变化。壶口瀑布最佳观赏期分为两段，一是春季4～5月份，正值农历三月间，漫山遍野的山桃花盛开，岸边冻结的冰崖消融，称为"三月桃花汛"；二是秋季9～11月份雨季刚过去时，河边众多山泉小溪，汇集大量清流，阵阵秋风吹过，常有彩虹出现，叫做"壶口秋风"。这两个时期，水大而稳，瀑布宽度可达千米左右。主瀑难以接近，但远远望去，烟波浩渺，蔚为壮观。大浪卷着水泡，奔腾咆哮，以翻江倒海之势，飞流而下。冬季冰封雪冻，瀑布挂满冰棱，银装素裹，分外妖娆。春季冰雪解冻，冰棱崩落，犹如山崩地裂，声似炮轰雷鸣。

18 壶口瀑布景区大门，门票61元。N36-06-854E110-26-985/454

C20 吉县—光华镇(76.9km)

㉟ 光华镇。N36-02-840E111-11-777/822

㉜ 台头镇三岔路口。N36-05-470E111-05-901/1058

㉛ 乡宁县煤矿，有大车出入，注意避让。

㉓ 明珠村

⑫ 窑曲乡

⑪ 右边三路加油站

⑦ 路况抽样：二级柏油公路，路宽8米，路况良好。

② 祖师庙路口，左边进入吉县县城，直行去往临汾。

㉙ 上坡，左急弯，乱石路段，村庄变少。

⑩ 左转去大宁29公里，路面为二级公路。N36-15-569E110-47-939/935

㉚ 山顶，有一个标有壶口的拱门,从这里开始下坡。N36-06-982E111-02-857/1545

⑱ 屯里镇，道路穿越城区600米，规模较大，有餐饮食宿汽修等配套设施。

⑯ 大渡村，路边有小摊点。

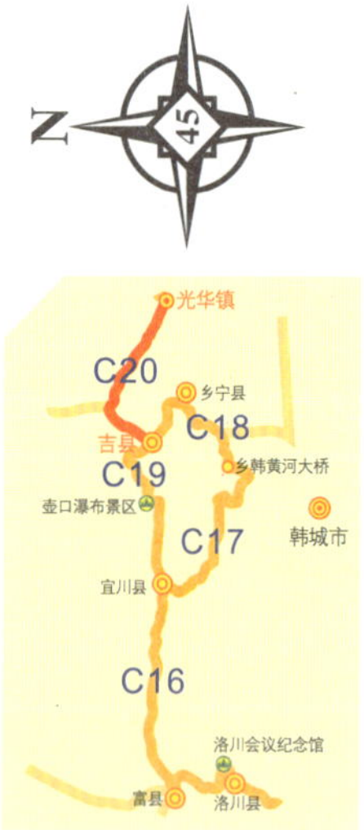

⑮ 峪口村

里程数据速查表

从吉县出发,请从上往下阅读

1	0.0	吉县岔路口	76.9	2.8
2	2.8	祖师庙路口	74.1	1.2
3	4.0	右边中石化	72.9	0.3
4	4.3	两个加油站	72.6	0.6
5	4.9	保荣加油站	72.0	5.5
6	10.4	曹井乡	66.5	0.6
7	11.0	路况抽样	65.9	8.1
8	19.1	急弯、落石路段	57.8	3.5
9	22.6	洞坡村	54.3	1.9
10	24.5	大宁路口	52.4	0.2
11	24.7	右边三路加油站	52.2	1.8
12	26.5	窑曲乡	50.4	1.3
13	27.8	风景	49.1	1.0
14	28.8	风景	48.1	0.9
15	29.7	峪口村	47.2	1.8
16	31.5	大渡村	45.4	2.1
17	33.6	桑娥	43.3	1.6
18	35.2	屯里镇	41.7	0.7
19	35.9	左边中石化	41.0	1.9
20	37.8	庄子村	39.1	1.9
21	39.7	五龙宫	37.2	2.1
22	41.8	城底	35.1	4.2
23	46.0	明珠村	30.9	2.0
24	48.0	雁坪村	28.9	3.2
25	51.2	王家河村	25.7	0.8
26	52.0	石窑店	24.9	1.3
27	53.3	左边吉化加油站	23.6	1.1
28	54.4	龙江加油站	22.5	0.4
29	54.8	上坡	22.1	1.1
30	55.9	山顶	21.0	6.8
31	62.7	乡宁县煤矿	14.2	1.8
32	64.5	台头镇三岔路口	12.4	2.1
33	66.6	左边中石化	10.3	6.9
34	73.5	寰台收费站	3.4	3.4
35	76.9	光华镇	0.0	

从光华镇出发,请从下往上阅读

勘察报告

本路段为二级柏油公路，汽车沿河行驶，道路情况良好，急弯处都有显眼的标记和护栏。沿途村庄密集，不过配套设施简陋。从上坡路段开始村庄变少，道路情况也开始变得复杂，急弯变多，大车也开始增多。煤矿周边道路状况和空气质量都较差，煤尘很大，道路、房屋、植被上都披上了一层黑黑的薄尘，空气质量不好，而且有大车、长车出入，速度慢，超车的时候需要把握好时机。

救助信息

吉县派出所：	7922095
屯里派出所：	7922110
光华镇派出所：	6877163
乡宁煤矿医院急救电话：	(211)

餐饮

吉县、屯里、庄子均有餐厅，不过这里餐厅以面食为主，数家餐厅都打出牛肉丸子面的招牌，几乎没有米饭。

住宿

吉县出口处，会宾楼大酒店是途中住宿条件最好的地方，如果需要在本路段住宿，建议在这里入住。

加油

途中加油站较多，主要为民营加油站，有3个中石化，油品齐全。建议在中石化加油站加油。

维修

沿途运煤大车很多，所以为其配套的修理点很多，不过对于小车的配件可能不全。

⑬ 风景。N36-14-650E110-49-543/956

⑭ 风景

C21 光华镇—临汾市(38.7km)

❷❻ 大运高速临汾收费站。N36-05-176E111-27-099/440

❷❸ 高速公路入口，三岔路口，右转上高速，直行去蒲县。

❷❷ T字路口，左拐上高速。N36-04-869E111-26-094/447

⓯ 龙祠乡，公路穿越城区1.2公里，规模较大，为20世纪80年代的小城风貌，餐饮、食宿、卫生院、信用社、汽修点等设施齐全。

⓭ 枕头路口，左拐15公里到达枕头，路面为四级柏油公路。

⓬ 峪里乡，公路穿越城区1000米，有3个补胎点，餐饮、住宿设施齐全。

⓫ 高家庄，注意行人穿越公路，减速慢行。此后道路变宽、变平。

❾ 石峡村，有简单的农机维修点。

❽ 院头

❼ 垭口，临汾界碑(346)。

❺ 路况抽样：三级柏油公路，路宽6米，凹坑多、弯多，车流量小。

❹ 左急弯，大弯套小弯。

❸ 土窑，废弃收费站。N36-04-217E111-12-648/

❷ 左边中石化，前方过桥为三岔路口，左转上G309。

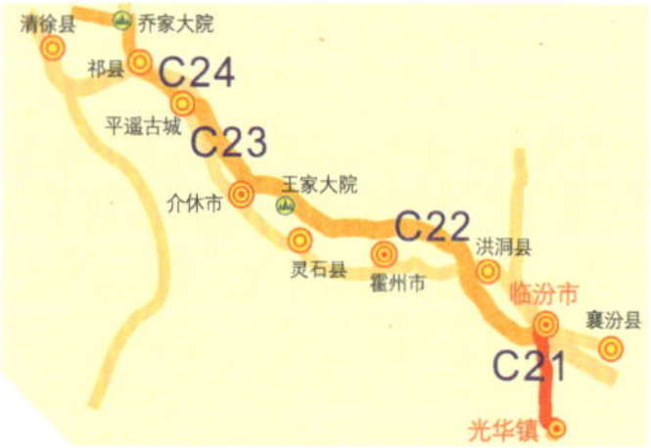

勘察报告

光华镇是一个煤矿所在地，重型卡车较多，道路情况较差，路面为三级柏油公路，道路宽6米，在经过土窑转入盘山公路后车流量逐渐减少，周围的绿化条件也有所好转，不过弯多，路窄，时而还是有大车通过，路上还有不少农用机动车，车速慢，占用车道大，需注意。在靠近临汾的地方车流量又开始逐渐增大，沿途村庄密集，注意行人穿越公路。整条路上空气能见度都不高，最好不要在夜间行驶该路段。

气候

干燥、灰尘大，空气质量差。

餐饮

从峪里乡开始，沿途饭店逐渐增多，在靠近临汾的时候沿街随处都有饭店可以用餐，不过用餐条件不好，饭店主要为当地人服务。

维修

沿途维修点、补胎点很多，不过缺少小汽车的专修点。

加油

途中加油站众多，在龙祠乡出口道路两旁一共7个加油站直到高速公路入口，油料供给方便。

住宿

沿途村庄有一些小旅舍，不过住宿条件不好，可以到临汾城内住宿。

救助信息

龙祠派出所：0357-3031298。

里程数据速查表

从光华镇出发，请从上往下阅读

1	0.0	光华镇	38.7	1.0
2	1.0	左边中石化	37.7	2.8
3	3.8	土窑	34.9	3.0
4	6.8	左急弯	31.9	1.5
5	8.3	路况抽样	30.4	0.8
6	9.1	村庄	29.6	3.0
7	12.1	垭口	26.6	2.5
8	14.6	院头	24.1	3.7
9	18.3	石峡村	20.4	0.6
10	18.9	右边加油站	19.8	3.1
11	22.0	高家庄	16.7	2.2
12	24.2	峪里乡	14.5	2.2
13	26.4	枕头路口	12.3	0.5
14	26.9	左边加油站	11.8	1.7
15	28.6	龙祠乡	10.1	2.0
16	30.6	左边加油站	8.1	1.4
17	32.0	左边中石油	6.7	0.4
18	32.4	右边中石油	6.3	0.8
19	33.2	左边中石化	5.5	1.3
20	34.5	右边中石化	4.2	0.8
21	35.3	右边加油站	3.4	0.1
22	35.4	T字路口	3.3	0.7
23	36.1	高速公路入口	2.6	0.3
24	36.4	左边中石化	2.3	1.2
25	37.6	立交	1.1	1.1
26	38.7	临汾收费站	0.0	

从临汾市出发，请从下往上阅读

临汾市

临汾古称平阳，素有“华夏第一都尧都”之称，位于山西省西南部汾河谷地，属于温带大陆性气候，四季分明。春季多风少雨，夏季温度偏高，秋季阴雨较多，冬季空气干燥。由于地形影响，山区平川气候差异较大，气候特征迥异。

临汾是中国古老文明的发祥地之一，境内古迹众多，人文景观丰富。黄河第二大支流汾河贯城而过，奔流至吉县境内跌宕而下，汇为壶口瀑布，惊涛拍岸，气震长空，其汹涌的态势令人不禁心生崇敬，骤然间迷失在壮阔的景观面前。

临汾还有大量的历史文化遗迹：尧庙和尧陵，古朴苍幽，可证“尧都平阳”之说；平阳鼓楼，高揽壮阔，可谓中国鼓楼之最。东岳庙规模宏大，迷离诡异，气势雄伟；小西天里，数千尊悬塑佛像和环楼玉宇构成了完美的西方极乐世界；广胜寺内，我国最高的琉璃宝塔——飞虹塔翘首远眺；苍茫的姑射山上，山峰叠翠，树木葱茏，鸟鸣泉泠，松涛啸吟，日出而林霏开，云归而岩穴暝，朝晖夕阴，气象万千。

C22 临汾市—王家大院(112.0km)

- 终点 王家大院 111.8 0.2 右边绿苑大酒店
- 22 王家大院正门 112.0 0.0
- 20 左边税苑大酒店 111.3 0.7
- 19 王家大院路口 110.6 1.4
- 18 Y字路口 109.1 2.9
- 17 N36-53-206E111-53-763/955 灵石收费站 108.4 3.6
- 16 灵石出口 107.5 4.5
- 15 102.2 9.8 灵石服务区，设施齐全，星级服务区
- 14 97.0 15.0 燕家岭隧道，全长676米
- 13 93.2 18.8 陈家山隧道，全长330米
- 12 86.0 26.0 韩信岭隧道
- 11 85.1 26.9 沟东隧道，全长445米
- 10 84.0 28.0 咸王庄隧道
- 9 70.2 41.8 霍州、沁源出口
- 8 56.5 55.5 霍州服务区，设施齐全，星级服务区。
- 7 50.1 61.9 下坡路宽
- 6 39.7 72.3 明姜出口
- 5 24.9 87.1 洪洞出口
- 4 19.0 93.0 路况抽样
- 3 13.5 98.5 蒲县出口
- 2 3.0 109.0 临汾服务区
- 1 0.0 112.0 临汾收费站 高速公路临汾收费站
- 起点 临汾市

19 王家大院路口，左转去往灵石。

18 Y字路口，左边去往灵石，右边前往介休。

16 灵石出口，可前往王家大院、绵山景区。

5 洪洞出口，可前往大槐树景点。

4 路况抽样：双向6车道，全封闭、全绿化带隔离，每400米有一个紧急停车带，停车带设有求助电话。

12 韩信岭隧道，全长1360米。

10 咸王庄隧道，全长770米。

9 霍州、沁源出口。

6 明姜出口

2 临汾服务区，有餐厅、超市、住宿、汽修等相关配套设施。

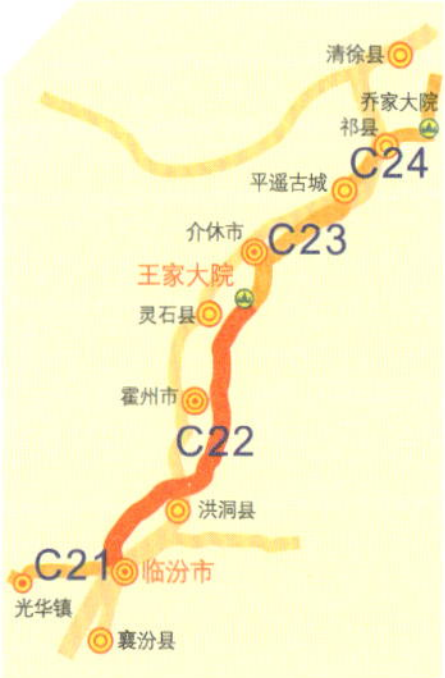

勘察报告

全程高速公路，双向6车道，全封闭、全隔离，两边有紧急停车带，道路绿化条件好。途中经过丘陵地带，一路上有5个隧道，长度在300米～1300米之间。沿途服务区都打上星级标记，服务设施齐全，包括吃、住、加油、维修、公厕、超市等设施应有尽有，而且设施都很好。此外还有休闲区、健身区等，让长途驾驶不用走出高速路就可以享受到星级的服务。下高速距离景区只有2公里的三级公路，一路上通往景区的标志明显，景区的配套设施也完善，而且在通往景区的道路上没有拉客住宿现象的出现。

餐饮

沿途有3个服务区，都可以提供用餐，此外在王家大院景区内有更多的餐厅，可参阅王家大院景区图。

住宿

途中服务区可以住宿，王家大院景区内的选择面更大，建议到王家大院住宿。

加油

途中3个服务区可以加油。

维修

服务区内都有汽车维修点。

购物

各服务区都有超市，但价格偏高。

救助信息

高速路政：1332157314
0357-5650001
高速交警：0357-2591230
0354-7722115
灵石县静升派出所：0354-7722119

里程数据速查表

从临汾市出发，请从上往下阅读

1	0.0	临汾收费站	112.0	3.0
2	3.0	临汾服务区	109.0	10.5
3	13.5	蒲县出口	98.5	5.5
4	19.0	路况抽样	93.0	5.9
5	24.9	洪洞出口	87.1	14.8
6	39.7	明姜出口	72.3	10.4
7	50.1	下坡路宽	61.9	6.4
8	56.5	霍州服务区	55.5	13.7
9	70.2	霍州、沁源出口	41.8	13.8
10	84.0	咸王庄隧道	28.0	1.1
11	85.1	沟东隧道	26.9	0.9
12	86.0	韩信岭隧道	26.0	7.2
13	93.2	陈家山隧道	18.8	3.8
14	97.0	燕家岭隧道	15.0	5.2
15	102.2	灵石服务区	9.8	5.3
16	107.5	灵石出口	4.5	0.9
17	108.4	灵石收费站	3.6	0.7
18	109.1	Y字路口	2.9	1.5
19	110.6	王家大院路口	1.4	0.7
20	111.3	左边税苑大酒店	0.7	0.5
21	111.8	右边绿苑大酒店	0.2	0.2
22	112.0	王家大院正门	0.0	

从王家大院出发，请从下往上阅读

王家大院

22 王家大院位于山西省灵石县城东12公里处的静升镇，是清代民居建筑的集大成者，由历史上灵石县四大家族之一的太原王氏后裔——静升王家于清康熙、雍正、乾隆、嘉庆年间先后建成。建筑规模宏大，拥有“五巷”、“五堡”、“五祠堂”。其中，五座古堡的院落布局分别被喻为“龙”、“凤”、“龟”、“麟”、“虎”五瑞兽造型，总面积达25万平方米以上。现有“中国民居艺术馆”、“中华王氏博物馆”和“力群美术馆”开放的红门堡（龙）、高家崖（凤）、崇宁堡（虎）三大建筑群和王氏宗祠等，共有大小院落231座，房屋2078间，面积8万平方米。

王家大院的砖雕、石雕、木雕艺术品都很出名，是王家大院的三大特色，也是王家大院总体建筑艺术的重要组成部分。其内容，布局，技法，集中体现了清代纤细繁密的典型艺术风格。

王家大院作为我国优秀的传统建筑文化遗产和民居艺术珍品，开放近10年来，在海内外产生了极大的影响，也是倍受关注的影视拍摄基地，被广誉为“华夏民居第一宅”、“中国民间故宫”和“山西的紫禁城”。另外，还有一个流传很广的口碑——“王家归来不看院”。

22 王家大院正门。N36-53-692E111-52-195/898

C23 王家大院—平遥古城(47.2km)

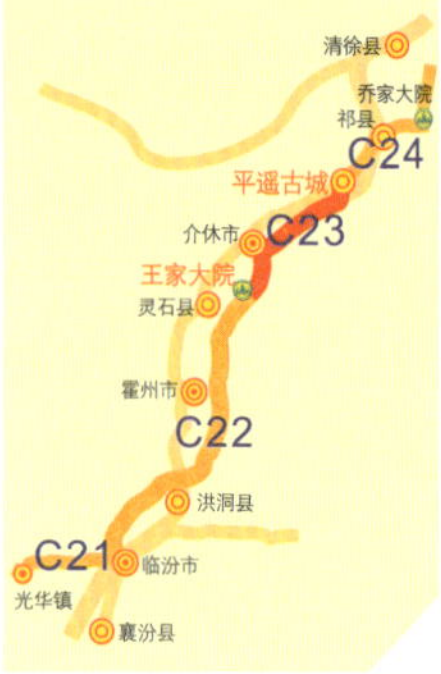

❾ 古城小南门。N37-11-752E112-10-491/761

❽ 左转去往介休，直行去往平遥古城。

❻ 平遥收费站，收费15元。

❺ 平遥出口，可前往平遥古城。

❹ 张兰出口

❸ 介休出口

❷ 路况抽样：双向6车道，全封闭，全隔离，每隔400米有一紧急停车点，设有报警电话。

❶ 大运高速灵石收费站

勘察报告

本路段为全程高速公路，路况很好，绿化好，双向6车道，隔离带全部为树木隔离，可以有效阻挡对方车辆大灯灯光。高速公路服务区都打出星级服务区的招牌，服务区条件很好，面积很大，可以提供吃、住、油、修、洗车、厕所等全方位的服务，而且设施先进，配有休闲区、健身区，还有大片的绿化区域。出高速就连上城区道路，道路宽敞，美观，直通古城入口。

餐饮

沿途有服务区，可以提供用餐，此外在平遥古城内外都有不少食店。

住宿

途中服务区可以住宿，王家大院景区内的选择面更大，建议到王家大院住宿。

加油

途中1个服务区可以加油

维修

服务区内有汽车维修点。

购物

各个服务区都有超市，价格偏高。

提醒

进入城区内就有很多旅游停车点，建议把车直接开进古城。沿途有许多拉客的人，把人带到旅舍可获得高额回扣。

里程数据速查表

从王家大院出发，请从上往下阅读

1	0.0	灵石收费站	47.2	
				10.5
2	10.5	路况抽样	36.7	
				6.7
3	17.2	介休出口	30.0	
				14.5
4	31.7	张兰出口	15.5	
				11.9
5	43.6	平遥出口	3.6	
				0.9
6	44.5	平遥收费站	2.7	
				1.3
7	45.8	右边中石油	1.4	
				0.3
8	46.1	十字路口	1.1	
				1.1
9	47.2	古城小南门	0.0	

从平遥古城出发，请从下往上阅读

平遥古城墙

平遥古城

位于山西的平遥古城，是一座具有2700多年历史的文化名城，是中国目前保存最为完整的四座古城之一，也是目前我国唯一以整座古城申报世界文化遗产获得成功的古县城。城内有大量的清末民居、寺庙建筑、街道铺面等，与古城墙共同组成完整的平遥古城。旧时的平遥城是票号、富商汇集地，严谨而不呆板的住宅布局，精美、古朴的建筑工艺，都反映了清代的建筑艺术水平和民族特色。这座县城于明、清两代500余年间，先后修葺26次。多次的修葺，使平遥古城墙日益坚固、壮观。现在城里还住着居民，过着平常日子，街道一如昨日般繁华，只是昔日的票号现今都作了旅游景点，对游人开放参观，再也不做银票买卖了。

平遥古城墙，始建于公元前827~782年的周宣王时期。《平遥县志》记载，西周大将尹吉甫、严允曾驻兵于此。明洪武三年（1370年），出于军事防御的需要，在原西周旧城基础上扩建为今日的砖石城墙。

平遥古城墙，城池子面呈方形，略偏东南向。东、西、北三面线条取直，只有南墙沿河走向曲折。墙外筑护城壕。城门共有6座，各城门外曾设吊桥。瓮城上筑重檐歇山顶城楼，四周各有角楼一座，四面墙体都有观敌楼。传说，城墙上有垛口 3000个，现碉楼72处，是按孔夫子的弟子3000、贤人72的数字修筑的。民间，人们根据地平面布局，有“乌龟城”之称，平遥城墙，墙体内填土夯实，外周青砖砌裹，顶部铺砖排水，城墙四角，各建角楼，东南角还建有奎星楼一座。东西设有城门两道，每道城门都突出在墙体外部，有里外二门，呈瓮形。由于瓮城共有6座，这就形成“乌龟城”之说。

日昇昌中国票号博物馆

日昇昌——中国第一家票号。

清道光三年（1823年），平遥西达蒲村富商李大全与两细窑村掌柜雷履泰共同创立了日昇昌票号，一个全新的行业就此产生，从而结束了我国镖局押送现银的落后形式。经过发展，日昇昌的黄金时期年汇兑金额高达3800万两白银，可谓“日进千金”。更让人叹服的是日昇昌当时所处的环境虽然兵荒马乱，却在风雨飘摇中纵横了100年，并形成了一整套让西方优秀管理学家叹服的管理制度。此后，陆续由山西商人开办的这些票号曾一度控制了整个大清国的金融流通，业务远至欧美、东南亚等国，以“汇通天下”而著名，开中国民族银行业之先河，正因为如此，山西票号被当时的学者梁启超称为“执中国金融界牛耳”。

如今的日昇昌票号已改为中国票号博物馆，共设有二十余个展厅，大体上分为史料展示和原貌展示两部分，从中可以看出中国民族银行业的发展轨迹。

日昇昌的建筑，给人一种外雄内秀的感觉。作为晋商文化的杰出代表，其建筑风格和规模都极具典型，日昇昌票号采用三进式穿堂楼院，即体现了晋中民居的传统特色，又吸收了晋中商铺的风格，达到了建筑艺术和使用功能的和谐统一。作为历史文化的载体，日昇昌的建筑为深入了解和研究历史文化、商情商俗、建筑艺术等，提供了十分珍贵的实物资料，是不可再生的重要旅游资源。

C24 平遥古城—乔家大院(43.3km)

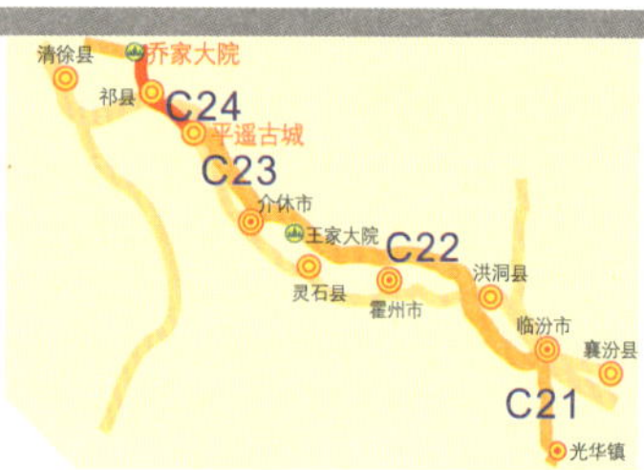

乔家大院
终点
起点

28 乔家大院 43.3 0.0
27 40.7 2.6 十字路口
26 40.1 3.2 东观收费站，小车收费10元。
25 38.2 5.1 中国石油 右边东谷加油站、中石油。
24 31.7 11.6 东观路口
23 31.3 12.0 中国石化
22 29.8 13.5 祁县街道
21 27.8 15.5 北谷丰村
20 26.4 16.9 大运高速入口
19 25.5 17.8 大运服务区
18 23.6 19.7 中国石化
17 22.6 20.7 超群服务区
16 16.3 27.0 路况抽样
15 16.1 27.2 T路口
14 15.0 28.3 新营
13 14.1 29.2 中国石油
12 12.6 30.7 中国石化
11 10.8 32.5 亨德村
10 9.1 34.2 沁源路口，右转117公里可到达
9 8.6 34.7 新庄
8 7.8 35.5 平遥县城北门路口
7 6.9 36.4 南政村
6 6.0 37.3 路况抽样
5 4.6 38.7 中国石油
4 3.4 39.9 祁县路口
3 2.6 40.7 大运高速路口
2 农贸市场 1.9 41.4
1 平遥古城小南门 N37-11-650E112-10-419 0.0 43.3

㉔ 左转可去往，从乔家大院方向过来需注意并行车辆。

㉑ 注意行人横穿马路

⑤ 右边中石油，路面颠簸。

㉗ 十字路口，左转去往太原，直行上大运高速，右转上G208可到达沁县。N37-24-335E112-26-148/774

⑳ 大运高速入口，左转上高速，右转去往祁县。N37-21-736E112-17-416/757

㉒ 祁县街道

⑯ 路况抽样：双向6车道，水泥路面，中间有绿化隔离带，道路长期受大车、重车碾压，有轻微裂痕，路面颠簸，车流量大，以运煤大车为主。

⑮ T路口，右转2.5公里可去往镇国寺。

③ 大运高速路口，右边有一家中石油，左转可去往双林寺。

⑰ 超群服务区，规模大、设施全，有餐厅、住宿、洗浴等配套设施。

㉘ 乔家大院。N37-24-365E112-26-148/774

⑧ 平遥县城北门路口。N37-11-409E112-10-119/760

⑥ 路况抽样：双向6车道，水泥路面，道路两边都有绿化带。

④ 祁县路口，右边中石化。N37-11-808E112-08-620/760

② 农贸市场，早起时这里交易繁忙。

勘察报告

从平遥去往乔家大院的道路都是国道，一级水泥公路，不过由于长期都有运煤大车、拖车过往，所以道路情况并不理想，路面时常有断裂、凹陷。空气中弥漫着大量的粉尘，能见度不高，而且车辆清洁很难保证。道路车流量较大，旅游车辆、客车、货车均穿行在这条路线上，行驶难度较大，不过道路宽敞，不会出现堵车。

救助信息

龙祠派出所：0357-3031298

里程数据速查表

从平遥古城出发，请从上往下阅读

1	0.0	平遥古城小南门	43.3	1.9
2	1.9	农贸市场	41.4	0.7
3	2.6	大运高速路口	40.7	0.8
4	3.4	祁县路口	39.9	1.2
5	4.6	右边中石油	38.7	1.4
6	6.0	路况抽样	37.3	0.9
7	6.9	南政村	36.4	0.9
8	7.8	平遥县城北门路口	35.5	0.8
9	8.6	新庄	34.7	0.5
10	9.1	沁源路口	34.2	1.7
11	10.8	享德村	32.5	1.8
12	12.6	左边中石化	30.7	1.5
13	14.1	右边中石油	29.2	0.9
14	15.0	新营	28.3	1.1
15	16.1	T路口	27.2	0.2
16	16.3	路况抽样	27.0	6.3
17	22.6	超群服务区	20.7	1.0
18	23.6	右边中石化	19.7	1.9
19	25.5	大运服务区	17.8	0.9
20	26.4	大运高速入口	16.9	1.4
21	27.8	北谷丰村	15.5	2.0
22	29.8	祁县街道	13.5	1.5
23	31.3	中石化	12.0	0.4
24	31.7	东观路口	11.6	6.5
25	38.2	加油站	5.1	1.9
26	40.1	东观收费站	3.2	0.6
27	40.7	十字路口	2.6	2.6
28	43.3	乔家大院	0.0	

从乔家大院出发，请从下往上阅读

住宿

乔家大院景区内住宿条件最好，此外，在南政和各加油服务区内可以提供住宿。

餐饮

沿途饮食点较多，南政乡、乔家大院景区以及沿途各加油服务区均有较好的用餐条件，不过大多餐馆都只提供面食。

加油

沿途加油站密集，中石化、中石油价格相当，民营加油站的价格稍微便宜一点。

维修

沿途维修点、补胎点很多，不过缺少小汽车的专修点。

气候

干燥、灰尘大，空气质量差。

乔家大院

28 乔家大院位于祁县城东北12公里处的乔家堡村，是祁县乔家“在中堂”的宅院，“在中堂”是闻名海内外的商业资本家乔家第三代乔致庸的堂名。

乔家大院始建于清乾隆年间，后又在清同治、光绪年间及民国初年多次增修，时间虽跨越了两个世纪，却保持了建筑风格的统一。乔家大院占地8724.8平方米，由6幢大院19个小院共313间房屋组成。从高处俯瞰，整体为双喜字型布局，城堡式建筑。乔家大院是一座集中体现我国清代北方民居建筑独特风格的宏伟建筑群体，外视威严高大，宛如城堡，内视则富丽堂皇，既有跌宕起伏的层次，又有变化意境的统一规范，结构考究，选材精良。院内斗拱飞檐、石刻砖雕、牙版楼、彩绘金装随处可见，工艺精湛，各具特色，显示了我国劳动人民高超的建筑工艺，具有很高的建筑美学和居住民俗研究价值，被许多专家学者誉为：“清代北方民居建筑的一颗明珠”。

1986年，祁县将大院辟为祁县民俗博物馆，展出2000余件展品，较系统地反映了明清时期山西晋中一带的民间风俗。

近年来乔家大院成为多部影视的外景地，这大大提高了其知名度，从而吸引了更多的游客前往参观游玩。景点外有停车场，宅院周围有很多小商店小吃店等，购物方便。

28 乔家大院

平遥县衙博物馆

平遥县衙始建于元至正六年（1346年），除少数是元代建筑外，大部分为明万历年间修建。按传统礼制，县衙是一城的主宰，应建在城市的中心，但平遥县衙却建于城的西南角，因为这里是全城最高的地方，居高临下控制全城，也便于防止水淹。

县衙的院落仍基本保存了明清衙门的特征，气势庄严，是中国现存的明清时期县衙的典型建筑。

与我们常见的博物馆有所不同，平遥县衙博物馆是以建筑格局的存在形式来演绎历史和文化的特征的。

C25 乔家大院—太原市(44.8km)

23 晋祠收费站，进入大运高速。N37-42-702E112-27-125/788

24 太原南环出口

20 晋祠景点，门票40元。N37-42-260E112-26-270/805

25 罗城收费站，小车收费5元。N37-45-268E112-28-498/799

21 晋祠公园，从公园可直接进入晋祠，但需要购买公园门票，如果从左侧路口进入晋祠则可省去公园门票。

22 右转进入大运高速路口

19 天龙山景区路口，左转14公里可到达。

13 刘家堡大桥收费站，小车收费5元。

15 十字路口，跨国307国道，左转去往清徐。

18 三岔路口，左转去往晋祠、南环高速公路入口。

12 路况抽样：双向2车道，柏油路面，路况良好，车流量很少。

11 十字路口，左转去往晋祠。N37-38-615E112-28-125/777

16 十字路口，左转去往清徐，右转去往太原，距离24公里，直行牛家口。N37-40-456E112-20-115

10 石沟

6 十字路口，左转去往清徐，距离16公里，右转去往徐沟，距离4公里。

5 十字路口，左转盈丰，距离9公里，右转高花，距离1公里。

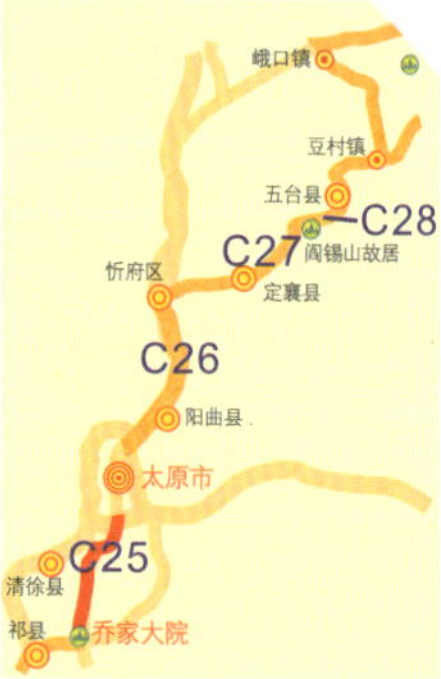

4 路况抽样：双向6车道，中间有黄线隔离，两边有绿化带。

2 延寿寺

勘察报告

先去往晋祠，道路为二级柏油公路，之后从晋祠转入大运高速公路到达太原。在二级公路上车流量较大，主要为运送煤炭及相关产品的大车，而且灰尘很大，同时道路上还经常有农用车、摩托车占道满速行驶，通过时需格外小心。

餐饮

沿途餐厅较多，主要以面食为主，还有一些随旅游而推出的当地特色菜品。

住宿

公路沿线有较多的小旅舍，不过建议在太原城区内住宿，条件更好。

加油

沿途加油站密集，中石化、中石油价格相当，民营加油站的价格稍微便宜一点。

维修

各大品牌汽车在太原市内都有维修点，同时道路沿线有一些汽修店。

救助信息

事故报警电话：0351-5781120、5781352。

里程数据速查表

从乔家大院出发，请从上往下阅读

1	0.0	乔家大院正门	44.8	1.9
2	1.9	延寿寺	42.9	0.6
3	2.5	右边中石油	42.3	8.3
4	10.8	路况抽样	34.0	2.3
5	13.1	十字路口	31.7	4.8
6	17.9	十字路口	26.9	3.0
7	20.9	清徐路口	23.9	1.9
8	22.8	右边加油站	22.0	0.8
9	23.6	左边加油站	21.2	1.6
10	25.2	石沟	19.6	0.6
11	25.8	十字路口	19.0	2.1
12	27.9	路况抽样	16.9	0.6
13	28.5	收费站	16.3	1.2
14	29.7	新庄村	15.1	1.2
15	30.9	十字路口	13.9	1.5
16	32.4	十字路口	12.4	2.2
17	34.6	稟院	10.2	0.9
18	35.5	三岔路口	9.3	0.3
19	35.8	天龙山景区路口	9.0	1.1
20	36.9	晋祠景点	7.9	1.3
21	38.2	晋祠公园	6.6	0.7
22	38.9	大运高速路口	5.9	0.4
23	39.3	晋祠收费站	5.5	4.6
24	43.9	太原南环出口	0.9	0.9
25	44.8	罗城收费站	0.0	

从太原市出发，请从下往上阅读

晋祠

20 晋祠

20 晋祠在太原市区西南25公里处，是全国重点文物保护单位之一。它始建于北魏，初名唐叔虞祠，是为纪念晋国开国诸侯唐叔虞而建。晋祠的历史可追溯到公元前11世纪的西周时期。

现在晋祠的建筑，除主殿圣母殿和“鱼沼飞梁”是北宋遗物外，其余陆续建于金、明和清代。祠内圣母殿规模宏伟，殿前有鱼沼飞梁、献殿、对越牌坊和钟楼二楼，再前为金人台、会仙桥、水镜台等，整个布局形成以圣母殿为主体的一组祠庙建筑群。祠区其他建筑还有朝阳洞、三台阁、关帝庙、昊天祠、东狱庙、文昌阁、胜瀛楼、景清门、唐叔虞殿等。

殿宇、亭台、楼阁、桥树互相映衬古木参天，是一处风景优美的大型祠堂式古典园林，被誉为山西的“小江南”。

20 晋祠

C26 太原市—定襄县(104.3km)

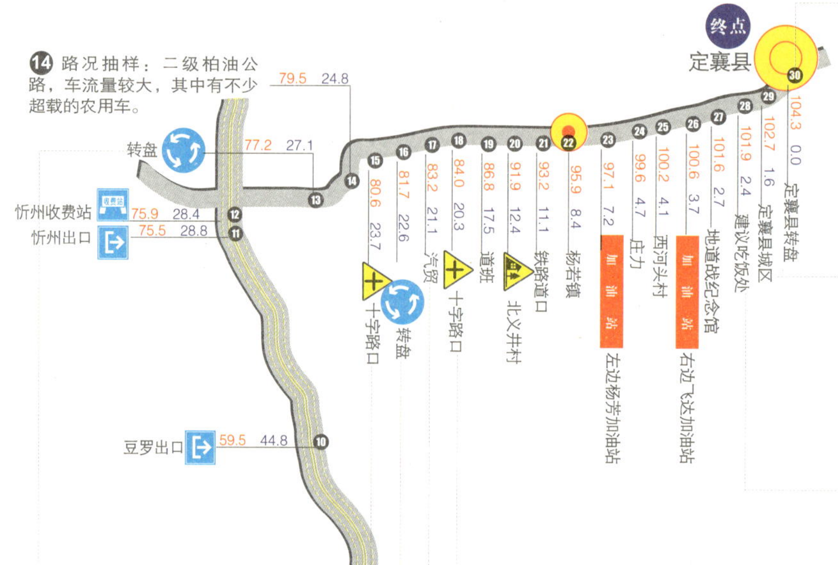

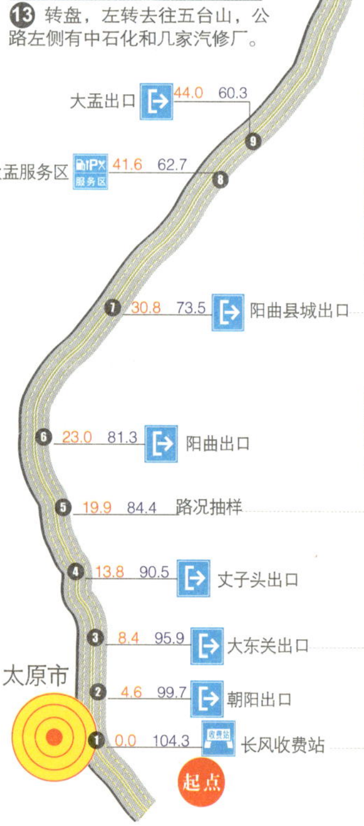

14 路况抽样：二级柏油公路，车流量较大，其中有不少超载的农用车。

30 定襄县转盘。N38-29-096E112-58-050/763

29 定襄县城区，城内数家炖骨头餐厅，为当地特色菜。

28 建议吃饭处

13 转盘，左转去往五台山，公路左侧有中石化和几家汽修厂。

18 铁道口、十字路口，右转进入城区，左转去往波明。

22 杨若镇，右边有中石油。

17 汽贸、加油站、维修站密集地带，持续500米。

15 十字路口，右转去往奇村，距离15公里，直行可到达原平。

16 转盘

7 阳曲县城出口

5 路况抽样：高速公路，双向6车道，全隔离，全封闭，有紧急停靠点和路边急救电话。

3 大东关出口（太原东）

1 大运高速长风收费站。N37-49-043E112-36-389/840

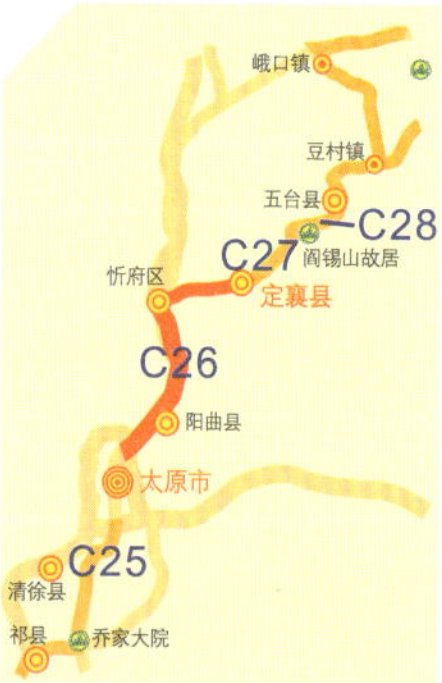

勘察报告

在太原市进入大运高速，高速公路路况很好，全隔离，全封闭，在太原外环上为双向6车道，之后为双向4车道，之后从忻州出口下大运高速，转入国道。路面为二级柏油公路，道路上车流量较大，时而还有超宽的农用车辆占道行驶。道路旁边树木茂盛，农作物多样，不过空气中粉尘较大，对于视线和车辆的清洁都有一定的影响。

住宿

忻州城内有一些旅馆，不过条件不好，不建议在该路段住宿。

餐饮

从忻州下高速的沿街上有很多小餐馆，此外，北义井村也有一些用餐点，都以面食为主。

救助信息

大运高速报警电话：0350－4395567
高速公路管理四大队：0350－3306110
急救电话：0350－2020120
司法坚定电话：0350－3120567
忻州山西交警报警电话：0350－3012128 3121672
高速公路事故清障电话：0350－3120583 3120299

维修

在该路段83公里开始有一个维修的集中带，可以提供各种车辆的维修、配件等服务，是沿途维修条件最好的地方。

加油

高速路上有大盂服务区，在忻州至定襄的公路两侧加油站密集，最好在中石化、中石油等大型加油站加油。

里程数据速查表

从太原市出发，请从上往下阅读

1	0.0	长风收费站	104.3	4.6
2	4.6	朝阳出口	99.7	3.8
3	8.4	大东关出口	95.9	5.4
4	13.8	丈子头出口	90.5	6.1
5	19.9	路况抽样	84.4	3.1
6	23.0	阳曲出口	81.3	7.8
7	30.8	阳曲县城出口	73.5	10.8
8	41.6	大盂服务区	62.7	2.4
9	44.0	大盂出口	60.3	15.5
10	59.5	豆罗出口	44.8	16.0
11	75.5	忻州出口	28.8	0.4
12	75.9	忻州收费站	28.4	1.3
13	77.2	转盘	27.1	2.3
14	79.5	路况抽样	24.8	1.1
15	80.6	十字路口	23.7	1.1
16	81.7	转盘	22.6	1.5
17	83.2	汽贸	21.1	0.8
18	84.0	十字路口	20.3	2.8
19	86.8	道班	17.5	5.1
20	91.9	北义井村	12.4	1.3
21	93.2	铁路道口	11.1	2.7
22	95.9	杨若镇	8.4	1.2
23	97.1	左边杨芳加油站	7.2	2.5
24	99.6	庄力	4.7	0.6
25	100.2	西河头村	4.1	0.4
26	100.6	右边飞达加油站	3.7	1.0
27	101.6	右边中石化	2.7	0.3
28	101.9	建设吃饭处	2.4	0.8
29	102.7	定襄县城区	1.6	1.6
30	104.3	定襄县转盘	0.0	

从定襄县出发，请从下往上阅读

太原市

太原古称晋阳，拥有2500多年的悠久历史，素有“中原北门”的称号。太原地形特殊，平均海拔在800米以上，而且三面环山。其东有太行，西有吕梁。特殊的地形地貌使得太原形成了冬无严寒，夏无酷热，昼夜温差较大，日照充足的气候特征。

太原之胜皆在人文，悠久的历史文明赐予了太原众多的人文名胜古迹。著名的晋祠文物区是全国重点文物保护单位，人文气息浓郁，祠中那雅致的园林艺术，堪称宋代建筑、雕塑与审美观的代表；享有“国宝”之称的圣母殿侍女雕塑更可谓千姿百态，栩栩如生，深受游人喜爱；建于明代的永祚寺双塔已然成了太原市的标志。此外还有被专家誉为世界之最的道教石窟——龙山石窟、北魏至五代的天龙山佛教石窟、隋末唐初建造的佛教名刹崇善寺、吕洞宾的道教寺庙纯阳宫以及崛岫山、多福寺、云冈石窟、五台山、娘子关等文物古迹。

太原市雕塑

C27 定襄县—阎锡山故居(18.1km)

⑫ 青石南街村，道路穿越村庄，路面狭窄，注意行人穿越马路。

⑪ 路况抽样：乡村柏油公路，宽6米，路面有破损。

⑩ 阎锡山旧居路口。N38-34-076E113-04-002/748

⑤ 路况抽样：二级柏油公路，宽10米，路边有高大的树木和鲜艳的栀子花。

⑦ 宏道路口，左转上乡村柏油公路，9公里可到达。

⑥ 蒋村，路边有浓浓的柳荫。

② 分布字湾，有一个王二骨头店。

① 定襄县城市雕塑

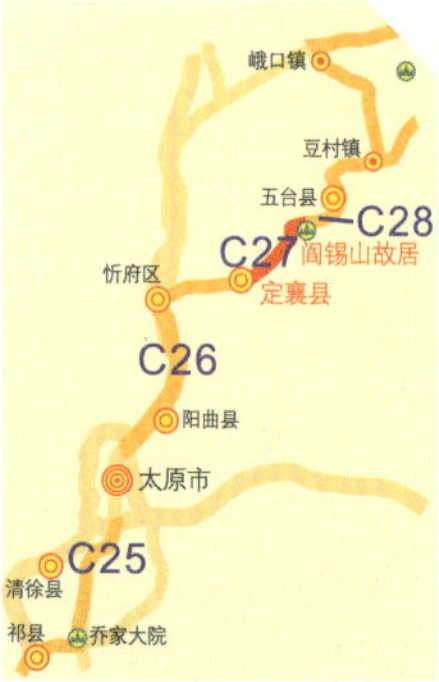

勘察报告

去往阎锡山故居的道路是国道上一条支路，从宽10米的道路转入宽6米的乡村柏油公路，在定襄县去往五台山的途中12.8公里处，道路路口处有明显的标志，位于河边镇河边一村，也是河边镇政府所在地。一路都行驶在平原上，没有坡度变化，只有在从河边一村路口进入景点时有一小段70米的微上坡。道路两旁一直都有茂密的护路林，道路旁植被丰富，不过空气中依然有较大的粉尘。景区门口可以停车，停车费5元，但不是专业的停车场，车辆较多时出入会比较困难。

餐饮

王二骨头店，位于定襄县出口4公里处，这里就餐的人很多，是当地的特色餐厅；阎锡山旧居所在的河边一村以及周边村庄也有一些小餐厅。

住宿

沿途没有住宿条件较好的住宿点，不建议在该路段住宿。

救助信息

河边派出所：0350－6050001，位于河边一村，阎锡山故居附近。

里程数据速查表

从定襄县出发，请从上往下阅读

❶	0.0	城市雕塑	18.1	3.5
❷	3.5	左边中石油	14.6	1.0
❸	4.5	分布字湾	13.6	1.7
❹	6.2	金健加油站	11.9	1.0
❺	7.2	路况抽样	10.9	0.5
❻	7.7	蒋村	10.4	0.5
❼	8.2	宏道路口	9.9	1.4
❽	9.6	牛台村	8.5	2.4
❾	12.0	芬兰村	6.1	0.8
❿	12.8	阎锡山旧居路口	5.3	0.4
⓫	13.2	路况抽样	4.9	1.9
⓬	15.1	青石南街村	3.0	1.4
⓭	16.5	双候堡路口	1.6	1.0
⓮	17.5	阎锡山旧居入口	0.6	0.6
⓯	18.1	阎锡山故居	0.0	

从阎锡山故居出发，请从下往上阅读

购物

河边一村有许多砚台店，还有部分小摊在兜售各种纪念品，但大都以砚台为代表。

加油

在定襄县出口有一个中石油，一个民营加油站。

维修

沿途没有汽车维修店

阎锡山故居

⓯ 阎锡山出生于五台、定襄交界的河边村。阎氏故居就坐落在村中。它原本是一普通农家小院，民国后，阎锡山做了山西督军，衣锦还乡，光宗耀祖，便在原庭院的基础上进行翻修扩建。从 20年代开始扩建，到30年代初告竣工，历时14年之久，耗银 140万两，建成近30座庭院，800余间屋宇，占地面积6，1834平方米。现仍存18座庭院，575间屋宇，占地面积3，8000平方米，建筑面积1，800O平方米。

全部建筑分上、下两院，亦称南、北两区。南区为阎氏旧宅，地势居高。阎锡山做了督军后，又在此兴建了都督府、南都督府、上将军府等府第。他被袁世凯封为一等功侯后，又于此建起四角小楼，名其曰“得一楼”。

北区较低，是阎氏故居的主体建筑区，由东西花园组成。东花园为三进大院，由西向东，逐渐升高，每进院落都有主厅与配厅，全系中式建筑，楼台阁榭，雕栏玉砌，颇为讲究。

与东花园隔街相对为西花园。西花园呈长方形，亦建成三座四合小院，但规模、气派均不及东花园，整个居住区高墙护卫，地下有暗道通往村外，宛若城堡。现在，这座院落中设有民俗博物馆，游人在参观的同时还可以了解当地民情风俗。

⓯ 阎锡山故居

C28 阎锡山故居—五台县(30.1km)

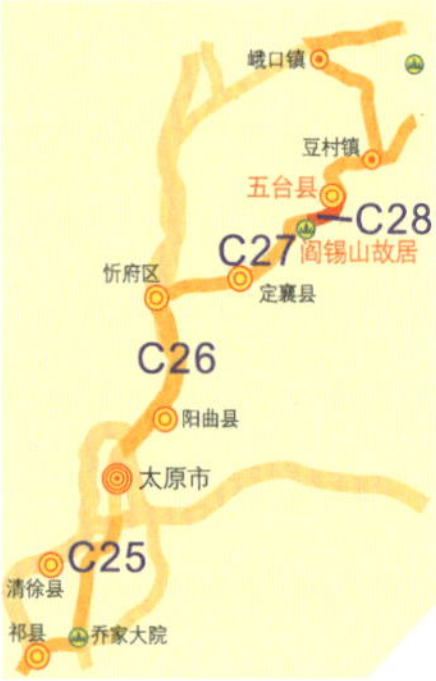

⓫ 徐向前故居路口，右转可进入，左边有一家中石油。

⓱ 五台山路口，直行进入五台县城，右转去往五台山景区。N38-42-694E113-14-999/1042

❿ 东冶镇，道路穿越城区1公里，规模较大，设施齐全。N38-38-973E113-08-628/754

❽ 路况抽样：二级柏油公路，道路宽8米，路况良好、平整，路旁种有高大的路道树木。

❼ T路口，左转9公里到达宏道。

❷ 垂直左急弯，弯道处有阎锡山故居线路指示牌。

❸ 河边四村路口，乡村道路与国道在这里汇合。N38-35-908E113-05-505/742

❹ 十字路口，右转去往坪上，距离23公里。

❺ 进入五台山路口，路面变宽，路况转好。

勘察报告

乡村公路在河边四村转入国道，国道为二级柏油路面，路面情况一般，进入五台山路段后道路开始变宽、变好，并且有明显的“五台山欢迎您”的标语，预示着五台山景区的到来。在穿越东治镇时需注意道路上的行人、车辆，特别是行驶在道路上的摩托车和农用车。进入徐向前故居的道路为乡村柏油公路，在故居大院内有停车场，小车收费5元，游客不多，部队参观教育者较多。走出徐向前故居之后平整的道路开始变为爬坡路段，海拔持续升高。道路两旁的树木一直很茂密，柳树生长得很好，柳枝是路段上特有的风景。

餐饮

只有在东治镇有较多的餐厅，就餐条件一般。

住宿

五台山县城内住宿条件稍好，有不少星级宾馆。三星级银声宾馆：6542039；三星级碧涛苑：3358777，3358888。

加油

沿途有加油站

维修

沿途没有汽车维修点。

救助信息

太石屯派出所：69032509

古北口派出所：8105132

提醒

徐向前故居所在村庄永安村有200多户村民，主要为徐、朱两家，村内没有食宿店，村民热情淳朴。

❻ 沿途风光，柳树成荫。

里程数据速查表

从阎锡山故居出发，请从上往下阅读

❶	0.0	河边镇	30.1	0.8
❷	0.8	垂直左急弯	29.3	0.5
❸	1.3	河边四村路口	28.8	1.5
❹	2.8	十字路口	27.3	0.5
❺	3.3	进入五台路口	26.8	2.3
❻	5.6	沿途风光	24.5	0.4
❼	6.0	T路口	24.1	1.3
❽	7.3	路况抽样	22.8	3.2
❾	10.5	红表路口	19.6	0.1
❿	10.6	东治镇	19.5	2.1
⓫	12.7	徐向前故居路口	17.4	2.5
⓬	15.2	永安村	14.9	0.2
⓭	15.4	故居路口	14.7	0.4
⓮	15.8	徐向前故居	14.3	9.5
⓯	25.3	茹家脑村	4.8	4.3
⓰	29.6	王庄	0.5	0.5
⓱	30.1	五台山路口	0.0	

从五台县出发，请从下往上阅读

⓮ 徐向前故居大门，门票10元，门前有停车场，小车收费5元。N38-37-672E113-09-756/722

徐向前故居

⓮ 徐向前是中国人民解放军的十大元帅之一。

前来瞻仰徐帅故居的人们可以看到徐帅童年时学习用的小木桌，1955年毛泽东向徐帅授勋时的元帅礼服，还有徐帅亲手补过补丁的羊毛衫、军装等衣物。

徐向前元帅的故居座落在山西省五台县东治镇永安村，是紧临滹沱河边的一个小村庄。这是一幢典型的晋北四合院式的建筑，院内正面为主房，两侧是厢房，上下两层是徐帅青少年时期生活和学习的地方。故居内有徐帅生平事迹展和李先念等老一辈无产阶级革命家的题词，整个建筑庄重肃穆，朴实无华。东西厢房除东一间，西两间为柴炭房、厕所、储藏农具外，其余均为居住和存放粮食的地方。1901年，徐向前元帅就出生在上东房的土炕上。

故居前建有徐向前铜像，铜像后建有影壁，其上刻有江泽民亲笔题写的“功勋垂青史，楷模昭后人”。

C29 五台县—五台山南门(54.5km)

29 五台山云海

24 福圣寺

19 五台寺

9 茹村乡路口，左转去往五台山。N38-44-555E113-21-820/1186

15 豆村十字路口。N38-50-072E113-22-170/1255

14 田家村

13 翰林寺。N38-47-819E113-21-674/1253

5 南大贤村

4 路况抽样：二级柏油公路宽9米，有高大树木和花儿在道路两边。

3 十字路口，左转进入县城，右转去往五台山。

1 五台县路口

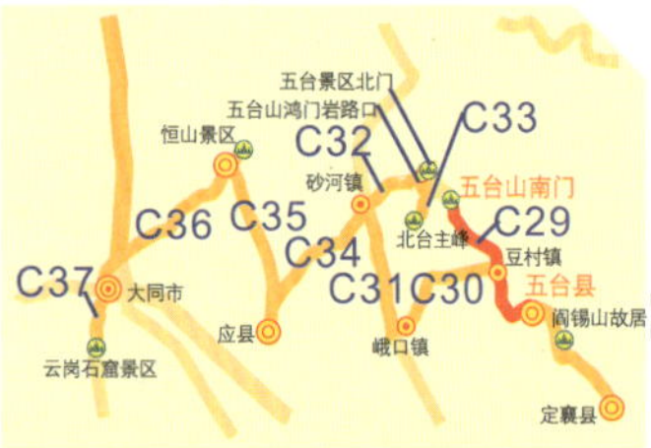

勘察报告

进入五台山景区的道路为二级柏油公路，路宽7米，汽车在山脉间穿行，弯道较多，而且在进入山区之后以上坡道路为主，海拔持续升高。道路两边植被丰富，路旁高大的树木逐渐被绚烂的花草所取代，空气清新，不过清晨时容易出现大雾。在急弯处设有球面镜以方便观察对方来车防止事故的发生，沿线有大大小小多个寺庙，透出作为佛教名山的味道。著名的清凉寺就在途中51公里处。

餐饮

茹村乡有较多的餐厅，豆村也有不少餐厅，以炖骨头为当地特色菜，也可以品尝到五台山的台蘑，不过价格较高。

住宿

在五台县内宾馆条件较好，此外茹村和豆村也有家庭式的宾馆，虽然可以住宿，但是普遍都没有独立卫生间。

加油

沿途有加油站，中石油和中石化价格一样

维修

南茹村世纪汽修是途中修理条件最好的地方。

救助信息

五台山公路路政：6548424

里程数据速查表

从五台县出发，请从上往下阅读

1	0.0	五台县路口	54.5	1.6
2	1.6	右边中石油	52.9	1.0
3	2.6	十字路口	51.9	1.5
4	4.1	路况抽样	50.4	5.1
5	9.2	南大贤村	45.3	0.9
6	10.1	北阳村	44.4	0.5
7	10.6	左边中石油	43.9	1.8
8	12.4	南茹村	42.1	1.1
9	13.5	茹村乡路口	41.0	1.1
10	14.6	右边风光	39.9	5.0
11	19.6	尊胜寺路口	34.9	1.4
12	21.0	龙王堂	33.5	0.3
13	21.3	翰林寺	33.2	5.6
14	26.9	田家村	27.6	0.4
15	27.3	豆村十字路口	27.2	0.7
16	28.0	左边中石化	26.5	1.8
17	29.8	新庄	24.7	0.9
18	30.7	泗阳	23.8	2.6
19	33.3	五台寺	21.2	2.2
20	35.5	堂明村路口	19.0	2.2
21	37.7	寺场	16.8	0.8
22	38.5	下柳院	16.0	2.8
23	41.3	伏胜寺	13.2	0.5
24	41.8	福圣寺	12.7	5.3
25	47.1	东瓦厂村	7.4	0.9
26	48.0	爬山路	6.5	2.0
27	50.0	急弯山路	4.5	0.7
28	50.7	清凉寺路口	3.8	2.4
29	53.1	五台山云海	1.4	1.4
30	54.5	五台山南门	0.0	

从五台县出发，请从下往上阅读

五台山

30 五台山是佛教文殊菩萨的道场，为中国四大佛教圣地之一。有“黄山归来不看岳，五台归来不看庙”之说。

五台山以其建寺历史之悠久和规模之宏大，而居佛教四大名山之首，在日本、印度、斯里兰卡、缅甸、尼泊尔等国享有盛名。五台山寺庙始建于汉明帝，唐代因“文殊信仰”的繁盛，寺院多达360多处。清代，随着喇嘛教传入五台山，出现了各具特色的青、黄二庙。著名的有：显通寺、塔院寺、菩萨顶、黛螺顶、广济寺、万佛阁等。五台山五座台顶合围的地区，称为台内，其外围则称台外。

这些佛教寺院历经各个朝代的建筑和修缮，或规矩谨严，或柔和绚丽，体现了不同时代的建筑风格。相传这里最早的佛教寺庙始建于东汉，经历代修葺扩建已形成一定规模。现存寺院４８处，僧尼数百人。

五台山历史悠久、古建成群，是中国古建、雕塑、绘画的艺术宝库。唐建南禅寺、佛光寺；始建于东汉，规模宏伟的显通寺以及《华严经字塔》等千百件珍贵文物早已名扬四海。

五台山主峰五座，景区内野生动物有上百种，植物花卉种类丰富，是美丽的高山自然公园。历来就是避暑胜地，所以又有“清凉山”之称，夏季游山最好。

28 清凉寺景区牌坊

清凉寺

清凉寺，因寺内有著名的文殊圣迹“清凉石”而得名。清凉石是清凉寺的象征，佛经记载，文殊菩萨曾于清凉石上讲经说法，因此也称“曼殊床”。

据“清凉山志”载，此寺建于北魏孝文帝延兴二年至太和十七年间（472-493年）。唐代时，是替国行道的镇国道场，唐代历元年间，是不空三藏密宗的道场。清乾隆年间，寺宇建筑整齐一新，规模宏大，民国年间再度扩建。清凉寺坐东朝西，按中国传统的中轴对称格局布置，中轴线上有五层大殿、禅堂、配殿左右对称，清凉石置于寺中，布局严谨，主次分明。

C30 豆村镇—峨口镇(44.5km)

全程共44.5公里，平均时速41.5公里，最高时速64.5公里，用时56分钟

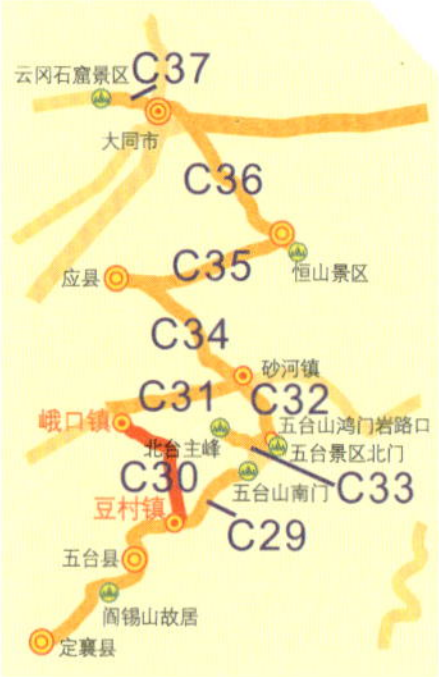

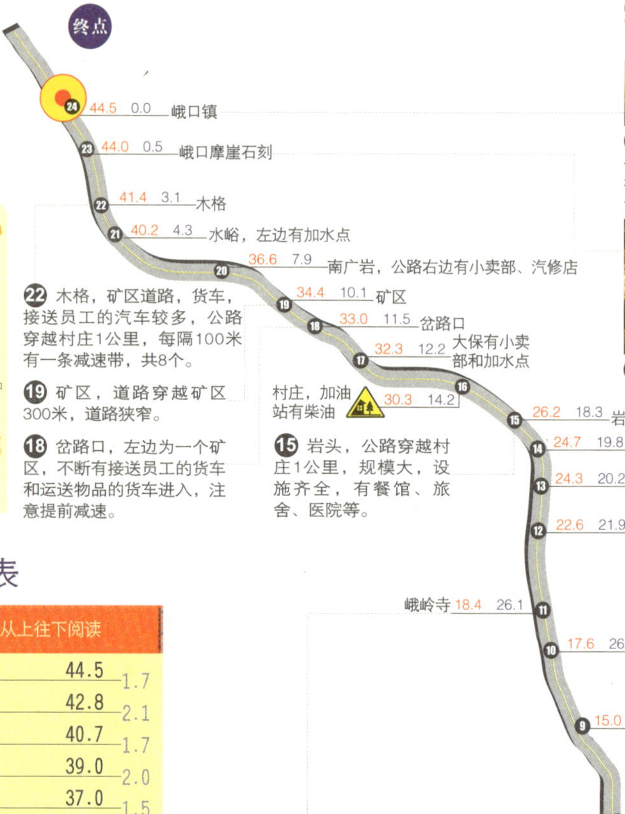
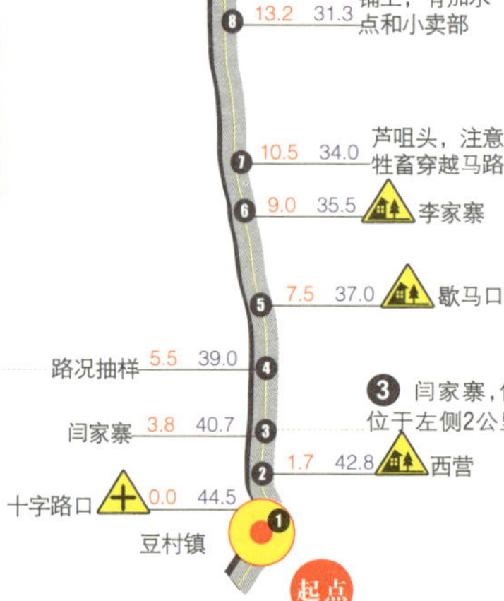

22 木格，矿区道路，货车，接送员工的汽车较多，公路穿越村庄1公里，每隔100米有一条减速带，共8个。

19 矿区，道路穿越矿区300米，道路狭窄。

18 岔路口，左边为一个矿区，不断有接送员工的货车和运送物品的货车进入，注意提前减速。

15 岩头，公路穿越村庄1公里，规模大，设施齐全，有餐馆、旅舍、医院等。

3 闫家寨，佛光寺位于左侧2公里处。

24 峨口镇，公路穿越城区1.5公里，规模较大，各种汽修、补胎、配件店林立，多为矿区货车提供吃住修等服务。

23 峨口摩崖石刻

11 峨岭寺，海拔1650米，主寺横跨公路，形成一个涵洞。

4 路况抽样：三级柏油公路，路宽8米，路面崭新平整，两边多为农田，风景优美。

1 十字路口，这是豆村镇唯一的十字路口，通往各方的公路在这里汇合。N38-50-075E113-22-008/1101

里程数据速查表

从豆村镇出发,请从上往下阅读

1	0.0	十字路口	44.5	1.7
2	1.7	西营	42.8	2.1
3	3.8	闫家寨	40.7	1.7
4	5.5	路况抽样	39.0	2.0
5	7.5	歇马口村	37.0	1.5
6	9.0	李家寨	35.5	1.5
7	10.5	芦咀头	34.0	2.7
8	13.2	铺上	31.3	1.8
9	15.0	大柏	29.5	2.6
10	17.6	小柏	26.9	0.8
11	18.4	峨岭寺	26.1	4.2
12	22.6	下坡	21.9	1.7
13	24.3	涉水路面	20.2	0.4
14	24.7	新庄	19.8	1.5
15	26.2	岩头	18.3	4.1
16	30.3	村庄	14.2	2.0
17	32.3	大保	12.2	0.7
18	33.0	岔路口	11.5	1.4
19	34.4	矿区	10.1	2.2
20	36.6	南广岩	7.9	3.6
21	40.2	水峪	4.3	1.2
22	41.4	木格	3.1	2.6
23	44.0	峨口摩崖石刻	0.5	0.5
24	44.5	峨口镇	0.0	

从峨口镇出发,请从下往上阅读

C31 峨口镇—砂河镇(41.3km)

全程共41.3公里，平均时速41.6公里，最高时速63.4公里，用时60分钟

里程数据速查表

从峨口镇出发,请从上往下阅读

序号	里程	地点	剩余里程	区间
1	0.0	峨口镇	41.3	6.0
2	6.0	繁峙路口	35.3	0.9
3	6.9	东留属	34.4	1.9
4	8.8	进入繁峙界	32.5	0.7
5	9.5	右边雁峰加油站	31.8	0.7
6	10.2	右边中石化	31.1	2.0
7	12.2	西义	29.1	0.3
8	12.5	繁峙路口	28.8	2.0
9	14.5	十字路口	26.8	1.4
10	15.9	季庄	25.4	3.1
11	19.0	右边中石化	22.3	2.5
12	21.5	福连坊	19.8	2.9
13	24.4	右边金鑫加油站	16.9	2.7
14	27.1	大沟	14.2	8.4
15	35.5	集义庄	5.8	4.3
16	39.8	应县路口	1.5	1.5
17	41.3	砂河镇城区路口	0.0	

从砂河镇出发,请从下往上阅读

⑨ 右边中石化，右转通往另一个繁峙入口。

⑰ 砂河镇城区路口，左转进入城区，右转去往五台山景区。

⑯ 应县路口，左转可前往，右转去往砂河镇。N39-15-313E113-31-641/1074

⑫ 福连坊

⑪ 右边中石化

⑧ 繁峙路口，右转进入城区，道路变宽，路面变好。N39-11-473E113-14-541/925

① 峨口镇，公路穿越城区1.5公里，规模较大，各种汽修、补胎、配件店林立，多为矿区货车提供吃住修等服务。

② 繁峙路口，左边有中石化，有几个补胎点。N39-10-805E113-10-203/920

N 45

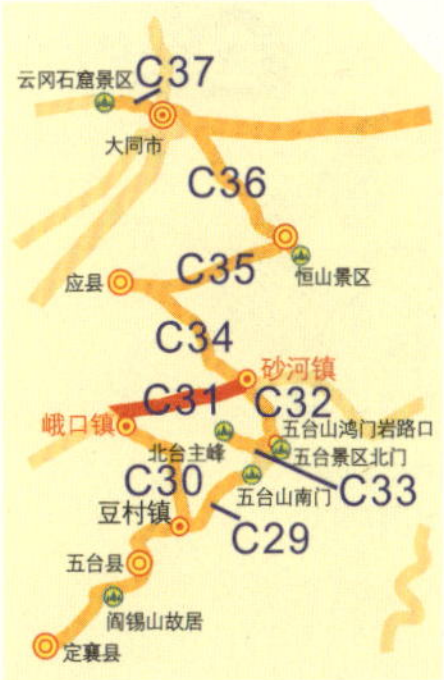

C32 五台景区北门—砂河镇(44.0km)

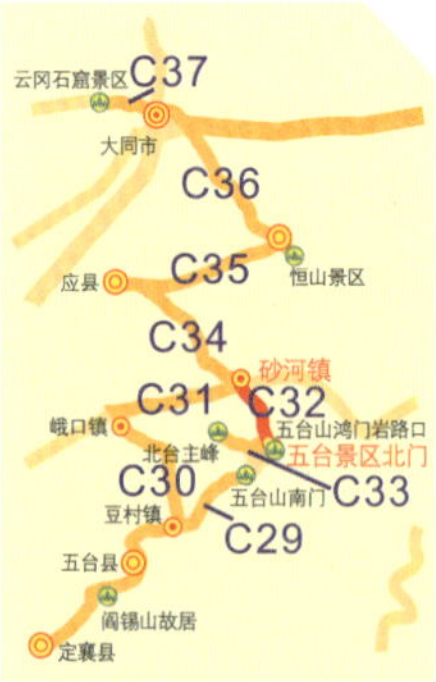

22 三岔路口，左转进砂河镇，右转去往五台山。

21 十字路口，直行进入砂河镇，左转通往应县、北京，右转去往河北。

13 狮子坪，注意行人、儿童穿越马路。

7 右边有隔墙，用于阻挡飞石。

12 桥硐

10 下坡路段结束，右边有道路管理段的服务点。N39-05-367E113-38-287/1850

6 鸿门岩牌坊，也是去往东台、北台道路的会合处。N39-03-378E113-39-409/2522

3 路况抽样：三级柏油公路，盘山而行，道路宽7米，有一些用沥青修补过的裂痕。

1 五台山景区北门。N39-02-897E113-36-070/2004

勘察报告

从五台山景区北门出发，沿盘山公路上行。在景区入口处有免费冲洗刹车点，从北门进入景区的车辆可以在这里冲洗刹车，冷却汽车刹车系统。清晨时途中会有大雾，虽然给山峰增加了神秘感，但同时也给行车带来了一定的困难，最好在雾散开之后再出发。一路上都是长上坡或者长下坡，弯道很多，在位于路段28公里处的道班服务站之后才结束坡度，进入平地，同时路上车流量也逐渐增大。总体路面情况不错，比较平整，可以平稳地慢速行驶，在鸿门岩牌坊处有交警提示，是景区很人性化的做法。

餐饮

沿途没有就餐地点，只有在终点砂河镇路口处有几个小餐厅，不过卫生条件一般，不建议在该路段上用餐。

里程数据速查表

从五台景区北门出发，请从上往下阅读

1	0.0	五台山景区北门	44.0	4.0
2	4.0	卖台蘑的村民	40.0	0.5
3	4.5	路况抽样	39.5	2.4
4	6.9	左急弯	37.1	1.2
5	8.1	岔路口	35.9	0.1
6	8.2	鸿门岩牌坊	35.8	3.9
7	12.1	隔离墙	31.9	5.9
8	18.0	连续弯道	26.0	0.7
9	18.7	田园风光	25.3	1.7
10	20.4	下坡路段结束	23.6	0.3
11	20.7	道路变宽	23.3	1.0
12	21.7	桥硐	22.3	1.3
13	23.0	狮子坪	21.0	2.8
14	25.8	佛光洞	18.2	0.3
15	26.1	毛主席故居纪念馆	17.9	0.7
16	26.8	峰会	17.2	2.2
17	29.0	茶坊	15.0	6.2
18	35.2	东山底	8.8	1.2
19	36.4	东山加油站	7.6	1.2
20	37.6	李庄	6.4	3.8
21	41.4	十字路口	2.6	1.4
22	42.8	三岔路口	1.2	0.6
23	43.4	三利加油站	0.6	0.6
24	44.0	砂河镇三岔路口	0.0	

从砂河镇出发，请从下往上阅读

住宿

沿途没有住宿点

加油

走出景区道路之后加油站密集

提醒

五台山盘山公路上有卖台蘑的人，就摆在公路旁边兜售。

购物

五台山盘山公路上有卖台蘑的人，就摆在公路旁边兜售。

救助信息

东山派出所：5570317

维修

在砂河镇十字路口有很多维修、补胎点，主要为沿线行驶的大车服务，小车配件和维修条件不好。

五台山

五台山位于山西省忻州市东北部五台县境内，平均海拔1000米以上，最高点北台叶门峰海拔3058米，被称为“华北屋脊”。五台山方圆约300公里，因五峰如五根擎天大柱，拔地崛起，巍然矗立，峰顶平坦如台，故名五台。又因山上气候多寒，盛夏仍不知炎暑，故又称清凉山。是一个融自然风光、历史文物、古建艺术、佛教文化、民俗风情、避暑休养为一体的旅游区。

特色：

东台望海峰，位于五台山的最东端，是观日出云海的最佳地方；

南台锦绣峰，每年农历六、七、八三个月，漫山遍野都是姹紫嫣红的似锦山花，是夏季到五台的必游之地；

西台挂月峰，每到秋日月夜，月亮犹如一面镜子悬在峰顶，仿佛唾手可得一般；

北台的妙处在于观雪，每年的农历八月起，这里就开始下雪，从山顶俯瞰群山，“山舞银蛇，原驰蜡像”，一派北国风光。这里还有庐山一般的云雾与独特的风景佛光。

中台翠岩峰是观察气象的好地方，夏季时晴时雨，经常出现山下倾盆大雨、山上却是红日当空的奇景。

五台山风光

C33 五台山鸿门岩路口—北台主峰(10.6km)

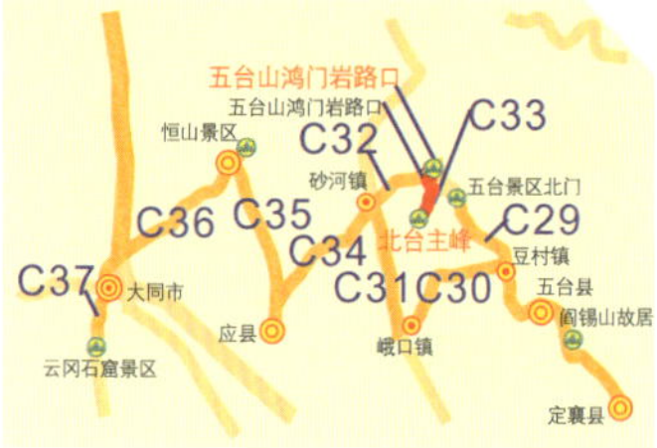

⑨ 一个平台，可以作为临时停车点。

❶ 鸿门岩牌坊。N39-03-378E113-39-409/2522

❷ 路况抽样：进入北台的道路为砖柏路面，地面摩擦力大，路面崭新。

❸ 左急弯

❺ 法云寺

❻ 左急弯

❼ “华北屋脊”牌坊

❿ 北台主峰。N39-04-781E113-34-112/3056

勘察报告

在鸿门岩牌坊旁边有一条小路，只能容小车通过，这里可以去往北台主峰。道路为石板修建，路面崭新、狭窄，盘山而上。弯道大而急，而且不断有餐馆的车辆通过，一定要控制好车速。两边是草甸，不时会有一些玛尼堆在路边，还会有一些在草地上采摘蘑菇的村民和和尚。窗外是大片五台山的美景，向着白云的深处进发，直到北台主峰。同时，这里也可以通往东台、西台。

气候

干燥、灰尘大，空气质量差。

住宿

没有住宿点。

餐饮

没有就餐地点。

加油

无加油站。

提醒

有景区小车送客人上北台峰顶，价格50元/人。

里程数据速查表

从五台山鸿门岩路口出发，请从上往下阅读

1	0.0	鸿门岩牌坊	10.6	0.4
2	0.4	路况抽样	10.2	1.6
3	2.0	左急弯	8.6	1.3
4	3.3	风光	7.3	1.1
5	4.4	法云寺	6.2	0.5
6	4.9	左急弯	5.7	3.7
7	8.6	华北屋脊牌坊	2.0	0.9
8	9.5	风景	1.1	0.9
9	10.4	临时停车点	0.2	0.2
10	10.6	北台主峰	0.0	

从北台主峰出发，请从下往上阅读

10 北台主峰玛尼堆

10 北台主峰云海

北台主峰

北台叶斗峰海拔高度为3058米，是五台山的最高峰，也是华北地区的最高峰。台顶上有石砌的灵应寺，寺内供“无垢文殊菩萨”。立于台巅北望，茫茫苍苍中，可见北岳恒山山脉峰峦层叠，接踵而来，气魄雄伟壮观。

北台的妙处在于观雪，每年的农历八月起，这里就开始下雪，从山顶俯瞰群山，“山舞银蛇，原驰蜡像”，一派北国风光。这里还有庐山一般的云雾与独特的风景佛光。

10 北台主峰顶景观

C34 砂河镇—应县(58.8km)

29 应县辽代文化城广场，应县木塔位于广场内。N39-33-631E113-10-944/1036

28 左云路口，右转83公里可以到达，路口右边为加油站，左转去往山阴城，直行去往应县。

27 应县路口，左转可去往，右转去往浑源。N39-33-693E113-14-333/1011

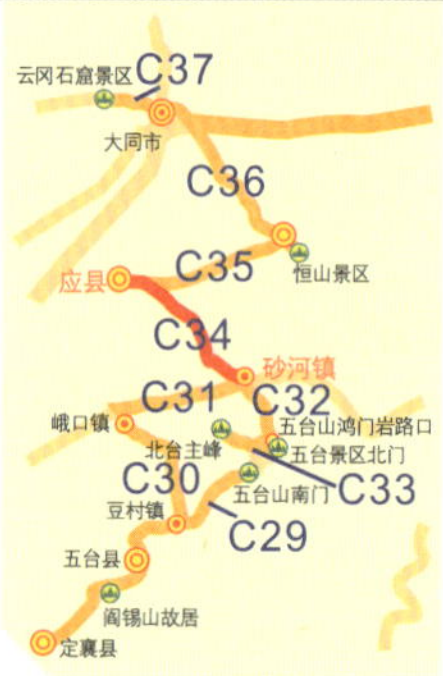

19 进入峡谷路段，山高谷深。

18 右急弯，落石路段。

15 奋地

9 下长坡，路面变为柏油公路。

5 和村

13 白马石乡

7 川草坪收费站，小车收费10元。

4 路况抽样：二级水泥公路，宽8米，有用沥青填补的裂痕，道路有一点颠簸。

3 杨家窑

2 事故多发地段，弯多、视线不好。

勘察报告

从砂河镇去往应县木塔的道路为水泥路面，前半段弯道较多，而且有小土丘阻挡视线，过弯时注意提前减速、鸣号。有用沥青修补的破损路面，车辆抓地性较好，有一点小的起伏，不过不影响正常行驶，在行进约16公里后进入平原地带，道路变为柏油公路。

餐饮

沿途就餐点较多，如道路旁的三女酒家、红梅饭店等，也有应县城内的餐馆。

里程数据速查表

从应县出发，请从上往下阅读

1	0.0	三岔路口	58.8	4.0
2	4.0	事故多发地段	54.8	2.7
3	6.7	杨家窑	52.1	0.8
4	7.5	路况抽样	51.3	0.6
5	8.1	和村	50.7	1.3
6	9.4	右边中石化	49.4	0.9
7	10.3	川草坪收费站	48.5	0.8
8	11.1	上松井村	47.7	5.8
9	16.9	下长坡	41.9	1.3
10	18.2	村庄	40.6	1.2
11	19.4	大石堡村	39.4	2.2
12	21.6	界河村	37.2	4.9
13	26.5	白马石乡	32.3	2.4
14	28.9	北平庄	29.9	0.8
15	29.7	奋地	29.1	4.5
16	34.2	杨仑	24.6	1.1
17	35.3	赵家窑	23.5	1.3
18	36.6	右急弯落石	22.2	2.0
19	38.6	峡谷路段	20.2	1.7
20	40.3	张崖风光	18.5	4.1
21	42.7	大石口收费站	16.1	3.2
22	43.5	大石口风光	15.3	1.5
23	44.2	左边中石化	14.6	1.0
24	45.2	左边中石化	13.6	4.5
25	49.7	石庄	9.1	2.0
26	51.7	左边中石油	7.1	2.0
27	53.7	应县路口	5.1	2.1
28	55.8	左云路口	3.0	3.0
29	58.8	应县辽代文化广场	0.0	

从恒山景区出发，请从下往上阅读

住宿

在应县入口处的梨花村宾馆是沿途住宿条件最好的地方，如果有住宿需要，建议在这里住宿。

救助信息

应县公路段急救电话：5555120

加油

沿途有3个中石化，一个中石油加油站，加油站较密集，油品齐全。

维修

应县道路旁14个修理点，可以做汽车普通的维修和保养。

应县木塔

29 释迦木塔位于应县城内西北佛宫寺内，俗称应县木塔。该塔始建于辽清宁二年（1056年），金明昌六年（1195年）增修完毕。是我国现存最高最古的一座木构塔式建筑，为全国重点文物保护单位。

木塔建造在四米高的台基上，塔高67.31米，底层直径30.27米，呈平面八角形。第一层立面重檐，以上各层均为单檐，共五层六檐，各层间夹设暗层，实为九层。因底层为重檐并有回廊，故塔的外观为六层屋檐。各层均用内、外两圈木柱支撑，每层外有24根柱子，内有8根，木柱之间使用了许多斜撑、梁、枋和短柱，组成不同方向的复梁式木架。有人计算，整个木塔共用红松木料3000立方，约2600多吨重，整体比例适当，建筑宏伟，艺术精巧，外形稳重庄严。

塔身底层南北各开一门。二层以上周设平座栏杆，每层装有木质楼梯，游人逐级攀登，可达顶端。二至五层每层有四门，均设木隔扇，光线充足，出门凭栏远眺，恒岳如屏，桑干似带，尽收眼底，心旷神怡。塔内各层均塑佛像。第一层为释迦牟尼，高11米，面目端庄，神态怡然，顶部有精美华丽的藻井，内槽墙壁上画有6幅如来佛像，门洞两侧壁上也绘有金刚、天王、弟子等，壁画色泽鲜艳，人物栩栩如生。二层坛座方形，上塑一佛二菩萨和二胁侍。三层坛座八角形，上塑四方佛。四层塑佛塑阿难、迦叶、文殊、普贤像。五层塑毗卢舍那如来佛和菩萨。各佛像雕塑精细，各具情态，有较高的艺术价值。

塔顶作八角攒尖式，上立铁刹，制作精美，与塔协调，更使木塔宏伟壮观。塔每层檐下装有风铃，微风吹动，叮咚作响，十分悦耳。

应县木塔的设计，大胆继承了汉、唐以来富有民族特点的重楼形式，充分利用传统建筑技巧，设计科学严密，构造完美，巧夺天工，是一座既有民族风格、特点，又符合宗教要求的建筑，在我国古代建筑艺术中可以说达到了最高水平，即使到现在也有较高的研究价值。

应县佛宫寺释迦木塔，历900多年的风雨侵蚀、地震战火，至今仍保存完好，除其塔基牢固，结构谨严外，历代不断维修也是重要原因。以其悠久的历史、独特的艺术风格和高超的建筑技术，每年都吸引着大量国内外游客。

29 应县木塔

C35 应县—恒山景区(52.5km)

22 左转去往大同，距离63公里，直行去往广灵，距离53公里，右转去往悬空寺、恒山。N39-41-362E113-40-139/1094

21 东坊城

17 裴村乡

14 西坊城收费站，小车收费10元。N39-34-842E113-25-438/1038

12 罗庄

7 路况抽样：二级柏油公路，路宽12米，路面崭新，两边有很好的绿化。

2 大同路口，左转78公里可以到达，距离大运高速14公里，如果不去恒山，建议走大运高速，左边海源加油站。

1 辽代文化广场，沿北城新街东行出城。

16 西坊城镇，公路穿越城区1公里，两边停放着各种农用车及农具，道路情况复杂，行人众多。

15 义寨

10 圣水塘

5 南马庄

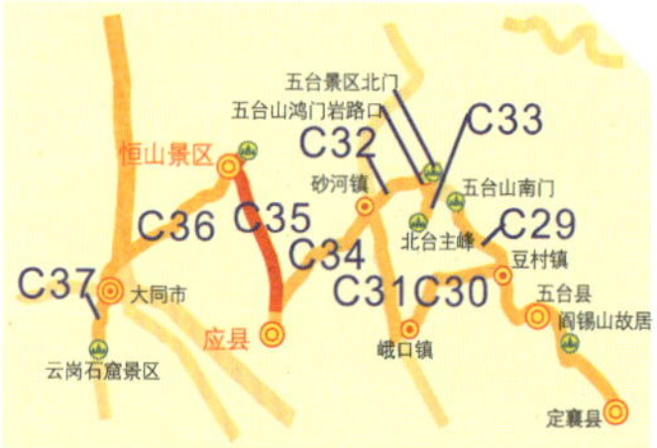

里程数据速查表

从应县出发,请从上往下阅读

1	0.0	辽代文化广场	52.5	2.7
2	2.7	大同路口	49.8	1.4
3	4.1	城下庄	48.4	1.0
4	5.1	五台山路口	47.4	1.4
5	6.5	南马庄	46.0	1.7
6	8.2	石庄	44.3	0.6
7	8.8	路况抽样	43.7	1.4
8	10.2	保安庄	42.3	2.7
9	12.9	北丰町	39.6	1.3
10	14.2	圣水塘	38.3	1.6
11	15.8	大临河	36.7	2.7
12	18.5	罗庄	34.0	2.4
13	20.9	东乡寨	31.6	0.4
14	21.3	西坊城收费站	31.2	4.1
15	25.4	义寨	27.1	1.8
16	27.2	西坊城镇	25.3	4.4
17	31.6	裴村乡	20.9	0.4
18	32.0	右边中石化	20.5	9.4
19	41.4	郭家庄	11.1	1.6
20	43.0	右边中石油	9.5	1.9
21	44.9	东坊城	7.6	1.3
22	46.2	十字路口	6.3	3.6
23	49.8	进入爬山路段	2.7	0.9
24	50.7	悬空寺	1.8	0.3
25	51.0	恒山隧道	1.5	1.5
26	52.5	恒山景区	0.0	

从恒山景区出发,请从下往上阅读

勘察报告

全线二级柏油公路，道路宽12米，路面崭新，路况良好，两路旁的绿化带茂盛，种满了道路树木。出应县县城的车流量较大，在转入去往砂河镇的三岔路口后车流量减少。通过西坊城镇等城区时注意提前减速，农用车、行人、摩托车均比较多，在恒山景区道路上弯多，路窄，而且有不少旅游车辆，也需要控制好车速。

餐饮

西坊城镇有较多的餐厅，建议在这里就餐。

住宿

恒山景区内有农家可住宿，浑源县城内宾馆多，条件好，恒山饭店：8230925；华泰大酒店：8334888，8334666。

加油

建议在中石化、中石油等大型加油站加油。

维修

在应县出城处维修、补胎点密集。

救助信息

大临河派出所：5084004

恒山派出所：　8327795

提醒

广场停车场停车要票10元，不要票5元。

悬空寺

24 位于浑源城西4公里处，始建于北魏，距今已有1500多年历史，是恒山景区最著名的人文景观，也是国家重点文物保护单位。整个寺院建于垂直的崖壁上，下面是深深的峡谷与河流，楼阁腾空而建，结构十分巧妙、奇特。全寺为木质结构，依照力学原理，半插飞梁为基，巧借岩石暗托，梁柱上下一体，廊栏左右相连，在雄浑的山崖映衬下显得越发的玲珑剔透、奇秀俊美，被旅行家徐霞客赞叹为“天下后观”。悬空寺塑有铜、铁、石佛像80多尊，其中脱沙佛、千手观音为中国艺术珍品，并有佛、道、儒三教合一的“三教殿”，三位教主和平相处，充分体现了古老的“三教归一”思想。寺下建有白祠，祠上悬崖刻有“壮观”二字，为诗仙李白遗墨。

24 悬空寺。N39-39-772E113-42-470/1209

24 悬空寺

C36 恒山景区—大同市(55.1km)

27 55.1 0.0 京大高速马连庄收费站
26 54.7 0.4
26 京大高速马连庄入口。N40-01-201E113-24-113/1042
终点
25 53.1 2.0 马连庄
24 51.0 4.1 湖东路口
23 50.4 4.7 党留庄
22 47.4 7.7 兼铺
21 44.5 10.6 十字路口，右转杜庄，左转去往落上阵营，距离10公里，路边有加油站。
20 39.9 15.2 马家会
19 37.7 17.4 常家堡
18 36.4 18.7 恒山收费站，小车收费10元
17 35.5 19.6 吉家庄乡路口，右转可去往，路边有加油站。
16 30.4 24.7 西湾头
15 28.4 26.7 浑源、大同交界点
14 26.6 28.5 厕所
13 26.0 29.1 东圪坨村
12 22.8 32.3 菜地沟
11 21.4 33.7 三岭村
10 17.5 37.6 二岭村
9 13.3 41.8 下韩村
8 12.2 42.9 路况抽样
7 10.8 44.3 中国石化
6 9.9 45.2 土桥铺牌楼
浑源县
5 6.6 48.5 十字路口
4 6.2 48.9 水利培训中心
3 2.0 53.1 左边悬空寺
2 1.2 53.9 恒山隧道
1 0.0 55.1 恒山景区大门
起点
恒山景区

27 京大高速马连庄收费站。N40-01-199E113-23-859/1048

24 湖东路口，右转6公里可到达。

15 公路养路段，在公路边有厕所，前有停车点。

16 西湾头，路边有很多卖西瓜的摊点，一元一个，在丰收的季节会更便宜。

8 路况抽样：二级柏油公路，路宽12米，路面崭新，旁边有高大树木。

13 东圪坨村

6 土桥铺牌楼

5 十字路口，右转去往浑源县城，右转去往应县，直行为大同方向。

4 水利培训中心，另有汽修站提供24小时救助服务。

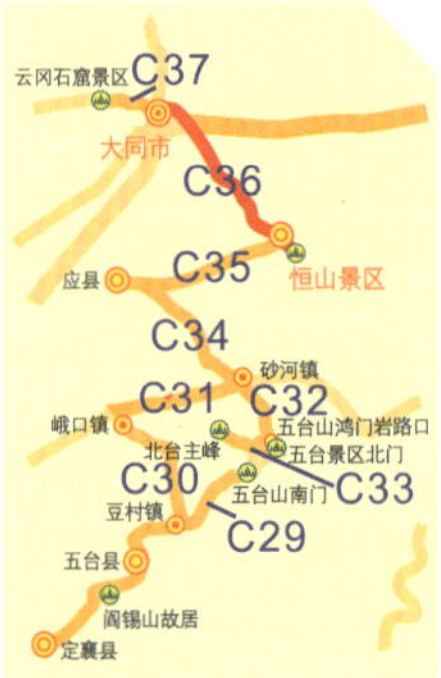

2 恒山隧道

1 恒山景区大门

勘察报告

走出恒山景区的山路后，道路笔直平整，路况很好，弯道少，几乎没有坡度变化，道路两旁是高大的护路树和大片的庄稼、固沙林。在道路最后路段上虽也有部分山路，不过坡度不大，弯道较多，穿行在大片的牧场上，可见成群的牛羊散布在草地上。

餐饮

吉家庄乡有3个小餐厅，杜庄乡有两个餐馆。

住宿

浑源县城入口处，水利培训中心

里程数据速查表

从恒山景区出发，请从上往下阅读

1	0.0	恒山景区大门	55.1	1.2
2	1.2	恒山隧道	53.9	0.8
3	2.0	左边悬空寺	53.1	4.2
4	6.2	水利培训中心	48.9	0.4
5	6.6	十字路口	48.5	3.3
6	9.9	土桥铺牌楼	45.2	0.9
7	10.8	右边中石化	44.3	1.4
8	12.2	路况抽样	42.9	1.1
9	13.3	下韩村	41.8	4.2
10	17.5	二岭村	37.6	3.9
11	21.4	三岭村	33.7	1.4
12	22.8	菜地沟	32.3	3.2
13	26.0	东圪坨村	29.1	0.6
14	26.6	浑源、大同交界点	28.5	1.8
15	28.4	厕所	26.7	2.0
16	30.4	西湾头	24.7	5.1
17	35.5	吉家庄乡路口	19.6	0.9
18	36.4	恒山收费站	18.7	1.3
19	37.7	常家堡	17.4	2.2
20	39.9	马家会	15.2	4.6
21	44.5	十字路口	10.6	2.9
22	47.4	兼铺	7.7	3.0
23	50.4	党留庄	4.7	0.6
24	51.0	湖东路口	4.1	2.1
25	53.1	马连庄	2.0	1.6
26	54.7	京大高速马连庄入口	0.4	0.4
27	55.1	京大高速马连庄收费站	0.0	

从大同市出发，请从下往上阅读

加油

建议在中石化、中石油等大型加油站加油。

维修

浑源县城入口恒香汽修抢救24小时电话：1383425110；京大高速入口有几个补胎点。

救助信息

党留庄派出所：6165119

提醒

广场停车场停车要票10元，不要票5元。

大同市

大同，举世闻名的历史文化名城。曾为北魏百年古都，辽金两代陪都，明清两朝重镇。公元1227年，意大利旅行家马可·波罗来大同后盛赞“大同是一座宏伟而美丽的城市”。

大同市的旅游资源颇为丰富，历史古迹和自然风光均有独到之处。以始凿于北魏年间的云冈石窟最负盛名，它与敦煌的莫高窟、洛阳的龙门石窟、甘肃的麦积山石窟并称为中国四大石窟。应县木塔则是中国现存最高大、最古老的木结构塔，是世界古建筑中的一件珍品。位于大同西南部的华严寺，是我国现存最大的古代佛殿之一。此外，还有九龙壁、善化寺等历史悠久的古建筑。市东南方，有中国五岳之一的北岳恒山。

恒山景区

❶ 恒山位于浑源城南4公里处，是中国道教的主要发祥地和著名的风景名胜区，也是中国五岳之一。自西汉初年开始，历代在此建庙50多处。恒山主峰大峰岭海拔2017米，是恒山风景区名胜最集中的地方，其中北岳大庙气势恢弘，香火茂盛，是八仙中张果老、吕洞宾的修行道场。恒山自然景色优美，同时作为古代重要的军事屏障留下了大量的古城寨堡和美丽传说，是集观赏、艺术、风景、人文于一身的风景名胜区。景区大门的进出门票为20元，进山后可乘坐观景索道，也可以徒步或开车游玩各景点，景区大门处和景点内均有停车场。景区内有农家乐，可提供食宿。

❶ 恒山景区

C37 大同市—云冈石窟景区(14.3km)

1 宾西街与西环路交会处，右转去往云冈石窟。N40-04-522E113-15-685/1065

3 十字路口，右转进入市区，左转口泉，距离15公里。N40-05-149E113-15-042/1052

5 左边中石油，右边五金批发市场。

7 双向4车道，有双黄线隔离，崭新柏油路面，车流量很大。

8 三岔路口，右转去往怀仁县，距离35公里；右转去往云冈石窟。

9 右边中石油，事故多发点

6 丰镇路口，右转43公里可以到达。

10 右边观音堂路口

11 青瓷窑

12 右边青矿医院，路边行人较多，限速40公里。

13 右边大同煤矿，井下探秘景区。

14 左云路口，直行44公里可到达，右转进入云冈石窟景区。

15 右边云冈公园

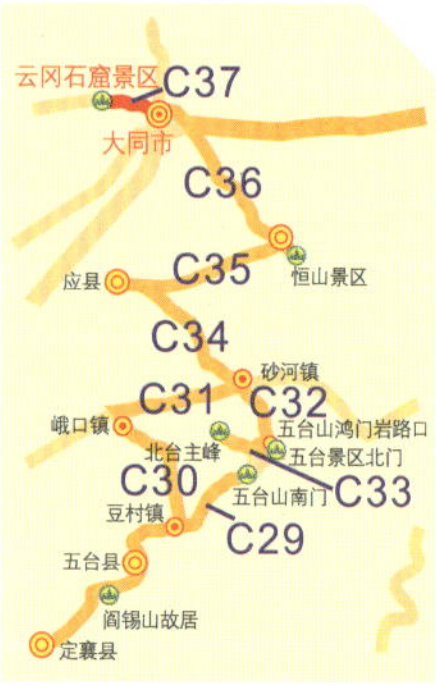

勘察报告

二级柏油公路，路况良好，双向4车道，几乎没有坡度，不过有较多的弯道和连续弯道，虽然是景区道路，不过一路上车流量很大。沿途居民区较多，路上有较多的行人和自行车，有时会占用到行车道，注意控制车速，全路段限速70公里/小时。道路情况比较复杂，容易发生事故。

餐饮

青矿、大同煤矿矿区内有餐馆，云冈石窟景区内也有餐厅，价格稍贵。

住宿

大同煤矿云冈客栈，标准间：156元；云冈石窟景区有几个客栈，价格便宜，不过条件不好。

加油

沿途加油站密集，油料齐全。

维修

大同市内维修条件较好。

救助信息

大同交警四大队：5121124
八大队：3211183

提醒

白龙潭国家森林公园：6903860

里程数据速查表

从大同市出发，请从上往下阅读

1	0.0	宾西街与西环路交会处	14.3	0.4
2	0.4	左边中石油	13.9	0.6
3	1.0	十字路口	13.3	0.3
4	1.3	右边加油站	13.0	0.2
5	1.5	左边中石油	12.8	1.3
6	2.8	丰镇路口	11.5	2.0
7	4.8	路况抽样	9.5	0.9
8	5.7	三岔路口	8.6	0.7
9	6.4	右边中石油	7.9	0.9
10	7.3	右边观音堂路口	7.0	1.3
11	8.6	青瓷窑	5.7	1.5
12	10.1	右边青矿医院	4.2	1.9
13	12.0	右边大同煤矿	2.3	0.9
14	12.9	左云路口	1.4	0.9
15	13.8	右边云冈公园	0.5	0.5
16	14.3	景区大门	0.0	

从云冈石窟景区出发，请从下往上阅读

云冈石窟景区

16 云冈石窟位于大同市西16公里的武周山麓，武州川的北岸。石窟依山开凿，东西绵延1公里。现存主要洞窟45个，计1100多个小龛，大小造像51000余尊，是我国规模最大的石窟群之一，也是世界闻名的艺术宝库。1961年被国务院公布为第一批全国重点文物保护单位。

云冈石窟是在北魏中期开凿的。北魏经历了“太武灭佛”、“文成复法”。文成帝和平年间（460—465年）云冈石窟开始大规模营造，到孝明帝正光五年（524年）建成，前后计60多年。初由著名的高僧昙曜主持，“于京城西武州塞，凿山石壁，开窟五所”。现第16~20窟就是“昙曜五窟”。现存洞窟大部分凿于北魏孝文帝太和十八年（494年）迁洛前。据《水经注》记载，当时“凿石开山，因岩结构，真容巨壮，世法所希。山堂水殿，烟寺相望，林渊锦镜，缀日新眺”。

云冈石窟雕刻在我国三大石窟中以造像势势雄伟、内容丰富多彩见称。最小的佛像2厘米，最大的高达17米，多为神态各异的宗教人物形象。石窟有形式多样的仿木构建筑物，有主题突出的佛传浮雕，有精雕细刻的装饰纹样，还有栩栩如生的乐舞雕刻，生动活泼，琳琅满目。其雕刻艺术继承并发展了秦汉雕刻艺术传统，吸收和融合了佛教艺术的精华，具有独特的艺术风格。对后来隋唐艺术的发展产生了深远的影响，在我国艺术史上占有重要地位，也是中国与亚洲国家友好往来、文化交流的历史见证。

16 云冈石窟

C38 大同市—宣化市(183.8km)

21 宣化东，直行进入宣化城区，右转去往京张高速，通往张家口。

18 下坡路段结束，路侧有紧急避险停车区，由碎石铺成陡急坡。

12 平堡、东城出口。

15 深井、怀安出口。

13 化稍营、蔚县出口，可前往张河湾保护区遗址、飞狐山谷。

11 阳原、蔚县出口，可去往阳河湾博物馆。

7 双向6车道，全绿化带隔离，全封闭，每隔400米有紧急停车带，路上散落运煤货车颠下的煤块，需注意避让，以免伤到汽车。

6 大同县出口

8 神泉堡、阳高出口。

5 宣堡服务区，星级服务区，配套设施齐全，从北京方向去往大同方向的服务区内有住宿，从大同方向出来则无住宿。

2 太原出口，转入大运高速。

1 京大高速大同收费站

3 浑源出口，如果从浑源方向进入高速，则从马连庄入口进入。

勘察报告

全程高速公路，宣大高速。双向6车道，路旁有紧急停靠点，最右边车道上路面有小的起伏，全隔离、全封闭，长下坡路段设有由沙石铺成的紧急停车区。由于运送煤炭车辆较多，有一些掉落在路上的煤块容易扎伤车轮，注意避让，隔离带内的植物也被染上了黑色的煤灰，空气质量不好。道路架设在平原上，两边以防沙的草地、林地为主，也有一些农作物，坡度小，几乎全线为平直的道路。道路车流量较大，有很多运送煤炭等货物的长车、大车。横跨山西、河北两省。

餐饮

沿途3个加油服务区，可以提供饮食服务。

住宿

云冈国际酒店　0352-5869999
五洲大酒店　5868888
宣堡服务区，化稍营服务区可住宿。

里程数据速查表

从大同市出发，请从上往下阅读

1	0.0	大同收费站	183.8	0.7
2	0.7	太原出口	183.1	8.0
3	8.7	浑源出口	175.1	0.9
4	9.6	得大高速出口	174.2	9.6
5	19.2	宣堡服务区	164.6	7.3
6	26.5	大同县出口	157.3	17.3
7	43.8	路况抽样	140.0	8.4
8	52.2	神泉堡、阳高出口	131.6	5.5
9	57.7	小启庄收费站	126.1	13.3
10	71.0	阳原服务区	112.8	4.8
11	75.8	阳原、蔚县出口	108.0	35.2
12	111.0	平堡、东城出口	72.8	8.6
13	119.6	化稍营、蔚县出口	64.2	11.8
14	131.4	化稍营服务区	52.4	15.0
15	146.4	深井、怀安出口	37.4	16.4
16	162.8	紧急避险停车区	21.0	0.9
17	163.7	长下坡	20.1	3.9
18	167.6	下坡路段结束	16.2	4.0
19	171.6	宣化服务区	12.2	4.4
20	176.0	宣化、张家口出口	7.8	7.8
21	183.8	宣化东	0.0	

从宣化市出发，请从下往上阅读

加油

93#，4.90元/升；清洁剂0.05元/升。

维修

化稍营服务区

救助信息

高速管理站二支队一大队：0352－8105110
高速公路报警电话：95185122
急救电话：0313-6084444

宣化市

宣化历史悠久，形势险要，物华天宝，人杰地灵。有着灿烂的民族文化和众多文物古迹。从先秦开始，这里是历代府、州、郡、道、县和省、市治所的首府。1991年经河北省人民政府批准并公布为省级历史文化名城。

宣化是我国古代开发较早地区之一，从宣化西南60公里处我国著名的泥河湾旧石器遗址和宣化城附近的刘家窑、王河湾、水泉、龙门、赵川、关子口、西望山、李大人庄、小白杨等仰韶、龙山文化遗址的发现，证实这里早在6000年前人类活动就已遍及宣化各地。宣化位于冀北山间盆地边缘，地势险要，气势雄浑，战略地位重要，为历代兵家必争之地。诚如旧志所述“宣化全境飞孤（今山西代城飞孤关）紫荆（今河北易县紫荆关）控其南；长城、独石（口）枕其北；居庸（关）屹险于左；云中（大同）固结于右，群山叠障，盘踞峙列，足以拱卫京师……”

高速路减速带

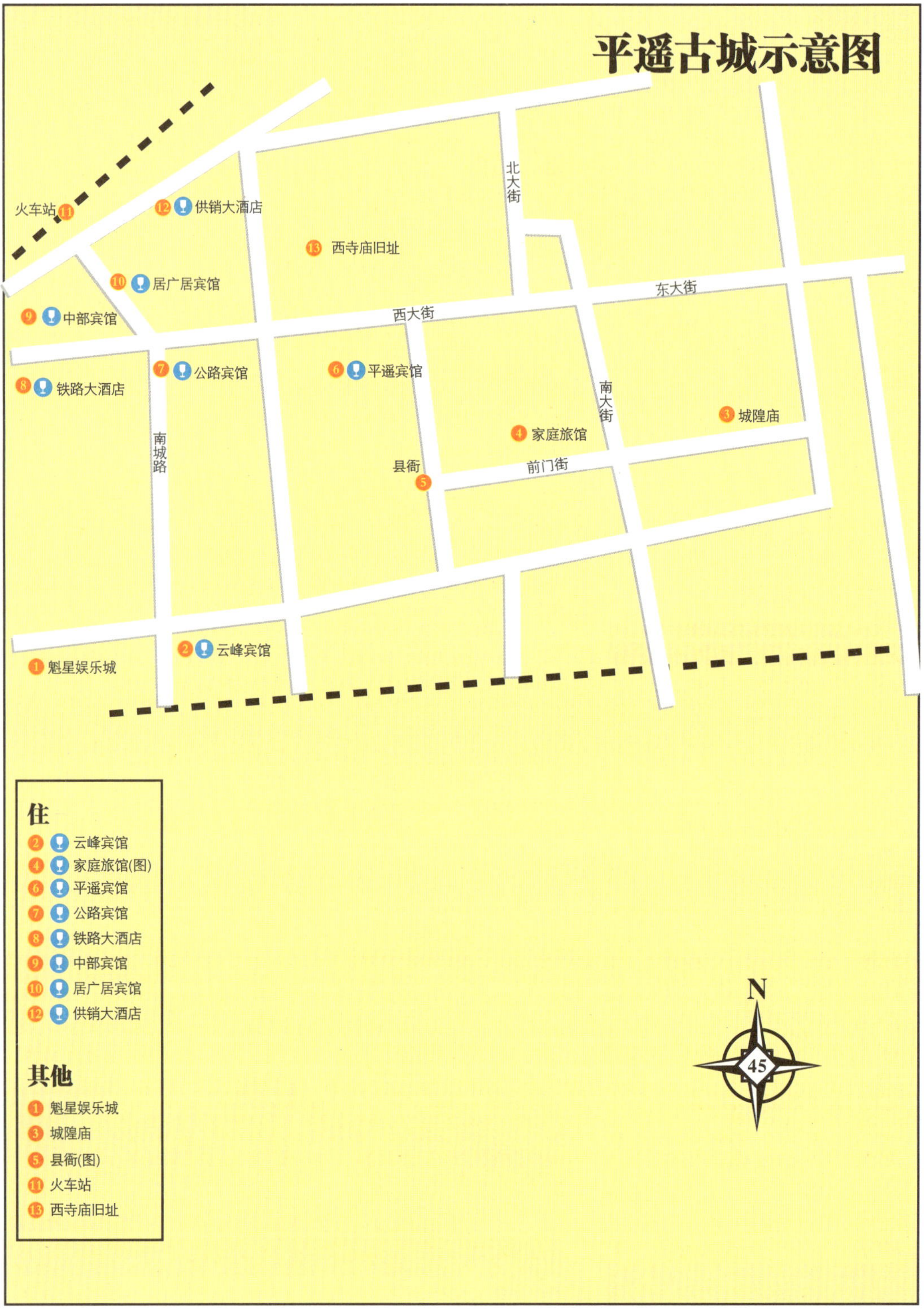
平遥古城示意图
火车站 11
12 供销大酒店
13 西寺庙旧址
北大街
10 居广居宾馆
9 中部宾馆
西大街
东大街
7 公路宾馆
6 平遥宾馆
8 铁路大酒店
南大街
南城路
3 城隍庙
4 家庭旅馆
县衙 5
前门街
2 云峰宾馆
1 魁星娱乐城
住
2 云峰宾馆
4 家庭旅馆(图)
6 平遥宾馆
7 公路宾馆
8 铁路大酒店
9 中部宾馆
10 居广居宾馆
12 供销大酒店
其他
1 魁星娱乐城
3 城隍庙
5 县衙(图)
11 火车站
13 西寺庙旧址
N
45

4 家庭旅馆

古城特色小吃

5 县衙

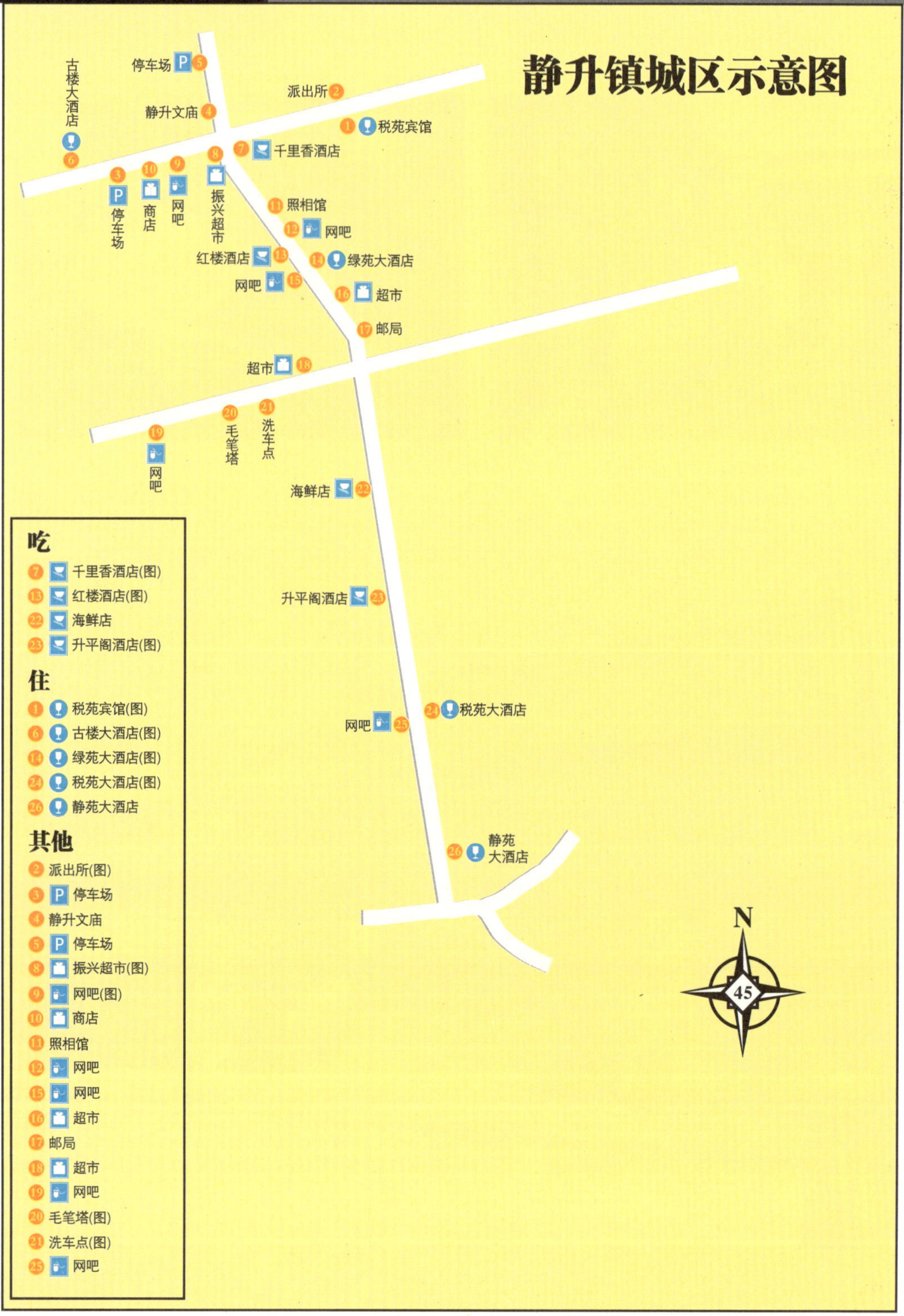
静升镇城区示意图
停车场 5
派出所 2
古楼大酒店 6
静升文庙 4
1 税苑宾馆
7 千里香酒店
8 振兴超市
3 停车场
10 商店
9 网吧
11 照相馆
12 网吧
红楼酒店 13
14 绿苑大酒店
网吧 15
16 超市
17 邮局
超市 18
19 网吧
20 毛笔塔
21 洗车点
海鲜店 22
升平阁酒店 23
24 税苑大酒店
网吧 25
26 静苑大酒店
N
45
吃
7 千里香酒店(图)
13 红楼酒店(图)
22 海鲜店
23 升平阁酒店(图)
住
1 税苑宾馆(图)
6 古楼大酒店(图)
14 绿苑大酒店(图)
24 税苑大酒店(图)
26 静苑大酒店
其他
2 派出所(图)
3 停车场
4 静升文庙
5 停车场
8 振兴超市(图)
9 网吧(图)
10 商店
11 照相馆
12 网吧
15 网吧
16 超市
17 邮局
18 超市
19 网吧
20 毛笔塔(图)
21 洗车点(图)
25 网吧

吃

7 千里香饭店

13 红楼大酒店

23 升平阁酒店

住

1 税苑宾馆

6 古楼大酒店

14 绿苑大酒店

24 税苑大酒店

其他

20 毛笔塔

21 洗车点

2 派出所

网吧

网吧

8 振兴超市

吃

8 乡缘居饭店
19 天意饭店
20 庭院烧烤(图)

住

1 龙腾宾馆
2 兴利宾馆
4 山水情宾馆
5 清新宾馆
7 荣昌宾馆
11 桂山宾馆
14 诚信假日酒店
16 山川宾馆
18 意缘宾馆
21 万家灯火宾馆(图)
22 腾盛宾馆(图)
23 银兴宾馆(图)
24 旭日宾馆(图)
25 万德福宾馆
26 金桥宾馆
27 中石化宾馆
28 恒业宾馆
30 科苑宾馆
33 野三坡客栈
34 永安宾馆
35 远山宾馆
36 国安宾馆
37 风情园宾馆
38 昊天宾馆
39 鑫园宾馆(图)
40 金汇宾馆
42 兄弟宾馆(图)
43 燕赵宾馆(图)
44 电力宾馆(图)
45 邮政宾馆(图)

油

3 中国石化(图)

修

17 补胎点

其他

6 镇政府(图)
9 网吧
10 网通
12 野三坡供销社
13 水晶夫人洗浴中心
15 华新商店
29 网通培训中心
31 野三坡管理委员会
32 利民超市
41 金汇超市

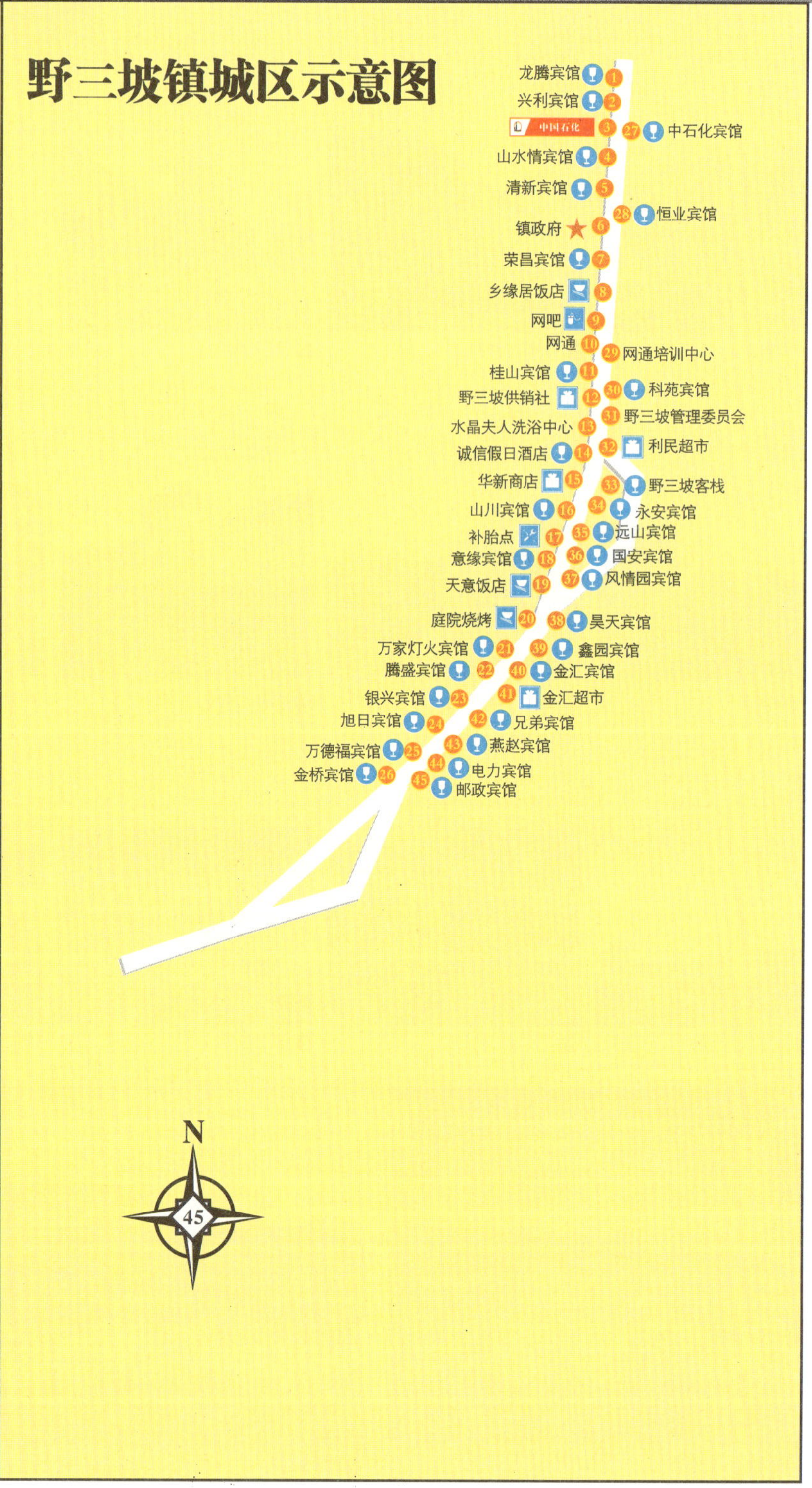

吃

20 庭院烧烤

住

21 万家灯火宾馆

22 腾盛宾馆

23 银兴宾馆

24 旭日宾馆

39 鑫园宾馆

42 兄弟宾馆

43 燕赵宾馆

44 电力宾馆

油

3 中石化加油站

其他

6 镇政府

大同市城区示意图

银行

1 大同商业银行
3 中国建设银行
4 大同市商业银行
5 中国建设银行
6 中国农业银行
8 中国建设银行
9 大同商业银行
10 中国建设银行
11 中国工商银行
14 中国工商银行
15 中国银行

其他

2 新世纪药店
7 大同市人民政府
12 大同市中医院
13 客运站(图)
16 一医院
17 大同医院
18 百货大楼
19 大同公园
20 动物园
21 大同第五医院

张北汽车客运站

D

京东片区

D 京东片区公路分段示意图

京东片区概况

本片区主要包括北京东部的承德市和秦皇岛市两大区域。

沿途主要看点：

1. 司马台长城，是唯一一段保留明长城原貌的古长城，集万里长城各处的特点于一身，许多样式绝无仅有，共有35座碉楼，有20多座至今保存完好。

2. 山海关、北戴河海滨度假区及秦皇岛市周边各景点。

3. 清东陵，是我国现存规模最宏大、体系最完整、布局最得体的帝王陵墓建筑群，建筑恢宏、壮观、精美。

4. 盘山，素称“京东第一山”，以松、石、水“三盘胜境”为特点，经历代帝王不断修建，留下许多名刹古寺和石塔。

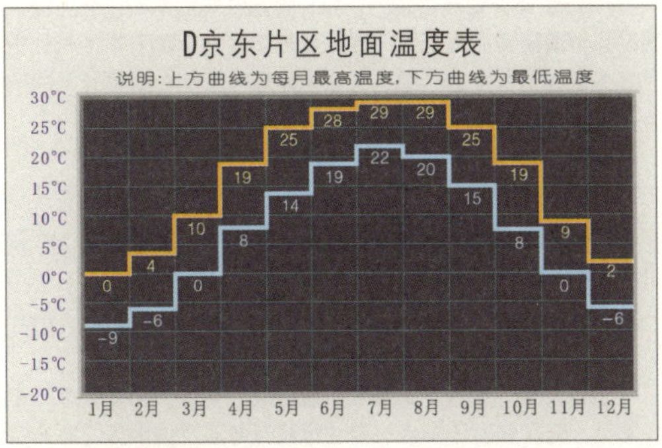

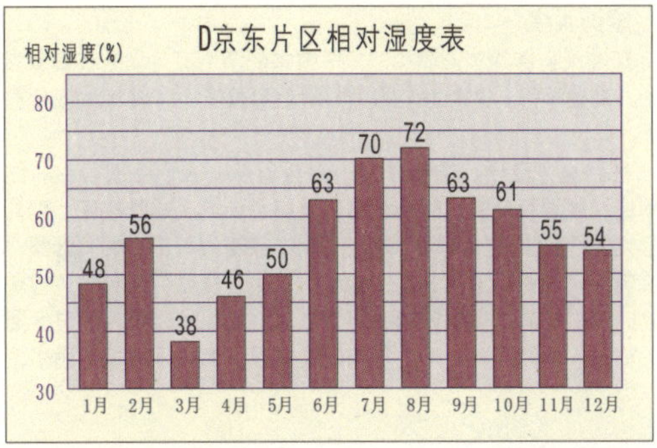

【地理环境】

北京的西北面有高山阻挡，东南面与华北大平原和海洋连接，形成靠山倚水的地形。京东片区整体地貌属山地丘陵区，林区众多，植被丰富。承德市周边的城镇多为山区。秦皇岛是个海滨城市，地势低平，有宽阔平坦的山滩。

【气候温度】

该片区位于北京近郊东北部，典型的暖温带半湿润大陆性季风气候，春天雨水少和风沙多。 夏天炎热。秋天较短，秋高气爽，气候宜人，空气质量最佳，是一年中最美的季节。冬季比其他同纬度地区温暖。承德市及围场县一带为山区，夏天凉爽，是避暑胜地，冬季干燥寒冷，春季湿润多雾。秦皇岛为海滨城市，夏天较为炎热，是游泳的好季节。

【总体路况】

该片区承德周边路段主要为101国道和部分省道，路面平整，路况较宽，车流量大，各种车辆混行的情况严重，车速较慢。所经之处时有郊野乡村，或田野或山峰，穿行树林山川间，心情舒畅。经过村庄时会有行人横穿马路，要注意减速慢行。秦皇岛到北京路段为京沈高速，车流量很大，春季多雨雾天气，出行需小心。

【语言沟通】

本片区无论乡村城镇，居民都能说一口流利标准的普通话，只要你能听懂普通话，就不存在沟通问题。

【沿途餐饮】

该片区的饮食习惯和北京没什么不同，特色经营都以农家乐为主，以当地的新鲜蔬果和本地家禽作招牌。秦皇岛是海滨城市，海产品丰富，餐饮无甚特色，在宾馆、饭店中各个菜系均有。旅游点则以海味居多，例如在老虎石海滩两旁集中着众多吃海鲜的餐馆，门外地面上摆着许多大的木盆，盆内几乎把这一季节所有的时鲜海味一网打尽，你只管挑选你中意的品种，过一会儿就可以尝到美味的海鲜了，只是价格比市内居民区的餐馆中要贵一点。

秦皇岛美味有：长城饽椤饼、四条包子、回记绿豆糕、老二位麻酱烧饼、煎饼合子、孟和尚粉肠、锦发酱驴肉、晓晓炸排骨。露天烧烤店的味道好、价格合理值得一试。

四条包子铺是1958年开业的老字号企业。因坐落在古城山海关四条这条街上而得名，其店初创时，服务质量比较高，吸引顾客较多，而名气越来越大。 普通的面粉、常见的馅料加工成造型美观、口味独特、醇而不霸、肥而不腻的包子，一直为古城和外地游人喜欢。

烤大虾是以北戴河所产大虾为原料烤制而成，再辅以适量汤汁即可食用。特点是色泽艳丽，香味醇厚，肉质细嫩，营养丰富。

长城饽椤饼

在长城周边所生的饽椤树，当地居民利用其嫩树叶，加入淀粉、三鲜等制成饼，饼皮略呈透明状，味道清香适口。相传这种做法源于明朝戚继光守山海关时，当时他手下的将士大都来自江浙一带，对北方的粮食不很适应，于是就想出了这样一种粗粮细做的食品。在位于山海关城关南路的鸿宴饭庄可以品尝到这一美味。

【民俗节庆】

冀东秦皇岛、唐山一带看皮影与哼大鼓是当地较普遍的风俗。皮影是指皮影戏，把驴皮刻制的影人，用灯光映射在影幕上，皮影演员在幕后操纵影人动作，配说词和背景音乐，有的还要配唱，以此来表演故事情节。冀东一带皮影戏剧目很多，颇受欢迎的剧目有《五锋会》、《三打白骨精》、《青云剑》、《镇冤塔》等传统剧目。哼大鼓是冀东一带农村常见的娱乐形式，哼唱乐亭大鼓以说唱并重，曲牌常见的有四大口、南城腔、四平调、流水板等，传统曲目多是以演唱民俗民风和农家生活为主，受欢迎的有《武松打虎》、《鞭打芦花》等。

望海大会

望海大会俗称“逛码头”，于每年的阴历五月初五在秦皇岛求仙入海处举行。这个古老的民俗活动起源于2200年前的秦始皇时代。

每到这个日子，东至绥中，西至乐亭，人们呼朋唤友，结伴而行，赶到秦皇岛逛码头，海边聚满了人群，非常热闹，到处是摆摊的、卖货的，各种小吃、农副产品随处可见，如同赶集，胜似庙会。人们除了游览码头的风景、买些货物，还到海边拾些海物。然后就是这样积淀着秦皇岛人淳朴民风；表现人们与大海相关相连；求得人海关系自然和谐；祈求大海风平浪静的民俗活动。

【沿途住宿】

郊区以农家乐为主，各处都有各有特色的农家乐及度假村，建议住农家乐，体验当地的乡野气息。承德市和秦皇岛市及北戴河度假区各种档次的宾馆和旅店很多，价格一般在200~500元左右，节假日则有不同的涨幅，有时可能翻倍，建议黄金周等节假日出行时最好能提前订好房，以免为了住宿问题而影响出游心情。

【安全保障】

每个乡镇都设有派出所，交通要道沿线的乡镇都设有交警中队，办公地点都设在乡镇所在地，治安报警电话和交通事故报警电话都是全国统一的110和122，但为了更快的接通，各处派出所和交警中队一般都在村镇路边或公路边等显眼处直接设立路牌，公布各处直拨的报警电话号码。

【通讯条件】

移动和联通的信号覆盖全片区，路边村庄处处有公用电话，很方便。

【油品质量】

沿途都有正规的加油站，品质保证，非常方便。

【食品饮料】

所行之处乡镇城市较为密集，食品饮料的购买十分方便，在国道和省道两旁多为郊区田园，每当适令季节都有本地村民把自产的水果放到公路边摆卖，有些还做成小卖部，出售些简单的食品饮料。

【公共厕所】

沿途旅游景区或旅游点都有较为完善的公共设施，如厕方便，在市区里则可找些宾馆酒店，一般都可如愿。

【安全停车点】

京郊沿途多为乡间二级或三级道路，弯多，树林较多，令视线受阻，选择临时停车点时要注意避开弯道及树木多的地方。北戴河度假区车位比较紧张，建议停放到收费的停车场安全系数会高些。

【与旅行相关的一些配套设施】

所有乡镇地市都有邮政营业网点，开通普通邮件和包裹邮寄及邮政储蓄业务。

各大乡镇以上都设有中行、建行、工行、农行、邮政储蓄等银行的营业网点及柜员机。

各景点门前都设有小卖部，出售胶卷、电池、饮料及零食。

各县城以上或较大的乡镇都设有网吧，星级宾馆一般都配有宽带网络。

京东片区各县城乡镇间往来的交通工具为火车和汽车，各城镇都有汽车站或火车站，班次很多，出行十分方便。

天下第一关山海关

D京东片区自驾游参考方案

6天方案

1：北京市—密云县—司马台长城—承德市

经过A38、D01、D02、D03路段，总长219公里，用时5小时。

路况：本路段路况较好，车流密集，货车和客车混行，沿途村庄景点众多，要小心驾驶。

行程：早上从北京出发，前往密云县的司马台长城游玩，山脚有索道直通山顶，如果脚力好建议登山，体验一下“不登长城非好汉”的豪情。黄昏前往承德，宿承德市。

本线沿途加油站很多，简单维修点和补胎点密集。油费：110元/车。

食宿：沿途景点密集，餐馆林立，也有很多农家乐可提供食宿，但条件一般。承德市是一个旅游城市，宾馆很多，但价格相对较贵，标间淡季150~300元/间

门票：司马台长城30元/人；索道(双程)50元/人；索道(单程)30元/人；登城快车 20元/人；滑索30元/人；游船 5元/人次；索桥 5元/人次。

2：承德市

本天主题是游玩有中国园林典范之称的承德避暑山庄及外八庙寺庙群。晚上宿承德市。

门票：避暑山庄：旺季90元，淡季60元。外八庙每个寺庙独立收费，一般在20~40元之间。

3：承德市—宽城潘家口水下长城—秦皇岛市

经过D04、D06、D07、D08、D09、D10、D12路段，总长258公里，用时约4小时30分钟。

路况：本路段以山区公路为主，路况很好，村庄密集，弯道多，树丛茂密，常常阻挡视线，但行走山野间空气清新，绿色满眼，心情很畅快。

行程：早上从承德市出发，前往潘家口水库的水下长城，当地人叫“喜峰口长城”，泛舟湖上，享受湖光山色。下午前往秦皇岛，品海鲜，小吃，晚宿秦皇岛市区。

沿途有加油站，不算密集，但不用担心加油的问题。路边补

清东陵牌坊

胎维修点也很多，但都是简单的修补，还是老话：每天出发前最好在城区内做好车辆的各项检查。油费：120元/车。

食宿：沿途有很多餐馆，多以农家菜为主。秦皇岛是个海滨城市，海鲜不能错过。秦皇岛市区内各档次的宾馆齐全。

门票：喜峰口长城包船一般在200~350元/船，一条船可坐7人。

4：秦皇岛市—北戴河海滨度假区

本路线主要穿越秦皇岛市前往北戴河景区，沿着海岸线行走，沿途景点不断。

行程：当天的行程主要是游玩秦皇岛市区的各景点，如山海关、老龙头、孟姜女庙等，下午前往北戴河海滨度假区游泳或闲逛都是不错的选择。晚上住北戴河。

食宿：北戴河景区有很多海鲜大排档，食物很新鲜，价格比秦皇岛市区内的要稍贵一点。北戴河景区有许多宾馆度假村，高中低各档次都有，在离景区稍远的南戴河有当地渔民经营的家家客栈，价格便宜，15~25元/人。

门票：天下第一关 40元；老龙头 50元；孟姜女庙 25元。

5：北戴河海滨度假区—清东陵

经过D11、D13、D18、D17路段，总长242.3公里，用时约4小时

路况：本路段前部分为高速公路，后半部分为乡村道路，路况很好，乡村道路路面平整，弯道多，时有行人穿越，路边农作物多，视线受阻。

行程：早上从北戴河景区出发，走京沈高速经遵化前往清东陵，参观气派的皇家陵墓。晚上宿遵化。

沿途加油站密集，维修补胎点多。油费：140元/车。

食宿：沿路城镇较多，餐馆随处可见。遵化市内宾馆较多，价格便宜。

门票：清东陵景区通票90元。

6：遵化市—蓟县—北京市

经过D17、D16、D15、D14路段，总长199.7公里，用时约3小时40分钟。

路况：本路段为京沈高速，车流量大，货车多，车辆混行情况严重。去蓟县盘山景区的道路为盘山公路，弯道多，路边村庄行人多。

行程：早上从遵化出发，前往蓟县的盘山景区游玩，下午回北京。

门票：盘山旺季 60元，淡季40元。

清东陵慈禧墓陵

2天方案

这是一条度假休闲路线，以轻松自由为主，不必赶路，也不必作太多详细的计划，只要一份好的心情就够了。

1：北京市—北戴河海滨度假区

经过D14、D13、D11路段，总长341公里，用时约4小时。

行程：早上从北京出发，上京沈高速，在北戴河出口下高速，前往海滨度假区，发呆、闲逛或游泳。

食宿：北戴河景区有很多海鲜大排档，食物很新鲜，价格比秦皇岛市区内的要稍贵一点。北戴河景区有许多宾馆度假村，高中低各档次都有，在离景区稍远的南戴河有当地渔民经营的家家客栈，价格便宜，15~25元/人。

2：北戴河海滨景区—秦皇岛市—北京市

经过D12、D13、D14路段，总长356公里，用时约4小时40分钟。

行程：早上从北戴河景区出发，沿着海滨一路东行，沿途景点从多，可一一游玩。当天的行程主要是游玩秦皇岛市区的各景点，如山海关、老龙头、孟姜女庙等。黄昏走京沈高速回北京。

北戴河风光

D01 怀柔区—古北口镇（75.0km）

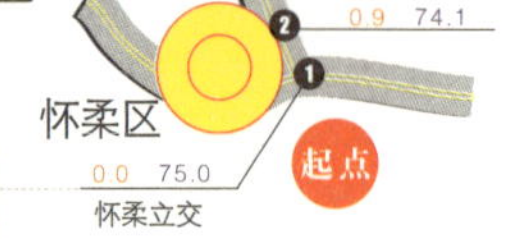

18 穆家峪路口，左转可前往，路边立有很多旅游度假广告牌。

25 101国道101公里处。

15 新农村路口，左转新农村，右转雾灵山。

22 白龙潭桥十字路口，左边为京承旧路，右转去往白龙潭森林公园，路边有几个餐馆，右边中石油。

20 进入山区道路，弯多，有树木遮挡视线，注意控制车速。

13 密顺路，右转顺义，距离35公里，左转。

16 路面在这里由一级变为二级。

10 河槽路口，左转去往勒各案，右转去往十里堡。

12 双井路口，左转双井，右转通往密云开发区。

7 路况抽样：一级柏油公路，双向4车道，中间有绿化带隔离，两边有紧急停车带，路基外有宽5米的停车带，车流量较大。

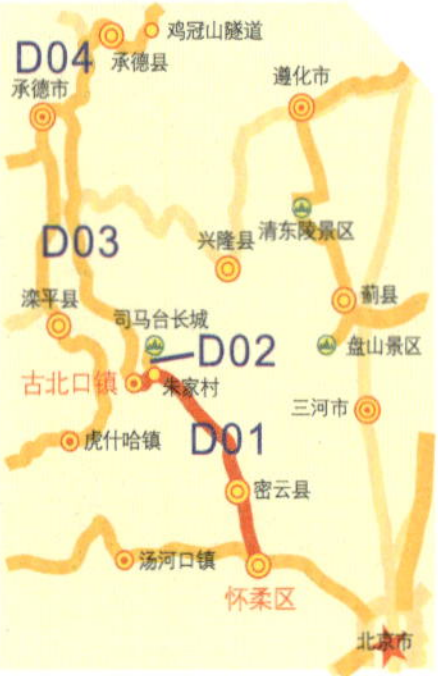

5 北房十字路口，左转宰相庄，右转北房。

1 怀柔立交。N40-17-750E116-38-243/45

勘察报告

本路段前一段为双向4车道的一级公路，出了密云城区之后变为二级道路，怀柔和密云城区连成一片，路旁一直都是居民区和铺面，在路段的34公里之后是景区山区，房屋减少，只有部分农家院，路旁有新鲜的水果出售。周围景区密集，道路上有指向各景区的清晰路牌，车流量较大，旅游车辆和客货运输车辆交织在车流中。北京至承德的京承高速在北京境内尚未开通，预计2007年下半年开通，从扁桥到承德段已开通。

餐饮

密云水库一带的各种鱼餐厅密集，建议在这里用餐。

住宿

怀柔、密云城内均有大小宾馆，此外，景区内也有宾馆和农家乐可以住宿。

维修

密云城区内维修厂较多，有一个一汽大众4S店。

购物

新鲜水果

救助信息

太石屯派出所 69032509　　古北口派出所 8105132

提醒

白龙潭国家森林公园 6903860

36 古北口镇。N40-41-360E117-09-400/222

云蒙山景区

8 云蒙山古称“云梦山”，境内山势耸拔雄伟，奇峰异石多姿，飞瀑流泉遍布，云雾变化莫测，是一座具有山岳风光特征的京郊名山，是北京地区特有的中山地貌森林公园。人称云蒙山有四多：奇松怪石多，仙山古洞多，飞瀑流泉多，瑞木瑶草多。此山集泰山之雄、华山之险、黄山之奇、峨眉之秀于一体，是一座以峰、石、潭、瀑、云、林取胜，以雄、险、奇、秀、幽、旷见长的名山，景观优美著称于世。云蒙山的六大景观特色：奇峰、异石、潭瀑、烟云、森林、古迹，构成了一幅动静变化的空间图画，给人以视听感的美学享受，使人心旷神怡，赞叹称绝，流连忘返。

由于独特区位、气候、环境与景观条件，云蒙山同时具有了旅游观光、避暑渡假、健身疗养、娱乐探险、科学考察等多项功能，同时也是大、中、小学生进行野外动、植物的生物考察、知识学习、标本采集、野营实习的理想园地。

里程数据速查表

从怀柔区出发，请从上往下阅读

1	0.0	怀柔立交	75.0	0.9
2	0.9	右边中石化	74.1	0.8
3	1.7	十字路口	73.3	1.0
4	2.7	王化路口	72.3	3.8
5	6.5	北房十字路口	68.5	0.7
6	7.2	开发区路口	67.8	0.8
7	8.0	路况抽样	67.0	3.2
8	11.2	云蒙山景区路口	63.8	0.8
9	12.0	密鑫园加油站	63.0	2.9
10	14.9	河槽路口	60.1	1.3
11	16.2	左边中石化	58.8	1.2
12	17.4	双井路口	57.6	2.3
13	19.7	密顺路	55.3	2.6
14	22.3	长城环岛	52.7	2.5
15	24.8	新农村路口	50.2	0.8
16	25.6	路面变化	49.4	2.6
17	28.2	中石化	46.8	1.6
18	29.8	穆家峪路口	45.2	2.5
19	32.3	左边中石油	42.7	2.0
20	34.3	山区道路	40.7	4.4
21	38.7	上峪生态民俗村	36.3	8.1
22	46.8	十字路口	28.2	4.0
23	50.8	右边中石油	24.2	2.6
24	53.4	三岔路口	21.6	1.7
25	55.1	里程碑	19.9	1.6
26	56.7	右边中石化	18.3	1.0
27	57.7	松树峪路口	17.3	1.4
28	59.1	右边中石化	15.9	0.7
29	59.8	桑园十字路口	15.2	1.2
30	61.0	前南台村	14.0	4.7
31	65.7	北台村	9.3	1.6
32	67.3	朱家村路口	7.7	1.8
33	69.1	三岔路口	5.9	0.5
34	69.6	北旬子村	5.4	4.6
35	74.2	古北口隧道	0.8	0.8
36	75.0	古北口镇	0.0	

从古北口镇出发，请从下往上阅读

D02 朱家村—司马台长城景区（10.1km）

⑫ 公路穿越村庄，两边布满农家院，食宿方便。

⑩ 司马台桥，垂直左转过桥。

⑧ 公路右侧有一大型农家院，可提供食宿游全套服务，有较大停车场地。

⑪ 村庄，有两个农家院可提供食宿。

⑨ 三岔路口，左转去往司马台长城。

⑦ 落石路段，尽量不要在这里停留。

⑥ 公路左左侧有家垂钓园，种满小花。

④ 汤河村

② 路况抽样：景区四级柏油公路，宽6.5米，路况良好。

① 朱家村路口。N40-38-344E117-11-145/225

勘察报告

从北京至承德的101国道上有去往司马台长城的路口，路口边有景区大门。从景区大门至景区售票处之间的道路为景区专用公路，车流量较小，节假日及旅游旺季车辆较多，路面很新。山区公路弯道较多，路边的树林植被茂密，沿线有一些风光，快到售票处的地方可以看到山上的长城。

餐饮

沿线农家乐均可提供饮食服务，不过路过时注意拦截游客车辆用餐的村民。

住宿

部分农家乐可以提供住宿，此外司马台长城景区入口还有一个国际青年旅舍。

里程数据速查表

从朱家村出发，请从上往下阅读

1	0.0	朱家村路口	10.1	0.9
2	0.9	路况抽样	9.2	0.3
3	1.2	右急弯	8.9	0.9
4	2.1	汤河村	8.0	1.1
5	3.2	风光	6.9	1.1
6	4.3	垂钓园	5.8	0.6
7	4.9	落石	5.2	0.7
8	5.6	农家院	4.5	2.4
9	8.0	三岔路口	2.1	0.5
10	8.5	司马台桥	1.6	0.4
11	8.9	村庄	1.2	1.0
12	9.9	农家院	0.2	0.2
13	10.1	景区大门	0.0	

从司马台长城景区出发，请从下往上阅读

5 风光

司马台长城景区

13 司马台长城位于北京市密云县东北部的古北口镇境内，是唯一一段保留明长城原貌的古长城。由于其特殊的地形条件和修筑者们的智慧创造，长城随着刀锋般的山脊奔驰，时宽时窄，时起时落，城台、敌楼、障墙在很短的一段距离形式之多、变化之大，在整个万里长城之中极为罕见。苍老的城墙上的文字砖群，记载着祖辈的辛苦。著名长城专家罗哲文教授赞誉道：“中国长城是世界之最，司马台长城堪称中国长城之最。”

司马台长城以司马台水库为界分为东西两段，跨谷索桥似长虹横贯东西。西段山势较平缓，20座碉楼至今保存完好；东段长城蜿蜒起伏、气势磅礴，在山峰之巅密布着15座碉楼。“仙女楼”建筑精美，汉白玉拱门上刻有并蒂莲花浮雕，过“仙女楼”即是长不逾百米、两侧断崖绝壁、只有一砖之宽的“天桥”，能过此桥者实为登城好汉。“望京楼”是北京市最高点，海拔986米，登上望京楼，游客们东可看“雾灵积雪”，西望长城雄姿，北观塞外风情，南眺京城灯火。

司马台长城经过多年的建设，初步形成集吃、住、行、游、购、娱为一体的多元化景区。先后建成四合院式宾馆、索道、同心索桥、登程快车、滑索、观光鹿园、水上项目等设施，为游客游览、科学考察提供良好的服务。

13 司马台长城

13 司马台长城

D03 古北口镇—承德市（86.4km）

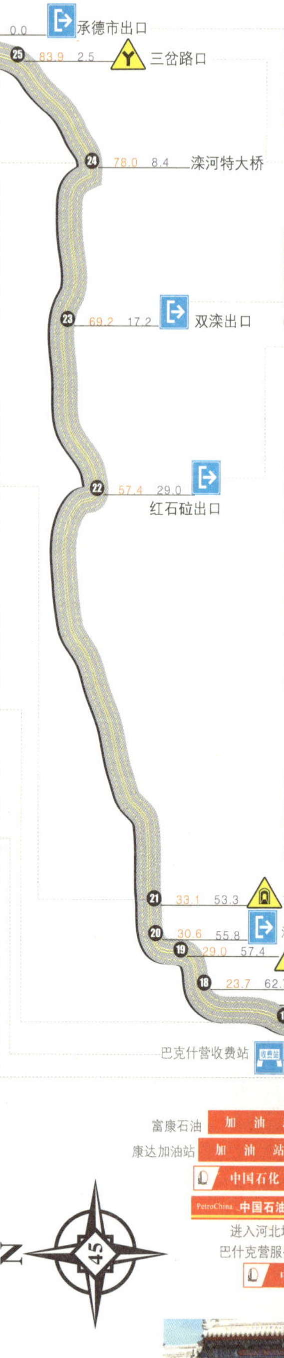

26 承德市出口，小车收费25元。

25 三岔路口，右转去往沈阳、平泉。

24 滦河特大桥，长1062米，过桥后进入小贵口隧道，全长1035米，隧道内限速40公里。

23 双滦出口

22 红石砬出口

21 尹家沟隧道，长214米。

18 塔河隧道

17 路况抽样：高速公路，双向4车道，全隔离、全封闭，限速80公里。

19 何家沟隧道，全长814米。

13 花楼沟路口，左转进入金山岭长城，距离3.3公里。

16 京承高速偏桥入口

20 滦平出口

11 路况抽样：二级柏油公路，道路宽8米，路况良好，两边有浓密的树木。

15 巴克什营收费站，小车收费10元。

9 三岔路口，左转去往滦平、张家口，右转去承德。N40-43-280E117-11-406/245

14 古城川村，出村处道路左边有顺平加油站。

1 古北口镇

3 巴什克营服务区

勘察报告

从北京至承德的高速公路正在修建，北京辖区内尚未完工，河北境内已经开通。与高速公路平行的101国道交通很繁忙，为二级柏油公路，金山岭长城是本路段主要看点。建议不要在101国道上夜间行车，长途货运车辆较多，会车或者超车时容易出现危险情况。京承高速预计在2007年下半年可以全线贯通。

餐饮

巴克什营十字路口边有几家小餐馆，主要是当地人在这里就餐，建议在承德市区内用餐。

救助信息

京承高速交通事故报警：0314－8872627

路政报警：2121556

里程数据速查表

从古北口镇出发，请从上往下阅读

1	0.0	古北口镇	86.4	0.3
2	0.3	左边中石化	86.1	0.9
3	1.2	巴什克营服务区	85.2	0.3
4	1.5	进入河北地界	84.9	0.8
5	2.3	野长城风光	84.1	0.5
6	2.8	右边中石油	83.6	0.7
7	3.5	京承加油站	82.9	0.5
8	4.0	左边中石化	82.4	1.0
9	5.0	三岔路口	81.4	0.5
10	5.5	康达加油站	80.9	1.5
11	7.0	路况抽样	79.4	0.5
12	7.5	富康石油	78.9	1.5
13	9.0	花楼沟路口	77.4	4.2
14	13.2	古城川村	73.2	3.4
15	16.6	巴克什营收费站	69.8	0.8
16	17.4	偏桥入口	69.0	2.2
17	19.6	路况抽样	66.8	4.1
18	23.7	塔河隧道	62.7	5.3
19	29.0	何家沟隧道	57.4	1.6
20	30.6	滦平出口	55.8	2.5
21	33.1	尹家沟隧道	53.3	24.3
22	57.4	红石砬出口	29.0	11.8
23	69.2	双滦出口	17.2	8.8
24	78.0	滦河特大桥	8.4	5.9
25	83.9	三岔路口	2.5	2.5
26	86.4	承德市出口	0.0	

从承德市出发，请从下往上阅读

承德市

承德以其“紫塞明珠”的美称而扬名于天下，是和皇室有着神秘关系的旅游城市，还是中国第一个兼有“中国摄影之乡”、“中国摄影家创作基地”两项桂冠的城市。

承德的旅游资源得天独厚，有着许多的“世界之最”：世界最大的皇家狩猎场——木兰围场、世界最大的皇家园林——避暑山庄、世界最大的皇家寺庙群——外八庙、世界最大的木制佛——千手千眼观世音、世界最短的河流——热河。承德避暑山庄以其占地大、建筑典雅、洲岛平原交错、鸟兽成群、楼台亭阁遍布而被康熙誉为“自有山川北极，天然风景胜西湖”；外八庙更是金碧辉煌，融入了满、汉、蒙等多民族的建筑艺术，气势磅礴，风格多样；为人熟知的木兰围场现已被列为国家森林公园，有着“天苍苍，野茫茫，风吹草低现牛羊”的大草原的迷人魅力；在承德市还有普宁寺；在承德的北边还有雾灵山自然保护区，西边有京北第一草原度假区，东边有玉泉行宫和辽河度假区……

5 路边野长城风光。所谓“野长城”，指的就是未经重修与开发的长城。以北京市为例，其境内长城有600多公里，但向游客开放的只有20多公里，其余都是“野长城”。

金山岭长城旅游区

金山岭长城东起望京楼，西至龙峪口，全长10.5公里。始建于公元六世纪的南北朝，在明隆庆元年(1567年)，爱国名将戚继光继续修缮扩建。因所处位置地势平缓、易攻难守，加之其修造较晚，营造者可以充分借鉴以往历代长城修建的经验，在提高总体防御能力方面有许多独到之处，组成了一道城关相连、碉楼相望、重城护卫、射界交叉、烽火报警的防御体系，有许多军事设施为万里长城所罕见。而且它不仅防御严谨，从修造艺术上来看，亦别具风格，仅碉台的建造形式就有方楼、圆楼、扁楼、拐角楼，箭窗楼也分为三孔楼、四孔楼、五孔楼不等。

金山岭长城堪称为万里长城的精粹，“文字砖、障墙、挡马墙、麒麟影壁”是金山岭长城四绝，比起闻名中外的八达岭，有过之而无不及。它东面是雾灵山，西面是卧虎岭，南通京都，北达坝上，是进出塞内外的咽喉要道，也是历史上兵家必争之地。

D04 承德市—鸡冠山隧道（57.0km）

承德市 起点

1 0.0 57.0 避暑山庄
2
0.3 56.7 三岔路口，右拐上武烈路
3 1.6 55.4 承德大桥
4 3.6 53.4 过桥
5 6.1 50.9 Y字路口，左转大石庙，距离2公里
6 6.4 50.6 中国石化
7 7.9 49.1 PetroChina 中国石油
8 8.7 48.3 收费站
9 10.7 46.3 中国石化
10 13.7 43.3 太平庄
11 15.2 41.8 承德县界
12 16.4 40.8 中国石化
13 17.1 39.9 西营村
14 19.3 37.7 路况抽样
15 21.6 35.4 A 风光
16 24.7 32.3 十字路口
17 路况抽样 28.4 28.6
18 复杂路段 31.3 25.7
19 32.5 24.5 PetroChina 中国石油
20 33.7 23.3 穿越铁路下方
21 35.1 21.9 PetroChina 中国石油
22 37.3 19.7 中国石化 旁边有一个规模较大的汽修厂
23 转盘 38.1 18.9 承德县
24 40.1 16.9 PetroChina 中国石油
25 41.7 15.3 B 沿途风光
26 大营子路口,左转可去往,路边有一个中石油 42.2 14.8
27 44.7 12.3 铁虎山隧道
28 承秦公路收费站 小车收费10元 46.8 10.2
29 48.0 9.0 路边两家加油站
30 盘山公路 49.4 7.6
31 鸡冠山隧道 57.0 0.0

终点

3 承德大桥十字路口，左转过桥，直行丰壁山。

4 垂直左转过桥后右转

6 左边中石化，旁边集中各大品牌汽车专营维修店。

8 京承高速承德收费站

9 左边中石化，高速公路出入口分别位于国道的两边，国道从出口中间穿行而过，很不明显，需特别注意。

10 太平庄，路边有简易汽修店和小餐馆，主要为过往货车服务，灰尘较大。

11 进入承德县界

13 村庄位于公路左侧，持续1公里，房子前面有花坛和矮围墙，围墙上写满了标语。

14 一级柏油公路，宽14米，路面平整，两边有鲜花绿化带。

16 十字路口，左转平泉、沈阳，距离辽河源国家森林公园123公里，右转上板城，直行秦皇岛。

17 省道251，二级柏油公路，宽9米，路况很好。

18 下坡，反向弯道，落石路段，路边有多处T字路口，小心驾驶。

23 过老牛河桥后有一个转盘，左转交警大队，右转秦皇岛，直行进入承德县，均为二级柏油公路。

15 公路依山傍河，田园山峰相映。N40-50-387E118-04-109/293

N 45

31 鸡冠山隧道。N40-39-302E118-11-417/255

勘察报告

在丽正门前一个路口左转沿河行驶，往沈阳方向出城。高速公路的出入口设在国道两边，中间是国道去往沈阳方向，路口不明显，往收费站“承德”飞檐下通过。出城后路况良好，路面宽敞，不过车流量较大，而且有不少加长的货运车辆，转入251省道之后为山地路段，道路沿山壁而建，多落石路段。沿线海拔变化不大，气候干冷，适合各个季节旅游。

餐饮

宽城路口有一个日月兴酒楼。

住宿

建议住在承德市区内。

加油

较多加油站。

维修

高速公路入口处有众多品牌的汽车4s店。

里程数据速查表

从承德市出发，请从上往下阅读

1	0.0	避暑山庄	57.0	0.3
2	0.3	三岔路口	56.7	1.3
3	1.6	承德大桥	55.4	2.0
4	3.6	过桥	53.4	2.5
5	6.1	Y字路口	50.9	0.3
6	6.4	左边中石化	50.6	1.5
7	7.9	左边中石油	49.1	0.8
8	8.7	收费站	48.3	2.0
9	10.7	左边中石化	46.3	3.0
10	13.7	太平庄	43.3	1.5
11	15.2	承德县界	41.8	1.2
12	16.4	右边中石化	40.6	0.7
13	17.1	西营村	39.9	2.2
14	19.3	路况抽样	37.7	2.3
15	21.6	风光	35.4	3.1
16	24.7	十字路口	32.3	3.7
17	28.4	路况抽样	28.6	2.9
18	31.3	复杂路段	25.7	1.2
19	32.5	右边中石油	24.5	1.2
20	33.7	穿越铁路下方	23.3	1.4
21	35.1	右边中石油	21.9	2.2
22	37.3	左边中石化	19.7	0.8
23	38.1	转盘	18.9	2.0
24	40.1	左边中石油	16.9	1.6
25	41.7	沿途风光	15.3	0.5
26	42.2	大营子路口	14.8	2.5
27	44.7	铁虎山隧道	12.3	2.1
28	46.8	承秦公路收费站	10.2	1.2
29	48.0	路边两家加油站	9.0	1.4
30	49.4	盘山公路	7.6	7.6
31	57.0	鸡冠山隧道	0.0	

从鸡冠山隧道出发，请从下往上阅读

30 进入盘山公路，坡缓弯多，两边山峰林立，植被丰富，让人仿佛置身江南。

1 避暑山庄

25 沿途风光

D05 鸡冠山隧道—孤山子乡路口（62.0km）

22 小庙梁隧道，长500米。

17 垭口，路边有摆卖水果的小摊，爬坡路段在这里结束，开始下坡。

16 三岔路口，左转去往青龙，右转去往唐山，距离139公里，可前往塞外蟠龙湖景区，路边为万塔黄崖。N40-33-884E118-27-789/338

12 西岔沟村，路边有汽车简易维修点。

10 路面防滑措施，在下坡处铺设了砖块。

9 大清梁隧道，长200米。

6 三北隧道，宽城县和承德县分界处位于隧道口。

2 鸡冠山隧道

1 兴隆路口，左转前往鸡冠山隧道。

26 公路右边为峪耳崖镇，镇内峪耳崖金矿，矿区路段行人车辆较多，注意减速。

13 宽城路口，左转2公里进入城区。N40-35-121E118-26-065/288

7 围子沟隧道

4 路况抽样：二级柏油公路，宽8.5米，实测时速68公里，路面崭新平整，两边都有良好的绿化，车流稀少，风光无限。

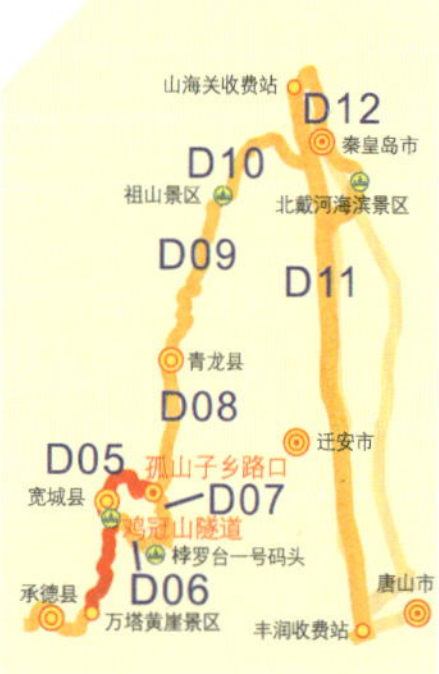

勘察报告

承秦出海路，路面崭新平整，宽8.5米，车流量很小。公路穿行在群山之间，弯道较多，视线不好，建议不要在夜间行车。宽城、承德两县在隧道口交界，冬季路面上有积雪，下坡路面上铺了花砖作防滑处理。在宽城路口后车流量变大，有不少长途运输货车通过，同时经过矿区时行人、车辆很多，为路况较复杂的地方，注意提前减速。

餐饮

沿途有较多小餐厅，此外宽城城区内就餐条件更好。

住宿

建议住在承德市区内。

购物

垭口有新鲜水果出售。

提醒

白龙潭国家森林公园：6903860

5 路况、风光

8 过桥，桥头有中石油，下坡路段结束。

里程数据速查表

从鸡冠山隧道出发，请从上往下阅读

1	0.0	兴隆路口	62.0	0.4
2	0.4	鸡冠山隧道	61.6	3.6
3	4.0	左边加油站	58.0	2.6
4	6.6	路况抽样	55.4	3.8
5	10.4	路况、风光	51.6	0.8
6	11.2	三北隧道	50.8	1.3
7	12.5	围子沟隧道	49.5	2.3
8	14.8	过桥	47.2	0.3
9	15.1	大清梁隧道	46.9	0.7
10	15.8	路面防滑措施	46.2	3.6
11	19.4	村庄	42.6	4.5
12	23.9	西岔沟村	38.1	3.6
13	27.5	宽城路口	34.5	0.8
14	28.3	村庄	33.7	1.0
15	29.3	右边中石油	32.7	1.5
16	30.8	三岔路口	31.2	7.4
17	38.2	垭口	23.8	3.2
18	41.4	左边中石油	20.6	0.4
19	41.8	超限车辆检查站	20.2	1.2
20	43.0	矿山路口	19.0	0.6
21	43.6	汤道河路口	18.4	3.1
22	46.7	小庙梁隧道	15.3	4.5
23	51.2	村庄	10.8	2.3
24	53.5	左边中石油	8.5	1.1
25	54.6	右边中石化	7.4	0.6
26	55.2	峪耳崖镇	6.8	2.1
27	57.3	前庄隧道	4.7	0.7
28	58.0	右边中石油	4.0	4.0
29	62.0	孤山子乡路口	0.0	

从孤山子乡路口出发，请从下往上阅读

D06 万塔黄崖景区—梓罗台一号码头（17.2km）

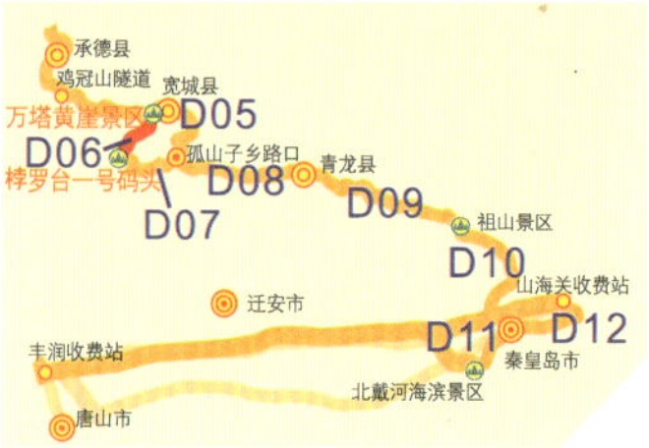

❶ 万塔黄崖。N40－33－884E118－27－789/338

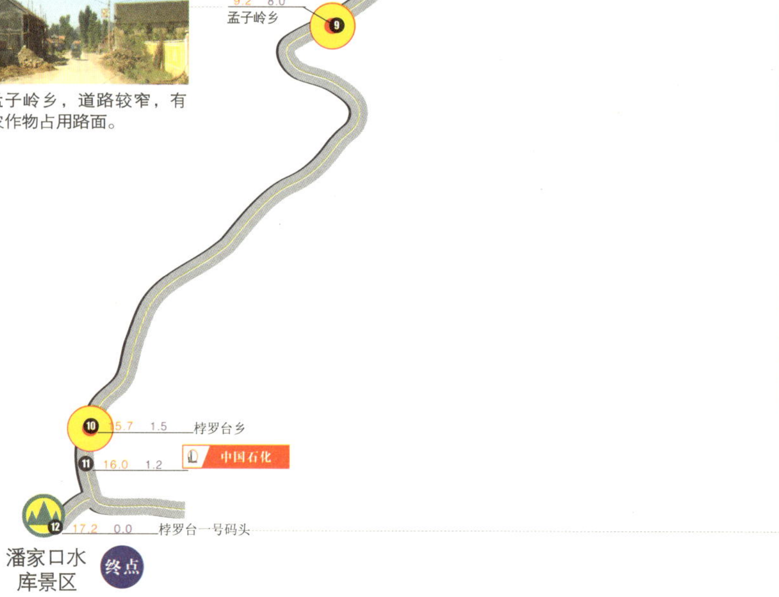

❻ 下坡，土路，有弹石，行车颠簸。

❽ 南天门村

❾ 孟子岭乡，道路较窄，有各种农作物占用路面。

❺ 九虎岭梁

⓬ 梓罗台一号码头，此处可坐船去往水下长城。N40－27－493E118－21－794/227

距码头10公里往前可到达喜峰口，也有码头，距离水下长城更近，包船费用200元。

坐船采用包船制，每船能坐7人，包船费300元，从码头出发20分钟可到达水中央的水下长城景点，不收门票。

从遵化方向进入景点需要门票，每人10元，包船费用350元。

勘察报告

为四级柏油公路，正在改建为二级柏油公路，预计2007年“五一”可以开通。路况较差，道路在山间穿行，弯道多，坡度多，不过小车可以正常通过。路上灰尘较大，而且不断有施工车辆过往，注意避让。沿途村庄密集，不过配套设施简陋。

餐饮

梓罗台有两个酒店。

提醒

蟠龙湖即为潘家口水库。

里程数据速查表

从万塔黄崖景区出发，请从上往下阅读

1	0.0	三岔路口	17.2	0.1
2	0.1	水上长城路口	17.1	0.8
3	0.9	黄崖子村	16.3	1.1
4	2.0	路况	15.2	1.6
5	3.6	九虎岭梁	13.6	0.4
6	4.0	下坡	13.2	0.8
7	4.8	岔路口	12.4	1.1
8	5.9	南天门村	11.3	3.3
9	9.2	孟子岭乡	8.0	6.5
10	15.7	梓罗台乡	1.5	0.3
11	16.0	左边中石化	1.2	1.2
12	17.2	梓罗台一号码头	0.0	

从梓罗台一号码头出发，请从下往上阅读

⑫ 潘家口水库

万塔黄崖景区

❶ 万塔黄崖位于宽城镇西南4公里处，距潘家口水库55公里，宽邦公路东侧，承秦公路北侧。万塔黄崖又称黄崖子、黄崖山、黄土岩。海拔685米，方圆仅0.5平方公里，山势奇特峥嵘，呈黄色的山崖，巨型台梯，层层可数。数十座大小石塔掩映在松柏之中，矗立在山颠之上。矮者数尺，高者丈余，蔚为壮观。山的正面有两个天然石洞，两洞互相连通，名为“卧佛洞”和“穿山洞”，洞内有石雕卧佛和坐佛石像。通往山上有栈道，层层石梯，有的仅容一人，架有“独木仙桥”，人走在上面，心惊胆战，十分险要。山脚下有一寺院，为辽代所建。 万塔黄崖被列为“口外八景”之一。清圣祖康熙皇帝巡游至黄崖山，曾吟诗一首：“紫塞双崖山，单梯百尺悬。草香庶细路，树老卧晴烟。地为时巡到，山当隘口偏。何年留石室，驻马望层颠。”

“文化大革命”时期，古寺院、石塔均被破坏，近几年又经修缮，山下重建佛堂，重修上山路径，恢复了部分石塔。

潘家口水库景区

⑫ 位于宽城满族自治县西部罗台、塌山、独石沟三乡所辖地域的结合部。此水库是经国务院批准，作为“引滦入京”的重要工程之一。潘家口水库为引滦入京的主体工程，是华北地区的水库之一，它由一座拦河大坝和两座副坝组成。水库位于燕山山脉沉降地带东南构造带与华夏构造带的复合部位，地质构造复杂，四周的石灰岩、白云岩及少部分页岩岩体，由于流水侵蚀与褶皱断裂作用，塑造出一系列千奇百怪、绚丽多姿的奇峰怪石与陡崖悬壁，加上万顷碧波湖光衬托，形成了以瀑河口、贾家安为中心的几乎可以与桂林相媲美的十里画廊及数量众多的奇形怪石乳。

⑫ 潘家口水库

D07 椁罗台一号码头—孤山子乡路口（25.3km）

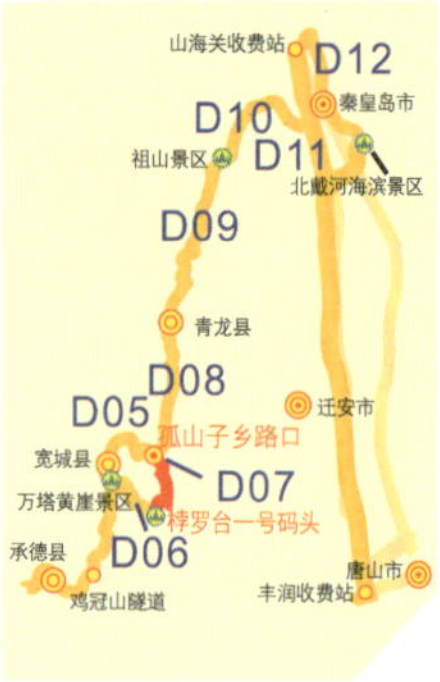

14 三岔路口，左转前往孤山子。N40-26-839E118-33-108/332

13 西大地村

碾子峪乡，规模较大，汽修吃住等设施齐全，路边有派出所。

10 大屯，路边有两个饭店。

6 野长城，保持完好，横贯在山峰间，气势恢宏。

5 隧道

4 村庄，村前正在修路，尘土飞扬。

7 三岔路口，右转去往遵化、迁西。N40-24-887E118-24-396/265

1 椁罗台一号码头

2 蟠龙湖路口，右转8公里可进入。

勘察报告

道路正在施工，预计2007年“五一”可以开通，车流量较小，沿线施工车辆、矿区大车较多，注意避让。在14.4公里之后转入柏油道路，路况转好。全路段小车均可通行，出了水上长城的景区，在路上看到的野长城是本路段的一大亮点。

餐饮

沿线乡镇内均有餐厅，就餐条件一般。

救助信息

碾子峪派出所：6916408

提醒

白龙潭国家森林公园：6903860

里程数据速查表

从椊罗台一号码头出发,请从上往下阅读

1	0.0	椊罗台1号码头	25.3	1.1
2	1.1	蟠龙湖路口	24.2	2.9
3	4.0	左边中石油	21.3	2.2
4	6.2	村庄	19.1	1.6
5	7.8	隧道	17.5	0.8
6	8.6	野长城	16.7	1.1
7	9.7	三岔路口	15.6	2.4
8	12.1	鲁家店	13.2	2.3
9	14.4	左边中石化	10.9	0.6
10	15.0	大屯	10.3	3.4
11	18.4	右边中石油	6.9	1.3
12	19.7	碾子峪乡	5.6	3.1
13	22.8	西大地村	2.5	2.5
14	25.3	三岔路口	0.0	

从孤山子乡路口出发,请从下往上阅读

喜峰口长城

❶ 因历史久远但从未进行人工修复保存完好而闻名。因修建潘家口水库，其主体已淹没水下，水下部分墙体隐约可见，是万里长城独有的一处景观。喜峰口依山傍水，位置险要，易守难攻，是长城的重要关口之一，历史上为兵家必争之地，近代最著名的有抗日战争时期的喜峰口战役。

建水库前，这里鱼虾跳跃，两岸稻花飘香，林木蓊郁，风景秀丽，堪称“塞北的小江南”。蓄水后，又平添了许多天然的和人工的旅游景点20多处。潘家口水库所处地域喜峰口一带是古长城雄关要塞闻名的地方，以古代军事工程为主体，形成了一系列古文物旅游景点，主要有“喜峰口要塞”、“松亭关要塞”、“潘家口长城”以及传说中的多处古遗址。在库区还可欣赏到宽城县境内拥有的“口外八景”中的四景：都山积雪、鱼鳞叠锦、万塔黄崖和独木仙桥。

从码头坐船去观看水下长城一般采用包船制，每船能坐7人，包船费300元，从码头出发20分钟可到达水中央的水下长城景点，不收门票。距码头10公里处可到达喜峰口，也有码头，距离水下长城更近，包船费用200元。从遵化方向进入景点需要门票，每人10元，包船费用350元。

❶ 喜峰口水下长城

D08 孤山子路口—青龙县（35.3km）

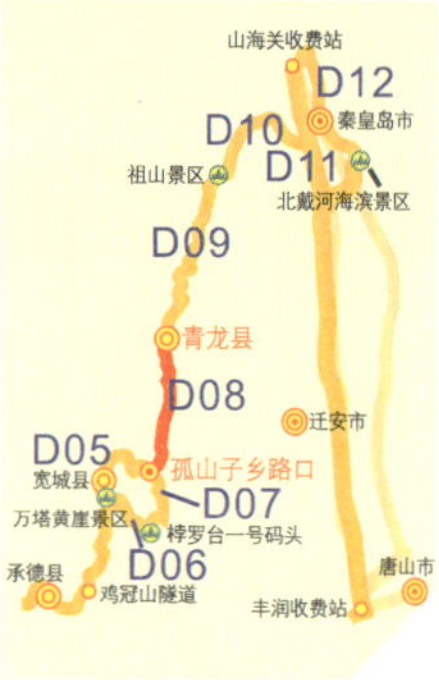

22 三岔路口，左转去往燕山路、中兴路。N40-24-714E118-55-089/259

20 迁安路口，右转60公里可到达。

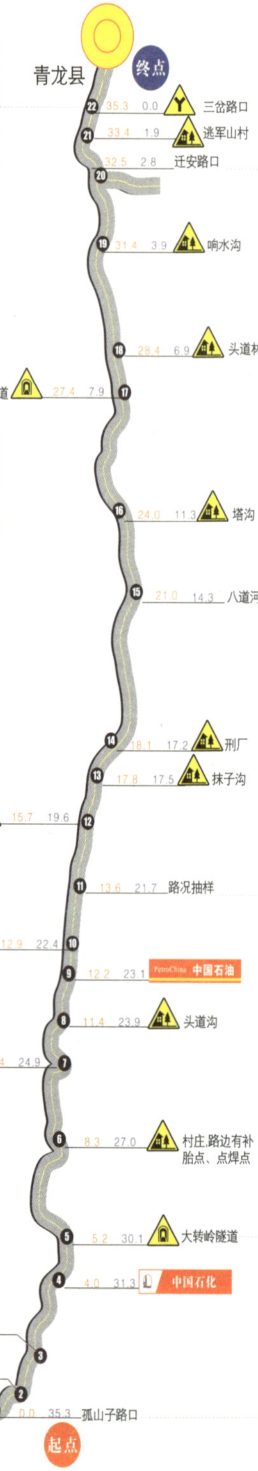

17 青松岭隧道，长400米。

15 八道河路口，右转四级公路进入。

12 王厂，公路穿越城区800米，规模较大，食宿餐饮汽修齐全。

11 路况抽样：二级柏油公路，宽8米，路面平整，两边都有绿化带。

3 木匠屯，路边有一家补胎点。

5 大转岭隧道，长600米，处隧道后转入秦皇岛地界。N40-25-718E118-36-693/366

2 转山子隧道，隧道前左侧有隐蔽路口，时而有车辆出入。

1 孤山子路口

勘察报告

沿251省道，即承秦出海路前行，大车较多，超车时会长时间占用车道，也时而有车辆从路边路口中穿出，注意观察道路情况，避免事故发生。山地丘陵地貌，绿化较好，山体、路边均有各种各样茂盛的植物，农作物以玉米为主。沿途村庄较多，民居多为红瓦、灰瓦房。

餐饮

青龙县城内有很多小餐馆，以经营农家菜为主。

里程数据速查表

从孤山子路口出发，请从上往下阅读

1	0.0	孤山子路口	35.3	1.1
2	1.1	转山子隧道	34.2	1.4
3	2.5	木匠屯	32.8	1.5
4	4.0	左边中石化	31.3	1.2
5	5.2	大转岭隧道	30.1	3.1
6	8.3	村庄	27.0	2.1
7	10.4	二道沟门	24.9	1.0
8	11.4	头道沟	23.9	0.8
9	12.2	左边中石油	23.1	0.7
10	12.9	公厂	22.4	0.7
11	13.6	路况抽样	21.7	2.1
12	15.7	王厂	19.6	2.1
13	17.8	抹子沟	17.5	0.3
14	18.1	刑厂	17.2	2.9
15	21.0	八道河路口	14.3	3.0
16	24.0	塔沟	11.3	3.4
17	27.4	青松岭隧道	7.9	1.0
18	28.4	头道林子村	6.9	3.0
19	31.4	响水沟	3.9	1.1
20	32.5	迁安路口	2.8	0.9
21	33.4	逃军山村	1.9	1.9
22	35.3	三岔路口	0.0	

从青龙县出发，请从下往上阅读

19 响水沟

7 二道沟门

21 逃军山村

16 塔沟

D09 青龙县—祖山景区（71.2km）

㉛ 祖山路口，右转5公里进入祖山旅游区。N40-13-258E119-26-033/408

㉘ 木头凳路口，左转35公里可到达，路面为土路。

⑯ 十字路口，右转去往抚宁，距离60公里，右转去往建昌，距离90公里。

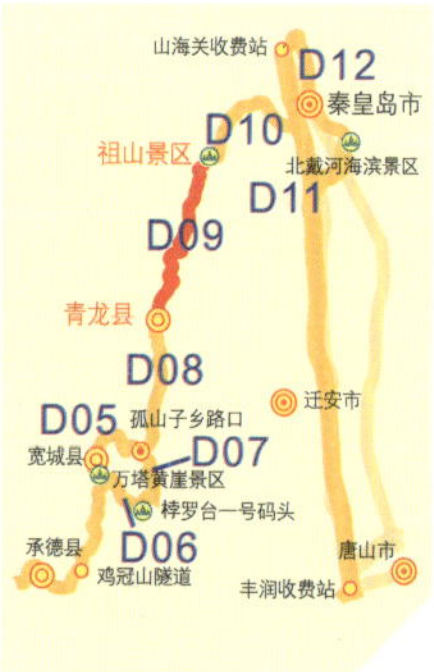

㉕ 南寨隧道

㉑ 鲍家湾隧道

⑫ 车流量很大

⑥ 路况抽样：二级柏油公路，宽9米，公路笔直平整，两边是茂盛的柳树。

④ 公路左侧有一家大型维修店，可修理各种汽车。

① 三岔路口

勘察报告

青龙县居民屋顶都装上太阳能热水器，民居是红瓦、灰瓦房，在侧面画有连续图案。承秦出海路，路面为二级柏油公路，路况良好，周围都有绿化，公路沿线盛产玉米。路上车流量大而杂，货车、轿车、农用车辆、摩托车、自行车交织在道路上，注意控制好车速，选择好超车时机，同时在通过村庄时注意避让行人。

里程数据速查表

从青龙县出发，请从上往下阅读

1	0.0	三岔路口	71.2	0.3
2	0.3	左边中石化	70.9	2.2
3	2.5	过境公路	68.7	1.3
4	3.8	维修店	67.4	4.1
5	7.9	城关路口	63.3	1.7
6	9.6	路况抽样	61.6	0.5
7	10.1	村庄	61.1	1.9
8	12.0	下坡右急弯	59.2	2.3
9	14.3	朱杖子乡	56.9	1.5
10	15.8	姚家沟村	55.4	2.5
11	18.3	落石路段	52.9	0.8
12	19.1	车流量	52.1	5.1
13	24.2	张杖子	47.0	3.3
14	27.5	三岔路口	43.7	0.5
15	28.0	抚宁路口	43.2	1.0
16	29.0	十字路口	42.2	3.5
17	32.5	头道河	38.7	2.0
18	34.5	左边中石化	36.7	1.6
19	36.1	风光	35.1	1.4
20	37.5	平方子路口	33.7	2.9
21	40.4	鲍家湾隧道	30.8	3.5
22	43.9	梧桐树沟	27.3	4.5
23	48.4	河边	22.8	5.8
24	54.2	安子岭隧道	17.0	6.0
25	60.2	南寨隧道	11.0	1.3
26	61.5	丁家河村	9.7	6.1
27	67.6	马圈沟	3.6	1.7
28	69.3	木头凳路口	1.9	1.1
29	70.4	过桥	0.8	0.5
30	70.9	祖山镇	0.3	0.3
31	71.2	祖山路口	0.0	

从祖山景区出发，请从下往上阅读

餐饮

祖山镇有8个餐厅。

住宿

祖山镇有两个旅店，住宿条件一般。

救助信息

青龙县汽修：0335－7883777

31 祖山景区大门，距离路口10公里 。N40-09-700E119-26-033/408

祖山景区

31 位于河北省秦皇岛市西北20公里处，地处青龙满族自治县东南境，是一处以奇险的山景和名秀的水景为主体特色并具有一定历史内涵的山岳型国家级自然风景名胜区。石家庄、北京、天津、唐山、辽宁、吉林、黑龙江等省、市及周边游客可沿京沈高速公路直行，在秦皇岛西出站口出口；沿秦青公路青龙方向前行至同家峪，途经秋子峪。山羊案、车厂村到苇子峪祖山东门下车，然后乘空中索道或走“画廊谷”步行道，一路可观赏“十里画廊”的秀美风光，最后到达中心景区。秦皇岛西出站口距祖山东门行程20公里，水泥专用旅游公路。景区门票：65元。

祖山景区开发较早，但因为门票和景点性价比不高，管理不善，后续设施与维护都跟不上，以至于游客较少，景区冷清。

19 开发已有10多年，但游客稀少，主要因为门票和景点性价比不高，景区处于林区中，故有这样的标语：野外用火，强迫消费。

7 村庄

23 河边洗衣的村民

D10 祖山景区—秦皇岛市（42.6km）

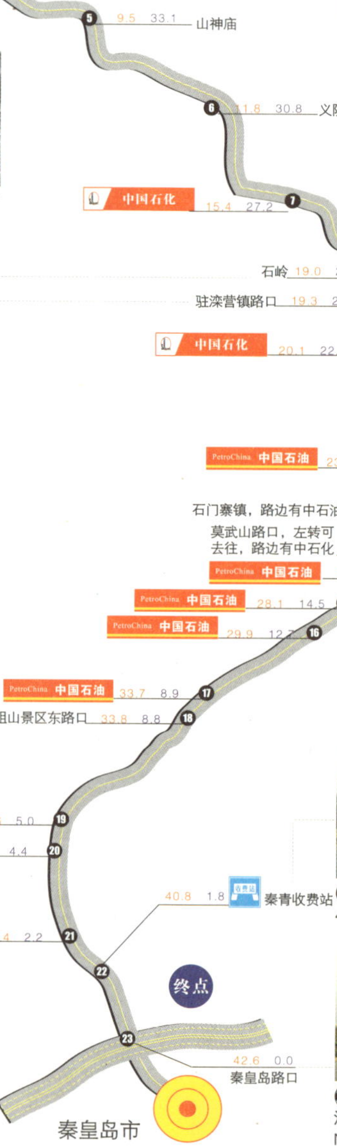

2 梯子岭隧道

3 事故多发地段，注意安全。

1 祖山路口，右转5公里进入祖山旅游区。N40-13-258E119-26-033/408

8 石岭，路边有矿区，不时有车辆出入，污染严重。

9 驻滦营镇路口，右转可去往董家营景区。

18 祖山景区东路口，右转12公里可去往祖山森林公园。

19 温泉堡路口，右转6公里可到达，路边有中石化。

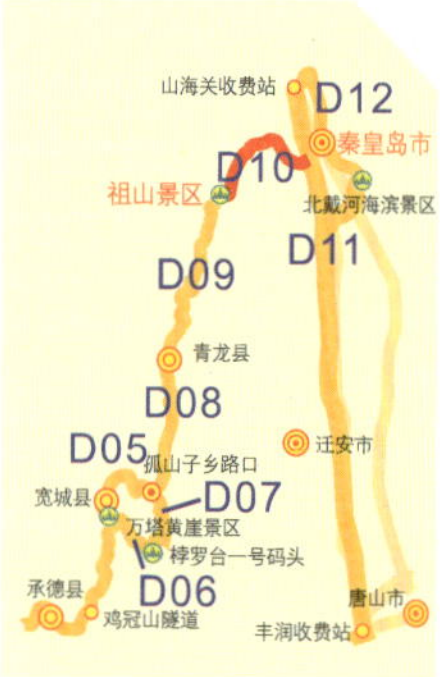

22 秦青收费站。N39-59-450E119-32-117/27

23 秦皇岛路口，右转进入京深高速，左转进入秦皇岛。N39-58-516E119-32-434/24

勘察报告

道路穿越长城，可以近距离地感受到长城千年的沧桑，在义院口处是观赏长城的最佳地点，也就在这里之后道路灰尘增多，因为途中经过煤矿，同时也多了一些矿车。沿途房屋密集，直至高速路入口，道路车流量较大，注意控制好车速。

餐饮

祖山镇、义院口均有餐厅，也可以到秦皇岛市区内用餐。

住宿

建议住在秦皇岛市区内或者北戴河景区。

加油

沿途加油站众多，建议在中石化、中石油等大型加油站加油。

维修

高速公路入口处有众多品牌的汽车4s店。

救助信息

石门寨派出所：6898360

秦皇岛汽车救援中心：3080595

6 义院口，长城风光

里程数据速查表

从祖山景区出发，请从上往下阅读

1	0.0	祖山路口	42.6	0.2
2	0.2	梯子岭隧道	42.4	1.9
3	2.1	事故多发地段	40.5	5.0
4	7.1	弯子村	35.5	2.4
5	9.5	山神庙	33.1	2.3
6	11.8	义院口	30.8	3.6
7	15.4	左边中石化	27.2	3.6
8	19.0	石岭	23.6	0.3
9	19.3	驻滦营镇路口	23.3	0.8
10	20.1	右边中石化	22.5	3.1
11	23.2	右边中石油	19.4	1.1
12	24.3	石门寨镇	18.3	1.4
13	25.7	莫武山路口	16.9	0.9
14	26.6	右边中石油	16.0	1.5
15	28.1	左边中石油	14.5	1.8
16	29.9	左边中石油	12.7	3.8
17	33.7	右边中石油	8.9	0.1
18	33.8	祖山景区东路口	8.8	3.8
19	37.6	温泉堡路口	5.0	0.6
20	38.2	左边中石化	4.4	2.2
21	40.4	右边中石化	2.2	0.4
22	40.8	秦青收费站	1.8	1.8
23	42.6	秦皇岛路口	0.0	

从秦皇岛市出发，请从下往上阅读

秦皇岛市

秦皇岛历史悠久，古称“碣石”，南濒渤海，北依燕山，万里长城横亘全境，气候宜人，夏无酷暑，冬无严寒，绿树成荫，空气清新。具有丰富多彩而又独具特色的历史文化和人文景观，旅游资源丰富。

山海关、北戴河海滨被评为全国旅游胜地40佳，南戴河海滨、昌黎黄金海岸、秦皇岛野生动物园、秦皇岛秦皇求仙入海处、秦皇岛燕塞湖景区、新澳海底世界、长寿山、祖山等景区独具魅力，众多海内外游人慕名而至。游北戴河，最佳季节为5~10月，游秦皇岛其他景区，为6~8月。观鸟专项游的最佳时段是春、秋候鸟迁移季节。

海港区是秦皇岛全市政治、经济、文化中心，依山面海，地理位置优越，风景优美，是游客住宿、购物的重要集散地。区内有我国著名的能源大港秦皇岛港。

观海洞南的滨海路下面，便是俗称“黄金海岸”的金沙滩和银沙滩海水浴场，滩上细沙匀布，平缓洁净，海水清澈，波高适宜，弓形滩面被两侧突入海面的岬角抱住，地理环境得天独厚，是游泳、垂钓和赶海的好地方。

D11 秦皇岛市—北戴河海滨景区（42.9km）

❶ 秦皇岛路口，右转进入京深高速，左转进入秦皇岛。N39-58-516E119-32-434/24

❷ 京深高速秦皇岛收费站。39-58-460E119-32-183/17.5

❸ 路况抽样：双向6车道，全封闭，全隔离，两边有紧急停靠带。

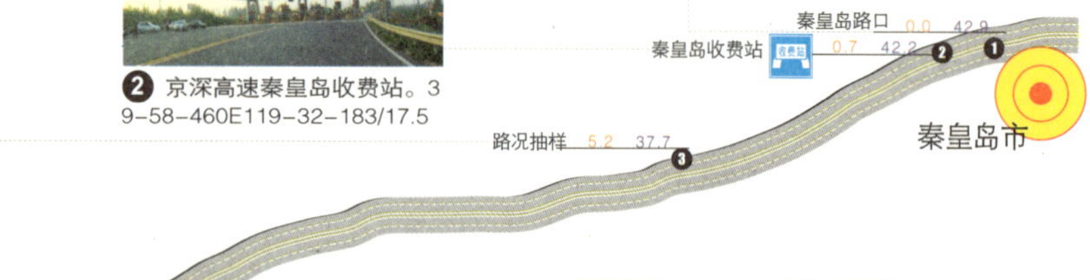

❹ 北戴河出口。N39-55-920E119-20-992/31

❺ 北戴河收费站，小车收费15元。N39-50-861E119-23-581/19

❻ 南戴河出口

❼ 十字路口，左转齐庄，右转联峰北路。

❽ 十字路口，左转贵石庄，右转联峰北路。

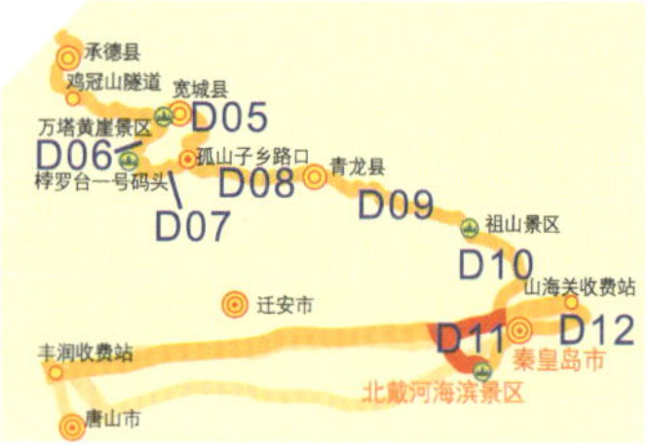

勘察报告

高速公路至北戴河出口，进入高速公路辅道，路况很好，为旅游景区道路。沿途各种路牌标志清晰，指向了各个方位和目的地。此处是一片海滨平原，没有坡度和大的弯道。在环岛转入剑秋路，直行就可通往海滨。道路沿线有较多宾馆、餐厅在路上揽客。

餐饮

北戴河景区周边宾馆众多。

住宿

北戴河海滨有很多海鲜大排档，几乎都是为游客提供饮食服务的。

提醒

北戴河有众多宾馆、餐厅在路上揽客。

里程数据速查表

从秦皇岛市出发,请从上往下阅读

1	0.0	秦皇岛路口	42.9	0.7
2	0.7	秦皇岛收费站	42.2	4.5
3	5.2	路况抽样	37.7	15.0
4	20.2	北戴河出口	22.7	11.5
5	31.7	北戴河收费站	11.2	2.4
6	34.1	南戴河出口	8.8	2.0
7	36.1	十字路口	6.8	0.5
8	36.6	十字路口	6.3	2.0
9	38.6	环岛	4.3	1.3
10	39.9	路口	3.0	3.0
11	42.9	海滨浴场	0.0	

从北戴河海滨景区出发,请从下往上阅读

北戴河海滨景区

北戴河位于河北省秦皇岛市的西部。这里气候宜人，10公里长、曲折平坦的沙质海滩，沙软潮平，背靠树木葱郁的联峰山，是我国北方一处理想的避暑胜地。

北戴河海滨避暑区，西起戴河口，东至鹰角亭，东西长约10公里，南北宽约1公里。北戴河海滩沙质比较好，坡度也比较平缓，是一个优良的天然海水浴场。清光绪年间，有些住在北京的外国人发现了这处避暑地，要求在这里建造别墅。清光绪二十四年(1898年)，清政府正式将北戴河海滨开辟为“各国人士避暑地”，于是帝国主义分子、外籍人士、军阀、官僚、资本家纷纷到这里建筑别墅。到1938年，这里已有别墅700多栋，并建有饭店、酒吧、跳舞厅等娱乐设施，成了一个带有殖民地色彩的避暑佳地。解放后，北戴河又新建了不少休养所、疗养院、饭店、宾馆，规模比过去更大了，成了我国规模较大、设施比较齐全的海滨避暑胜地。现在每年暑假都要接待上百万前来旅游、度假的群众。

北戴河周围的环境也很美。海滩背靠联峰山。联峰山分东西两峰，相距约1公里，山上山下松柏成林，郁郁葱葱。北戴河是神州九大观日处之一。北戴河海滨东北端的鹰角亭为最佳地点。

北戴河风光

南戴河海滨景区

与北戴河海滨仅一桥之隔，在戴河南端入海处。它的海岸线比北戴河还要宽广，长达17.5 公里，总面积20平方公里。海岸背后是一片郁郁葱葱的槐树林，绵延几十公里直至黄金海岸。树林丛中，绿草如茵，百鸟争鸣，与海浪涛声组成一曲天然的交响乐。这里气候凉爽，空气中负离子多，是避暑旅游休养的好地方。 开发于1984年，进海岸，首先映入眼帘的是一座象征抚宁县的天马县标，坐落在海滨浴场中心，天马行空，栩栩如生。县标旁“南戴河”三个大字为薄一波所书。沿标索骥，具有特色的景点有环球世界宫、西游记宫和水上乐园等。环球世界宫以古今结合的建筑风格，展现了世界各国风光和风土民情。24个景点，从古印度公主出巡开始，到中国的天下第一关造型，仿佛世界就在咫尺间。水上乐园又名南戴河湖，湖区界于戴河与大海之间，湖周丛林环绕，环境优美，湖水清澈见底，湖心建亭，亭上雕有各种图案。

北戴河风光

D12 北戴河海滨景区—京沈高速山海关收费站（57.9km）

26 三岔路口，左转去往北京，右转往辽宁。N40-02-175E119-48-457/44

22 孟姜女庙路口，往文化活动中心方向东转7公里。

24 第一关景区，沿指示牌左转进侧门(简介3595)。N40-00-478E119-45-477/20

19 欢乐海洋公园，是儿童玩耍的主题公园。N39-57-340E119-45-015/3.5

5 碧螺塔酒吧公园。N39-49-201E119-31-696/13

6 旅游码头。N39-49-434E119-31-657/18

23 T字路口，沿南门往东行走。

10 野生动物园，位于公路左侧。

2 老虎石海上公园，门票8元。

1 北戴河海滨浴场。N39-48-831E119-28-732/4.8

勘察报告

沿着海滨的中海滩路、东经路、东海滩路而行。从旅游码头处开始沿海岸公路行驶，穿越秦皇岛市区，北戴河、南戴河、秦皇岛、山海关城区连成一片。公路沿线宾馆、酒店众多，都为风格相似的海滨小院，适合旅游度假居住。道路干净，空气清爽，中速行驶在这样的海滨道路上，美景尽收眼底。在各景点入口均有明显的路牌标志，不过秦皇岛城区内各条道路指向比较混乱。

餐饮

北戴河海滨、山海关城区内。

里程数据速查表

从北戴河海滨景区出发,请从上往下阅读

1	0.0	海滨浴场	57.9	0.4
2	0.4	老虎石海上公园	57.5	0.6
3	1.0	T字路口	56.9	3.5
4	4.5	三岔路口	53.4	0.8
5	5.3	碧螺塔	52.6	1.2
6	6.5	旅游码头	51.4	1.5
7	8.0	鸽子窝公园	49.9	0.8
8	8.8	十字路口	49.1	1.2
9	10.0	早起的人们	47.9	1.1
10	11.1	野生动物园	46.8	6.9
11	18.0	新澳海底世界	39.9	0.9
12	18.9	游船码头	39.0	1.2
13	20.1	三岔路口	37.8	3.5
14	23.6	十字路口	34.3	0.3
15	23.9	十字路口	34.0	0.5
16	24.4	十字路口	33.5	10.8
17	35.2	建设大道	22.7	2.0
18	37.2	三岔路口	20.7	3.6
19	40.8	欢乐海洋公园	17.1	1.1
20	41.9	度假村	16.0	3.4
21	45.3	景区售票处	12.6	4.0
22	49.3	孟姜女庙路口	8.6	1.0
23	50.3	T字路口	7.6	0.9
24	51.2	第一关景区	6.7	4.9
25	56.1	孟姜女庙路口	1.8	1.5
26	57.6	三岔路口	0.3	0.3
27	57.9	山海关收费站	0.0	

从京沈高速山海关收费站出发,请从下往上阅读

住宿

南戴河家庭旅馆：联系人：程德群，电话：13933570248，价格15元每人，旺季价格稍高；北戴河沿线有不少濒海的宾馆；山海关、秦皇岛城区内也有不少宾馆、酒店。

救助信息

南戴河西山派出所 4041782
中海滩派出所 4041562
东三路派出所 4041182

24 天下第一关山海关

山海关

24 山海关为明长城的东北起点，境内长城26公里，位于秦皇岛市以东10多公里处。据史料记载，山海关自公元1381年建关设卫，至今已有600多年的历史，自古即为我国的军事重镇。山海关的城池，周长约4公里，是一座小城，整个城池与长城相连，以城为关。城高14米，厚7米。全城有4座主要城门，并有多种古代的防御建筑，是一座防御体系比较完整的城关，有“天下第一关”之称。

山海关人文历史悠久，早在新石器时期，我们的祖先就已在此劳动生息。山海关古称“榆关”，也作“渝关”，又名“临闾关”，明朝洪武十四年（1381年），中山王徐达奉命修永平、界岭等关，在此创建山海关，因其倚山连海，故得名“山海关”。

秦皇岛野生动物园

10 秦皇岛野生动物园占地334公顷，是我国目前已开放的野生动物园中面积最大、森林覆盖率最高的野生动物园。动物园利用森林公园得天独厚的森林资源和优美的自然环境，模拟动物的原生环境，采用大圈散养的方式，建成猛兽区、热带动物区、草食动物区、非洲动物区、中心娱乐广场等20多处动物观赏及娱乐休闲景区。园区采用“放虎归山”的饲养方式，充分利用土地、林海、绿地等自然条件模拟各种动物的原生环境，将动物分区、隔离、散放，营造返璞归真、回归自然的氛围，为它们营造出“家”的温馨。可以在猩猩馆、鳄鱼馆、大象苑观赏到大型动物，也可以乘车穿梭于狮园、虎园、熊园，与猛兽咫尺相近，还也可以近距离接触聪明伶俐的猴子、温顺驯服的长颈鹿，人与动物的友谊在这里得到充分体现。

秦皇求仙入海处

16 据《史记·秦始皇本纪》记载，秦始皇于公元前215年东巡碣石——秦皇岛，先后派卢生、侯公、韩终等两批方士携童男童女入海寻求长生不老药。明宪宗成化十三年（1477年），立“秦皇求仙入海处”石碑一座，以纪圣境。

景区建设融古建筑、园林、雕塑艺术为一体，浓缩了战国时代重大历史事件和传说典故，突出了秦始皇入海求仙的壮观场面，体现出秦始皇统一全国后东巡砾石时的壮观场面和秦始皇踌躇满志、意气风发的精神面貌。全景区由战国风情、秦皇求仙苑、仙人祠以及游乐园等部分组成，大门为秦风阙门，正门横匾上的“秦皇求仙入海处”几个大字是赵朴初先生的真迹。求仙殿和求仙路是景区的中心建筑，浓缩了秦代的重大历史事件和传说，突出了秦始皇拜海求仙的壮观场面。求仙路上，一座高6米，重80吨的秦始皇立体雕像屹立海边，是世界之最。

D13 秦皇岛—蓟县（217.3km）

1 孟姜收费站。N40-02-538E119-48-691/29

4 山海关门楼标志

6 路况抽样：双向6车道，全绿化带隔离，全封闭，有紧急停车带。

5 秦皇岛东出口，若去往第一关景区，建议在孟姜出口下高速。

8 北戴河服务区，四星服务区，餐饮、住宿齐全。

9 北戴河出口，可前往北戴河、南戴河。

10 抚宁出口，可去往抚宁、昌黎、黄金海岸、青龙、天马湖、葡萄沟、褐石山。

15 古冶、迁西出口

12 卢龙服务区，三星服务区，食宿齐全，设施较好。

16 天津出口，可前往天津、唐津高速，通往李大钊纪念馆、月坨岛、浅水湾、金沙岛景区。

17 唐山、丰润出口

18 唐山西、遵化出口。

19 玉田、鸦鸿桥出口，可去往净觉寺。

21 石臼窝、玉田出口。

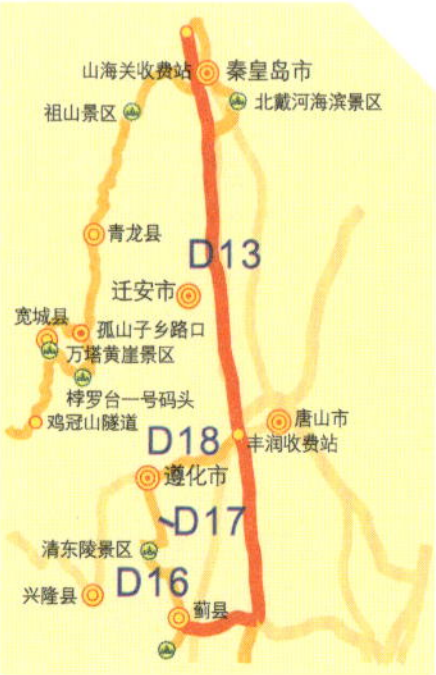

勘察报告

京沈高速公路，双向6车道，有紧急停靠带。去第一关最近的出口是孟姜出口，建议从该出口去往山海关。前一段限速110公里/小时，车流量较大，有很多长途货车行驶。地处平原、丘陵地带，有一些坡度和弯道，但不影响正常行车，路上由于车多，路面有一些损伤，有道路养护工人对道路进行维护。道路在山海关从长城下方穿越，一路上可以看到沿线山脊上的长城。

住宿

沿途服务区

餐饮

沿途服务区

加油

沿途服务区

救助信息

秦皇岛高速公路巡警：95185122，95185114

里程数据速查表

从秦皇岛出发，请从上往下阅读

1	0.0	孟姜收费站	217.3	6.0
2	6.0	山海关服务区	211.3	1.0
3	7.0	长城城墙	210.3	3.4
4	10.4	山海关门楼	206.9	7.7
5	18.1	秦皇岛东出口	199.2	2.5
6	20.6	路况抽样	196.7	4.9
7	25.5	秦皇岛出口	191.8	17.5
8	43.0	北戴河服务区	174.3	1.0
9	44.0	北戴河出口	173.3	9.3
10	53.3	抚宁出口	164.0	26.3
11	79.6	卢龙出口	137.7	2.4
12	82.0	卢龙服务区	135.3	19.5
13	101.5	迁安滦县出口	115.8	25.1
14	126.6	滦县服务区	90.7	2.5
15	129.1	古冶、迁西出口	88.2	11.7
16	140.8	天津出口	76.5	10.6
17	151.4	唐山出口	65.9	5.9
18	157.3	唐山西出口	60.0	18.6
19	175.9	玉田出口	41.4	5.2
20	181.1	玉田服务区	36.2	8.8
21	189.9	石臼窝出口	27.4	10.4
22	200.3	新安镇服务区	17.0	1.2
23	201.5	新安镇出口	15.8	15.8
24	217.3	天津出口	0.0	

从蓟县出发，请从下往上阅读

3 公路穿越长城城墙下方

蓟县

24 蓟县古称“渔阳”，地势北高南低，是天津市唯一的半山区县，山区、平原、洼区自北向南依次分布，境内山脉属燕山支脉，主要山峰有九山顶、八仙桌子、盘山，名胜古迹繁多，自然环境得天独厚，风光秀丽，是天津市的“后花园”。已形成盘山风景、黄崖关长城、翠屏湖度假、县城古文物、中上元古界标准地层剖面和八仙山原始次生林自然保护区等六大旅游景区，其中，盘山被列为国家级风景名胜区，八仙山和中上远古界标准地层剖面分别被列为国家级自然保护区。县城内还有国家重点保护的千年古刹——独乐寺和白塔寺、鼓楼、文庙、公输子庙、关帝庙、城隍庙、天仙宫等文物古迹。

蓟县野生资源丰富，生长着各种名贵稀有植物，如银杏、杜仲、水杉、核桃树、黄耆、黄檗、珊菜，也生产核桃、板栗、柿子、苹果、红果、梨、葡萄等各种水果，尤其是盘山柿子、燕山板栗、大棉球红果、黄崖关蜜梨、野生酸枣和猕猴桃，质优味美，驰名中外，享有盛誉。

D14 蓟县—北京市（80.8km）

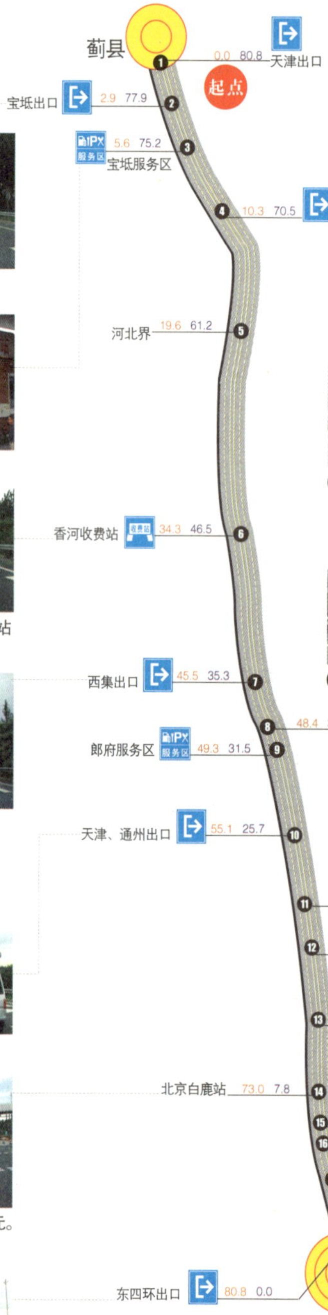

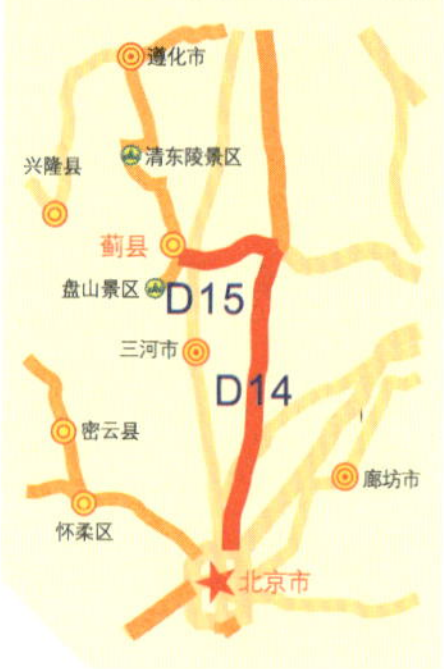

❶ 天津出口，宝坻北收费站。N39-43-726E117-23-074/1.4

❷ 蓟县、宝坻出口

❸ 宝坻服务区

❹ 宝平、平谷、宝坻出口

❻ 河北香河收费站，收费站处有服务区。

❽ 郎府、张各庄出口

❼ 西集、和合站出口

⓫ 东六环出口

⓬ 田家府服务区

❿ 天津、通州出口

⓭ 通马路出口

⓮ 北京白鹿站，小车收费20元。

⓰ 五子桥。N39-52-072E116-32-628/40

⓲ 东四环出口。N39-52-261E116-29-087/54

⓱ 高碑垫出口

勘察报告

京沈高速公路，双向6车道，有紧急停靠带。天津出口之后限速为120公里/小时，车流量较大，有很多长途货车行驶。地处平原、丘陵地带，有一些坡度和弯道，但不影响正常行车，路上由于车多，路面有一些损伤，有道路养护工人对道路进行维护。在香河至北京路段的桥面上有较大的横风，行驶时需控制好方向。

餐饮

沿途服务区

住宿

沿途服务区

加油

沿途服务区，河北境内油价便宜一些。

救助信息

天津高速公路巡警：22518421

里程数据速查表

从蓟县出发，请从上往下阅读

1	0.0	天津出口	80.8	2.9
2	2.9	宝坻出口	77.9	2.7
3	5.6	宝坻服务区	75.2	4.7
4	10.3	平谷出口	70.5	9.3
5	19.6	河北界	61.2	14.7
6	34.3	香河收费站	46.5	11.2
7	45.5	西集出口	35.3	2.9
8	48.4	郎府出口	32.4	0.9
9	49.3	郎府服务区	31.5	5.8
10	55.1	天津、通州出口	25.7	7.5
11	62.6	东六环出口	18.2	1.6
12	64.2	田家府服务区	16.6	3.8
13	68.0	通马路出口	12.8	5.0
14	73.0	北京白鹿站	7.8	2.0
15	75.0	五环出口	5.8	0.5
16	75.5	五子桥	5.3	1.2
17	76.7	高碑垫出口	4.1	4.1
18	80.8	东四环出口	0.0	

从北京市出发，请从下往上阅读

引滦入京简介

北京缺水是个不争的事实：北京人均年水资源量不足300立方米，仅为国内人均值的1/8，世界人均值的1/30。有专家预计，在日益临近的2008奥运会期间，北京市缺水将超过11亿立方米。而引滦入京工程就是为了改变北京市严重缺水的状况。

引滦入京的前身——引滦专用输水明渠是1982年引滦入京工程施工期间，北京市10万军民参加义务劳动时开挖的，它北起宝坻区九王庄，南至北辰区大张庄，全场64.2公里，至今已经运行近19年。由于这是一条人工开挖的土质渠道，经过多年的输水运行，渠床坍塌、冲刷和淤积现象十分严重，渠道内水草和藻类大量繁衍，造成阻水和水质污染严重。多年来，虽然对部分渠段进行过护砌工程，但是并没有从根本上解决所有问题。因此，北京市委、市政府决定对引滦专用输水明渠进行全方位的综合治理。

如今的明渠治理工程为其中的6个标段，位于宝坻、武清和北辰区境内，全长21.8公里。护砌工程包括清淤、消坡，预制混凝土板衬砌渠坡、渠底两项工程。

引滦入京工程

D15 蓟县—盘山景区（46.6km）

⑯ 京东第一山牌坊，景区大门，门票60元。N40-04-868E117-15-722/1514

⑭ 盘山收费站，小车收费5元。

⑫ 石趣园入口

⑪ 岔路口，右转去往烈士陵园，直行石趣园，左转前往景区，路面变为石板路。

⑩ 营房桥路口，左转去往盘山。

⑨ 盘山滑雪场路口

④ 津蓟高速蓟县收费站，小车收费15元。N39-58-520E117-21-229/8.1

⑧ 路况抽样：三级柏油公路，路宽6米。

⑤ 北京、玉田出口，京哈公路G102国道出口。

③ 路况抽样：双向4车道，全封闭，全隔离，有紧急停车带。

① 宝坻北收费站

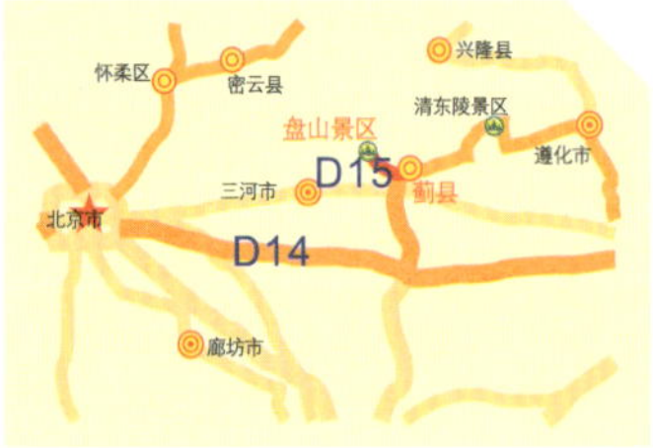

勘察报告

进入津蓟高速，两边有大片农田，地处平原，路上有横风，树木都偏向一边，注意控制好方向。在蓟县下高速后，直行进入城区转盘，高速公路也在这里结束，转入景区三级公路。沿途村庄较多，车流量增大，而且有较大的灰尘，并与102国道、铁路相交，途中有指向各个景区的标志。路边有兜售水果的商贩，同时也有导游在路边揽客，指向各个附属景点，并不通往盘山景区。

餐饮

盘山景区道路两边有7个饭店，生意很好，在路段43公里处有持续1.5公里的农家乐小院，共30多家。

住宿

蓟县电力宾馆，农家乐等，住宿点较多。

救助信息

盘山派出所：2982555

里程数据速查表

从蓟县出发，请从上往下阅读

1	0.0	宝坻北收费站	46.6	0.9
2	0.9	津蓟高速入口	45.7	1.6
3	2.5	路况抽样	44.1	26.8
4	29.3	蓟县收费站	17.3	1.2
5	30.5	102国道出口	16.1	3.1
6	33.6	清东陵出口	13.0	2.2
7	35.8	转盘	10.8	1.5
8	37.3	路况抽样	9.3	4.9
9	42.2	滑雪场路口	4.4	1.1
10	43.3	营房桥路口	3.3	0.8
11	44.1	岔路口	2.5	0.4
12	44.5	石趣园入口	2.1	0.2
13	44.7	万佛寺	1.9	1.1
14	45.8	盘山收费站	0.8	0.4
15	46.2	索道路口	0.4	0.4
16	46.6	景区大门	0.0	

从盘山景区出发，请从下往上阅读

16 盘山景区

盘山景区

16 位于蓟县西北12公里处的盘山，因其雄踞北京之东面，故有“京东第一山”之美誉。山旧名“无终”、“徐无”、“四正”、“盘龙”，相传在东汉末年，无终名士田畴不受献帝封赏，隐居于此，因此人称“田盘山”，后简称“盘山”。

盘山是燕山山脉南缘的一段，东西长200公里，南北宽10公里，雄伟多姿，景色幽古，曾被列入中国十五大名山之列。远在初唐，太宗东征凯旋途中到此游赏，就曾赞不绝口。到明清两代，这里建起寺庙72座、宝塔13座，行宫、楼台比比皆是，景况空前。清乾隆第一次巡游盘山时赞叹说：“早知有盘山，何必下江南。”命人在山东部兴建行宫“静寄山庄”，此后又27次到此巡游。但时至20世纪上半叶，由于战乱、年久失修，建筑多不复存在。10余年来，这座名山得到了很好的整修和开发，再次成为令世人瞩目的游览胜地。

盘山有五峰：挂月峰、紫改峰、自来峰、九华峰、舞剑峰。山上古迹遍布。古有七十寺观、十三座玲珑宝塔和众多的名人题刻。因历遭战火，今存天成寺、千像寺，万松寺，少林寺，盘山寺等古迹。山麓建有盘山烈士陵园。风景有“三盘”之胜，上盘以松胜，中盘以石胜，下盘以水胜，以石胜为最。

董存瑞烈士陵园

陵园是具有民族风格和鲜明时代特色的仿古建筑。平面布局为中轴对称式，坐北面南依次为大门、牌楼、董存瑞塑像、董存瑞纪念碑和董存瑞墓。

大门中间横额上是萧克将军为陵园题写的园名“董存瑞烈士陵园”。牌楼两侧是董存瑞烈士碑亭和革命烈士碑亭，以及董存瑞烈士和革命烈士两座纪念馆。在亭、馆间两条对角线交点上，是翠柏簇拥的董存瑞烈士塑像。英雄身着军装，昂首挺胸，左手高擎炸药包，右手紧握拉开的导火索，再现了董存瑞视死如归的英雄气概。

椭圆形的纪念广场中央耸立着董存瑞烈士纪念碑。碑体正面镶嵌的汉白玉碑心石上，“舍身为国，永垂不朽”八个金色大字。纪念碑顶端是一颗光芒四射的五角金星，象征着英雄的革命精神与山河共存，永远照耀后人。

董存瑞烈士陵园（在盘山景区附近）

D16 蓟县—清东陵景区（38.2km）

17 清东陵景区大门。N40-11-125E117-38-467/134

13 马小各庄

12 路况抽样：四级柏油公路，路边有平整高大的路道树，车流量很少，实测时速62公里。

14 太平庄乡十字路口，左转去往马小各庄，直行去往下营。N40-08-30E117-35-552/75

11 下营路口，左转25公里到达，可去往八仙山风景区、龙泉山风景区、清东陵。N40-05-915E117-35-770/30

6 路况抽样：二级柏油公路，宽10米，路边有绿化带，实测时速68公里。

7 东马坊

9 三岔路口，左转去往津围，距离17公里。

4 十字路口，左转进入县城，右转去往马伸桥，距离15公里，路边有中石化。

2 十字路口，直行马伸桥，左转黄崖关，右转去往溵溜，距离7公里。

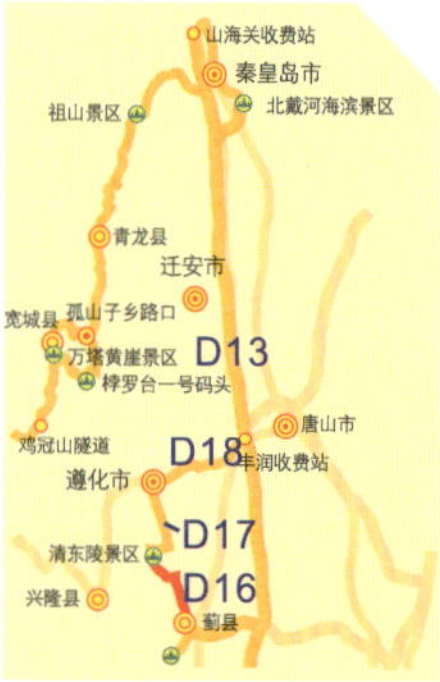

勘察报告

从起点开始，道路一直在城区中穿行，房屋绵延15公里。沿途车流量较大，货车、三轮车较多，主要为当地车辆。路旁有高大的树木，路面情况较好，为二级柏油公路，在下营开始变为四级水泥路面，车流减少，只有部分旅游车辆和小车。沿途植被茂密，农作物丰富，村庄较多，不过景区入口处有较多农家院和揽客的村民。

⑰ 清东陵景区大门

餐饮

吉县城内较多餐厅，景区有农家饭。

住宿

清东陵门口有农家院，电话：6949205。

救助信息

清东陵派出所：6949110

提醒

清东陵门口有较多拉客住宿吃饭的村民。

⑰ 清东陵景区

里程数据速查表

从蓟县出发，请从上往下阅读

1	0.0	蓟县转盘	38.2	3.3
2	3.3	十字路口	34.9	3.9
3	7.2	左急弯	31.0	0.8
4	8.0	十字路口	30.2	1.9
5	9.9	右边中石化	28.3	0.4
6	10.3	路况抽样	27.9	4.3
7	14.6	东马坊	23.6	2.2
8	16.8	中石油	21.4	0.7
9	17.5	三岔路口	20.7	2.7
10	20.2	北户庄	18.0	2.5
11	22.7	下营路口	15.5	1.4
12	24.1	路况抽样	14.1	5.7
13	29.8	马小各庄	8.4	0.9
14	30.7	太平庄乡	7.5	4.4
15	35.1	谢家营	3.1	1.2
16	36.3	T字路口	1.9	1.9
17	38.2	清东陵景区大门	0.0	

从清东陵景区出发，请从下往上阅读

清东陵景区

⑰ 位于遵化市境内，是我国现存规模最宏大、体系最完整、布局最得体的帝王陵墓建筑群，是河北省首批被列入《世界文化遗产名录》的景点，国家 4 A级旅游景区。

清东陵是一块难得的“风水”宝地，北有昌瑞山做后靠如锦屏翠帐，南有金星山做前朝如持笏朝揖，中有影壁山做书案可凭可依，东有鹰飞倒仰山如青龙盘卧，西有黄花山似白虎雄踞，东西两条大河环绕夹流似两条玉带。群山环抱的格局辽阔坦荡，雍容不迫，可谓景物天成。当年顺治皇帝到这一带打猎，被灵山秀水所震撼，当即传旨“此山王气葱郁可为朕寿官”。从此昌瑞山下便有了规模浩大、气势恢宏的清东陵。

占地78平方公里的15座陵寝中，埋葬着5位皇帝、15位皇后、136位妃嫔、3位阿哥、2位公主共161人。其中有入关第一帝顺治，开创康乾盛世的康熙大帝，文武兼备的十全老人乾隆，辅佐世祖、圣祖的孝庄文皇后,两度垂帘听政的慈安、慈禧，给人以扑朔迷离之感的香妃，还有咸丰、同治等。

清东陵的建筑恢宏、壮观、精美。由580多座单体建筑组成的庞大建筑群中，有我国现存最宽的石牌坊，五间六柱十一楼的仿木结构巧夺天工；我国保存最完整的长6000多米的孝陵主神路，随山势起伏极富艺术感染力；被誉为“石雕艺术宝库”和“地下佛堂”的乾隆裕陵地宫，精美的佛教石雕令人叹为观止；慈禧陵“金、木、石”三绝举世罕见，三座装修豪华的贴金大殿与“凤上龙下”、“凤引龙飞”的石雕匠心独具。

D17 清东陵景区—遵化市

全程总里程数34.1公里，平均时速36.0公里，最高时速70.0公里，用时60分钟

22 遵化十字路口，直行通华大街，右转西环南路，左转西环南路。N40-11-158E117-57-074/135

21 转盘，左转去往唐山，距离70公里；左转去往兴隆，距离76公里；直行进入城区。

17 石人沟路口，左转5公里可去往。

10 汤泉路口，左转可前往，路面为三级柏油公路。

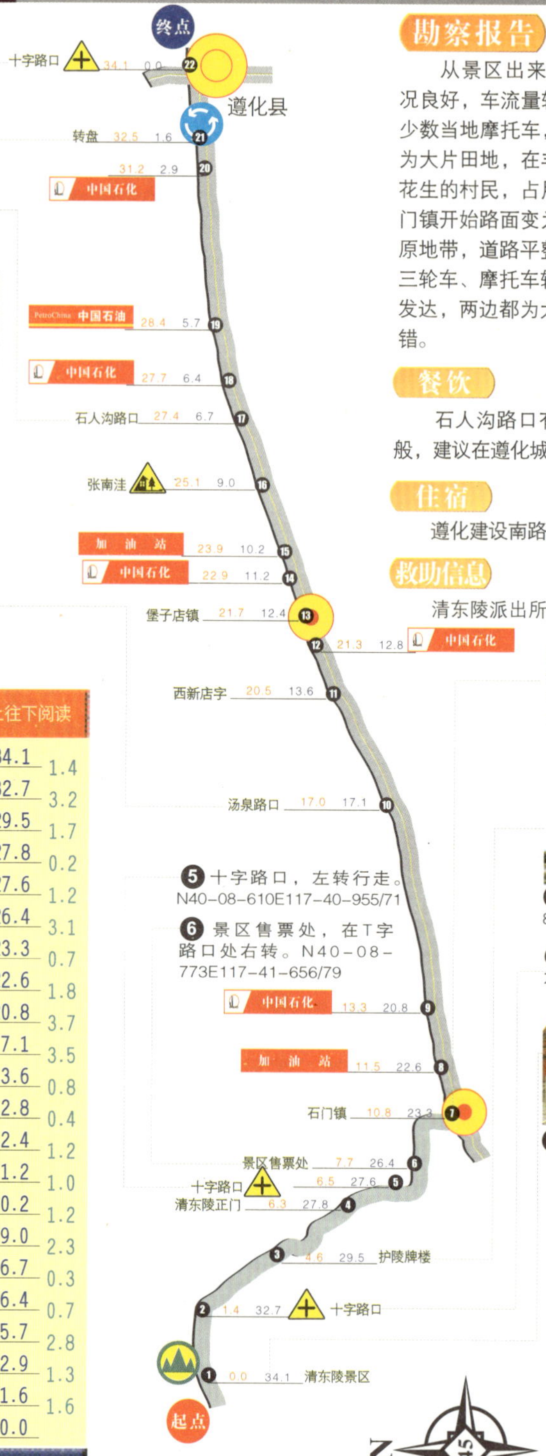

5 十字路口，左转行走。N40-08-610E117-40-955/71

6 景区售票处，在T字路口处右转。N40-08-773E117-41-656/79

勘察报告

从景区出来的道路为水泥路，路面情况良好，车流量较少，只有部分旅游车辆和少数当地摩托车，不过路上行人较多，旁边为大片田地，在丰收的季节里公路上有晾晒花生的村民，占用了公路，注意避让。从石门镇开始路面变为了二级柏油公路，地处平原地带，道路平整，沿途村庄密集，货车、三轮车、摩托车较多，交通较为混乱，农业发达，两边都为大片的农田，绿化设施也不错。

餐饮

石人沟路口有3个快餐店，卫生条件一般，建议在遵化城区内就餐。

住宿

遵化建设南路宾馆较多。

救助信息

清东陵派出所：6949110

7 石门镇三岔路口，左转遵化，右转去往北京，该路口距离下营路口13公里。N40-07-164E117-42-171/55

3 护陵牌楼。N40-08-826E117-40-836/78

2 十字路口，直行去往林场，左转同治陵，沿公路右边行驶。

1 清东陵景区大门

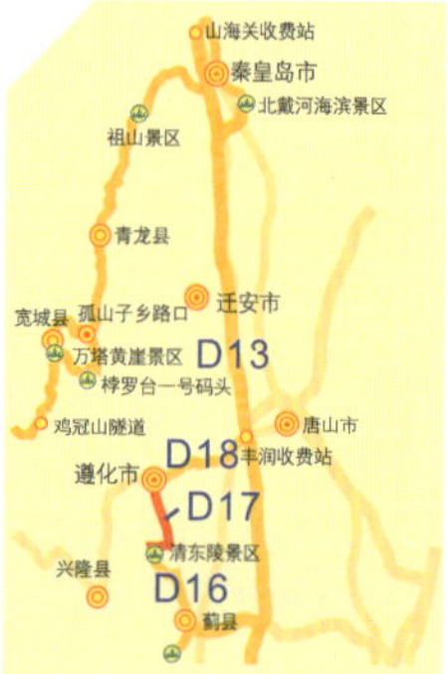

里程数据速查表

从清东陵景区出发，请从上往下阅读

序号	里程	地点	里程	分段
1	0.0	清东陵景区	34.1	1.4
2	1.4	十字路口	32.7	3.2
3	4.6	护陵牌楼	29.5	1.7
4	6.3	清东陵正门	27.8	0.2
5	6.5	十字路口	27.6	1.2
6	7.7	景区售票处	26.4	3.1
7	10.8	石门镇	23.3	0.7
8	11.5	左边加油站	22.6	1.8
9	13.3	左边中石化	20.8	3.7
10	17.0	汤泉路口	17.1	3.5
11	20.5	西新店字	13.6	0.8
12	21.3	右边中石化	12.8	0.4
13	21.7	堡子店镇	12.4	1.2
14	22.9	右边中石化	11.2	1.0
15	23.9	右边加油站	10.2	1.2
16	25.1	张南洼	9.0	2.3
17	27.4	石人沟路口	6.7	0.3
18	27.7	左边中石化	6.4	0.7
19	28.4	左边中石油	5.7	2.8
20	31.2	右边中石化	2.9	1.3
21	32.5	转盘	1.6	1.6
22	34.1	十字路口	0.0	

从遵化市出发，请从下往上阅读

D18 遵化市—京沈高速丰润收费站

全程总里程数48.0公里，平均时速43.0公里，最高时速73.0公里，用时60分钟

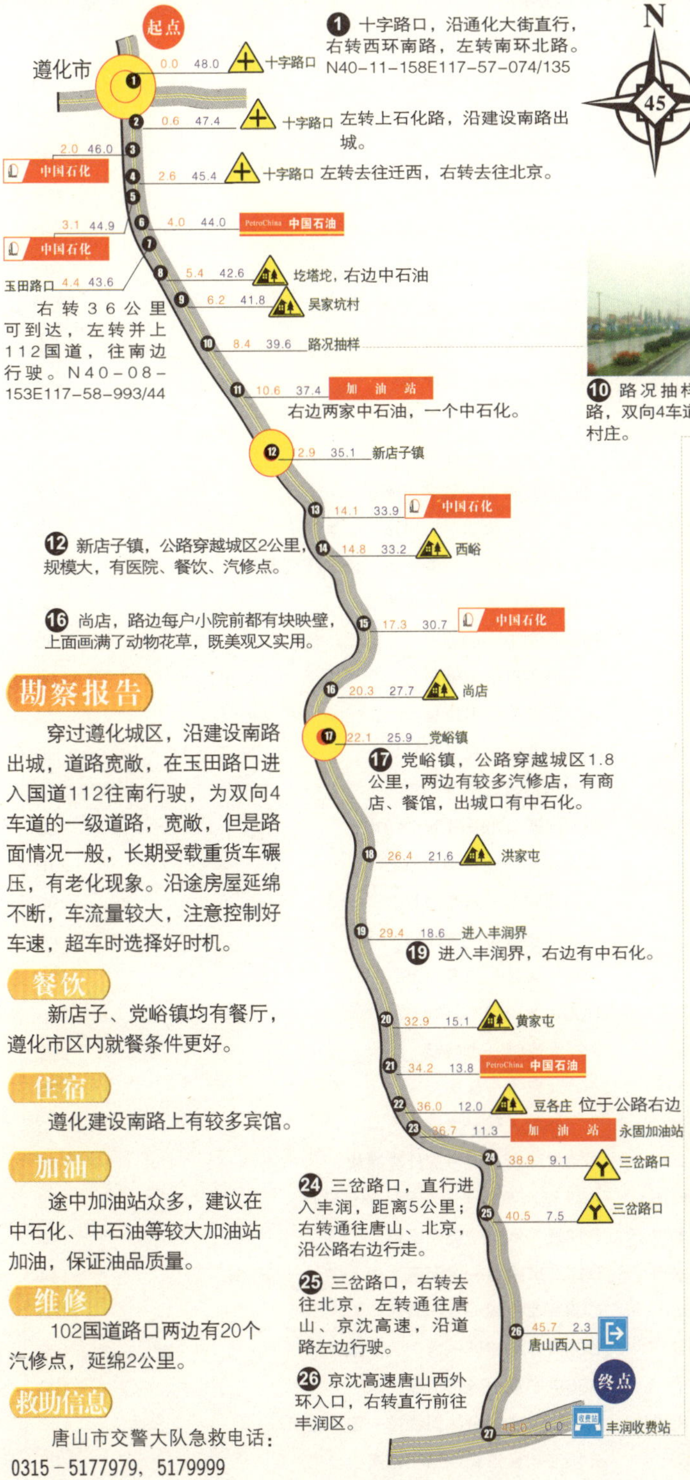

① 十字路口，沿通化大街直行，右转西环南路，左转南环北路。N40-11-158E117-57-074/135

左转上石化路，沿建设南路出城。

十字路口 左转去往迁西，右转去往北京。

右转36公里可到达，左转并上112国道，往南边行驶。N40-08-153E117-58-993/44

右边两家中石油，一个中石化。

⑫ 新店子镇，公路穿越城区2公里，规模大，有医院、餐饮、汽修点。

⑯ 尚店，路边每户小院前都有块映壁，上面画满了动物花草，既美观又实用。

⑰ 党峪镇，公路穿越城区1.8公里，两边有较多汽修店，有商店、餐馆，出城口有中石化。

⑲ 进入丰润界，右边有中石化。

㉔ 三岔路口，直行进入丰润，距离5公里；右转通往唐山、北京，沿公路右边行走。

㉕ 三岔路口，右转去往北京，左转通往唐山、京沈高速，沿道路左边行驶。

㉖ 京沈高速唐山西外环入口，右转直行前往丰润区。

⑩ 路况抽样：一级柏油公路，双向4车道，两边有密集的村庄。

㉗ 丰润收费站。N39-47-232E118-04-081/33

勘察报告

穿过遵化城区，沿建设南路出城，道路宽敞，在玉田路口进入国道112往南行驶，为双向4车道的一级道路，宽敞，但是路面情况一般，长期受载重货车碾压，有老化现象。沿途房屋延绵不断，车流量较大，注意控制好车速，超车时选择好时机。

餐饮

新店子、党峪镇均有餐厅，遵化市区内就餐条件更好。

住宿

遵化建设南路上有较多宾馆。

加油

途中加油站众多，建议在中石化、中石油等较大加油站加油，保证油品质量。

维修

102国道路口两边有20个汽修点，延绵2公里。

救助信息

唐山市交警大队急救电话：0315－5177979，5179999

里程数据速查表

从遵化市出发，请从上往下阅读

①	0.0	十字路口	48.0	
				0.6
②	0.6	十字路口	47.4	
				1.4
③	2.0	右边中石化	46.0	
				0.6
④	2.6	十字路口	45.4	
				0.5
⑤	3.1	左边中石化	44.9	
				0.9
⑥	4.0	右边中石油	44.0	
				0.4
⑦	4.4	玉田路口	43.6	
				1.0
⑧	5.4	圪塔圪	42.6	
				0.8
⑨	6.2	吴家坑村	41.8	
				2.2
⑩	8.4	路况抽样	39.6	
				2.2
⑪	10.6	加油站	37.4	
				2.3
⑫	12.9	新店子镇	35.1	
				1.2
⑬	14.1	左边中石化	33.9	
				0.7
⑭	14.8	西峪	33.2	
				2.5
⑮	17.3	右边中石化	30.7	
				3.0
⑯	20.3	尚店	27.7	
				1.8
⑰	22.1	党峪镇	25.9	
				4.3
⑱	26.4	洪家屯	21.6	
				3.0
⑲	29.4	进入丰润界	18.6	
				3.5
⑳	32.9	黄家屯	15.1	
				1.3
㉑	34.2	右边中石油	13.8	
				1.8
㉒	36.0	豆各庄	12.0	
				0.7
㉓	36.7	永固加油站	11.3	
				2.2
㉔	38.9	三岔路口	9.1	
				1.6
㉕	40.5	三岔路口	7.5	
				5.2
㉖	45.7	唐山西入口	2.3	
				2.3
㉗	48.0	丰润收费站	0.0	

从京沈高速丰润收费站出发，请从下往上阅读

景点检索表

景点检索表

景点检索表

清东陵

忽必烈故宫

清凉寺

各品牌汽车驻北京特约维修中心

奔驰特约维修

北京市北奔汽车修理厂	北京市丰台区成寿寺路17号	67661937-615	
北京平治汽车服务有限公司	北京市京顺路	84701732	
北京金冠汽车服务有限公司	海淀区西庄路6号	88448900	88448901
中机梅赛德斯-奔驰北京维修中心	北京市永定门外马家堡61号	67211036	

丰田特约维修

北京万兴汽车服务有限公司	朝阳区青年路甲28号	85772585	85792309
北京汽车修理公司三厂	北京市永定门蒲榆路48号	67627779	
北京金冠汽车服务有限公司	海淀区西庄路6号	88448900	88448901
北京市丰田汽车维修服务中心	北京市朝阳门外关东店8号	65025851	
北京市丰田汽车维修服务中心	北京市朝阳区左家庄2号	84541073	

三菱特约维修

北京三菱汽车维修服务站	朝阳北四环东路101号	64915006	64915869
北京三菱汽车吊底盘维修服务站	北京市朝阳区十八里店	67715777	
三菱汽车特约服务中心	北京朝红汽车修理厂 朝阳区小红门珊瑚南路2号	87602578	87602090
瑞达汽修	北京市西三环丽泽路东	63853658	

奥迪特约维修

北京德奥达汽车销售有限公司	北京市朝阳区北四环东路太阳宫	84563336
北京亚之杰汽车贸易有限责任公司	北京玉泉营环岛向西路北	63431111
北京博瑞祥和汽车销售中心	德胜门双泉堡	62944196
北京中润发汽车销售公司	丰台区丽泽桥	63280110
百利得奥迪亚运村店	亚运村安慧里5区10号	64914562
百得利奥迪中心	经济技术开发区东环北路	67879090
北京国管局国兴汽车服务中心	北京丰台区西五里店178号	83667580

一汽大众特约维修:捷达,红旗

北京首汽实业股份有限公司第三修理厂	北京市海淀区紫竹院南路5号	68412825	68487878
人民日报社汽车修理厂	北京市劲松桥往东两公里路北	67782536	
北京汽车修理公司八厂南厂	丰台区西罗园南里44号	67237076	67235921
北京市汽车修理公司五厂	东直门外左家庄路2号	84483165	64674929
北京顺正鑫磊汽车维修中心	北京顺义区南法信乡政府东侧	69471955	
北京庆洋汽车服务有限公司	北京市丰台丰管路28号	63841140	
北京富达汽车维修有限公司	来广营北路1号	84912608	
北京燕京汽车修理厂	陶然亭公园对面	83171997	
北京首汽集团公司第一修理厂	北京市东城区安外地兴居一巷一号	64213992	
总参管理局汽车修理厂	北京市新街口外大街23号	62259515	
一汽轿车北京专修厂	北京海淀区学清路丙8号	62311242	62923355
北京市竞飞工贸有限责任公司	北京首都机场4号路内563信箱	64568088	64576184
北京市北奔汽车修理厂	北京市丰台区成寿寺路17号	67661937-615	
北京市出租汽车公司保修厂	北京市崇文区广渠门外大街马圈1号	67744550	
北京中汽力发汽车销售服务有限公司	西城区三里河东路A7号	68529681	68529677
北京汽车贸易中心	永定门百万庄园东侧	67257313	
北京北辰万通商贸发展公司	亚运村汽车交易市场南门	64437310	
北京市硕川汽车销售服务有限公司	密云滨阳新村路口	89039999	
北京首汽实业股份有限公司第三修理厂	北京市海淀区紫竹院南路5号	68412825	68487878

各品牌汽车驻北京特约维修中心

北京海淀惠通汽车修理厂	北京师范大学南门对面	62215725	
国兴汽车服务中心	丰台区西五里店178号	83667580	
中直机关事务管理局中宇汽车服务中心	北京市亚运村北立水桥东小口	84811614	
北京润达汽车维修检测中心	北京市海淀区田村路十号	68176493	
北京北汽出租汽车集团有限责任公司汽车修理分公司		朝阳区大屯路238号	
64975915			
北京华一保得汽车维修服务部	海淀区学院南路南路明光路7号	62228020	62243134
北京市空港汽车服务有限公司	顺义天竺镇岗山村39号	64566640	
北京联谊讯达汽车销售服务中心	通州北关环岛往北800米	69543981	
北京出租汽车公司三公司发达汽修厂	北京市宣武区牛街糖房夹道8号	63533270	

神龙富康特约维修

北京广大行雪铁龙汽车销售服务公司	朝阳区东三环南路十里河桥西南侧	67672288	
北京汽车服务公司	北京市建国路37号	85771282	
北京第四清洁车辆场	北京市朝阳区安外北辰路	64438803	
龙运汽车贸易发展有限公司	北京市海淀区北土城西路105号	82080731	
北京西城蓝盾修理厂	北京市西城木樨地南里	83903485	
北京首都旅游汽车集团股份有限公司	尼桑汽车修理部　北京市海淀区紫竹院南路7号	68425856	
北京丽泽天达修理厂	北京市丰台区后泥洼路128号	63854957	
北京慧达世纪商贸有限公司	北京市海淀区北太平庄三环西路15号	62076801	
北京北汽出租汽车集团有限责任公司汽车修理分公司		朝阳区大屯路238号	
64975915			
北京航天神龙汽车销售服务有限公司	北京市五棵松金沟河路9号	68387908	
北京捷联汽车服务有限责任公司	北京市顺义区城南山子坟	89407155	
神龙汽车北汽服首都机场快修站	北京市首都国际机场4号路	64596364	
神龙汽车北京铁马快修站	北京市丰台区方庄桥向北300米路东	67692193	
神龙汽车北京华磊邦得内部维修站	北京市朝阳区北三环和平东桥	64200543	

夏利特约维修

北京市大发汽车修理厂	北京市东城区安定门外黄四大街2号	64214202	
中国人民解放军第七四五三工厂	北京市安德里北街25号	62014066	
北京朝阳京空进口汽车修理厂	北京市朝阳区慈云寺19号	65021828	
北京丰台区天达汽车工程机械修理厂	北京市三环路丽泽桥以西300米路南	63840580	
北京丰台区天达汽车工程机械修理厂分厂	北京市西四环郑常庄路东	68189357	
中国人民解放军总参管理局汽车修理厂	北京市新外大街23号	62264623	
北京市汽车修理公司六厂	建国门外郎家园	65811202	65812046
中国农业大学北京欣奥车辆修理厂	北京海淀区清华东路农大北门	62336895	
北京卫戍区汽车修理厂	北京新华北街甲71号	69532527	
北京顺华汽车修理厂	北京顺义县城东3公里顺平路南侧	89478019	
北京首汽集团公司第一修理厂	北京东城区安定门外地兴居1巷1号	64213992	
北京市丽泽天达汽车修理厂	北京市丰台区后泥洼路128号（丽泽桥西300米路南）	63854957	
北京汽车修理公司三厂	永定门外蒲黄榆48号	67622413	
北京通顺汽车有限公司	北京通州区永顺西街4号	69545154	

上海通用别克特约维修站

北京朝阳京空进口汽车修理厂	北京市朝阳区慈云寺19号	65021828	
北京市汽车修理公司六厂	建国门外郎家园	65811202	65812046
北京昊普机电汽车技术有限公司	北京市安定门外大羊坊	84921323	
北京天域行汽车技术服务有限公司	北京市丰台区南三环东路成寿寺	67652417	

各品牌汽车驻北京特约维修中心

北京风雨通汽车服务有限公司	北京市朝阳区北四环路	64360088	
北京加达汽车服务有限公司	丰台路23号	88213366-1060	

福特汽车特约维修

北京汽车修理六厂	建国门外郎家园	65811202	65812046
北京天域行汽车技术服务有限公司	北京市丰台区南三环东路成寿寺	67652417	
北京加达汽车服务有限公司	丰台路23号	88213366-1060	
北京金冠汽车服务有限公司	海淀区西庄路6号	88448900	88448901

现代特约维修

北京现代汽车商用车维修站 北京惠新东桥 64915006			
北京现代汽车维修有限公司	北京市海淀区知春路甲18号	62534696	

沃尔沃特约维修

北京锦华沃尔沃汽车服务中心	北京市朝阳区朝阳路高井	85763572	

五十铃特约维修

北京五十铃汽车维修服务站	北京市丰台区靛厂村214号		
北京大昌合资汽车服务有限公司	北京市朝阳区东坝河太阳宫路(四环路)	84590236	
北京江西五十铃维修中心	北京市郑王坟16号	63264124	

马自达特约维修

北京市马自达汽车维修服务中心	北京市安定门外小关西街		
北京三联汽车技术服务有限公司	北京市朝阳区青年路	65061340	65005647
北京汽车修理六厂	建国门外郎家园	65811202	65812046

广州本田特约维修

北京博瑞翔寰汽车销售中心	北京市丰台区永定门外蒲黄榆	67637404	
北京日银汽车贸易有限公司	北京朝阳区德外花虎沟26号	62843333	
北京广汽航天汽车销售服务有限公司	北京朝阳区北四环东路9号	64734246	
北京中汽京田汽车贸易有限公司	北京市丰台区西四环南路39号丰台体育中心向北	63862888	
北京华通伟业汽车销售服务有限公司	北京市海淀区杏石口路15号	88471919	
广州本田汽车文华特约销售服务店	北京市朝阳区朝阳路高井甲	68 857809	
北京本田维修中心	北京市朝阳区青年路甲28号	85772585	
北京万兴汽车服务有限公司	朝阳区青年路甲28号	85772585	85792309

标致特约维修

北京市汽车修理公司六厂	北京市建国门外郎家园	65811202	65812046
中国人民解放军总参管理局汽车修理厂	北京市新外大街23号	62264623	
北京标龙工贸有限公司	北京市大屯关庄1号	64973238	
北京标龙工贸有限公司	北京市朝阳区东直门外斜街小关56号	64608281	
北京西城蓝盾修理厂	北京市西城木樨地南里	83903485	

宝马特约维修

北京燕宝汽车服务有限公司	中国北京经济技术开发区宏达北路26号	67887788	

各品牌汽车驻北京特约维修中心

大宇特约维修

北京汽车修理六厂	北京市建国门外朗家园	65024587	
北京驻京外国机构汽车修配厂	北京市亮马桥路38号	64608600	
北京韩宇汽车服务有限公司	北京市南三环东路分钟寺桥东南角	67673235	
北京华威尔汽车维修站	北京市南三环北边铁匠营桥	67652871	

克莱斯勒特约维修

"三四零一"汽车服务有限公司	陶然亭公园对面	81625908	81627988
北京南汇汽车维修中心	北京市丰台区丰北路18号	63847008	

菲亚特特约维修

北京汽车修理六厂	建国门外郎家园	65811202	65812046
北京市腾飞汽车服务有限公司	北京市杏石口路15号	88450139	

斯柯达特约维修

中国人民解放军总参管理局汽车修理厂	北京市新外大街23号	62264623	
北京汽车修理公司五厂一分厂	东直门外左家庄路2号	84483165	64674929
首都汽车公司修理一厂	北京市西城区阜城门外月坛北街10号	68526156	

铃木特约维修

铃木特约维修厂	朝阳区小关西街178号	64439978	64439179

绅宝特约维修

北京汽修六厂	建国门外郎家园	65811202	65812046
北京加达汽车服务有限公司	丰台路23号	88213366-1060	

日野特约维修

北京日野汽车维修中心	北京市朝阳区北四环东路1号	64364809	

起亚特约维修

北京京韩汽车配件有限公司	北京市丰台区马家堡118号	67255988	

尼桑日产特约维修

北京市出租汽车公司日产汽车修理厂	朝阳区大屯路238号	64975915	
中国汽车工业进出口公司北京日产汽车修理厂	北京市安定门外青年湖公园北门	64225850	
北京大昌合资汽车服务有限公司	北京市东坝河太阳宫路	84592036	64372368

沈飞汽车特约维修

北京海淀新华进口汽车维修站	北京市海淀区四季青板井275号	68429233	
北京环卫技工培训中心沈飞客车修理厂	北京市大兴县黄村康庄路38号	69291047	

北汽福田维修

北京联拓(集团)公司汽修厂	方庄双井化工路	67783461	